杭州电子科技大学浙江省信息化发展研究院文库

数字经济
推动城乡融合高质量发展

辛金国　陈明亮　李广乾　何维达　著

科学出版社

北京

内 容 简 介

本书以数字经济推进城乡融合高质量发展为主线,通过构建数字经济与城乡融合高质量发展评价指标体系,系统研究了数字经济推动城乡融合高质量发展的作用机制,实证分析了数字经济影响城乡融合高质量发展的空间溢出效应和门槛效应,并从电子商务经济、数据资源等角度,进一步分析其对城乡融合高质量发展的推动作用。本书共6篇31章,将数字经济发展战略与城乡融合高质量发展有机结合,具有前瞻性、战略性、创新性与应用性结合的特点。

本书适合数字经济与城乡融合研究与实践工作者、政府和乡镇干部、企业管理人员、高等学校相关专业教师和研究生等参考阅读。

图书在版编目(CIP)数据

数字经济推动城乡融合高质量发展 / 辛金国等著. —北京:科学出版社,2022.12

ISBN 978-7-03-074553-8

Ⅰ. ①数… Ⅱ. ①辛… Ⅲ. ①城乡建设-经济发展-研究-中国 Ⅳ. ①F299.21

中国版本图书馆 CIP 数据核字(2022)第 252852 号

责任编辑:王丹妮 / 责任校对:贾娜娜
责任印制:张 伟 / 封面设计:有道设计

科 学 出 版 社 出版
北京东黄城根北街 16 号
邮政编码:100717
http://www.sciencep.com

北京中科印刷有限公司 印刷
科学出版社发行 各地新华书店经销
*
2022 年 12 月第 一 版 开本:720×1000 1/16
2022 年 12 月第一次印刷 印张:26 1/2
字数:515000
定价:306.00 元
(如有印装质量问题,我社负责调换)

前　　言

　　本书是国家社会科学基金重大项目"我国实施网络强国战略的推进机制与实现路径研究"（15ZDC023）、国家社会科学基金重大项目"互联网融合产业经济理论与政策研究"（17ZDA054）、国家社会科学基金重点项目"我国特色小镇竞争力的综合评价与实现路径研究"（17AJY008）和浙江省社会科学基金重大项目"乡村振兴与小城镇协同创新高质量发展的战略与实现路径研究"（22YSXK02ZD）的阶段性研究成果。

　　目前，云计算、物联网、大数据等新信息技术领域的发展和突破性改革使得一批数字化、信息化、智能化程度较高的数字经济悄然兴起。数字经济已经成为世界关注的重要经济模式，各国政府将数字经济的发展视为促进自身经济增长、改善城乡结构不可避免的选择。

　　《中共中央关于制定国民经济和社会发展第十四个五年规划和二〇三五年远景目标的建议》对全面推进数字中国建设和城乡融合发展做出了具体部署。可以确认，作为数字中国和城乡融合发展战略实施的最佳组合点，数字城乡融合建设势在必行。在未来一段时期，数字经济将是引领城乡融合高质量发展的实践热点、建设数字城乡融合高质量发展的实践重点、构建国内国际双循环的聚焦之一。在国家层面，数字经济建设关乎数字中国战略及城乡融合高质量发展；在乡村层面，数字城乡建设关乎乡村振兴及农业农村现代化的实质性突破。

　　具体而言，当前数字经济与城乡融合发展面临的新形势与新变化主要表现在以下三个方面。

　　1. 从全球来看，新一代信息技术已成为驱动经济社会发展新引擎

　　20世纪40年代第一台电子计算机出现。20世纪90年代中期，以美国提出"信息高速公路"建设计划为重要标志，互联网开始了大规模商用进程，信息化进入以互联网应用为主要特征的网络化阶段。人们通过互联网实现了高效连接，信息交互、任务协同的规模空前拓展，越来越多的人通过互联网结识好友、交流

情感、表达自我、学习娱乐，人类开启了在信息空间中的数字化生存方式。当前，信息化正在开启以数据的深度挖掘和融合应用为主要特征的智能化阶段，互联网向物联网延伸进而覆盖物理世界，各种传感器、智能设备也在源源不断产生数据，并逐渐成为数据最重要的来源。同时，数字经济的蓬勃发展、数据资源的不断丰富、计算能力的快速提升、数据驱动的智能应用快速兴起，给经济社会发展带来了颠覆性影响，也为城乡融合高质量发展提供了有力的技术支撑。突出表现在两个方面。

一是数字技术推动新经济形态产生。随着数字技术创新推动影响越来越大，当代经济社会开始从传统的技术经济范式向数字技术经济范式转变，数字经济成为继农业经济、工业经济之后的一种新的经济形态。在数字经济时代，数据作为生产要素参与分配，是技术参与分配在逻辑与发展趋势上的延续，具有深远的意义。大数据、人工智能等技术将全面渗透到经济社会运行的方方面面，推动数字经济步入发展新阶段，数字化融合创新与综合治理将成为发展重点，为开启智能红利提供动力。中国信息通信研究院的《全球数字经济白皮书（2022年）》显示，2021年，全球47个国家数字经济总规模超过38.1万亿美元，占国内生产总值（gross domestic product，GDP）比重高达45.0%。其中，美国数字经济规模达到15.3万亿美元，数字经济占GDP比重超过65%；中国则以7.1万亿美元规模排名第二。数字经济已成为全球经济增长的关键动力。

二是数字经济引发产业数字化浪潮。随着互联网与实体经济的加速融合，工业、农业、服务业等传统产业也迈出了数字化转型的步伐。产业数字化集中体现为数字技术体系对生产制度结构的影响，即对传统产业组织、生产、交易等的影响。传统产业应用数字技术带来生产数量和生产效率提升，新增产出构成数字经济的重要组成部分。据中国信息通信研究院统计，2021年，全球47个国家产业数字化占数字经济比重均超过85%。其中，第三产业数字化引领行业转型发展，第一、第二、第三产业数字经济占行业增加值比重分别为8.6%、24.3%和45.3%，产业数字化成为数字经济发展的主引擎。

2. 从国内来看，数字中国建设是推动城乡融合高质量发展的重要内容

《国家信息化发展战略纲要》提出"加快建设数字中国"，《"十三五"国家信息化规划》将"'数字中国'建设取得显著成效"作为我国信息化发展的总目标。数字中国是新时代国家信息化发展的顶层战略，是满足人民日益增长的美好生活需要的新举措，是驱动引领城乡高质量发展的新动力，涵盖了经济、政治、文化、社会、生态等各个领域，包括"宽带中国"、大数据、"互联网+"、云计算、人工智能、数字经济、电子政务、新型智慧城市、数字乡村等重要内容。推进数字中国建设，有助于实现三产融合发展、城乡融合共享及缩小城乡"数字鸿沟"，为城乡融合高质量发展提供良好的制度和环境保障。数字经济与城乡融合的关系主要表现在以下三个方面。

一是数字中国下的三产融合发展，为城乡融合高质量发展带来生机活力。在数字经济不断发展下，信息技术的更新与升级使得数据这项基础生产要素的收集与处理越发成熟，并逐步向第一、第二产业渗透和扩张，传统经济的各项生产数据通过数字技术的分析与处理，生产方式得以改进，生产效率得以提高，不同产业间的边界逐渐模糊，各产业间开始出现加速融合的趋势。

二是数字经济驱动城乡由二元结构向城乡融合发展，为城乡融合高质量发展带来动力变革。互联网可以打破城乡之间的物理壁垒，以信息流带动技术流、资金流、人才流、物资流向农村地区集聚，优化配置城乡之间的劳动力、资本、土地、技术等资源要素，用数字技术支撑农业现代化发展，提升农村信息化应用水平，为农村发展注入新动力、提供新路径。

三是建设数字中国，需要进一步加快数字经济与城乡融合高质量发展，缩小城乡"数字鸿沟"。《数字乡村发展战略纲要》提出，要"统筹发展数字乡村与智慧城市"，"促进城乡生产、生活、生态空间的数字化、网络化、智能化发展，加快形成共建共享、互联互通、各具特色、交相辉映的数字城乡融合发展格局。鼓励有条件的小城镇规划先行，因地制宜发展'互联网+'特色主导产业，打造感知体验、智慧应用、要素集聚、融合创新的'互联网+'产业生态圈，辐射和带动乡村创业创新"，使信息化在农村社会的影响不断扩大，"避免形成新的'数字鸿沟'"。

3. 中国正处于信息化与农业农村现代化的历史交汇期

党的二十大报告明确指出，全面建设社会主义现代化国家，最艰巨最繁重的任务仍然在农村[①]。加快推进农业农村现代化是中国式现代化过程中最为关键的一环。与西方发达国家业已完成的农业现代化相比，中国农业农村现代化在动力机制和内涵上有着本质不同。前者的动力机制为工业化带动，表现为单纯的农业现代化；后者的动力机制为数字经济赋能，不仅包括农业现代化，还涵盖农村现代化和乡村治理现代化。以数字经济赋能农业农村现代化，成为当前各地区着重解决的课题。

中国 40 多年的改革开放为农业农村现代化奠定了坚实的物质基础，并创造了制度条件，但与建设现代化强国的目标相比，中国发展不平衡不充分的矛盾主要集中在农业农村方面。可以认为，没有信息化就没有现代化，没有农业农村现代

---

① 习近平. 高举中国特色社会主义伟大旗帜　为全面建设社会主义现代化国家而团结奋斗——在中国共产党第二十次全国代表大会上的报告（2022 年 10 月 16 日）[EB/OL]. http://cpc.people.com.cn/n1/2022/1026/c64094-32551700.html，2022-10-26.

化就没有整个国家现代化。实现新型工业化、信息化、城镇化、农业农村现代化"四化"同步发展，最大的短板是农业农村现代化。当前，中国正面临现代化的重要关口，如果与正在兴起的新一轮科技革命和产业变革失之交臂，就很难跨越这一关口。只有积极抢占制高点、把握主动权，以信息化推动产业深刻变革，才能顺利推进现代化进程，最终实现到2035年力争基本实现农业农村现代化的目标。为此，必须紧紧抓住信息化带来的重大历史机遇，统筹好数字经济与乡村振兴发展，为实现农业农村现代化提供有力支撑。数字乡村发展面临难得的机遇。一方面，党中央、国务院高度重视数字乡村建设工作。《中共中央 国务院关于实施乡村振兴战略的意见》和《乡村振兴战略规划（2018—2022年）》提出，要"实施数字乡村战略"，"大力发展数字农业"；2019年5月，中共中央办公厅、国务院办公厅印发《数字乡村发展战略纲要》，明确将数字乡村作为乡村振兴的战略方向，加快信息化发展；2019年12月，农业农村部、中央网络安全和信息化委员会办公室印发《数字农业农村发展规划（2019—2025）》，提出"加快推进农业农村生产经营精准化、管理服务智能化、乡村治理数字化"，"用数字化引领驱动农业农村现代化，为实现乡村全面振兴提供有力支撑"；2020年中央一号文件提出，要"开展国家数字乡村试点"。这些举措为发展数字乡村提供了强有力的政策保障。另一方面，近年来，阿里、百度、腾讯、京东、软银、亚马逊等国内外互联网企业纷纷布局农业农村领域，创新发展基于互联网的新型农业产业模式，加快推进农业农村流通现代化。据商务部统计，2022年全国农产品网络零售额达到5 313.8亿元，同比增长9.2%。全国农村网商突破1 632万家，吸引了一大批农村外出务工人员、大学生、退伍军人返乡创业。同时也要看到，当前数字乡村发展仍存在许多挑战。

一是城乡信息分化现象较为突出，新的"数字鸿沟"正在形成，突出表现在数字技术掌握与运用能力不同的人群之间。第48次《中国互联网络发展状况统计报告》显示，截至2021年6月，中国网民规模达10.11亿人，其中农村网民规模为2.97亿人，占比29.4%；非网民规模为4.02亿人，农村地区非网民占比为50.9%。这直接导致了农村互联网普及率较低，与城市相比还有很大的提升空间。

二是城乡信息化战略规划统筹程度不够，城乡信息基础设施和信息资源差距明显，城乡信息化人才配置失衡，特别是快速城镇化带来了大量农村青壮劳动力向城镇迁徙，职业农民所占比例呈现不断下降态势，农村空心化、老龄化现象日益突出，导致乡村数字动力释放尚不充分。

三是农业生产数字化水平较低，大大低于全行业数字化平均水平，农业数字化发展潜力很大。据中国信息通信研究院统计，2018年中国农业数字经济占行业增加值的比重仅为7.3%，远低于服务业（35.9%）和工业（18.3%），农业数字化转型仍相对滞后。

四是乡村数字化治理水平偏低,与城市相比差距仍然较大。

这些挑战需要通过加快推进城乡融合高质量发展,为乡村振兴战略注入强大的数字动能。乡村治理现代化是农业农村现代化的具体表现,随着新一代科技革命和产业变革的深度推进,以数字技术赋能乡村治理现代化正面临着前所未有的机遇。

综上所述,对数字经济推动城乡融合高质量发展进行研究,是当今世界快速变革、国际国内形势面临重大调整期的客观要求,是实现中国国民经济战略调整在未来5~15年构建数字中国战略的强烈要求;是中国实现国民经济和社会发展"十四五"规划的重要组成部分,也是中国抓住这百年未有之大变局,于变局中开新局,抓住机遇,应对挑战,实现转型升级战略的迫切需要。

我们主持参与完成的国家社会科学基金重大和重点项目,正是服务于国家重大战略需求,聚焦于数字经济促进城乡融合高质量发展中的许多重大问题。我们在深入实际、脚踏实地地进行问卷调查与理论研究的基础上,撰写了一系列具有战略指导意义、实践性和创新性强的学术论文与调查研究报告,力争为数字经济促进城乡融合发展重大战略决策提供高质量的学术参考与实践支持。所幸这些成果中的部分学术研究成果已得到学术界的好评,而部分调研咨询报告也获得了国家相关领导的批示及相关政府决策部门的采纳。

本书主要由辛金国、陈明亮、李广乾和何维达等负责撰写,辛金国负责成果的整体设计、组织与统稿工作。参加本书撰写的成员如下(以章节为序):前言、第一章、第二十三章、第二十四章、第二十五章、第二十七章和第三十章由辛金国撰写;第二章、第三章和第四章由辛金国、马帅西撰写;第五章和第十八章由辛金国、张虹虹撰写;第六章由辛金国、蔡婧靓撰写;第七章由何维达、付瑶、陈琴撰写;第八章、第九章和第十四章由李广乾撰写;第十章由陈明亮、蔡日梅撰写;第十一章由陈明亮、李敏乐撰写;第十二章由张靖、陈明亮撰写;第十三章由陈明亮、邱婷婷、谢莹撰写;第十五章由李广乾、张学艺、赵建航撰写;第十六章由陈明亮、马庆国、田来撰写;第十七章由郑世林、周黎安、何维达撰写;第十九章由辛金国、姬小燕撰写;第二十章由辛金国、蔡婧靓、杨晨撰写;第二十一章由陈明亮、赖红霞、汪蕾撰写;第二十二章由辛金国、胡华松撰写;第二十六章和第二十八章由辛金国、刘昱撰写;第二十九章由金洁、辛金国撰写;第三十一章由何维达、辛金国撰写。辛金国对本书初稿进行了编撰。

本书在研究和撰写过程中,一直得到全国哲学社会科学工作办公室、国务院发展研究中心、教育部社会科学司、浙江省哲学社会科学工作办公室、杭州电子科技大学等有关部门和领导的指导与关怀,使得本书成果内容新颖、数据准确、观点创新、资料丰富,在此一并表示诚挚的感谢!

在本书撰写过程中，尽管各位专家、学者及实际部门的工作者都进行了耐心细致的专题研究，但由于水平有限、时间紧，同时在数字经济与城乡融合发展中又不断涌现出许多新问题，本书难免存在不足之处，敬请各位读者批评指正。

作　者
2022 年 12 月于杭州

目 录

第一篇 总 论

第一章 绪论 ·· 3
  第一节 研究背景 ··· 3
  第二节 研究意义 ··· 7
  第三节 本书框架结构与主要内容 ······································· 9
  第四节 本书的创新性与研究价值 ······································ 12
  第五节 本书的学术价值、应用价值和社会影响 ······················· 13

第二章 国内外研究现状 ·· 18
  第一节 国内外关于数字经济的研究动态 ······························ 18
  第二节 国内外关于城乡融合研究脉络与发展战略的研究动态 ········ 23
  第三节 国内外关于数字经济推动城乡融合发展的研究动态 ·········· 31
  第四节 简略的评述 ·· 38

第二篇 数字经济推动城乡融合高质量发展测度与评价研究

第三章 数字经济与城乡融合高质量发展水平测度及演进研究 ················ 45
  第一节 引言 ··· 45
  第二节 城乡融合高质量发展水平测度 ································· 46
  第三节 数字经济发展水平测度 ·· 52
  第四节 数字经济发展水平时空演进分析 ······························ 55
  第五节 本章研究结论 ··· 56

第四章 数字经济对城乡融合高质量发展的影响机理及门槛效应研究 ········ 58
  第一节 引言 ··· 58
  第二节 数字经济影响城乡融合高质量发展机理的分析 ··············· 59
  第三节 模型设定与变量选取 ·· 62

第四节　实证结果与分析 …………………………………………… 66
　第五节　本章研究结论及对策 ……………………………………… 74
第五章　绿色发展推动城乡融合高质量发展研究 …………………………… 75
　第一节　引言 ………………………………………………………… 75
　第二节　文献综述 …………………………………………………… 76
　第三节　模型设定与变量选取 ……………………………………… 78
　第四节　实证研究 …………………………………………………… 81
　第五节　本章研究结论及建议 ……………………………………… 88
第六章　数字经济对中国城乡收入差距的空间溢出与门槛效应研究 ……… 90
　第一节　引言 ………………………………………………………… 90
　第二节　理论分析与研究假设 ……………………………………… 91
　第三节　变量说明与模型设定 ……………………………………… 92
　第四节　实证结果与分析 …………………………………………… 96
　第五节　本章研究结论及建议 ……………………………………… 101
第七章　产业结构变迁对城乡经济增长质量影响 ………………………… 103
　第一节　引言 ………………………………………………………… 103
　第二节　模型构建及变量度量 ……………………………………… 104
　第三节　实证分析 …………………………………………………… 107
　第四节　产业结构变迁对城乡经济增长质量影响的原因 ………… 109
　第五节　本章研究结论 ……………………………………………… 111

第三篇　电子商务经济推动城乡经济融合高质量发展专题研究

第八章　电子商务与农村电子商务经济：概念与框架 …………………… 115
　第一节　电子商务的概念与类型 …………………………………… 115
　第二节　多维度认识农村电子商务经济属性 ……………………… 116
　第三节　新一代信息技术正在丰富农村电子商务经济的内涵 …… 119
　第四节　农村电子商务经济的基本框架 …………………………… 122
　第五节　本章研究结论 ……………………………………………… 124
第九章　电子商务经济促进城乡融合高质量发展研究 …………………… 125
　第一节　引言 ………………………………………………………… 125
　第二节　电子商务对城乡融合高质量发展影响的理论思考 ……… 126
　第三节　电子商务发展促进城乡融合的影响机制分析 …………… 128
　第四节　加快电子商务经济发展推动城乡融合高质量发展的对策 … 129
　第五节　本章研究结论 ……………………………………………… 130

第十章 电子商务经济中产品推荐代理使用对消费者购买决策的影响 … 132
- 第一节 引言 … 132
- 第二节 RA 使用对消费者购买决策的影响 … 133
- 第三节 RA 影响力模型构建 … 135
- 第四节 实证方法与数据采集 … 139
- 第五节 结果与分析 … 140
- 第六节 本章研究结论、理论贡献、实践意义与未来研究方向 … 142

第十一章 电子商务经济背景下消费者在线购物从众行为为何如此普及 … 145
- 第一节 引言 … 145
- 第二节 研究方法 … 147
- 第三节 研究结果 … 149
- 第四节 结果讨论 … 152
- 第五节 本章研究结论 … 153

第十二章 在线消费者行为研究中神经科学方法的应用 … 155
- 第一节 引言 … 155
- 第二节 消费者神经科学介绍 … 156
- 第三节 神经科学方法在在线消费者行为研究中的应用 … 160
- 第四节 本章研究结论及展望 … 168

第十三章 微博主影响力评价指标体系的科学构建 … 171
- 第一节 引言 … 171
- 第二节 评价指标的理论遴选 … 172
- 第三节 评价指标的实证遴选 … 174
- 第四节 评价指标体系的信效度检验 … 180
- 第五节 本章研究结论 … 181

第四篇 数据资源推动城乡融合高质量发展对策专题研究

第十四章 政府数据与城乡融合高质量发展 … 187
- 第一节 如何认识"政府数据" … 187
- 第二节 政府数据的演变 … 190
- 第三节 政府数据的整合:共享、开放,治理、管理 … 193
- 第四节 美国政府数据整合实践 … 195
- 第五节 其他一些国家的政府数据整合实践 … 197
- 第六节 中国政府数据整合存在的问题及对策 … 199
- 第七节 本章研究结论 … 204

第十五章 政府数据资源管理体系建设与城乡融合高质量发展研究 …… 206
- 第一节 引言 …… 206
- 第二节 城乡政府数据资源管理体系的内涵及其特征 …… 207
- 第三节 城乡政府数据资源管理体系建设的现实价值 …… 209
- 第四节 构建城乡政府数据资源管理体系的基本要求 …… 212
- 第五节 城乡政府数据资源管理体系的优化建议 …… 215
- 第六节 本章研究结论 …… 219

第十六章 电子政务客户服务成熟度与城乡公民信任的关系研究 …… 220
- 第一节 引言 …… 220
- 第二节 理论模型构建 …… 221
- 第三节 研究方法 …… 225
- 第四节 研究结果及分析 …… 227
- 第五节 本章研究结论、意义和不足 …… 229

第五篇 数字经济促进城乡融合高质量发展对策专题研究

第十七章 电信基础设施与中国城乡经济增长 …… 235
- 第一节 引言 …… 235
- 第二节 电信基础设施与城乡经济增长 …… 236
- 第三节 模型和数据 …… 239
- 第四节 实证结果 …… 243
- 第五节 本章研究结论及政策含义 …… 249

第十八章 农村金融对乡村产业振兴的影响机理及对策研究 …… 252
- 第一节 引言 …… 252
- 第二节 文献综述 …… 253
- 第三节 模型设定与变量选取 …… 255
- 第四节 实证研究 …… 256
- 第五节 本章研究结论及建议 …… 272

第十九章 以特色小镇高质量发展推动城乡融合发展研究 …… 275
- 第一节 引言 …… 275
- 第二节 基于社会嵌入视角的特色小镇高质量发展问题探讨 …… 275
- 第三节 以特色小镇高质量发展推动城乡融合发展的建议 …… 280
- 第四节 本章研究结论 …… 281

第二十章 营商环境、融资能力与民营企业技术创新 …… 282
- 第一节 引言 …… 282

第二节	相关文献回顾	282
第三节	理论分析与假设提出	283
第四节	研究设计	285
第五节	实证结果及分析	290
第六节	本章研究结论及政策启示	297

第二十一章　以业务流程评估再造推动民营企业高质量发展 299
  第一节　业务流程网络的构建 299
  第二节　业务流程网络的评估方法 300
  第三节　基于流程网络的业务流程评估案例 301
  第四节　本章研究结论 304

第二十二章　基于区块链技术的城乡社会治理机理与对策研究 306
  第一节　区块链的内涵、特征及发展现状 306
  第二节　区块链技术赋能城乡社会融合治理机理及演进路径 308
  第三节　区块链技术在城乡社会融合治理领域的应用及对策 311
  第四节　本章研究结论 314

第六篇　中国数字经济推动城乡融合高质量发展若干问题的调研报告

第二十三章　临安以数字乡村推进城乡融合发展的做法经验与对策 317
  第一节　引言 317
  第二节　临安以数字乡村推进城乡融合高质量发展的做法 317
  第三节　浙江省数字乡村建设存在的短板分析 319
  第四节　加快以数字乡村推进浙江省城乡融合高质量发展的对策 320
  第五节　本章研究结论 322

**第二十四章　以未来乡村推动浙江省高质量建设城乡融合示范区的对策
与建议** 323
  第一节　引言 323
  第二节　浙江省以"三抓筑三园"打造"乡村未来社区"的主要做法 323
  第三节　浙江省未来乡村建设普遍存在的问题与不足 325
  第四节　以未来乡村建设引领浙江省城乡融合高质量发展对策与建议 326
  第五节　本章研究结论 328

第二十五章　数字文化赋能城乡融合高质量发展的龙游县模式与启示 329
  第一节　引言 329
  第二节　龙游县溪口镇数字文化赋能城乡融合发展的做法 329
  第三节　数字文化赋能的启示 332

第四节　本章研究结论 ………………………………………………… 333
第二十六章　开化县以共富联盟推进城乡融合高质量发展的有关做法和建议 … 335
　　　第一节　引言 …………………………………………………………… 335
　　　第二节　开化县开展"共富联盟"建设情况及成效 ………………… 335
　　　第三节　共富联盟工作目前存在的不足 ……………………………… 337
　　　第四节　以共富联盟加快推进浙江省城乡融合高质量发展的相关建议 … 338
　　　第五节　本章研究结论 ………………………………………………… 339
第二十七章　以新型智慧城市建设加快推进杭州城乡融合高质量发展的
　　　　　　　思考与建议 …………………………………………………… 340
　　　第一节　引言 …………………………………………………………… 340
　　　第二节　杭州建设新型智慧城市的成效 ……………………………… 340
　　　第三节　以新型智慧城市建设加快推进杭州城乡融合高质量发展的
　　　　　　　对策建议 ……………………………………………………… 341
　　　第四节　本章研究结论 ………………………………………………… 343
第二十八章　以县（区）域社会治理现代化推动城乡融合发展的对策与建议 … 345
　　　第一节　引言 …………………………………………………………… 345
　　　第二节　越城区社会治理现代化示范区建设的实践与成效 ………… 345
　　　第三节　目前存在的问题 ……………………………………………… 347
　　　第四节　加快以县（区）域社会治理现代化示范区建设推动城乡融合
　　　　　　　发展的对策与建议 …………………………………………… 348
　　　第五节　本章研究结论 ………………………………………………… 350
第二十九章　江山市以街道模块化运行模式推进城乡基层治理现代化的
　　　　　　　有关做法和建议 ……………………………………………… 351
　　　第一节　引言 …………………………………………………………… 351
　　　第二节　模块化运行推进基层治理现代化的清湖模式 ……………… 351
　　　第三节　以数字化改革推动浙江省城乡基层治理现代化的几点建议 … 354
　　　第四节　本章研究结论 ………………………………………………… 356
第三十章　衢州市以连片联建推动城乡融合发展的经验与对策 …………… 357
　　　第一节　引言 …………………………………………………………… 357
　　　第二节　衢州市以连片联建推动城乡融合基本单元高质量发展的
　　　　　　　做法及成效 …………………………………………………… 357
　　　第三节　浙江省山区26县城乡融合基本单元建设存在的问题 ……… 359
　　　第四节　以连片联建推进浙江省山区26县城乡融合基本单元建设
　　　　　　　对策与建议 …………………………………………………… 360
　　　第五节　本章研究结论 ………………………………………………… 361

第三十一章　城乡融合发展背景下加强浙江省数字经济安全保障能力建设的几点建议 ………………………………………………………… 363
　第一节　浙江省数字经济安全能力建设方面存在的突出问题 ………… 363
　第二节　加强浙江省数字经济安全保障能力建设的主要措施 ………… 365
　第三节　本章研究结论 …………………………………………………… 367

参考文献 ………………………………………………………………………… 369

第一篇 总 论

第一章 绪 论

第一节 研究背景

2022年中央一号文件《中共中央 国务院关于做好2022年全面推进乡村振兴重点工作的意见》对乡村振兴战略目标的实现提供了宝贵的指导意见。实施乡村振兴战略不仅需要乡村依靠自身禀赋加快发展，更有赖于城市提供要素资源支持，因此有必要在全面推进乡村振兴基础上切实推动城乡融合发展。党的十九大报告明确指出"建立健全城乡融合发展体制机制和政策体系"[1]，标志着我国城乡关系进入全新阶段——"城乡融合发展"。城乡融合发展理念的提出为新时期我国城乡关系演进指明了方向，是对城乡统筹发展和城乡一体化思想的继承和升华，强调城乡资源要素双向流动和体制机制迭代创新。城乡融合发展作为一个多层次、多视角、多领域的复合型概念，囊括了城乡经济融合、社会融合、人的融合、空间融合和生态融合等方面内容，通过推动要素双向流动，强化城乡间资源共享，助力构建高水平的"城乡命运共同体"，使城乡居民共同发展、共享发展成果。

在数字经济浪潮下，数字经济的发展打破了已有的竞争秩序，重塑了全球竞争格局和经济格局，国家间经济关系和世界经济格局将发生分化与重组。数字经济的发展为全球各国带来机遇也带来挑战。一方面，全球数字贸易快速增长，对创新外贸发展方式、推动外贸持续稳定增长、重构全球价值链、助力全球经济稳步复苏、推进传统产业转型升级具有重要作用。另一方面，印度尼西亚数字经济虽然起步晚，发展水平比较低，数字技术对传统产业的融合效应还未充分显现出来，但前景十分广阔。越南数字经济起步较晚，发展较快，但缺乏足够的网络信息安全保障和过高的外企进入门槛，有可能制约与我国数字经济的合作。日本政

---

[1] 习近平. 决胜全面建成小康社会 夺取新时代中国特色社会主义伟大胜利——在中国共产党第十九次全国代表大会上的报告(2017年10月18日)[EB/OL]. http://www.gov.cn/zhuanti/2017-10/27/content_5234876.htm, 2017-10-27.

府提出要集中投入所有能够投入的政策资源，发展被称为"互连产业"的数字经济。俄罗斯数字经济的规模和边界逐渐扩大，从单一的信息通信技术产业向数字媒体、电子商务及工业控制领域延伸。

近年来，我国数字经济发展迅速，发展数字经济成为我国政府工作的突破口和着力点。各行业及区域正进行创新转型，企业向"大数据化"和"云化"迈进，共享经济呈现出快速发展态势，我国已经在电子商务、即时通信、分享经济、平台经济、金融科技等方面走在了时代前列，但我国数字经济总体水平的发展依赖于区域的经济基础和技术运用能力。大数据产业成为发展重点；商业模式重构成为发展特征；以数字化服务平台为基础实现数字资源共享成为发展路径；资源性、融合性、技术性、服务性成为发展方向。数字经济成为国家经济发展的重要引擎。数字技术主导的产业升级，数字产业化和产业数字化构成数字经济的两大组成部分。

《中共中央关于制定国民经济和社会发展第十四个五年规划和二〇三五年远景目标的建议》明确将"基本实现新型工业化、信息化、城镇化、农业现代化"作为2035年基本实现社会主义现代化远景目标的重要内容。在我国信息技术飞速发展及"十四五"规划建议将实现信息化作为未来发展方向的背景下，研究互联网的发展具有重要的现实意义。以数字经济为代表的新兴信息通信技术的广泛应用能够基于多重维度对城乡经济社会关系施加综合影响，理论界也曾探讨数字经济与城乡融合高质量发展之间存在的动态关联。《"十四五"数字经济发展规划》提出，"以数据为关键要素，以数字技术与实体经济深度融合为主线，加强数字基础设施建设，完善数字经济治理体系，协同推进数字产业化和产业数字化，赋能传统产业转型升级，培育新产业新业态新模式，不断做强做优做大我国数字经济"。加快数字经济的高质量发展，对于我国在2035年达到中等发达国家水平、在2049年建成社会主义现代化强国，具有十分重要的意义。

在新形势下，数字经济对城乡融合高质量发展是否存在相对稳定的影响将是本书研究探讨的核心议题。从理论上看，互联网信息技术的广泛应用通过缩小城乡间信息鸿沟、激发农业发展活力、推进城乡间资源要素双向流动和推动城乡公共服务、基础设施均等化等途径促进城乡融合发展，这种影响可能是基于城乡经济融合、社会融合、人的融合、空间融合和生态融合等多种路径的综合效果。此外，考虑到我国地域广阔，各地区经济发展与资源禀赋存在显著的空间异质性，因此，数字经济对城乡融合高质量发展的影响程度、影响是否存在区域异质性及二者之间是否存在非线性动态关联等均是有待深入探讨的问题。探究数字经济对城乡融合高质量发展的作用机理及影响实效，并基于实证结果提出促进城乡融合高质量发展的对策建议，对推动我国城乡融合高质量发展，建成城乡经济发达、社会安定、生态和谐、环境优美的和谐社会具有重要的理论与实践意义。

一、时代背景

城乡关系是理论界长期高度关注的重要议题之一。马克思和恩格斯从辩证唯物主义和历史唯物主义角度将人类社会发展的全部历史归结为城乡关系演进的发展史,认为随着生产力的不断提高和生产关系的不断进步,城乡关系从二元结构走向一体化、从相互对立走向互助融合,是人类社会经济持续发展的必然结果。随着工业化大生产的发展,城乡出现分离;随着城市化进程的加快,城市迅速崛起而农村日渐衰落,农村剩余劳动力等生产要素逐渐涌入城市;城市生产要素日渐饱和,却因此引发环境恶化、资源匮乏、交通拥挤、愈发不宜居等"城市病",而相比之下农村多种优势凸显,城市生产要素反向流入农村,出现城乡融合发展。中国的城乡关系正是处于这样的发展进程中。随着中国特色社会主义进入新时代,中国经济正由高增长转向高质量发展阶段,城乡之间发展不平衡、农村发展不充分问题逐渐上升为中国社会主要矛盾。解决城乡发展不平衡不协调问题,实现城乡融合发展,是推动乡村振兴发展与全面建成小康社会的必然要求。党的十六大以来,中央先后提出城乡统筹发展、城乡一体化、城乡融合发展思想,致力于推进新型城镇化建设、促进乡村振兴和农业农村现代化发展。随着一系列政策举措的落实跟进,中国在一定程度上缓和了城乡矛盾的升级,控制了城乡差距的扩大。然而,城乡差距问题仍然未能从根本上得到解决。治病要治根、寻处要寻源。要彻底解决城乡发展差距问题,就要从制度上下功夫,补齐城乡融合发展的制度性短板,从源头上找出决定城乡差距的根本要素,制定出解决城乡发展问题的具体方案。

党和国家在积极探索城乡融合发展过程中已经取得了一系列成就。首先,农业转移人口市民化的规模扩大和进度加快。户籍人口与常住人口城镇化率逐年升高,城市人才入乡政策得到更好落实,为乡村振兴注入了活力。其次,农地制度改革取得突破性进展。农村承包地"三权"(所有权、承包权、经营权)分置制度的确立,使农村土地利用率明显提高;一部分地区作为农村集体经营性建设用地入市制度的试点,进行试点先行,为农业发展、农民增收创造了条件。再次,城乡基本公共服务与基础公共设施投入均等化持续推进。城乡义务教育经费惠及更多、更广泛群体,居民基本养老、医疗、大病保险等保障机制初步建立,乡村基础公共设施,如水、电、路、讯、网的建设水平全面提升。最后,城乡资金流动密切,特别是农村资金在较长时间内源源不断地流入城市,对城市经济的发展做出突出贡献。

实施乡村振兴战略,是开启全面建设社会主义现代化国家新征程的必然选择。

党的十九大报告强调,"农业农村农民问题是关系国计民生的根本性问题,必须始终把解决好'三农'问题作为全党工作重中之重"[①]。我国是典型的发展中农业大国,农村发展对我国经济社会发展具有极端重要性。改革开放以来,我国在经济建设方面取得了举世瞩目的成就,也遇到了许多现实问题。随着互联网信息技术的飞速发展,数字经济不断赋能各行各业发展,继农业经济、工业经济之后成为当前主要的经济形态。为加快农业农村与数字经济的深度融合,消弭城乡之间"数字鸿沟",党中央先后发布《数字乡村发展战略纲要》《数字农业农村发展规划(2019—2025年)》等战略指导性文件。《中华人民共和国国民经济和社会发展第十四个五年规划和2035年远景目标纲要》(简称"十四五"规划)进一步指出,加快数字社会发展步伐,深化农业结构调整,健全城乡融合发展体制机制。数字经济对城乡融合的影响是复杂多样的,数字经济具有显著的外溢性特点,可以通过互联网、电商平台使得农民收入稳定增长,改善城乡收入分配格局,缩小城乡收入差距,因此,开展数字经济推动城乡融合高质量发展研究具有重要的理论价值和实际指导意义。

二、政策背景

新时代中国特色城乡融合发展制度是关乎中华民族伟大复兴重大战略任务的现实问题,尤其是随着2019年《中共中央 国务院关于建立健全城乡融合发展体制机制和政策体系的意见》,以及2019年12月19日国家发展和改革委员会等18个部门和单位联合发布《关于开展国家城乡融合发展试验区工作的通知》并印发《国家城乡融合发展试验区改革方案》等举措的陆续实施和落实,2022年中央一号文件《中共中央 国务院关于做好2022年全面推进乡村振兴重点工作的意见》强调了将城乡融合发展的切入点和重要支点定位在县域,并从县域内产业体系、商业体系、农民工市民化、基础设施布局、公共服务统筹、数字化建设等诸多方面,对以县域为中心的城乡融合发展路径做出政策设计。新时代中国特色城乡融合发展越来越受到学术界的关注,并成为研究的热点话题。

进入21世纪以来,党在不同时期针对城乡关系发展过程中暴露出来的矛盾和问题,不断提出具有针对性的解决方案:从党的十六大提出"城乡统筹发展"新模式,到党的十七大提出"以工促农、以城带乡"的长效发展机制,到党的十八大提出"以工促农、以城带乡、工农互惠、城乡一体"发展新思路,到党的十九

---

① 习近平. 决胜全面建成小康社会 夺取新时代中国特色社会主义伟大胜利——在中国共产党第十九次全国代表大会上的报告(2017年10月18日)[EB/OL]. http://www.gov.cn/zhuanti/2017-10/27/content_5234876.htm,2017-10-27.

大提出"城乡融合发展"新格局，到党的二十大提出"着力推进城乡融合和区域协调发展"。我国的现代化进程，在构建新型城乡关系发展政策范畴，从城乡统筹发展路径到城乡融合发展战略，充分体现了党中央在对城乡发展不平衡问题的持续高度关注中，对城乡关系科学认识的不断深化。《中共中央 国务院关于建立健全城乡融合发展体制机制和政策体系的意见》明确指出，"以缩小城乡发展差距和居民生活水平差距为目标"，"破除体制机制弊端，促进城乡要素自由流动"；注重城乡各发展要素的统筹规划，做好顶层设计；充分考虑城市和乡村发展差异性，确保城乡融合发展。

但是，当前中国城乡融合发展的各种体制机制尚不健全，仍存在众多制度性短板。首先，城乡二元结构对立仍然存在。城市仍然具有明显优势，尤其表现在城乡对人才汲取方面的失衡及城乡要素双向自由流动的障碍。其次，城乡公共资源配置失衡。地域文化和历史遗留问题等导致农村基础设施建设与基本公共服务较城市存在显著差距。尤其在环境治理、技术人员占比及培训方面差距更加明显。再次，农业产出效率不高、全要素生产率低、生产经营规模化程度不高、产品附加值低，导致农业产业综合竞争力偏弱，农民增收长效机制不完善。农民群体受自身文化及地域特征等方面限制，低技能劳动获益不高，收入渠道有限。中国城乡发展不平衡问题凸显。党的二十大报告中提到，"要坚持以推动高质量发展为主题，把实施扩大内需战略同深化供给侧结构性改革有机结合起来，增强国内大循环内生动力和可靠性，提升国际循环质量和水平，加快建设现代化经济体系，着力提高全要素生产率，着力提升产业链供应链韧性和安全水平，着力推进城乡融合和区域协调发展，推动经济实现质的有效提升和量的合理增长"，"全面推进乡村振兴"，"坚持农业农村优先发展"，"巩固拓展脱贫攻坚成果"，"加快建设农业强国，扎实推动乡村产业、人才、文化、生态、组织振兴。全方位夯实粮食安全根基"，同时，"促进区域协调发展。深入实施区域协调发展战略、区域重大战略、主体功能区战略、新型城镇化战略，优化重大生产力布局，构建优势互补、高质量发展的区域经济布局和国土空间体系"[①]。

第二节 研究意义

数字经济已经成为驱动经济高质量发展的新动力和新引擎。通过数据引导资

---

① 习近平. 高举中国特色社会主义伟大旗帜 为全面建设社会主义现代化国家而团结奋斗——在中国共产党第二十次全国代表大会上的报告（2022年10月16日）[EB/OL]. http://cpc.people.com.cn/n1/2022/1026/c64094-32551700.html，2022-10-26.

源配置、推动生产力发展的数字经济形态,于 2017 年被首次写入我国政府工作报告,继而于 2019~2022 年连续四年被政府工作报告提及。数字经济与农业生产经营的融合引起了政府部门的重视。2018 年中央一号文件提出了实施数字乡村战略的初步构想。随后,一系列旨在促进数字农村、数字农业发展的政策文件陆续出台。在这样的背景下,深入探究数字经济赋能城乡融合发展问题无疑具有重要理论意义和现实意义。

一、理论意义

第一,有助于具有中国特色城乡融合理论的形成与发展。自 20 世纪 80 年代中国掀起城乡关系研究的热潮以来,国内外学者纷纷提出了大量关于城乡融合的理论和观点。但关于城乡融合发展的内涵学术界并没有统一共识,在实践中也存在将西方城乡融合理论直接应用于中国城乡改革实践之中的主张。实践证明,我们不能简单移植或照搬西方城乡融合理论,应当加强对中国特色城乡融合发展理论的研究。因此,本章基于国内外城乡发展的文献综述,结合中国城乡关系发展的目标,从发展过程和发展结果的角度出发阐释城乡融合发展的内涵,并据此构建理论分析框架,弥补已有研究缺乏理论支撑的缺陷,有助于具有中国特色的城乡融合理论的形成与发展。

第二,有助于进一步完善城乡融合和数字经济发展水平评价指标体系。目前,测度城乡融合水平的方法大多是从经济、政治、社会、文化、生态等维度进行指标体系的构建,而本书所构建的评价指标体系结合现代化发展的理念,既能反映城乡"共同繁荣",又能体现城乡"差距缩小"的特征,这是对城乡融合发展理论和测度方法的创新,具有重要的理论价值。测度数字经济大多从数字产业化和产业数字化两个维度进行指标体系构建,本书所构建的数字经济发展水平评价指标体系既考虑目前数字经济发展状态,又考虑未来发展潜力,这是对数字经济发展理论和测度方法的创新。

第三,有助于梳理数字经济对中国城乡融合高质量发展的影响机理。城乡融合发展是一个复杂的概念,其演进具有一定的规律。关于城乡融合高质量发展影响因素的研究,目前以定性研究为主,本书根据中国城乡融合高质量发展和数字经济发展水平的测度结果,构建空间面板模型、门槛模型和单因素面板模型,将传统因素及时间、空间因素纳入解释变量的范畴,揭示了中国城乡融合高质量发展的时空影响机制。同时,本书又从电子商务经济、数据资源角度进一步分析了数字经济对城乡融合高质量发展的影响,为促进城乡融合高质量发展的政策制定提供了理论参考。

二、现实意义

第一，有助于中国各地区确定合适的城乡融合高质量发展战略。各地区之间城乡发展模式多样、城乡融合程度存在差异。20世纪80年代以来，中国部分经济发达地区进行了城乡融合发展模式的积极探索，并取得了一定的成果。梳理现有的发展模式可以发现，大多数地区的城乡融合发展模式均以城市为中心，忽略了农村的优势与发展。此外，由于不同地区城乡融合高质量发展的初始禀赋不同，各地区之间城乡融合高质量发展水平存在显著差异。因此，科学测度城乡融合高质量发展水平，动态分析城乡融合高质量发展的时空演进规律，对于促进中国城乡融合高质量发展具有一定的借鉴意义。

第二，有助于揭示中国数字经济和城乡融合高质量发展的动态变化规律，深入挖掘数字经济和城乡融合高质量发展过程，并进行时间和空间上的比较；有助于各省（区、市）科学把握自身在全国的排名与发展阶段，明确自己在推进数字经济和城乡融合高质量发展各个环节上的优势与劣势，从而为地方政府制定融合发展战略提供理论参考。

第三，增强数字经济助力城乡融合发展的实践性和可操作性。本书以各省（区、市）为研究单位，基于探索性空间数据分析方法，从时序变化和地区差异的角度探索中国城乡融合发展的时空演进规律，并借助空间面板回归模型进一步探讨数字经济对城乡融合高质量发展影响的空间效应和门槛效应，为中国各省（区、市）有效推进城乡融合发展提供一定的理论参考，总结提炼典型地区的发展经验，并予以推广，为地区城乡融合发展的实践提供参考。

第三节 本书框架结构与主要内容

一、框架结构

本书围绕研究设计的总体框架、研究目标和主要内容，紧扣"数字经济推动城乡融合高质量发展"主题，对数字经济推动城乡融合高质量发展测度、数字经济推动城乡融合高质量发展影响等问题进行实证分析。本书框架结构及其主要内容详见图1.1。

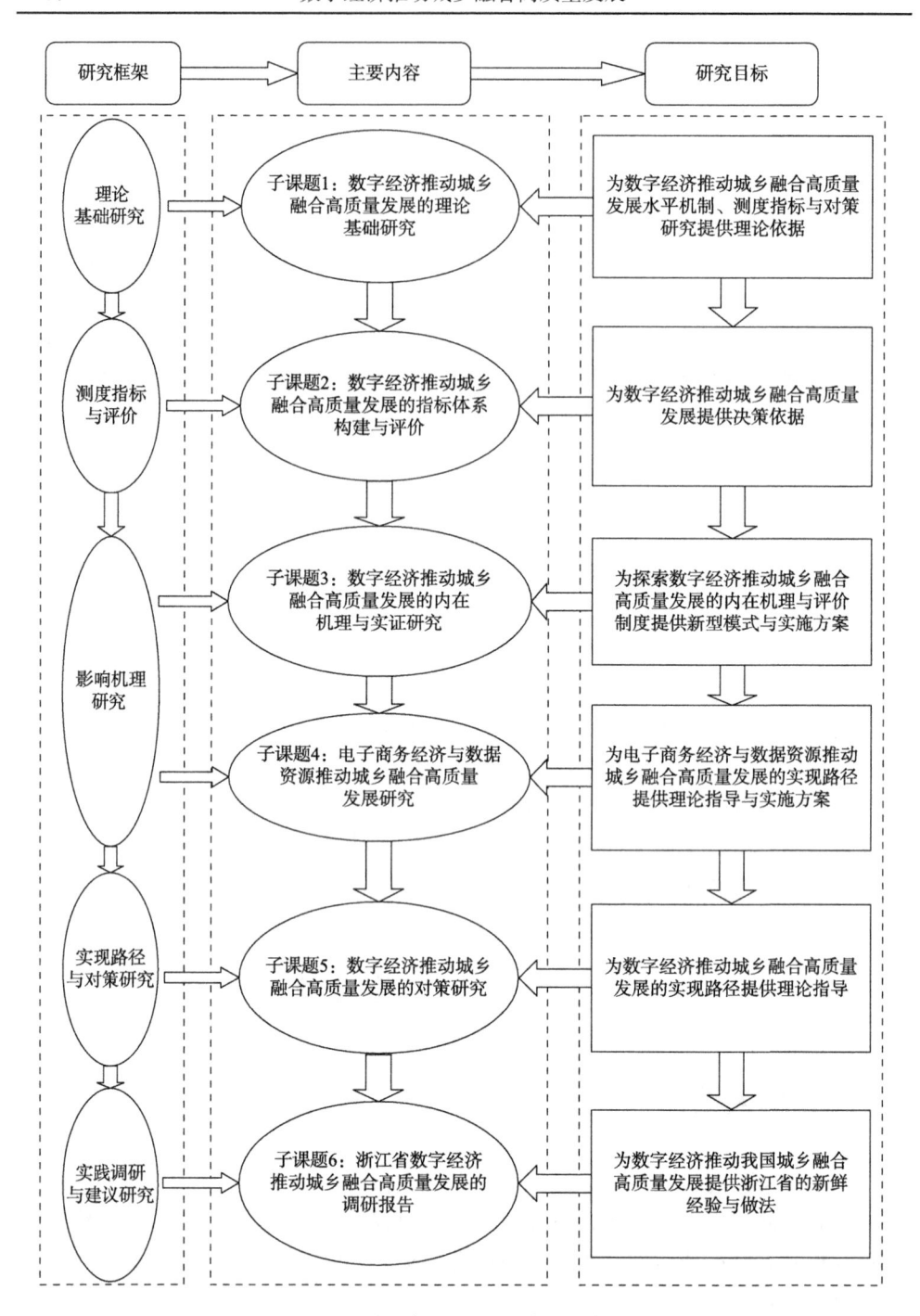

图 1.1　本书框架结构及其主要内容

二、主要内容

依据上述课题研究框架结构，本书共完成6篇31章主要内容的撰写，具体如下。

第一篇：总论。在阐述本书研究背景、框架结构和主要内容、研究意义的基础上，通过数字经济推动城乡融合高质量发展等国内外基本理论研究现状的动态评述，提出了创新我国数字经济促进城乡融合高质量发展推进机制与实现路径问题，对构建数字经济影响城乡融合发展制度体系与实现路径提出了独特的见解。

第二篇：数字经济推动城乡融合高质量发展测度与评价研究。该篇通过对数字经济和城乡融合高质量发展指标体系的筛选与构建探索，实证分析了浙江省乃至全国的数字经济推进城乡融合高质量发展等问题，并为解决这些问题提出了新方法与新思路。

第三篇：电子商务经济推动城乡经济融合高质量发展专题研究。该篇针对以往研究主要是从电子商务经济的角度分析影响乡村振兴发展问题，而较少研究电子商务经济发展推动城乡融合高质量发展的问题，依据电子商务经济发展的理论成果，实证分析了电子商务经济对城乡融合高质量发展的影响机制与路径，并对在线消费者行为机理进行了创新性和探索性的研究，以及用神经科学方法分析了在线消费者的行为效应。

第四篇：数据资源推动城乡融合高质量发展对策专题研究。该篇主要从数据资源推动城乡公共服务高质量发展、政府数据的整合、电子政务客户服务成熟度（customer service maturity，CSM）与城乡公民信任的关系等方面剖析了数据资源推动城乡融合高质量发展的机理。

第五篇：数字经济促进城乡融合高质量发展对策专题研究。该篇主要从电信基础设施与中国城乡经济增长，农村金融对乡村产业振兴的影响机理及对策研究，以特色小镇高质量发展推动城乡融合发展研究，营商环境、融资能力与民营企业技术创新，以业务流程评估再造推动民营企业高质量发展，基于区块链技术的城乡社会治理机理与对策研究等方面提出了相应的对策。

第六篇：中国数字经济推动城乡融合高质量发展若干问题的调研报告。该篇在对城乡融合高质量发展的现实性、针对性强的问题进行求真务实调查研究的基础上，深入分析这些问题的产生原因，并提出数字经济推动城乡融合高质量发展的对策建议。这些调研报告包括：临安以数字乡村推进城乡融合发展的做法经验与对策，以未来乡村推动浙江省高质量建设城乡融合示范区的对策与建议，数字文化赋能城乡融合高质量发展的龙游模式与启示，开化县以共富联盟推进城乡融合高质量发展的有关做法和建议，以新型智慧城市建设加快推进杭州城乡融合高质量发展的思考与建议，以县（区）域社会治理现代化推动城乡融合发展的对策与建议，江山市以街道模块化运行模式推进城乡基层治理现代化的有关做法和建议、衢州市以连片联建推动城乡融合发展的经验与对策，城乡融合发展背景下加强浙江省数字经济安全保障能力建设的几点建议。这充分发挥了重大项目成果为党和国家重大战略问题服务决策的智库作用。

第四节　本书的创新性与研究价值

本书聚焦数字经济推动城乡融合高质量发展这一重大战略问题，通过国内外大量数据，采用符合现代科学的定性与定量的方法，从四个重要领域展开研究与突破。本书是国内比较系统地研究并解决数字经济推动城乡融合高质量发展的重要理论与现实问题的研究成果，其内容的前沿性与创新性主要有以下几点。

一、视角创新

本书以数字经济推动城乡融合高质量发展为主线，从要素驱动的角度出发，结合相关影响因素，重点分析了数字经济推动城乡融合高质量发展的影响机理及空间溢出效应和门槛效应，数字经济和城乡融合高质量发展现状，以及数字经济与城乡融合高质量发展的实证关系，进而从电子商务经济、数据资源角度进一步分析了数字经济对城乡融合高质量发展的影响，提出了推动我国城乡融合高质量发展的政策建议。

二、内容创新

在全球数字技术革命与经济变革中，数字经济推动城乡融合高质量发展已成为不可阻挡的时代潮流，但国内外学者对于"数字经济推动城乡融合高质量发展"的理论尚未进行系统研究。本书通过构建数字经济推动城乡融合高质量发展测度与评价的理论框架，以及分析电子商务、数据资源对城乡融合高质量发展的影响，体现本书的研究具有全局性、前瞻性、创新性、理论性和应用性的特色。

三、方法创新

现有研究对于数字经济和城乡融合高质量发展的研究方法选用大多相似，本书在研究方法上采用Dagum基尼系数和核密度估计揭示我国数字经济和城乡融合发展的空间差异和动态演进规律,借助空间面板回归模型和门槛模型进一步探讨城乡融合发展的影响因素,并利用单因素偏正态面板模型对模型结果进行验证,以及运用神经科学方法对在线消费者行为进行研究等,对研究方法进行了创新。

四、应用对策创新

本书通过对浙江省数字经济推动城乡融合高质量发展的案例进行总结,探究浙江省数字经济推动城乡融合高质量发展过程中存在的关键问题及解决措施,并从完善数字经济推动城乡融合高质量发展机制、政策支撑体系、体制机制保障体系等方面构建多维支撑体系,为我国各级政府和相关部门决策提供理论依据和实践指导。

第五节 本书的学术价值、应用价值和社会影响

一、本书的学术价值

1. 建立了数字经济推动城乡融合高质量发展影响测度与评价的理论体系

上述理论体系包括数字经济推动城乡融合高质量发展的内涵、特征、机理、关键要素、评价指标体系、实现路径、支撑体系等,探索数字经济推动城乡融合高质量发展的战略重点定位与路径选择,完善数字经济推进城乡融合高质量发展的理论体系与推进路径等内容,可丰富经济学、统计学、社会学、地理学、生态学等理论,特别是对经济统计学、信息经济学理论做出一定的理论贡献。

2. 构建了数字经济推动城乡融合高质量发展的"四力动因模型"、"四大关键要素模型"与"三层次评价指标体系"

本书围绕数字经济的内涵和特征,从数字基础建设、数字应用能力、数字产业支撑及数字发展潜力四个维度构建数字经济推动城乡融合高质量发展的"四力动因模型";根据城乡融合高质量发展的内涵,从城乡经济融合、城乡生活融合、城乡空间融合、城乡生态融合构建城乡融合高质量发展的"四大关键要素模型"。利用核密度估计、Dagum基尼系数、马尔可夫链、面板回归模型、门槛模型及空间计量模型探讨数字经济对城乡融合高质量发展的作用机制,具体分析两者间的

时空演进趋势、直接影响关系、门槛效应及空间溢出效应。利用两阶段最小二乘法对模型结果进行内生性检验，增强模型拟合结果的可信度，同时考虑到我国各省（区、市）之间的显著差异，根据地理位置和政策强度进行异质性分析，从而更清晰地认识不同省（区、市）数字经济对城乡融合的影响效应之间的差异，为我国各省（区、市）推进数字经济和城乡融合发展提供努力方向与具体目标，并且增强对策和建议的可操作性。

3. 探索了绿色发展对中国城乡融合高质量发展的影响，提出了相应对策

数字经济作为构建高质量发展新格局的新模式，能够通过驱动经济增长、提高科技创新水平有效赋能绿色经济发展。本书在梳理绿色发展、城乡融合理论及绿色发展如何推动城乡融合发展机理的基础上，利用面板向量自回归（panel vector autoregression, PVAR）模型对绿色发展与城乡融合发展两者之间的关系进行实证研究。研究结果表明：各地区的绿色发展水平及城乡融合发展水平存在差异，但都呈现总体上升的趋势；绿色发展在一定程度上对城乡融合发展具有正向的促进作用，并呈现出阶段差异性。

4. 在国内较早研究了电子商务经济推动城乡融合高质量发展的问题

电子商务经济是我国电子商务发展到一个相对成熟阶段的表现，也是新一代信息技术在我国经济信息化建设中得到深入应用的结果。电子商务经济正日益成为促进城乡融合高质量发展的主要力量。电子商务经济不仅拉动全社会农村消费品需求的快速增长，还进一步引导政府和企业加大在农村信息网络特别是新一代信息技术领域的投资，促进农村产业结构升级。本书着力研究完善农村电子商务生态体系；通过对全社会信息流、资金流、物流及劳动就业的巨大影响，电子商务（特别是电商平台）开始有效整合城乡人力、技术、生产与资本等社会资源，并日益成为城乡融合高质量发展社会资源配置的重要方式和手段。

5. 在国内较早研究了电子商务中产品推荐代理对消费者购买决策的影响

产品推荐代理（recommendation agent, RA）是商家为加快消费者决策而提供的一个"虚拟顾问"，为了理解 RA 使用如何影响消费者购买决策，本书构建了一个描述 RA 特性、RA 评价与 RA 影响力三类变量之间关系的概念模型，并基于中国网上消费者的大样本实证结果表明：①RA 使用对消费者的决策过程影响力和决策结果影响力由 RA 认知价值和 RA 信任决定；②RA 认知价值取决于 RA 所在网站的形象、推荐内容的个性化及推荐信息编排的合理性，其中推荐内容的个性化影响最大；③RA 信任取决于 RA 认知价值、推荐内容的个性化、RA 所在网站的形象及消费者对 RA 使用的熟悉度，其中 RA 认知价值对 RA 信任的影响最大。

6. 在国内较早研究了消费者神经科学的研究方法

在线消费是当今互联网时代日益普遍的消费形式，对于促进农产品销售具有重要意义。与传统线下消费相比，在线消费环境更简单，消费者心理却更复杂，适合借助神经科学工具打开消费者大脑中的"黑箱"，解释消费者行为。鉴于此，本书介绍了在在线消费者行为研究中应用较为普遍的神经科学工具——EEG/ERP[①]、功能性磁共振成像（functional magnetic resonance imaging, fMRI）、眼球追踪（eye tracking）三种技术。随后，介绍了用于刻画在线消费者行为模式的AISAS［attention（注意）、interest（兴趣）、search（搜索）、action（行动）、share（分享），消费者行为分析］模型。该模型将在线消费者行为划分为五个阶段，并以此为框架梳理了上述三种神经科学工具在在线消费者行为各个阶段研究中的具体应用，有助于推进在线消费者行为研究。

7. 在国内较早研究了政府数据资源推动城乡融合高质量发展的问题

数据作为新型生产要素，是数字化、网络化、智能化的基础，已快速融入城乡生产、分配、流通、消费和社会服务管理等各个环节，深刻改变着城乡生产方式、生活方式和社会治理方式。当前我国电子政务发展面临重大的战略转型，其核心由之前的"以政务服务为中心"转变为"以政府数据为中心"，其关键是城乡政府数据资源管理体系建设。城乡政府数据资源管理体系建设是我国电子政务发展的必然要求，符合信息系统演进趋势，有助于加快数据要素化进程，促进我国城乡融合高质量发展治理能力现代化建设。

8. 在国内较早研究了电子政务CSM与城乡公民信任的关系

"喻公民为客户"，即"视公民为客户，以客户为中心组织政府电子服务"已经成为全球电子政务发展的一个潮流，并用CSM作为度量电子政务发展水平的综合指标。CSM包括四个维度，即以公民为中心、渠道整合、部门整合、前瞻性沟通。全球范围内的大量实践表明，提高CSM有助于提高公民对政府的信任。然而，相应的理论研究非常缺乏，为了揭示CSM对公民信任的影响机理，本书构建了CSM四个维度与公民满意、公民参与及公民信任之间的关系模型。以中国电子政务为背景，通过问卷方式采集了536个有效样本数据，运用结构方程建模（structural equation modeling, SEM）方法检验了该模型。本书的研究从公民信任视角体现了"喻公民为客户"的政治价值。

---

① EEG: electroencephalography, 脑电图（脑电波、脑电）; ERP: event-related potential, 事件相关电位。

二、本书的应用价值或社会影响

本书在应用价值与社会影响方面已取得突出效应：通过对全国 10 多个省级政府相关部门、50 多个市（县）政府相关部门、80 多个乡镇政府和 500 多家企业进行实地调查研究，完成了一批聚焦和服务于数字经济推动我国城乡融合高质量发展的新思路、新方法和新实施方案，这些成果具有较强的战略性、针对性与可操作性，为数字经济推动我国城乡融合高质量发展的重大战略决策提供了高质量的智力支持，并为政府决策提供了创新性的思路与对策建议，具体如下。

1. 关于中国电信基础设施普及促进城乡经济增长的战略与建议

2008 年全球金融危机后，发达国家纷纷提出电信基础设施刺激计划，试图借力新一轮信息技术革命重塑国家竞争优势。然而，电信基础设施与经济增长的因果关系在学术界一直存有争议。本书研究结果表明，当一种电信技术处于产业发展初期时，相关电信基础设施普及更能促进经济增长，而当这种电信技术处于产业成熟和衰退期时，相关电信基础设施对城乡经济增长的影响逐渐减弱。本书研究结论对于指导中国未来电信基础设施投资，乃至深化电信体制改革具有重要的政策意义。

2. 关于中国电子商务面对的主要挑战与政策建议

近年来，中国电子商务交易额持续快速增长，电子商务服务业逐步发展壮大，电子商务既成为提振内需的重要途径，也成为中国农村经济新的增长点。当前，中国电子商务在发展过程中遇到了一些障碍性因素和亟须解决的问题，主要包括行业管理体制有待理顺、商业规则和法律法规不完善、网络交易纠纷明显增多、大多数农产品电子商务交易企业的可持续发展能力不强、物流配送效率低下。建议加大政策支持力度，提高农村电子商务发展质量，促进中国电子商务健康、可持续发展。

3. 数字普惠金融对乡村振兴的门槛效应研究

本书对中国 30 个省（区、市）乡村振兴水平进行测度，并通过构建门槛效应模型对中国数字普惠金融对乡村振兴的影响展开研究，研究结果表明：第一，数字普惠金融确实能够对乡村振兴起到显著的促进作用。第二，数字普惠金融对乡村振兴的促进作用具有非线性特征。当数字普惠金融低于或等于门槛值 2.943 时，其对乡村振兴的促进作用较强，估计系数为 0.039 4；当数字普惠金融高于门槛值

2.943时，该促进作用有所减弱，估计系数为0.0322。

4. 关于中国城乡政府数据整合面对的主要挑战与政策建议

"城乡政府数据"是一个不断演进的概念，与技术变革紧密联系在一起。在这个过程中，城乡政府数据先后与如下几个问题联系在一起，即信息公开、政府专题数据库建设、业务系统整合、大数据产业发展、数据管理体系建设、政府数据资产管理。同时，实现政府数据的内部共享与对外开放一直是电子政务与政府数据发展所追求的目标。根据当前数据管理知识体系的发展趋势，借鉴国内外政府数据发展实践，要实现这两个目标，我们必须对城乡政府数据的相关方面进行整合；城乡政府数据整合是实现城乡政府数据共享、开放的技术基础；只有解决了整合问题，共享、开放才能得以有效进行和展开。城乡政府数据整合包含架构整合、业务整合、数据整合、系统整合四个方面的内容。

5. 关于城乡融合发展背景下加强浙江省数字经济安全保障能力建设的几点建议

一是完善相关政策法规，确保数字经济安全和信息安全；二是推进数字经济产业创新能力建设；三是加强数字经济安全监管体系建设；四是构建数字经济安全预警体系；五是优化数字化经济安全能力提升的机制与路径；六是构建"四位一体"和多层次的城乡数字经济安全支撑体系。

总之，项目研究成果中的一系列调研报告，对中央及各级政府、各类企业制定数字经济促进中国城乡融合高质量发展，实现共同富裕示范区建设的规划与方案，已产生重要的应用价值和社会影响。

第二章 国内外研究现状

第一节 国内外关于数字经济的研究动态

一、数字经济内涵

继农业经济、工业经济的时代浪潮后,数字经济已经成为现代的主要经济形态。2021年,国家统计局发布《数字经济及其核心产业统计分类(2021)》,将"以数据资源作为关键要素、以现代信息网络作为重要载体、以信息通信技术的有效使用作为效率提升和经济结构优化的重要推动力的一系列经济活动"作为数字经济的最新定义。数字经济作为现代新经济形态,不断促进公平与效率更加统一。根据已有文献,数字经济的概念最早由 Tapscott(1997)提出,他被称为数字经济之父。多年来,学者基于不同理论视角就数字经济内涵提出自己的观点,主要可归纳为三类:①从狭义范围将数字经济定义为一个经济部门,即信息通信产业(Kling and Lamb,1999)。②从技术融合、数字技术经济范式对经济社会影响的角度定义数字经济的内涵,认为是信息技术、计算机技术、通信技术的融合发展驱动数字经济发展,引发经济社会变革(Lane,2002)。③从广义经济形态的角度研究数字经济的内涵,认为数字经济是突破了数字技术和电子商务局限的一种新经济形态,它的发展会对其他产业有融合溢出效应(Miller and Wilsdon,2001;Kim et al.,2002;李长江,2017;崔保国和刘金河,2020;杨佩卿,2020)。从广义上来看,数字经济可以看作在任何一个经济领域中信息通信技术的调配使用。中国信息通信研究院于2021年对数字经济进行了定义:以数字化信息知识为关键生产要素,以数字技术为核心驱动力,以现代信息网络为重要载体,从深层将数字技术与实体经济融合发展,持续提升数字化、网络化、智能化水平,加速对经济发展与治理模式的新型经济形态进行组合重构,其中具体包含"四化",即数字产业化、产业数字化、数字化治理、数字价值化。随后,有学者进一步对其内容进行拓展，加入了数字基础设施，将其内涵拓展为"四化一基础"（沈奎，2021）。

二、数字经济发展

国内外学者关于数字经济发展的研究主要集中于数字经济发展内在逻辑、发展测度和发展路径等方面。

1. 数字经济发展内在逻辑

国内有些学者立足于"微观—中观—宏观"分析框架，探讨了数字经济颠覆传统经济模式、驱动经济高质量发展、培养经济新动能的内在机理（杨新铭，2017；丁志帆，2020；郭晗和廉玉妍，2020）。张晓（2018）利用产品与服务、技术、市场、产业、政策五大核心要素构建了系统性分析框架，探索了数字经济发展的内在逻辑。李晓华（2019）则从创新、市场、人口规模、"蒲公英效应"等方面，探索了数字经济发展逻辑。龚晓莺和王海飞（2019）基于技术统治生产、供需市场精细化、产权交易壁垒消减和全要素生产率攀升等方面阐述了数字经济的发展动因。刘刚和张昕蔚（2019）认为对于欠发达地区来说，通过政务数据平台的搭建和数据开发引致并集聚数据开发者，进而带动产业数据的开发和应用，是数字经济启动和发展的引擎。党红艳（2022）重塑了主客体价值、创新了商业模式，发现数字经济赋能旅游业转型的底层逻辑，解决了产业面临的质量和效率问题。

2. 数字经济发展测度

目前，关于数字经济发展测度的研究主要有两个视角，一是从绝对量的角度测度数字经济规模。洪兴建（2019）根据《国民经济行业分类》（GB/T 4754—2017）给出了数字经济的主要行业目录，并对数字经济规模进行核算。许宪春和张美慧（2020）将《统计用产品分类目录》中的服务和商品重新归类，通过核算数字化基础设施、媒体和产品计算数字经济规模。蔡跃洲（2018）从增量测算入手，按照"先增量后总量、先贡献度后规模"的思路，将增长核算与常规GDP核算方法相结合。夏炎等（2018）采用支出法GDP（即最终支出的3个方面：消费、资本形成总额和出口总额）核算了我国数字经济的经济规模。二是构建评价指标体系测度数字经济水平指数。范合君和吴婷（2020）通过生产数字化、消费数字化、流通数字化和政府数字化4个维度和23个二级指标，构建了更为全面的数字化程度测度指标体系。单志广等（2020）从信息化发展、互联网发展和数字交易发展3个维度构建了我国分省份数字经济评价指标体系，在三元空间理论的基础上，建立数字经济发展评价体系，从信息网络空间、实体物理空间、人类社会空间3个空间维度设计三级指标。刘方和孟祺（2019）将数字经济分为数字经济基础产业和数字经济融合效应两部分，对这两部分汇总构建了数字经济的测度模型。吴晓波等（2020）从创新资源（投入）、创新过程和创新产出3个维度构建了一套区域创新型经济发展评价指标体系。张伯超和沈开艳（2018）构建"一带一路"共建国家数字经济发展就绪度指标体系，定量评估"一带一路"共建国家的数字经济发展条件。苏永伟和陈池波（2019）基于经济高质量发展的内涵和目标，构建出包含6个一级指标、27个二级指标的高质量发展评价指标体系。王军等（2021）则从数字经济发展载体、数字产业化、产业数字化及数字经济发展环境4个维度构建指标体系，研究发现我国数字经济在高速发展的同时存在区域"数字经济鸿沟"问题，并且这种现象已经很明显。刘海荣（2021）构建了包含投入、环境、融合和效益4个方面的天津市数字经济评价指标体系，研究天津市数字经济发展情况。

3. 数字经济发展路径

数字经济引领经济高质量发展的路径在于推动新型基础设施建设、推动数字经济与实体经济的深度融合、打造平台经济和新业态经济、推动企业数字化转型、完善支持体系（方维慰，2019；任保平，2020；郭晗和廉玉妍，2020；任保平和李佩，2020；师博，2020）。郭朝先等（2020）、田杰棠和闫德利（2020）提出了通过"新基建"为中国经济高质量发展"赋能"的3条路径。罗以洪（2019）研究了以大数据、人工智能、区块链等为代表的信息通信技术推动我国数字经济发展的路径。荆文君和孙宝文（2019）则从促进经济增长，即新的投入要素、新的资源配置效率和新的全要素生产率方面探索了3条数字经济发展路径。李晓华（2019）从新技术成为新产业、新技术催生新模式、新技术赋能传统产业方面分析了数字经济促进新动能形成的3条路径。也有学者从数字政府建设、制度创新、法律建设、数字安全保护及数字素养等角度探索数字经济融合创新发展模式（徐梦周和吕铁，2020；孙利君，2020）。温军等（2020）认为数字经济能够从提升传统要素质量、加速资源配置效率与塑造数据要素新动能3个方面促进多个经济维度的高质量转型。

三、数字经济发展价值

国内外学者关于数字经济发展价值的研究主要集中于推动产业结构转型、推动企业创新发展与推动区域经济协调发展等方面。

1. 推动产业结构转型

数字经济有助于推动产业转型升级、促进新业态蓬勃发展、提升公共服务水平，是实现高质量发展的动力源泉（杨佩卿，2020）。数字经济对中国产业结构水平具有边际递增的提升作用且具有区域异质性（张于喆，2018；陈小辉等，2020；李晓钟和吴甲戌，2020）。通用性技术的快速发展和广泛赋能，正在重塑传统的生产模式，使整个生产过程朝网络化、协同化、生态化方向演变（王梦菲和张昕蔚，2020）。也有学者认为数字经济对制造业的影响逐步从价值重塑走向价值创造，为制造业转型提供新思路并赋能制造业转型（焦勇，2020；马中东和宁朝山，2020）。何文彬（2020）在研究中指出，高技术制造业部门更具竞争优势，数字化红利也最丰厚，劳动密集型制造部门在数字化进程中成本优势被压缩。沈运红和黄桁（2020）进一步将数字经济划分为数字基础建设水平、数字化产业发展水平及数字技术创新科研水平三方面，且发现三方面均能优化制造业产业结构。范周（2020）研究发现数字经济还会推动传统文化产业转型升级。

2. 推动企业创新发展

在全球信息化进入全面渗透、跨界融合、加速创新的大背景下，发展数字经济对中国具有特殊意义。中国数字经济成为创新经济增长方式的强大动能和引领国家创新战略的重要力量（张新红，2016）。熊励和蔡雪莲（2020）在研究中指出，数字经济发展能有效推动技术创新和产品创新，对技术创新的作用更为显著，数字技术应用对产品创新具有长期稳定的促进作用。数字经济时代下企业运营与服务创新管理需要新机遇、新理论、新方法（陈晓红，2018；Geada，2020）。Coyle（2009）分析了数字经济时代如何进一步调整和优化企业管理战略。Sharipova等（2020）研究了数字经济生态系统中企业可持续发展战略的形成机制。数字经济发展促进产业创新能力的提升，数字经济发展水平低的区域推动创新的作用更大，且驱动的是真正的创新，而非模仿式创新（温珺等，2019，2020）。在创新活动开展和创新模式演化方面，各类平台企业的兴起及平台主导的创新生态系统的发展也让数字经济拥有更多可能及更大的发展空间（张昕蔚，2019）。数字经济正在加速推动各类转型，如静态的企业组织环境开始转向动态，人工化生产流程逐渐向智能化转变，创新性行为由初始的封闭式转向开放式，交易成本由高到低，资产管理由物理性转向数据性（李辉，2020）。数字经济会引发企业内部管理模式的一系列变革，会影响公司治理水平，企业数字经济化程度越高，公司治理水平越高（祁怀锦等，2020；戚聿东和肖旭，2020）。数字经济使得基础行业转型升级，这对传统行业的中小型企业影响更大（Manyika and Roxburgh，2011；Serbu and Borza，2014）。数字经济推进中小企业价值链升级的网络连接效应、成本节约效应、价值创造效应和价值链治理效应，促进中小企业价值链攀升（裘莹和郭周明，2019）。数字经济的发展促进了中国创新人才的成长与发展，对人才的要求进一步提高，转型现代劳动力市场（吴画斌等，2019；Mantulenko et al.，2020；Azmuk，2020）。哈萨克斯坦将数字经济作为创新发展的重要内容（Zhanbayev et al.，2020）。

3. 推动区域经济协调发展

金通和吴旻（2022）研究发现，数字经济不仅可以直接促进地区经济增长，还可以通过促进地区创新助推地区经济增长。数字经济通过提升地区创新能力和全要素生产率促进制造业转型升级，推动区域经济协调发展（周勇等，2022）。同样得益于数字经济的快速发展，数字技术在打破区域之间生产要素流动壁垒的同时使得要素流动速度得以提升，加快了信息与知识传播速度，实现了"流动空间"与"流动行业"的高效叠加，各经济主体之间的交流合作更加方便快捷，力克了"发展区域化"，促进了城市和农村整体协调发展。

从新技术革命和产业发展规律来看，数字经济是推动世界经济繁荣的新增长点和重要动力（蓝庆新，2020）。另外，数字经济也会对区域经济发展产生消极影响。胡西娟等（2022）发现，数字经济与实体经济融合发展水平呈上升态势，且融合发展指数表现出空间非平衡性。柳卸林等（2021）认为各地区的吸收能力存在差异，发达地区能够更好地利用数字化获得更多收益，而欠发达地区通过新形式获得的收益较少。

四、数字经济治理

国内外学者关于数字经济治理的研究主要集中于平台经济宏观治理和平台经济微观治理等方面。

1. 平台经济宏观治理

进一步发挥平台经济在经济转型升级过程中创新驱动作用的关键在于加快政府管制模式变革，政府应针对其特点利用不同主体的优势创新治理模式，完成功能转型，构建价格和质量并重、法律和技术共治的反垄断法体系（李凌，2015；吴晓波，2017；魏小雨，2019；杨东，2020）。张顺等（2020）提出以制度设计、规则执行与效果反馈为基础，以技术支撑为主线，以数据驱动为核心，以虚拟与实体治理有效融合为目标的数字经济平台治理机制实现路径。针对数字时代的平台垄断治理，尽管现行反垄断法及其基本分析框架仍然是适用的，但必须深入考量一些新的因素（如网络效应、数据行为及算法治理等），应由私权模式延展至竞争法治模式,并在具体竞争评估和执法实践中灵活适用,坚持以反竞争效果作为支配地位滥用的认定基础(熊鸿儒,2019;陈兵,2020;韩伟,2020)。对于国内税收制度,赵洲和周洁(2020)提出了用于"虚拟常设机构"衡量判定的、系统完整的规则体系。李蕊和李水军(2020)认为当务之急是遵循税收公平和税收中性原则,我国需要尽快改革常设机构的认定等经济数字化税收规则,同时完善税收制度。对于国际税收问题,石媛媛(2020)从企业所得税视角出发,分析经济数字化对跨境所得税管理带来的挑战。邓小俊和郑雷(2020)认为我国需要审慎借鉴欧盟数字服务税改革经验,维护我国经济利益。

2. 平台经济微观治理

汪玉凯(2018)认为,对于平台企业的治理,一要鼓励其健康发展;二要借助移动互联网、大数据、云计算、物联网等新技术手段,构建智能化监管服务平台,努力提升监管服务能力。网约车监管的核心价值应是由政府主导下的公共交通安全和秩序的公共政策而非市场化的竞争政策,所以构建网约车类共享经济线下与线上合作协调的公共治理模式,需要重构治理框架(张效羽,2016;范永茂,2018;董成惠,2019)。利益相关者的参与效度是城市共享单车治理的重要影响因素。政府、市场和社会需要协同治理(郭鹏等,2017;金晶和卞思佳,2018)。高红冰(2016)认为互联网平台企业治理进入第三阶段,应大力发展政府、市场、平台、企业、个人等多元主体在网状环境下的共同治理和协作治理。王勇和陈美瑛(2020)比较了私人监管和规制的手段特征和治理效果,提出二者需要进行分工,才能提升治理效果。

第二节 国内外关于城乡融合研究脉络与发展战略的研究动态

一、国内外关于城乡一体化概念与脉络研究

城乡融合是城乡由二元异质结构迈向一元同质结构的一个过程,是城乡关系的一种状态,最终目的是实现城乡一体化发展。

1. 城乡一体化概念及内涵

对于城乡一体化这一概念,国内外学者从不同视角进行了概述。从时间上来

看，西方学者较早开始研究城乡一体化的相关概念。在英法语言的城市规划文献资料中，通常将"intergration"运用于社会经济文化研究领域中，以其代表"城乡一体化"的具体含义。在 20 世纪 60 年代，人们开始使用更接近如今我们所研究的城乡一体化概念的"城乡综合体"（urban-rural composition）来表示其含义。城乡综合体是指西方发达国家的一些产业业态由中心城区向外围郊区转移的现象，也称为郊区化现象。在此过程中，就会形成既可以说是城市，也可以说是乡村的一种"亦城亦乡"的新型区域。陈雯（2003）认为城乡关系经历了三个辩证发展阶段：第一阶段，诞生于乡村，城乡依存；第二阶段，工业革命加速了城市化，城乡出现分离、对立，城市统治乡村；第三阶段，随着城市化的发展，城乡逐步融合，走入城乡一体化。

从融合的角度来看，城乡一体化是指市与村的两个不同特质的经济社会单元和人类聚落空间，在一个相互依存的区域范围内谋求融合发展、协调共生的过程。顾益康和邵峰（2003）认为城乡一体化就是要改变计划经济体制下形成的城乡差距发展战略，建立起地位平等、开放互通、互补互促、共同进步的城乡社会经济发展新格局。白永秀和王颂吉（2014）以生产要素为出发点，以公共资源配置为立足点进行研究，并认为当工业化、城镇化、农业现代化及信息化得到一定发展时，城乡发展一体化在城乡生产要素集聚和发展成果共享机制的基础上，依托城乡生产要素集聚和发展成果共享机制，打破城乡分割对立状态，促进城乡布局统筹规划、要素自由流通、资源均衡配置、功能有机协调，逐步缩小城乡差距，实现城乡良性互动、融合发展。薛晴和霍有光（2010）认为就内涵而言，城乡一体化结合了目标和过程，达到了二者的有机统一。从目标来看，城乡一体化的目的在于聚集融合城市和农村各自的长处，令其成为一个统一联系的整体，从而使得区域经济、社会、环境协调发展所产生的效益达到最大。以过程而论，城乡一体化在于探寻妥善协调城乡各方面利益关系的理念和途径，并进一步将其转化为反映人们真实意愿的道义追求和理想模式，即公正与和谐，以此激发城乡各阶层、群体乃至个人的创造力和发展潜能，促使城乡关系实现内在的统一。涂圣伟（2020）认为城乡一体化是由社会生产力全面发展前提下的制度改革、技术进步和文化创新引起的。它的特点是城乡要素自由流动、功能的深度耦合和平等的权利。它形成了新的区域组织结构，均衡的资源配置方式，城乡互补的功能形式，最终实现了人的全面发展的动态过程。从本质上讲，它是城乡优势互补和协调整合的过程。翟昕（2020）进一步指出城乡协同发展的三个核心内涵：①和而不同。城乡协同发展是消除城乡之间的对立，形成城乡之间的合作关系，而非替代关系。②一视同仁。城乡协同发展改变了传统的"先城后乡"思想。在城乡一体化时期，城乡被机械地分为城市和农村两个不同的经济实体，取而代之的是，将采用更具针对性、系统性和革命性的途径，将过去的单向城市化下的城乡关系转变为基于培养农村自我发展动力以实现城乡互动和发展的新理念。③互利共赢。在"双赢"的基础上,应该实现城乡利益关系的转变,最终目标是最大限度地提高农民的幸福感。

2. 关于城乡一体化制约因素的研究

张永岳(2011)认为当前我国城乡一体化的主要问题有三点,分别是产业结构与劳动力结构的矛盾阻碍了城市发展,农村人口问题和落后的农业发展导致农村发展缓慢,二元结构和人地矛盾使得推进城乡一体化更加困难。刘汉成和程水源(2011)认为,尽管我国城乡一体化发展取得了巨大成就,但总体发展水平仍然较低,仍有一些问题需要解决,主要表现在以下方面:一是城乡生产要素流动不合理,农村总体生产要素缺乏;二是城乡居民收入差距总体来看仍较大;三是城市化水平低导致城市的吸收能力弱和驱动力不足;四是城乡基本公共服务差距较大。龙蕴智(2017)认为城乡一体化进程中存在以下问题:一是受到二元结构的约束;二是城乡基础设施和基本社会保障差距较大;三是城乡居民收入差距较大。乔成邦(2013)认为在新型农村建设中会受到政策方案的质量不高、执行主体的行动能力不足、目标群体的支持程度不高、制度环境的阻碍四个方面的影响和制约。张爱婷等(2022)分析了制约黄河流域城乡一体化协调发展的因素,发现自然条件、产业结构层次、信息技术的使用水平、研发投入水平、基础设施等是主要的制约因素,特别是研发投入水平普遍较低。黄锡生和王中政(2021)认为城乡一体化发展制约因素源自城乡发展弱均衡化,城乡关系低关联化、要素配置非理性化的城乡不融合,是城乡经济结构、社会结构、空间结构全面融合的发展方式。

二、国内外关于城乡融合发展的研究动态

国内外关于城乡融合发展的研究主要围绕三个视角:关于城乡融合发展的内涵研究,关于城乡融合高质量发展的机制研究,关于城乡融合实践路径、发展模式的探析。

(一)关于城乡融合发展的内涵研究

1. 城乡融合内涵

随着"城乡二元结构"问题的突出,城乡融合发展问题逐渐被社会关注,政府和学者开始重视城乡融合发展问题,这一思想才逐渐受到人们的广泛认可和接

受。19世纪80年代末,加拿大学者 T. G. Mcgee 提出了城乡联系的"Desakota"概念,认为城市和农村、农业和非农业之间存在相互依存的紧密联系,城乡之间以往清晰的边界开始模糊交错。张永岳(2011)立足于经济学原理,认为城乡融合是一个帕累托改进过程,它能够使得在经济效益最大化的同时,保持城市和乡村的利益不受损害,实现城乡的和谐发展。Civitelli 和 Gruère(2016)提出有效和环保的城市用水管理系统需要考虑到城市和农村用水之间的相互作用,强调了加强城乡水管理的协调和融合所带来的好处和挑战,提出需要关注城市和农村用水之间的相互作用才能够建设有效、环保的城市用水管理系统,同时也对增强城乡用水管理的协调统一所能带来的优势和难题进行了强调。Naranjo-Tamayo 和 Carrero-Delgado(2017)研究发现,农村教育系统比城市教育系统在可达性和资源配置等方面有更多障碍,公共政策已无法确保生活在农村地区的儿童享有平等的教育。Escandón-Barbosa 等(2019)对比了政策制度对城市和农村地区创业活动的影响差异,认为主观和客观不确定因素的存在对农村企业活动的影响比城市更显著,使农村地区的创业活动减少。

"乡村振兴"这一概念是针对中国特定的国情和经济社会发展阶段提出的,虽然外国学者在研究中没有明确提及,但是也不乏对乡村发展的研究。石忆邵和杭太元(2013)梳理近十几年城乡融合发展的主要研究,认为城乡融合发展的内涵包含三个方面:一是城乡融合发展是城乡资源和要素不断集聚与扩散的动态过程;二是城乡融合发展重视城市和乡村之间的互动作用和双向联系;三是城乡融合发展是城市和农村经济、社会、空间、政治和生态结构协同优化的过程。刘春芳和张志英(2018)从要素流动的角度出发,认为城乡融合发展的本质是在人口、土地、资本、信息、技术等城乡要素自由流动、公平与共享基础上的城乡协调和一体化发展。高波和孔令池(2019)则指出,在研究城乡融合的经济增长效应时,城乡融合发展是在充分发挥城乡各自特色的基础上,通过消除城乡在经济、社会、生态环境、空间等方面的壁垒,实现城乡协调发展的一个长期的历史演进过程,最终消除城乡二元结构。

2. 城乡融合发展趋势

2002年,党的十六大报告提出了城乡协同发展的战略,旨在解决城乡发展失衡问题,强调政府和城市的主导作用(徐祥临,2018)。本质上,城乡协同强调政府引导资源配置,城市和农村呈现被动发展状况(刘彦随,2018),农村发展为城市服务,农业发展为工业服务,城乡创新和积极性未得到充分调动。因此,城乡协同无法根本解决发展失衡问题。有鉴于此,2012年党的十八大报告提倡推动城乡一体化,随后党的十八届三中全会再次强调健全城乡发展一体化体制机制。相较于城乡协同,城乡一体化更强调市场作用,通过城市引领农村、工业促进农业来减小城乡差距（何红，2018），但农村仍居于从属地位，城乡居民收入不平等未得到根本改善。

在这一背景下，2017年党的十九大报告首次明确提出城乡融合发展概念，要求"建立健全城乡融合发展体制机制和政策体系"[①]。高春花（2018）认为，城乡融合发展是一种符合规律的发展，体现了市场力量的参与，城乡要素流动更依赖市场，乡村不再作为城市附属，而是与城市地位相同的有机整体，两者发展得到尊重，内部动力得以激发。宋迎昌（2019）总结了城乡协同、一体化和融合发展的区别，认为前者强调政府指导资源配置；中者强调通过城市引领农村、工业促进农业缩小城乡差距；后者更注重城乡同步发展、融合渗透、良性循环、功能耦合。综上，城乡融合发展概念的提出，不是对城乡协同和一体化的否定，而是对两者理念的继承、发展与升华（陆梦龙，2018），体现了城乡发展由被动向主动寻求合作的转变。

我国城乡关系先后经历了从最初的原始共生，到后来的城乡对立，再到现在的走向融合，另外，由于受到政策的影响，我国对城乡关系的定位也先后经历了城乡统筹、城乡一体化和城乡融合三个阶段。城乡融合是一个极其复杂的系统，城乡融合并不是简单地消除城市和农村的界限实现城镇化，而是要通过创新体制机制，清除阻碍城乡均衡化发展的因素，推动城市和农村之间生产要素自由流动，实现城乡发展权利平等化，从而形成城乡互补、工农互促的发展格局。

3. 城乡融合测度的研究

国内学者研究城乡融合主要聚焦于理论内涵、阶段划分和实现路径等方面。其中，部分学者基于城乡融合的内涵，构建了相应的指标体系，用于客观评价我国各省（区、市）和地级市的城乡融合发展水平。相较之下，国外对城乡融合发展的定量研究较少，更多关注城市和乡村在经济、社会、空间、文化和政治等方面的联系。虽然国内对城乡融合发展的定量研究起步较晚，但成果丰富。众多学者从多个角度构建了评价指标体系，用于测度我国城乡融合发展水平。根据研究对象的不同，这些指标可以分为三类。

（1）国内针对省（区、市）的宏观实证研究成果较为丰富。漆莉莉（2007）构建了包含16个评价指标的体系，通过主成分分析法和层次分析法相结合的方法，对中部6省的城乡融合程度进行了测量。曾福生和吴雄周（2011）对湖南省的城乡融合发展水平进行了动态测度和评价，发现尽管国家在1978~2008年出台

[①] 习近平. 决胜全面建成小康社会 夺取新时代中国特色社会主义伟大胜利——在中国共产党第十九次全国代表大会上的报告（2017年10月18日）[EB/OL]. http://www.gov.cn/zhuanti/2017-10/27/content_5234876.htm, 2017-10-27.

了一系列惠农强农政策，但在大部分年份湖南省的城乡融合水平呈下降趋势。王维（2017）构建了包含 30 个方面的城乡融合发展水平评价指标体系，从城市和农村发展水平出发，综合测量了长江经济带的城乡融合发展进程。

（2）以市级单位为研究对象。王艳飞等（2016）从投资、产业收入和消费 3 个角度构建了城乡协调发展指数指标体系，评价了我国 338 个地级市的城乡协调发展水平，并发现呈"东、中、西"空间分布格局。黄禹铭（2019）构建了包含经济、社会、公共服务和要素 4 个维度的城乡协调发展水平评价指标体系，研究了东北 3 省 36 个地市城乡协调度的区域差异，结果表明东北地区内部城乡协调水平的差异不断扩大且存在明显的空间集聚特征。

（3）以县级为研究对象。现有研究将县域及以下地区划分为乡村地区，县域以上地区划分为城市地区。修春亮等（2004）选取经济发展、社会公平、福利、农村非农化、交通及日常联系等方面的指标构建城乡一体化指标体系，对东北地区各乡镇、县的城乡一体化进程进行评价。段晶晶和李同昇（2010）以城乡发展和协调水平为功能层次构建指标体系，对西安地区各区（县）的城乡融合发展水平进行评价，但该指标主要适用于城市发展水平较高的区域，对其他区域的适用性有待研究。

（二）关于城乡融合高质量发展的机制研究

1. 针对建立健全城乡融合发展机制着力点的研究

城乡融合的思想最早由恩格斯在《家庭、私有制和国家的起源》中提出，他认为城市和乡村应该相互依存、相互促进、相互融合，城乡融合是城乡关系发展的最后阶段，实现城乡融合意味着人民生活水平的均衡。霍华德的田园城市理论及沙里宁的有机疏散理论都为城乡融合发展提供了新的思路。田园城市理论认为城市化过程中应当保护农村空间，构建有机的城乡结合体，从而实现城市与乡村的融合。有机疏散理论则认为，在城市化过程中需要将一部分城市功能转移到周边的乡村地区，使城市和乡村之间的发展更加均衡。随着时代的发展，城乡融合理论、区域网络模型理论、城乡连续体理论和城乡动力学理论等城乡关系理论也开始涉及城乡融合问题。这些理论试图从不同角度、不同层次来探索城乡融合发展的规律和路径。国外学者关于城乡融合发展的研究较少，主要集中在产业融合等方面。Lewis（1954）、库茨涅茨（1985）、Harris 和 Todaro（1970）、舒尔茨（1999）的二元经济理论研究了产业结构演变、人口迁移与城镇化互动关系。Northam（1975）的 S 形曲线理论、Chenery（1975）的"多国发展模型"阐述了城镇化发展的不同阶段与不同产业结构变动的关联关系。早期韦伯（1997）和 Marshall

（1920）的区位理论、佩鲁（1955）提出的增长极理论、Friedmann（1966）的核心边缘理论等研究了产业集聚与小城镇空间结构演化的关系。

国内关于城乡融合的研究最早可以追溯到 20 世纪 80 年代初期，研究认为城乡融合是城乡关系发展的一个阶段，是和谐社会建设的根基，是社会主义新农村建设的理论基石。魏后凯（2019）对中华人民共和国成立以来城乡关系演进过程进行梳理并指出，城乡关系一直是关于中国农业农村发展研究的重要领域，中国的城乡关系在经历了"城乡分割—城乡协调—城乡统筹—城乡一体化"的曲折历程后最终实现融合发展。因此，为了促进城市与乡村各要素的融合发展，要注重以下几个方面：树立城市和乡村各要素融合发展理念，确保城市和乡村各要素融合互动，建立健全城乡融合体制机制，不断完善城乡融合政策体系建设等。韩俊（2018）指出，为了推进城乡融合发展，需要推动社会保障制度城乡统筹并轨、统筹城乡社会救助体系、完善最低生活保障制度；要创新投融资机制，健全投入保障制度；要坚决按照党中央的决策部署，建立健全土地要素城乡平等交换机制。赵祥（2019）认为，在近年来现代农业发展速度加快、城乡二元结构有所改善的同时，我国的城乡差距依然较大；由于存在城乡要素流动受限、要素价格扭曲、基本公共服务标准不均衡等原因，提倡在国家的统筹规划下，通过不断推进深化改革，注重改进农业农村发展的制度性短板，逐步建立健全城乡融合发展机制。姜长云（2018）认为，农村作为重要的生存空间，其自身具有异于城市的独特价值，建立健全城乡融合发展体制机制，要把焦点放在城乡之间的融合渗透、良性循环及功能耦合的关系上，要行之有效地建立健全城乡融合发展体制机制。

2. 关于城乡融合发展具体机制方面的研究

尤济红和陈喜强（2019）在城乡融合发展的劳动力流动机制方面的研究具有代表性。他们对城市人力资本与劳动力流向的相关文献和实践进行分析得出，中国劳动力的流动趋向于高技能人才向那些人力资本水平更高的城市转移，形成了人力资本积累的"马太效应"。周凯和宋兰旗（2014）对中国城乡融合制度变迁的动力机制进行研究，从城乡融合制度变迁的历史演进着手，指出城乡融合发展属于城镇化建设的高级阶段，中国城乡融合制度变迁是多方力量共同作用的结果，在社会发展的不同时期，诱致性制度和强制性制度变迁分别主导着城乡融合的进程与方向。陈明星（2018）对城乡融合发展长效机制进行探索后指出，城乡融合侧重政府的积极引导作用和市场在资源要素配置中所起的决定性作用，强化供应链、产业链、创新链、生态链等现代利益联结方式，并利用创新生产经营、产业组织、乡村治理等方法，将现代资源要素与文明注入乡村振兴战略中，推动现代化发展成果在城市和乡村之间全面共享。

3. 关于如何建立健全城乡融合发展体制机制的研究

张锟（2019）提出资源要素在城乡之间双向自由流动的重要性：第一，建立以工促农发展机制，工业反哺农业。第二，构建以城带乡格局。区域协调战略在解决城乡发展不平衡、不充分问题上起到重要作用。第三，激励要素双向流动。乡村传统要素，如资本、劳动力的乡城单向流动是造成"三农"问题的关键原因。第四，扣紧三产融合链条。以保障农业基础地位毫不动摇为前提，用现代农业技术、工业技术、信息技术对传统农业进行现代化改造。林芳兰（2018）指出，建立健全城乡融合发展体制机制，需要从构建农村三产融合发展体系、抓好农村公共服务体系建设、特色小城镇空间融合三方面发力。关于运行机制的革新，张英洪（2015）提出更加明确的制度变革方案，他认为，一方面，城市在既有的城乡二元结构中快速发展，另一方面，城市化的快速进程又催生了一个多达两亿多人口的农村外出务工人员阶层，这样一来，形成了城市内部的二元结构；城市化的重点在于经济发展，而城乡一体化的重点在于制度的变革。这里强调的是城乡融合发展制度。城乡融合发展过程是城乡功能互补、制度统一、权利平等的过程。范从来和赵锦春（2021）认为构建城乡一体化发展的体制机制，一方面要多渠道增加农民收入，另一方面要提升城乡一体化的公共服务质量。

（三）关于城乡融合实践路径、发展模式的探析

围绕城乡融合的实践路径及发展模式的探析，Castells（1996）提出了"流空间"（space of flow）理论。"流空间"不仅具有时间-过程性、空间-格局性、综合-地方性等地理空间属性，还有关联、集聚、扩散和分异等空间作用机制，以"流"作为真实的关系数据反映城市之间的相互作用，相关研究的重心从城市空间形态、区域核心-边缘结构、区域城镇等级体系，逐渐转到城市网络的结构、功能和连接关系。近年来，国内学者构建了流动性分析框架，探讨了要素流动与城乡发展之间的关系，以"流"数据为基础，对区域城镇体系、区域空间结构、城市腹地及"淘宝村"的地理空间问题等展开相关研究。徐祥临（2018）侧重城乡融合发展体制框架的构建，提出了"双层经营+三位一体"的顶层设计，指出中国新时代城乡融合发展体制框架有三个制度要点：一是党的领导干部要不忘初心；二是巩固和完善农村基本经营制度；三是构建"三位一体"农民合作社体系。白雪秋等（2018）侧重城乡融合发展的目标体系，指出城乡融合是破解城乡发展失衡的根本出路，要全面建成小康社会、全面建设社会主义现代化强国，构建和完善城乡融合发展制度体系是根本保障和迫切需求。他们指出中国的城乡融合发展要在乡村振兴战略下进行体制机制创新，包含社会治理体制、生态文明建设及就业制度等方面。

郑凤田（2017）在城乡界限差别的研究中认为，城乡融合发展战略是促进乡村振兴的新途径、新抓手，把握城乡融合发展战略应注意城乡之间不再有明显的界限差别、城乡居民享受无明显区别的公共服务，城乡之间相互融合从而保证实现等值化。胡建兵（2019）认为城乡融合发展不能再走城市兴盛而乡村衰败的老路，也不能变成此消彼长的博弈过程，而是应该互促共生、协调发展、共融共生，共同分享现代化成果的融合发展。宋迎昌（2019）认为在城乡融合发展过程中应当始终把党放在领导地位，重视党对于城乡融合发展的顶层设计规划，从中国具体国情、具体制度体系及城乡空间结构三个角度出发推进城乡融合发展；要围绕较大城市，建设促进城乡一体化的长三角城市群，在中西部地区构造若干"增长极"推进中西部地区大城市发展，在环境、人文底蕴、产业发展基础、社区生活服务等方面使具备未来发展潜力的小城镇形成自身特色，全方位开展美丽乡村和特色小镇建设。

第三节 国内外关于数字经济推动城乡融合发展的研究动态

一、关于数字经济推动城乡融合高质量发展机理的相关研究

数字经济对农村经济社会发展的影响主要体现在三个方面：①提高农业生产效率。数字经济的快速发展有利于农民高效快速了解到最新农业技术和生产信息，通过对相关信息的筛选，农民可以选择最适宜的种植方式和种植品种等，采取高效的生产方式，做出最优的生产决策。另外，数字经济的发展也伴随着一些高新技术走向农村，实现了农业自动化，使生产效率大幅提高（邓晓兰和鄢伟波，2018；朱秋博等，2019）。②信息获取成本降低。有效信息对于个人、企业等主体均至关重要，互联网和信息技术的快速发展大大降低了农民获取信息的成本，从而使农业技术的相对成本大大降低，市场效率显著提高（张晓燕，2016）。邓晓兰和鄢伟波（2018）认为信息化发展可以有效降低交易成本，使资源得到充分利用，对农村农业全要素生产率也具有显著促进作用。③营销模式创新。数字经济的发展为农产品的销售创造了全新的模式。电商平台逐渐走向农村，越来越多的农民愿意通过线上方式销售农产品，从而打破了距离限制，使资源配置效率显著提升。

数字经济对城乡融合发展的影响是复杂多样的，数字经济具有显著的外溢性特点，虽然可以通过互联网、电商平台使农民收入稳定增长，改善城乡收入分配格局，缩小城乡收入差距，但受农村地区整体经济发展水平不高、人口受教育程

度较低的限制，将资源优势转化为竞争优势的难度较大（黄群慧，2019；华兴顺，2021）。刘晓倩和韩青（2018）、郑世林和王宏伟（2014）认为，新时代背景下的城乡融合应紧抓数字经济蓬勃发展带来的机遇，大力引导城市信息技术和人才资源向农村流动，促使城市和农村生产要素合理配置，弱化城市和农村空间距离，激励农民参与城乡价值链体系，实现城市农村分工合作。张晓燕（2016）、刘静和惠宁（2020）认为数字经济依托便捷性、高渗透性、可持续性的特点，推动数据、技术和管理等新型生产要素在城乡之间自由流动，促进城乡互补、工农互促的发展格局形成，从而在公平与共享的基础上实现城市和农村协调发展。

数字经济推动城乡融合的快速发展离不开互联网技术的支撑。朱秋博等（2019）认为互联网技术在增加农民收入和提高农民生活水平、缩小城乡差距、促进城乡之间要素流动方面发挥着重要作用。针对民族地区农村数字经济发展，李珍刚和古桂琴（2019）提出公共部门应进一步深化公共服务供给侧结构性改革，借助数字技术精准对接数字经济发展中对公共服务的需求，以有效回应民族地区农村数字经济发展对公共服务的需求。除此之外，数字经济的发展对农民的思维方式和思想观念也会产生一定影响，促使他们转变传统思想观念、更新知识体系和优化传统生活方式，从而使农村和城市的差距越来越小。

二、关于农村电子商务经济推动城乡融合高质量发展的研究动态

（一）农村电子商务经济发展现状、特征与作用

1. 农村电子商务经济发展现状

近年来，在国内电子商务行业高速发展的大背景下，农村电子商务经济也得到快速发展，Mueller（2000）认为农村电子商务经济在改变大多数农村地区传统消费交易的模式中起积极作用，且对农村电子商务经济的强大能量充满信心。因此，农村地区人口回流返乡创业群体层出不穷（吴雪，2020）。Hopkins 和 Morehart（2001）则认为，智能化、电子化将是农村交易模式发展的主要趋势。我国农村电子商务经济在流通内容、空间分布、发展动力、发展模式上均呈现出不同的发展概况（谢天成和施祖麟，2016），大部分农村居民对于这些问题的了解并不到位，这也是一个难以忽略的状况（孔敏娜，2020）。另外，也有学者根据我国农村电子商务经济发展状况，直面发展困境，针对性地提出不同的发展建议（赖修源，2016；李丽和李勇坚，2017）。

在特征方面，国外众多学者对农村电子商务经济的特征进行了广泛研讨，有

学者指出电子商务经济的发展能够促进信息流动、方便产业协调、提高市场透明度及价格发现（Poole，2001），同时发展农村电子商务经济要以电子商务基本模型概念为基础（Paul，2020）。国内学者则认为发展农村电子商务经济，能够打破时空界限、缩短流通环节、降低流通成本等，帮助农民克服原有的信息弱势，直接对接大市场（汪向东，2001）。

在农村电子商务经济作用方面，国内学者邱淑英和纪晓萃（2012）认为电子商务经济能够缩短生产和消费的距离、降低交易成本、减少库存、增加商业机会，对我国农业产业化具有极大的促进作用。李成钢（2015）认为发展农村电子商务经济是解决"三农"问题的良好思路，农村电子商务模式不但为农民创收提供了新途径，而且为调整农村产业结构、促进农业产业化聚集提供了新方法。农产品电子商务经济有可能成为推动我国农业经营机制变革和农民合作社发展的重要力量，因此要重视农村电子商务经济的作用（党国英，2019）。电商平台经济在赋能农村劳动力就业创业中，具有全产业链、本地化、就地化、集群化、包容性等就业创业特征，可为乡村振兴提供人才支撑（苑鹏，2020）。王瑞峰（2020）指出，涉农电商平台通过影响农产品供需、平台自身价值提升、平台集聚发展等为农业经济发展注入活力。张海霞（2020）研究发现，电子商务经济发展促进了农民收入增加，电子商务经济发展对农户不同类型的收入影响具有异质性，非农就业转移是当前电子商务经济发展影响农户收入增长的关键路径。汪雨雨等（2020）在研究中发现，电子商务经济的发展打破了社会资本差异造成的创业机会差异，增强了农村创业者的创业信心，促进了农户创业选择。

2. 农村电子商务经济发展模式

国内外学者关于农村电子商务经济发展模式的研究主要集中在政府主导型发展模式、农村自组织发展模式两个方面。

（1）政府主导型发展模式。Wen（2010）认为创新构建农村电子商务经济发展模式应建立在知识管理的基础上。Galtier等（2014）提出发展农村电子商务经济需要政府持续完善及优化市场信息系统。在政府主导型发展模式的相关研究中，国内学者认为政府部门是这种模式的主导力量，能够积极推动农民参与到电子商务活动当中。因此，这类研究内容中的大部分基础理论、模型、问题、应对方法等都集中关注政府的角色定位与主导作用的发挥。

（2）农村自组织发展模式。近年来，这种自上而下的产业发展模式在浙江遂昌、浙江缙云、江苏徐州沙集镇等地区都有出现，农村经济实体通过与社会第三方网络平台和其他社会资源开展合作来进行电子商务交易。例如，丁钧盛（2014）以浙江省为例，吴婷（2014）以江苏省为例，都对该类电子商务模式存在的一系列问题进行了探究，并提出了针对性的建议和意见。

3. 电子商务经济对城乡融合发展的影响

近年来，电子商务经济的迅猛发展使我国城乡经济与居民生产生活方式发生了巨大改变，城乡之间的要素流动变得更为频繁，同时也丰富了农民的就业方式（崔丽丽等，2014）。有学者提出产业集聚、技术发展、基础设施等因素影响农村电子商务经济发展，推动城乡融合发展（汪泉，2006；周海琴和张才明，2012；杨会全，2014；张勤和周卓，2015；张灿，2015；穆燕鸿等，2016；郝金磊和邢相炀，2016）。此外，信息传递在电商共享平台的作用下不再被城市供应链中的巨头企业垄断，广大农民可以迅速感知和反馈市场供需变化，传统角色的农产品生产者、供应商、物流渠道商、产品加工商和消费者的定位逐渐转变。

4. 农村电子商务经济发展对策

朱世友（2016）在研究中发现，我国农村电子商务物流发展仍存在企业规模化程度低、流通渠道不畅通、政策规定不完善及专业人才短缺等问题。马俊（2020）则从风险防控的角度出发，提出了农村电子商务物流在构建发展体系上必须面对高物流风险，并针对不同风险类型给出了建议对策。也有学者指出政府部门对于农村电子商务经济发展起到关键性作用，应该加大政府的扶持力度（吴宏伟和万江涛，2008；傅园园，2017；李良强等，2018）。崔丽丽等（2014）在对浙江丽水市"淘宝村"的网络商家调研中发现，社交示范、电子商务协会组织等社会创新因素可以显著提高电子商务从业者的销售业绩。曾亿武和郭红东（2016）指出电子商务协会可充当弥补政府有限理性的组织角色。周应恒和刘常瑜（2018）运用层次分析法证明社会资本有益于农村电子商务经济的发展。此外，农村电子商务经营要了解和研究中产阶层（温铁军，2017）。

（二）电商直播

国内外学者关于农村电商直播的研究主要集中在农村电商直播的内涵、特征、困境与对策方面。

1. 农村电商直播的内涵

目前，研究网络直播在农村电子商务应用方面的文献较少，大部分文献集中在电商直播营销领域，研究范围较窄。因此，相关概念可以作为本书的参考。公瑞祥（2017）将直播营销定义为一种新型网络营销模式，其通过视频直播技术，在网络直播平台上以提高顾客体验、增加产品销量、传播企业文化、提升品牌认知为核心，以提升顾客价值为目的。李彩丽（2017）则将"网络直播+电商模式"

或"直播+电商模式"定义为通过网络直播平台宣传推广产品,引入流量,并最终实现在线交易的商务模式。

2. 农村电商直播的特征

与传统销售方式相比,农村电商直播带货具有以下两个特征:一是直观展示产品,增强消费者信任。直播形式拉近了人与人之间的距离,跨越了空间界限,制造了现场感,让消费者可以身临其境地对所购农产品的品质进行提前感知。付业勤等(2017)认为,"直播+行业"是网络直播与行业深度融合的一种方式,通过直播实时传递影音内容,拉近服务者和被服务者的距离,减少信息不对称性,提高信息沟通效率,实现购买和服务环境的交互化、场景化。岳小玲(2020)认为,电商直播通过移动媒介"带货",将视听效应发挥到极致,迎合了互联网时代用户的消费习惯。这些观点认为网络直播有助于提高顾客购物体验、减少信息不对称性、增加产品销量等。在这些观点的基础上,"网络直播+农村电子商务"是指农村电子商务主体通过网络直播手段,以提高农产品品牌传播、促进产品销售、增强顾客购物满意度、增加店铺流量为目的而开展的一种特殊的宣传活动。二是优化农产品上行通道,实现精准产销对接。农村电商直播带货,一方面为农业生产者提供了一个更优化的农产品上行通道,重新布局了上游环节;另一方面,直连消费者与生产者,实现了精准产销对接。朱宣怡(2020)指出发展农村电子商务经济的优势还体现在国家政策支持、产品渠道透明、增效降本显著等方面。

3. 农村电商直播的困境与对策

目前,电商直播在提高农村产业经济方面仍处于初级阶段,易出现不容忽视的困境。首先,物流网络不健全极大地遏制了农村电子商务经济的发展(朱宣怡,2020;李婷等,2020)。其次,农户品牌意识淡薄,农产品品牌宣传不到位,对农产品特色和品牌价值挖掘的能力不足,品牌效果大打折扣(王存,2019;赵美琛和苏雷,2020)。最后,直播内容同质化严重,极易造成观众的审美疲劳,内容创业显得尤为重要(阳美燕和田森,2017;赵美琛和苏雷,2020;陈永晴,2020)。因此,农村电子商务市场亟待规范和治理。

三、关于数据资源推动城乡融合高质量发展的研究动态

(一)关于数据资源推动城乡融合高质量发展机理的相关研究

侯志茹(2022)指出,数据要素具有共享低成本、城乡自由流动的优势,能

够促进城乡要素生产率的提高，并通过建立城乡大数据平台实现自由双向流动。李如（2017）则强调，在企业发展中，数据资源扮演着越来越重要的角色，因此将数据作为一项资产列入财务报表变得非常紧迫和必要，并探讨了数据资产计量中可能遇到的问题。

数据资源的出现使得传统要素在城乡间得以更加精准地配置，同时也给劳动者提供了不同于以往的就业机会，从而改变了传统的就业方式。这种灵活的就业时间和地点的安排降低了农村剩余劳动力来到城市寻求工作的门槛，提高了劳动力在城乡之间的配置效率。温涛和陈一明（2020）提出了以数据和信息为核心要素的精准农业模式、以大数据共享为突破路径的政企合作数字农业模式、以信息网络为主要载体的订单农业模式、以数字金融服务"三农"的创新模式、基于现代信息技术（物联网）的农业保险决策管理模式、以"互联网+"为平台的农业全产业链模式和以云计算为依托的多位一体智慧农业模式。Strmmen-Bakhtiar 等（2020）通过案例研究了 Airbnb 对农村发展的贡献。王彩彩（2018）研究了休闲农业和乡村旅游发展的创新模式，即"互联网+旅游"模式。李翔和宗祖盼（2020）认为数字文化产业既可以直接纳入现代乡村经济体系，成为一种可拓展的新产业类型，也可以视为城乡融合和产业融合的转换器，带动乡村其他经济领域发展，并提出了数字文化产业的几种发展模式。

（二）数据资源推动乡村治理现代化的研究动态

关于数据资源推动乡村治理现代化的研究，主要集中在乡村数字治理的概念内涵、乡村数字治理的作用机理及乡村数字治理的实现路径方面。

1. 乡村数字治理的概念内涵

根据党国英（2008，2017）的研究，乡村治理是指以乡村政府为基础的国家机构和乡村其他权威机构为乡村社会提供公共物品的活动，乡村政府或乡村其他权威机构构成了乡村治理主体，治理主体的产生方式、组织机构、治理资源的整合，以及乡村治理主体与乡村社会的基本关系构成了乡村治理机制。乡村治理是一个复杂的社会政治现象，涉及政府统治、村民自治、法定制度、村规民约、国家介入和民间参与（俞可平和徐秀丽，2004；Liu and Xiong，2018）。乡村数字治理是指利用信息化、网络化、数字化和智能化新科技，构建乡村数字化智能政务体系与技术规范体系，以推进乡村数字化智能经济社会建设和实现村民数字化智能生活的新型治理活动（刘俊祥和曾森，2020）。冯献等（2020）认为，乡村治理数字化是数字治理理论或数字化智能治理在乡村社会治理中的扩展与应用。谭九生和任蓉（2017）认为，大数据嵌入乡村治理的实质是运用大数据技术收集、管理乡村事务的海量数据，及时挖掘有用信息，科学预测治理问题。

2. 乡村数字治理的作用机理

乡村数字治理的作用机理一般包括治理主体、治理方式和治理过程。就治理主体来看，胡卫卫等（2019）、陈明和刘义强（2019）认为，数字技术嵌入乡村治理，重塑了乡村治理社会基础、结构形态和主体关系；提升了治理主体的协同性、过程决策的科学性、问题应对的有效性（赵敬丹和李志明，2020）。就治理方式来看，"互联网+"乡村治理模式"新"在治理方式发生变化，具有交往的超时空性、参与的低成本性及监督的便捷性特征（何阳和汤志伟，2019）；大数据嵌入乡村治理，从被动处置转向主动预测、从精细管理转向精准服务，从而提升治理内容精准性、治理手段有效性（谭九生和任蓉，2017；王欣亮等，2018）。就治理过程来看，丁波（2019）从乡村公共空间视角入手，建构了"空间形态—权力结构—联结关系"分析框架，分析了数字技术重新形塑治理主体权威，深化治理联结关系，规范治理主体权力；乡村数字治理实现了技术赋权解构行政权力的专断性，拓展了乡村空间的公共性，实现了自上而下的资源整合及自下而上的参与治理，克服了信息传播的单向性，企业与社会组织发挥了政府与村民沟通的桥梁作用（胡卫卫等，2019；冯献等，2020）；马丽和张国磊（2020）认为，乡村数字治理增强了基层风险应对能力，改善了乡村治理专业化水平，重塑了村民利益诉求，能纠正基层权力"跑偏"，规范乡村治理流程；沈费伟和袁欢（2020）从数字乡村治理的行为动机、制度支持、资源供给、公共参与和监督机制五个维度阐释了乡村数字治理的实践逻辑，并提出了优化策略。

3. 乡村数字治理的实现路径

乡村数字治理本质上是数字技术在乡村治理中的应用，大多数学者从平台建设、治理主体、治理机制、治理理念入手探索乡村数字治理实现路径。

（1）关于平台建设。胡卫卫等（2019）基于理念、制度和技术的三维视角，从人本化执政理念、规范化制度设计和数字化平台搭建三个方面提出乡村数字治理的建构路径。王欣亮等（2018）从大数据治理理念、平台、决策机制等入手探索乡村"善治"。冯献等（2020）提出，应构建城乡一体的数字化基础设施网络，建立统一的乡村治理数字化基础平台，加快治理内容数字化，分类分层梯次推进乡村治理数字化。赵敬丹和李志明（2020）则建议构建乡村治理大数据云平台等，夯实乡村大数据嵌入乡村治理的软件、硬件及技术支撑，推进乡村治理的现代化转型。罗春龙等（2009）指出云南省数字乡村建设依托于电子政务平台、数字城市经验和云南省省情。

（2）关于治理主体。房正宏和王冲（2017）认为，在乡村数字治理方面要充分发挥乡镇政府、村级自治组织、优秀农民的作用,构建基层政府主导下多元协同共治的"互联网+"治理格局。沈费伟(2020)从赋能视角出发,从个人技术赋能层面增强自我发展能力,从组织技术赋能层面构建多元共治格局,以及从社区技术赋能层面完善乡村数字治理制度结构体系。

(3)关于治理机制。师曾志等(2019)提出了"重新部落化"理论观点,认为在新媒介赋权的背景下,个体的自我意识和能力得到激发和释放,社会结构和社会关系经历颠覆和重构,多元主体在动态博弈平衡中共同参与,开拓了数字技术背景下乡村总体性治理的新机制。文雷和王欣乐(2021)认为应通过构建乡村基层智慧治理平台实现乡村治理现代化,乡村基层智慧治理平台具有村情监控、公共服务、政务公开、决策支持、互动交流五大基本功能。何阳和汤志伟(2019)提出了"三治合一"下的互联网+乡村治理体系建设。高国伟和郭琪(2018)从知识治理视角探索以数据驱动智慧治理、多主体共同参与、沟通协调达成共识为特征的"智慧农村"治理机制。侣传振(2019)探索了互联网时代下,农村协同治理存在的"公开—监督""互动—协商""开放—共治"三种模式。陈明和刘义强(2019)建构了以交互性和群结构性为特征的交互式群治理模式,探究互联网时代农村治理转型问题。沈费伟和诸靖文(2020)提出构建多元主体的共治格局和采用硬技术与软技术的治理策略,不断推进乡村治理能力现代化发展。董磊明和欧阳杜菲(2020)认为,将技术性治理与社区性治理有机整合起来,才能更好地推动乡村治理。王林霞和魏磊(2020)提出从顶层设计、开发应用、伦理风险、数据体系四方面推进大数据嵌入乡村治理。宗成峰和朱启臻(2020)探讨了"互联网+党建"的乡村治理机制和经验。

(4)关于治理理念。张春华(2016)认为,大数据时代的乡村治理需要树立数据思维,打造合作治理;开展数据分析,实现乡村治理决策科学化;规范数据隐私,推动乡村治理走向理性化;应对数据冲击,转变治理结构。胡卫卫等(2019)利用柔性引才技术、网络治理技术、缘情治理技术构建乡村柔性治理的技术路径。另外,还有一部分学者探究了乡村政务、教育、文化、生态等公共服务方面的数字化治理。方堃等(2019)探索了数字乡村战略背景下,以数字化整合为目标取向、以协同互动为形态表征、以农民需求为结果依归的数字乡村公共服务体系。

第四节　简略的评述

一、数字经济内涵及其演进的评述

数字经济是当下较热门的话题,但是对于其内涵和定义,学术界尚未达成共识。关于数字经济的研究国外学者起步较早。"数字经济"一词在20世纪90年代由西方学者Tapscott（1997）率先提出，其被誉为"数字经济之父"，他认为数字经济类似知识经济，数字经济的兴起将会打破原有的世界经济格局。进入21世纪后，大量国外学者对数字经济展开了研究。尽管我国的数字经济研究起步较晚，但在国外学者研究成果的基础上，我国学者结合基本国情，对于数字经济的本质与内涵提出了丰富的观点。何枭吟（2013）从数字化的视角出发，认为数字经济是以知识为基础，以数字技术加以驱动，在制造、管理、流通领域用数字化形式表现的一种新经济形态。2016年，G20杭州峰会上提到数字经济是指以使用数字化的知识和信息作为关键生产要素、以现代信息网络作为重要载体、以信息通信技术的有效使用作为效率提升和经济结构优化的重要推动力的一系列经济活动。纵观国内外学者关于数字经济本质及内涵的界定，发现国外学者侧重强调数字技术相关产业及其市场化应用，而国内学者更侧重强调它的价值创造和经济业态。

二、城乡融合内涵及其演进的评述

关于城乡融合的相关研究已较为成熟，主要研究成果集中在城乡一体化进程及融合发展内涵阐释、融合发展历程与阶段划分、城乡融合发展机制与发展路径等方面，为中国数字经济推动城乡融合高质量发展战略奠定了理论基础。中国城乡一体化经济高质量发展有其自身的特点，不能一味套用西方城乡融合高质量发展成功案例，应结合中国城乡具体情况，具体问题具体分析，但也不能直接否定西方经验，要做到取其精华，去其糟粕。在未来的研究中，如何处理城乡融合高质量发展创新研究中区域性及比较问题，如何科学界定其动态性与差距，如何进一步探明各要素间的关系，深入分析城乡融合高质量发展机理等问题值得我们研究。

三、数字经济推动城乡融合发展的相关研究评述

梳理国内外学者的研究成果可知，关于数字经济和城乡融合发展的研究最早兴起于国外，随着中国经济的快速发展和相关政策的出台，数字经济和城乡融合发展逐渐成为国内学者关注的热点。国内的研究目前可以归纳为以下三个方面：一是关于数字经济的研究，分别围绕数字经济的内涵、测度及数字经济对经济社会发展带来的影响展开；二是关于城乡融合的研究，主要围绕城乡融合的内涵、发展路径、测度评价及影响因素等展开；三是关于数字经济对城乡关系的研究，目前这方面的研究相对较少，主要围绕数字经济对城乡收入差距及城镇化进程的角度展开。

从研究角度来看，现有研究多是探讨数字经济对于经济发展的影响，或者是研究城乡融合发展的影响因素，关于数字经济影响城乡融合发展的研究并不多，并且现有研究大多选择从理论的角度分析数字经济对城乡融合发展的影响路径。从研究方法来看，现有研究大多关注数字经济的直接影响效应，但数字经济本身具备高渗透性和协同性的特点，使各地区间经济、社会和生活联系更加紧密，加强了各地区之间的空间依赖关系，仅研究数字经济的直接影响效应，忽略空间依赖这一重要特点，会使得到的结论不够全面。

四、电子商务经济推动城乡融合发展相关研究的评述

检索回顾国外文献可以发现，国外学者对电子商务经济与城乡融合发展的理论进行了长期的深入评述和多角度的研究，目前已经形成了较系统的理论体系。国内外学者分别从农村电子商务经济发展现状、发展影响因素、发展模式及困境、电商直播等视角系统地研究了农村电子商务经济的发展及其对城乡融合发展的影响，为研究农村电子商务经济推动城乡融合高质量发展提供了丰富的理论与实践基础。

五、数据资源推动城乡融合发展相关研究的评述

从以上文献可以看出，国内外学者对数据资源的内涵、发展状况、城乡融合高质量发展影响的研究很丰富，基本认同数据要素可促进城乡要素生产率提高和有助于传统要素在城乡之间精准配置的观点，并采取多案例分析方法，认为数据资源可以促进乡村治理现代化发展，这为未来学者的进一步深入研究提供了许多有益的思路。但是，针对数据资源推动城乡融合高质量发展方面的研究较少，尚不系统，这成为本书研究和未来探索的方向。

六、有待研究的问题

通过上述的研究现状及发展动态的综述分析，我们发现国内外已对数字经济推动城乡融合高质量发展展开了一些研究，但仍存在以下有待研究的问题。

（1）当前国内外学者对数字经济与城乡融合高质量发展的具体内容研究较多，但对数字经济促进城乡融合高质量发展，特别是对数字经济提升城乡融合高质量发展机理缺乏系统性、前瞻性、战略性的研究。为此，急需在数字经济助推城乡融合高质量发展背景下，以数字经济理论为基础，构建一套符合全球化、科

学性、前瞻性特征的数字经济推动城乡融合高质量发展研究体系，研究数字经济背景下促进城乡融合高质量发展的理论体系和政策保障体系。

（2）在研究数字经济推动城乡融合高质量发展问题时，有两个问题尚需引起高度重视：一是必须摸清数字经济推动城乡融合高质量发展的准确评价，这是数字经济推动我国城乡融合高质量发展的基础；二是考虑不同区域数字经济推动城乡融合高质量发展的影响问题，进而研究异质性条件下数字经济推动城乡融合发展如何应用不同的战略模式与路径优化问题。

（3）电子商务经济和数据资源是推动城乡融合高质量发展的重要途径。因此，进行数字经济推动城乡融合高质量发展的研究，需要分析这些不同因素对城乡融合高质量发展的影响，包括电子商务经济等促进城乡融合高质量发展的基本理论研究、实践模式研究、推进路径研究等方面。

（4）由国内外大量文献检索可知，关于数字经济推动城乡融合高质量发展的战略模式与路径创新的研究成果较少。例如，数字经济促进城乡融合高质量发展的思路转换问题，国内外典型经验的总结比较与借鉴问题，数字经济推动城乡融合高质量发展的难题与政策问题等，都是亟须研究与解决的重要理论与应用问题。

第二篇　数字经济推动城乡融合高质量发展测度与评价研究

第三章　数字经济与城乡融合高质量发展水平测度及演进研究

第一节　引　言

中国已经进入以城乡融合高质量发展为主要导向的新发展阶段。2021年中央一号文件明确提出"加快形成工农互促、城乡互补、协调发展、共同繁荣的新型工农城乡关系"。目前，中国脱贫攻坚战取得历史性成就，城乡深度融合的基础不断夯实，城乡融合系统协调发展能力持续提升，但在推进城乡高质量融合发展过程中仍存在城乡发展不平衡、乡村发展不充分等问题。"十四五"规划提出"加快数字化发展"，2021年中央一号文件指出要加快"数字化智能化建设"。数字经济作为经济发展新业态，以其特有方式有效破解要素错配、时空错配等问题，数字经济时代将为城乡高质量融合发展开创新的发展机遇。数字经济下城乡融合系统耦合协调发展是对城乡高质量融合发展的科学评定，其研究不仅有利于人们正确认识新时代新型城乡关系，有助于缓解城乡发展不平衡、乡村发展不充分等问题，也有助于制定合理的城乡发展规划和科学管理决策，进而推动城乡融合实现高质量发展。

本章分为城乡融合高质量发展水平测度、数字经济发展水平测度与数字经济发展水平时空演进分析三大模块。采用定基功效系数法与熵值法相结合来测度我国31个省（区、市）（不含港澳台地区）的城乡融合高质量发展水平与数字经济发展水平。采用Dagum基尼系数衡量我国城乡融合高质量发展水平的空间差异性与数字经济发展水平的空间差异性。但基于Dagum基尼系数的研究无法描述时空演进过程，故使用核密度估计方法刻画我国城乡融合高质量发展水平的分布特征与数字经济发展水平的分布特征。

第二节　城乡融合高质量发展水平测度

一、城乡融合高质量发展内涵界定

城乡融合是城乡关系的一种状态，它是城乡由二元异质结构迈入一元同质结构的一个过程，其最终结果是实现城乡一体化发展。城乡融合不是消灭城乡之间的差异，而是求同存异，这种差异源于城乡自身资源禀赋的不同，而不是城乡制度差异造成的。城乡融合高质量发展需要结合城市和农村的优点，二者相互作用、相互渗透，各类资源要素突破地理限制重新组合达到最优配置状态，促进城乡在经济、社会、人口、空间、生态等方面的深度融合，使得公民权利平等化、基础设施建设统一规划、基本公共服务均等化、社会福利水平提高、城乡收入与消费差距缩小、城乡空间结构优化、城乡整体功能提升，形成工农互促、城乡互补、全面融合、共同繁荣的新型城乡关系，实现人与自然和谐发展。根据现有研究，本章从城乡经济融合、城乡空间融合、城乡生活融合、城乡生态融合四个方面进一步阐释城乡融合高质量发展内涵。

（1）城乡经济融合是实现城乡融合高质量发展的基础。在传统城乡二元结构下，农村社会发展缺乏经济基础支撑的状况越发严峻，当前我国城市经济体系相对较为完善，而大多数农村地区由于农产品及其衍生品的生产加工较为落后，农业经济出现边缘化、空心化，进而无法为城乡经济融合提供足够的经济基础。因此，必须推动城乡经济深度融合，加强工农业发展的有机联系，有效激活城乡资金、技术、人才等要素双向流动，进而增强农业农村发展活力，为现阶段我国城乡融合高质量发展提供内在的持续动力。

（2）城乡空间融合是经济增长的重要驱动力。城市和农村是两种典型的社会经济活动的空间组织形式，以空间形态为载体大力推进城乡融合发展，有利于城乡人口自由流动、城乡交通通信便捷、城乡生产要素配置和商品流通顺畅，促使城乡之间由点到点的线状结构转变为面到面的网状结构，使得城乡往来更加频繁，有助于实现城乡市场的对接，不断提高空间资源的利用效率，为经济增长提供新的发展空间，进而提升整体经济发展水平。

（3）城乡生活融合是实现城乡融合高质量发展的重要体现。城乡融合发展的结果最直接地表现为城乡收入和消费的融合，这也是城乡居民追求社会福利的最终目标。推动城乡融合高质量发展，就是要不断地提高城乡居民的生活水平和幸福感。

（4）城乡生态融合是实现城乡融合高质量发展的新要求。走城乡融合发展之路，除了城乡经济增长的融合，还需要破除城乡生态二元结构，积极推动乡村生态治理现代化，促进城乡生态服务均等化，实现城乡资源的高效利用。

二、城乡融合高质量发展评价指标体系构建依据

城乡融合高质量发展是一个涉及经济发展、社会治理、生活水平、生态环境等多个方面的复杂概念，其最终目标是实现城市和农村居民社会福利的均等化和区域间经济的全面均衡发展。准确理解城乡融合高质量发展的内涵是科学测度城乡融合高质量发展水平的前提。

对已有研究成果进行梳理可以发现，有关城乡融合发展的文献很多，但基于统计数据的实证分析相对较少，且对于城乡融合高质量发展概念的界定至今未达成共识。本章基于2019年发布的《中共中央 国务院关于建立健全城乡融合发展机制体制和政策体系的意见》，阐述对中国城乡融合高质量发展内涵的理解：城乡融合发展是在城乡优势互补、共同繁荣的前提下，缩小城乡发展差距和居民生活水平差距，最终形成"合作大于冲突"的城乡关系。上述理解包含以下几方面含义。

（1）城乡融合高质量发展是全面的融合。城乡融合高质量发展不仅体现在经济层面，还体现在社会、空间和生态环境层面，其核心是使城乡居民共享物质文明、精神文明和生态文明，包括城乡基本公共服务普惠共享、城乡教育资源均衡配置、统筹城乡公共文化服务等方面。

（2）城乡融合高质量发展是一个复杂的综合性概念，本质上是构建一种良性的城乡共生关系。具体来说，它是指城市和农村充分发挥各自的比较优势构建发展动力机制，以城乡之间内在的、必然的联系克服城乡高度同质、城乡分异所导致的外部性联系，最终实现城乡人口双向流通、资源要素双向流动、人与自然和谐共生"三个循环"。

（3）城乡融合高质量发展不是城乡完全无差别化。城市和农村是两个具有明显差异的子系统，各自的生产和生活方式都具有一定的特点，城乡融合高质量发展不等于城乡同一化，而是强调城乡在经济、社会、生活和生态四个层面的优势互补与良性互动。

（4）城乡融合高质量发展既是一个动态的发展过程，也是城乡关系演进的最终结果（王朝华，2012）。城乡融合是建立在经济社会整体发展基础上的融合，体现了城乡现代化已经发展到一定程度的城乡关系特征。发展是大前提，协调既是结果，也是对城乡现代化发展的约束。因此，评价城乡融合高质量发展水平不能

仅仅局限于衡量城乡各方面差距的缩小，还要综合考虑城乡经济社会现代化的发展水平，低水平下城乡差距的缩小并不是我们所追求的城乡融合高质量发展目标。

三、城乡融合高质量发展水平评价指标体系构建

城乡融合高质量发展的本质是在城乡共同繁荣的前提下，城乡各方面差距的不断缩小。本章以城乡融合高质量发展的内涵为基础，并遵循综合性、层次性、代表性等评价指标体系的构建原则，综合考虑各省（区、市）指标数据的可获得性，从城乡经济融合、城乡生活融合、城乡空间融合、城乡生态融合四个维度，共选取20个指标对我国城乡融合发展水平进行评价。具体指标见表3.1。

表3.1 城乡融合高质量发展水平评价指标体系

一级指标	二级指标	基础指标	计算方法
城乡融合	城乡经济融合	城乡恩格尔系数比值（%）	城镇恩格尔系数/农村恩格尔系数
		二三产业占地区生产总值比重（%）	第二、第三产业产值/地区生产总值
		城乡居民人均消费比值（%）	城镇居民人均消费/农村居民人均消费
		城乡居民人均可支配收入比值（%）	城镇居民人均可支配收入/农村居民人均可支配收入
		城乡固定资产投资比值（%）	城镇居民固定资产投资/农村居民固定资产投资
	城乡生活融合	失业率（%）	登记失业率
		城乡千人卫生技术人员比值（%）	城镇千人卫生技术人员/农村千人卫生技术人员
		城乡基础教育比值（%）	城镇小学数量/乡村小学数量
		城乡文教娱乐比值（%）	城镇文教娱乐服务支出/农村文教娱乐服务支出
		城乡最低生活保障水平比值（%）	城镇最低生活保障水平/农村最低生活保障水平
	城乡空间融合	人口密度（人/千米^2）	人口密度
		旅客周转量（亿人/千米）	旅客周转量
		城乡邮政投递线路比值（%）	城镇邮政投递线路/农村邮政投递线路
		铁路网密度（千米/千米^2）	铁路营运里程/行政区域面积
		土地城镇化率	建成区面积/行政区域面积
	城乡生态融合	环保支出占政府总支出比重（%）	环境保护支出/政府一般财政支出
		森林覆盖率（%）	森林覆盖率
		生活污水处理率（%）	生活污水处理率
		生活垃圾无害化处理率（%）	生活垃圾无害化处理率
		人均公园绿地面积（平方米）	人均公园绿地面积

四、城乡融合高质量发展水平测度结果

目前学者多采用主成分分析法、因子分析法、熵值法等对多指标城乡融合高质量发展水平进行综合测度，本章为保证评价结果具有客观性，并且不同年份之间是可比的，采用定基功效系数法、熵值法与线性加权法相结合来测度我国31个省（区、市）（不含港澳台地区）的城乡融合高质量发展水平。具体步骤如下。

1. 定基功效系数法处理原始数据

为使城乡融合发展水平指数跨年度可比，本章以2011年为基期，对原始数据[①]做标准化处理，具体公式如下：

$$s_{ij}(t_k) = \begin{cases} \dfrac{\max[x_j(t_1)] - x_{ij}(t_k)}{\max[x_j(t_1)] - \min[x_j(t_1)]}, & x_j \text{为逆向指标} \\ \dfrac{x_{ij}(t_k) - \max[x_j(t_1)]}{\max[x_j(t_1)] - \min[x_j(t_1)]}, & x_j \text{为正向指标} \end{cases} \quad (3.1)$$

其中，$x_{ij}(t_k)$为第i个省（区、市）第j个指标在第t_k年的原始数据；$s_{ij}(t_k)$为第i个省（区、市）第j个指标在第t_k年处理之后的数据；$\max[x_j(t_1)]$为第j个指标在起始年份中原始数据最大值；$\min[x_j(t_1)]$为第j个指标在起始年份中原始数据最小值。

2. 熵值法确定权重

（1）计算第i个省（区、市）的第j个指标在该指标总体中所占的比重。

$$p_{ij} = \dfrac{x_{ij}}{\sum\limits_{i=1}^{n} x_{ij}} \quad (3.2)$$

（2）计算第j个指标的熵值。

$$e_j = -k \sum_{i=1}^{n} p_{ij} \ln(p_{ij}) \quad (3.3)$$

其中，$k = \dfrac{1}{\ln(n)}$，且$k > 0$，满足$e_j \geq 0$。

---

① 数据来自《中国统计年鉴》，各省（区、市）统计年鉴、各省（区、市）统计局官方网站。

（3）计算信息熵冗杂度。

$$d_j = 1 - e_j \quad (3.4)$$

（4）计算各指标权重。

$$w_j = \frac{d_j}{\sum_{j=1}^{m} d_j} \quad (3.5)$$

3. 线性加权法

将定基功效系数法处理过的数据与相应的指标权重系数相乘并相加，即可得到相应地区的城乡融合高质量发展水平指数，即

$$c_i(t_k) = \sum_{j=1}^{m} w_j(t_k) s_{ij}(t_k) \quad (3.6)$$

其中，$c_i(t_k)$ 为我国第 i 个省（区、市）的城乡融合高质量发展水平指数。

基于上述各步骤，本章测度得到 2011~2020 年我国 31 个省（区、市）城乡融合高质量发展水平指数。部分指标值如表 3.2 所示。

表 3.2　2011~2020 年我国 31 个省（区、市）城乡融合高质量发展水平指数（部分）

省（区、市）		2011年	2012年	2013年	2014年	2015年	2016年	2017年	2018年	2019年	2020年
东部地区	北京	0.472 8	0.486 6	0.507 3	0.520 5	0.521 5	0.529 8	0.535 9	0.554 8	0.569 0	0.558 0
	天津	0.372 3	0.380 2	0.402 4	0.412 3	0.431 8	0.457 7	0.495 5	0.493 1	0.508 3	0.512 2
	辽宁	0.300 4	0.316 4	0.330 4	0.335 1	0.340 4	0.336 7	0.343 5	0.352 6	0.351 9	0.351 1
	上海	0.506 7	0.523 6	0.512 4	0.520 3	0.524 0	0.528 2	0.541 7	0.621 5	0.620 8	0.626 7
	浙江	0.373 4	0.379 1	0.383 9	0.396 6	0.406 6	0.413 7	0.422 6	0.433 0	0.442 8	0.449 3
	广东	0.446 8	0.472 2	0.457 7	0.492 6	0.485 0	0.498 1	0.511 6	0.526 7	0.544 3	0.546 6
	海南	0.286 9	0.283 3	0.292 0	0.296 0	0.303 0	0.301 8	0.312 2	0.318 0	0.324 8	0.323 1
	…	…	…	…	…	…	…	…	…	…	…
	平均	0.369 1	0.382 4	0.389 2	0.402 2	0.408 8	0.415 2	0.428 1	0.444 6	0.454 1	0.456 8
中部地区	山西	0.241 1	0.251 2	0.274 9	0.280 6	0.283 5	0.285 4	0.290 8	0.304 8	0.321 1	0.321 9
	吉林	0.279 2	0.288 8	0.290 5	0.308 3	0.312 2	0.319 1	0.313 8	0.327 3	0.331 8	0.332 0
	黑龙江	0.264 5	0.269 4	0.268 8	0.276 0	0.283 1	0.294 3	0.292 8	0.304 4	0.311 6	0.317 8
	安徽	0.302 0	0.316 7	0.317 9	0.335 3	0.339 8	0.345 1	0.354 7	0.365 2	0.378 2	0.386 6
	江西	0.339 1	0.344 8	0.351 7	0.359 7	0.365 1	0.372 0	0.380 4	0.384 2	0.401 7	0.402 5
	河南	0.328 9	0.345 8	0.339 3	0.355 4	0.357 6	0.365 8	0.380 6	0.388 5	0.400 5	0.405 8

续表

省（区、市）		2011年	2012年	2013年	2014年	2015年	2016年	2017年	2018年	2019年	2020年
中部地区	湖北	0.2719	0.2919	0.3111	0.3323	0.3439	0.3555	0.3596	0.3710	0.3817	0.3713
	…	…	…	…	…	…	…	…	…	…	…
	平均	0.2913	0.3033	0.3103	0.3237	0.3289	0.3361	0.3409	0.3522	0.3652	0.3670
西部地区	重庆	0.2924	0.3052	0.3122	0.3192	0.3268	0.3308	0.3391	0.3599	0.3631	0.3375
	贵州	0.2206	0.2368	0.2556	0.2625	0.2672	0.2751	0.2809	0.3097	0.3165	0.3131
	西藏	0.1371	0.1565	0.1652	0.1783	0.1867	0.1658	0.1680	0.1712	0.1823	0.1856
	甘肃	0.1994	0.2073	0.2210	0.2385	0.2422	0.2511	0.2513	0.2528	0.2535	0.2551
	青海	0.1427	0.1506	0.1547	0.1701	0.1760	0.1871	0.1931	0.2109	0.2288	0.2369
	宁夏	0.1765	0.1865	0.2080	0.2139	0.2152	0.2222	0.2268	0.2471	0.2568	0.2602
	新疆	0.1860	0.1876	0.1959	0.1958	0.2031	0.2131	0.2225	0.2413	0.2520	0.2305
	…	…	…	…	…	…	…	…	…	…	…
	平均	0.2199	0.2308	0.2402	0.2489	0.2558	0.2608	0.2675	0.2819	0.2893	0.2862
全国		0.2913	0.3033	0.3113	0.3223	0.3290	0.3350	0.3434	0.3578	0.3674	0.3676

资料来源：《中国统计年鉴》，各省（区、市）统计年鉴、各省（区、市）统计局官方网站

（1）全国和东部、中部、西部三大地区城乡融合高质量发展水平分析。由表3.2可知，在样本考察期内，全国和东部、中部、西部地区城乡融合高质量发展水平呈逐年上升趋势，且东部地区城乡融合高质量发展水平始终领先于同期中部、西部地区和全国平均水平，说明东部地区良好的经济环境为城乡融合发展提供了诸多优越条件。但是，从年均增长率的角度来看，2011~2020年，东部地区城乡融合高质量发展水平指数年均增长率为2.40%，低于中部地区的2.60%和西部地区的2.97%，说明我国城乡融合高质量发展水平低的地区对水平高的地区具有"追赶效应"。

（2）全国31个省（区、市）（不含港澳台地区）城乡融合高质量发展水平静态特征。根据计算的指标值，2020年城乡融合高质量发展水平最高的5个省（市）均在东部地区，发展水平最低的5个省（区）均在西部地区。由此可见，2020年我国各省（区、市）城乡融合高质量发展水平存在较大差异，且具有较强的区域性，即东部地区城乡融合高质量发展水平位居全国前列，西部地区城乡融合高质量发展相对缓慢，因此应注重各省（区、市）之间的城乡融合协调发展，缩小各省（区、市）之间的发展差距。

（3）全国31个省（区、市）（不含港澳台地区）城乡融合高质量发展水平动态特征。从动态的角度来看，在样本考察期内，各省（区、市）城乡融合高质量

发展水平均呈现逐年上升的趋势,增幅最大的 5 个省(区、市)分别是青海、宁夏、贵州、天津、湖北,其中青海、宁夏和贵州近几年发展态势较好,增速较快,但是整体城乡融合高质量发展水平在全国仍处于较低水平。

第三节　数字经济发展水平测度

一、数字经济发展水平评价指标体系构建

目前,在我国乃至全世界尚未建立从国家到地区统一的数字经济发展水平评价指标体系,一些研究机构,如中国信息通信院、财信智库和赛迪顾问股份有限公司都进行了数字经济发展水平的测度。上海、浙江、广西和其他省(区、市)也结合当地数字经济的实际发展情况,出台了相应的政策性文件,确定了数字经济发展水平的统计测度指标。数字经济的发展要有较好的发展环境,包括基础设施、相关政策等。数字经济的发展同时也需要产业发展的支撑,还需要政府、企业和个人对数字技术的融合应用。数字经济的发展直接影响着国家和地区的经济发展和社会民生,良好的经济基础和发展较好的社会民生也会促进数字经济的发展。本章借鉴了学者研究体系中的数字产业和融合应用两个维度,同时增加了数字经济发展潜力的维度,具体地,二级指标分别为数字基础建设、数字应用能力、数字产业支撑及数字发展潜力,共 14 个基础指标,具体见表 3.3。

表 3.3　数字经济发展水平评价指标体系

一级指标	二级指标	基础指标	计算方法
数字经济	数字基础建设	光缆长度(千米)	光缆长度
		移动电话基站数(万个)	移动电话基站数
		互联网宽带接入端口数(万个)	互联网宽带接入端口数
		互联网域名数(万个)	互联网域名数
	数字应用能力	移动电话普及率(每百人部数)	移动电话普及率
		数字金融使用深度	数字金融使用深度
		数字金融数字化程度	数字金融数字化程度
		网上移动支付水平	网上移动支付水平
	数字产业支撑	信息服务业产值(亿元)	信息服务业产值
		电信业务量(亿元)	电信业务量
		软件业收入(万元)	软件业收入

续表

一级指标	二级指标	基础指标	计算方法
数字经济	数字发展潜力	专利申请授权数（件）	专利申请授权数
		r&d（研发）投入强度（%）	r&d 投入/政府财政支出
		信息服务业从业人数（万人）	信息服务业从业人数

二、数字经济发展水平测度结果

同样利用熵值法、定基功效系数与线性加权法相结合的方法计算数字经济发展水平指数，得到我国 2011~2020 年 31 个省（区、市）数字经济发展水平指数测度结果（部分）如表 3.4 所示。

表 3.4　2011~2020 年数字经济发展水平指数（部分）

省（区、市）		2011 年	2012 年	2013 年	2014 年	2015 年	2016 年	2017 年	2018 年	2019 年	2020 年
东部地区	北京	0.178 3	0.216 9	0.259 7	0.292 4	0.353 0	0.393 1	0.411 4	0.485 2	0.553 3	0.608 6
	天津	0.058 5	0.075 1	0.089 4	0.101 1	0.119 6	0.130 9	0.134 2	0.149 6	0.173 8	0.192 5
	辽宁	0.072 0	0.088 3	0.110 1	0.123 5	0.140 1	0.136 6	0.146 4	0.159 3	0.182 5	0.193 2
	上海	0.148 6	0.181 9	0.209 5	0.235 0	0.278 2	0.303 4	0.330 2	0.371 4	0.417 4	0.444 9
	江苏	0.168 3	0.215 5	0.243 4	0.269 1	0.325 7	0.358 4	0.390 8	0.445 3	0.500 7	0.551 5
	浙江	0.123 3	0.190 1	0.184 7	0.207 9	0.278 2	0.312 7	0.335 5	0.397 0	0.454 1	0.487 3
	广东	0.194 7	0.240 8	0.287 8	0.320 6	0.386 9	0.431 7	0.472 2	0.617 4	0.721 1	0.777 8
	…	…	…	…	…	…	…	…	…	…	…
	平均	0.106 0	0.136 1	0.162 6	0.181 0	0.220 1	0.244 7	0.268 5	0.315 9	0.359 3	0.382 1
中部地区	山西	0.027 4	0.039 7	0.053 1	0.063 0	0.074 6	0.083 5	0.092 7	0.117 0	0.128 6	0.140 0
	吉林	0.026 9	0.039 7	0.050 5	0.059 4	0.072 8	0.080 8	0.089 0	0.098 4	0.109 7	0.117 5
	黑龙江	0.028 3	0.039 6	0.062 5	0.069 5	0.081 3	0.082 4	0.089 1	0.096 5	0.110 9	0.121 6
	安徽	0.039 2	0.055 1	0.071 3	0.082 8	0.108 3	0.122 6	0.137 8	0.174 6	0.208 2	0.230 8
	江西	0.025 6	0.038 3	0.051 6	0.060 9	0.081 5	0.092 4	0.105 8	0.133 0	0.163 9	0.173 2
	河南	0.043 4	0.059 3	0.079 2	0.096 5	0.126 4	0.145 3	0.162 3	0.219 6	0.261 9	0.278 5
	…	…	…	…	…	…	…	…	…	…	…
	平均	0.034 9	0.048 8	0.064 9	0.075 8	0.097 0	0.108 3	0.120 1	0.149 0	0.177 4	0.189 4

续表

省（区、市）		2011年	2012年	2013年	2014年	2015年	2016年	2017年	2018年	2019年	2020年
西部地区	云南	0.0231	0.0373	0.0500	0.0570	0.0745	0.0828	0.0940	0.1174	0.1450	0.1566
	西藏	0.0049	0.0143	0.0234	0.0288	0.0382	0.0412	0.0460	0.0512	0.0562	0.0592
	陕西	0.0393	0.0529	0.0683	0.0799	0.0968	0.1107	0.1189	0.1452	0.1713	0.1846
	甘肃	0.0157	0.0265	0.0379	0.0454	0.0581	0.0614	0.0714	0.0849	0.0983	0.1053
	青海	0.0126	0.0188	0.0283	0.0334	0.0415	0.0436	0.0499	0.0555	0.0614	0.0668
	宁夏	0.0128	0.0228	0.0304	0.0401	0.0483	0.0518	0.0597	0.0676	0.0727	0.0776
	新疆	0.0157	0.0292	0.0420	0.0467	0.0591	0.0651	0.0697	0.0847	0.0995	0.1080
	...	...	...	...	...	...	...	...	...	...	...
	平均	0.0243	0.0367	0.0495	0.0585	0.0737	0.0819	0.0917	0.1092	0.1296	0.1393
全国		0.0560	0.0751	0.0936	0.1064	0.1316	0.1465	0.1618	0.1928	0.2234	0.2384

资料来源：《中国统计年鉴》，各省（区、市）统计年鉴、各省（区、市）统计局官方网站

1. 全国和东部、中部、西部三大地区数字经济发展水平分析

由表3.4可知，在样本期内，全国和东部、中部、西部地区数字经济发展水平呈逐年上升趋势，且东部地区数字经济发展水平始终领先于同期中部、西部地区和全国平均水平，说明东部地区良好的经济环境为数字经济发展提供了诸多优越条件。但是，从增长率的角度来看，2011~2020年，东部地区数字经济水平指数平均增长率为15.31%，低于中部地区的20.68%和西部地区的21.36%，说明我国数字经济发展水平低的地区对水平高的地区具有"追赶效应"。

2. 全国31个省（区、市）（不含港澳台地区）数字经济发展水平静态特征

根据计算的指标值，2020年数字经济发展水平最高的3个省（市）均在东部地区，发展水平最低的3个省（区）均在西部地区，由此可见2020年我国各省（区、市）数字经济发展水平存在较大差异，且具有较强的区域性，即东部地区数字经济发展水平位居全国前列，西部地区数字经济发展相对缓慢，因此应注重各省（区、市）之间数字经济的协调发展，缩小各省（区、市）之间的发展差距。

3. 全国31个省（区、市）（不含港澳台地区）数字经济发展水平动态特征

从动态的角度来看，在样本考察期内，各省（区、市）数字经济发展水平均

呈现逐年上升的趋势，其中上海、江苏、北京3个省（市）虽然数字经济发展水平在全国位居前列，但是近几年增长速度逐渐放缓，在全国处于较低的增长水平，在警惕因增幅过小而逐渐落后于其他省（区、市）的同时，也应当积极寻找新的发展方式和增长动力，促进数字经济在新阶段的发展。

第四节 数字经济发展水平时空演进分析

将前面计算得到的31个省（区、市）数字经济发展水平指数采用Dagum基尼系数法，计算得出2011~2020年我国数字经济发展水平的总体Dagum基尼系数，随后根据东部、中部、西部三大地区进行分解，得出三大地区区域内Dagum基尼系数及区域间Dagum基尼系数，具体结果见表3.5。

表3.5 2011~2020年我国数字经济发展水平空间差异及分解

年份	总体Dagum基尼系数	区域内差异 东部	区域内差异 中部	区域内差异 西部	区域间差异 东部-中部	区域间差异 东部-西部	区域间差异 中部-西部	贡献率 组内贡献率	贡献率 组间净贡献率	贡献率 组间超变密度贡献率
2011	0.4573	0.3080	0.1281	0.3250	0.5280	0.6414	0.2935	21.8%	73.3%	4.9%
2012	0.4148	0.2940	0.1068	0.2569	0.4930	0.5895	0.2358	21.8%	73.4%	4.8%
2013	0.3811	0.2790	0.0995	0.2291	0.4510	0.5482	0.2161	22.0%	72.9%	5.1%
2014	0.3680	0.2772	0.1019	0.2221	0.4330	0.5280	0.2118	22.4%	72.0%	5.6%
2015	0.3606	0.2735	0.1210	0.2243	0.4142	0.5162	0.2219	22.8%	71.0%	6.2%
2016	0.3638	0.2742	0.1256	0.2359	0.4147	0.5189	0.2290	23.0%	70.3%	6.7%
2017	0.3577	0.2664	0.1269	0.2319	0.4101	0.5111	0.2253	22.8%	70.4%	6.8%
2018	0.3622	0.2823	0.1600	0.2404	0.4008	0.5085	0.2453	24.0%	68.2%	7.8%
2019	0.3574	0.2855	0.1708	0.2508	0.3865	0.4945	0.2560	24.8%	66.4%	8.8%
2020	0.3589	0.2970	0.1670	0.2532	0.3865	0.4932	0.2538	25.3%	65.4%	9.2%

1. 各区域内部数字经济发展水平差异

从全国层面来看，我国数字经济发展水平的总体Dagum基尼系数相对较高，在样本期内均值为0.3782，虽然2016年、2018年和2020年有小幅上涨，但整体趋势在降低，说明我国各省（区、市）之间数字经济发展水平的差距在逐渐缩小。从分区域来看，三大地区的区域内Dagum基尼系数均低于全国总体水平，其中中部地区 Dagum 基尼系数最低，样本期内均值仅为 0.130 8，远低于样本期内全国总体平均水平，这说明中部地区总体差异性较小，可能是因为中部地区覆盖省（区、市）较少，且省（区、市）之间数字经济发展水平差异性也较小。东部地区的样本均值为 0.283 7，位于三大地区之首，且在 2018 年之后存在扩大的趋势，主要原因是东部地区覆盖面积广，数字经济发展步调不一致，区域内仍存在高质量发展不平衡、不充分的问题，并有进一步加剧的趋势。西部地区样本均值为 0.246 9，西部地区虽大部分省（区、市）数字经济发展相对落后，但是区域内部差异仍然存在，且在近几年仍然有扩大的趋势。

2. 各区域之间数字经济发展水平差异

从整体趋势来看，各区域间差距虽在个别年份有上升的势头，但总体上呈现下降的趋势。从区域间差异的数值水平来看，东部和西部地区之间的差异始终高于全国总体水平，说明总体差异主要来自东部和西部地区之间的差异，2011 年东部和西部地区之间的 Dagum 基尼系数为 0.641 4，至 2020 年已下降至 0.493 2，年均降低 2.88%，东部和中部地区之间的差异水平次之，中部和西部地区之间的差异水平最小。这可能是对于东部地区而言，数字经济已经成为经济增长的主要驱动力，而西部地区则受限于自然环境和地理位置等因素，经济发展相对落后的同时数字经济发展水平同样较低。

3. 数字经济发展水平的总体差异及分解

将数据的整体差异分解为组内贡献、组间净贡献和组间超变密度贡献三部分，从贡献率来看，组间净贡献率均值为 70.3%，并且呈现逐年降低的趋势，组内贡献率和组间超变密度贡献率均值分别为 23.1% 和 6.6%，并且整体呈增加趋势。由此可见区域间的差异是我国数字经济发展水平差异的主要来源，故而削弱区域间净差异，是消除我国各省（区、市）之间"数字鸿沟"的重点。

第五节 本章研究结论

本章在建立数字经济发展水平测度指标的基础上，利用 2011~2020 年全国 31 个省（区、市）的面板数据进行实证研究。结果显示：①整体上看，区域间数字经济发展水平差异明显，区域数字经济发展水平呈现出"东部—西部—中部"梯度递减的趋势，受地域发展规划影响，东部和西部地区之间的差异水平较大，东部和中部地区之间的差异水平次之，且西部地区内部差异近几年呈现扩大趋势；

②从空间演进角度上看，大部分省（区、市）数字经济发展水平逐年提升，数字经济发展不再呈现集中趋势，向分散化转变，但沿海经济发达省（市）相应数字化转型快、数字经济发展水平持续提高，加大了与经济欠发达地区之间的发展差异。

第四章　数字经济对城乡融合高质量发展的影响机理及门槛效应研究

第一节　引　言

城乡融合是城镇化与工业化发展到一定程度的必然要求，是建立新型城乡关系的重要考量。2020 年我国常住人口城镇化率达 63.89%[①]，超额完成《国家新型城镇化规划（2014—2020 年）》中定下的目标。但在快速城镇化的过程中，存在着城乡之间要素流通不畅、城乡产业结构失衡和区域差异明显等问题。党的十九大报告提出的"实施乡村振兴战略"和"建立健全城乡融合发展体制机制"[②]，对于缩小城乡差距，实现经济协调高质量发展具有重大意义，也为实现共同富裕打下坚实基础。

数字经济作为一种新兴经济形态，在构建新型城乡关系、推动城乡融合快速发展中发挥着重要作用，我国亟须探索数字经济驱动城乡融合高质量发展机制，为城乡融合发展注入新的活力。

浙江省数字经济与城乡融合高质量发展水平在我国均处于领先地位，因此，研究浙江省数字经济如何推动城乡融合高质量发展可以为我国其他省（区、市）提供新鲜经验和对策建议。

[①] 李金磊. 住建部：我国常住人口城镇化率达 63.89%[EB/OL]. https://www.chinanews.com.cn/gn/2021/08-31/9554999.shtml，2021-08-31.

[②] 习近平. 决胜全面建成小康社会　夺取新时代中国特色社会主义伟大胜利——在中国共产党第十九次全国代表大会上的报告（2017 年 10 月 18 日）[EB/OL]. http://www.gov.cn/zhuanti/2017-10-27/content_5234876.htm，2017-10-27.

第二节 数字经济影响城乡融合高质量发展机理的分析

一、数字经济对城乡融合高质量发展的影响

1. 数字经济对城乡经济融合高质量发展的影响

城乡二元经济结构是城乡融合发展的巨大阻碍，目前农村在就业水平、资金结构和产业结构上落后于城市。首先，数字经济的发展能够将一些产业由城市转移到乡村或新型城镇，增加农村就业岗位，从而增加农民收入，缩小城市居民和农村居民之间的收入差距。其次，作为数字经济的重要组成部分，数字普惠金融能够有效降低农业发展的融资约束，增加农业资金的可获得性，依靠低成本、广覆盖、高便捷的金融信贷体系为农业发展提供信贷支持。最后，作为数字经济的信息传播载体，互联网和电子商务可以减少乡村市场主体之间的信息不对称，降低信息搜寻成本，加速市场主体间的信息传递，联通乡村产业链的供、产、销等环节，促使产业链升级；数字经济与传统产业的融合催生出新业态、新模式，为优化乡村产业结构提供契机，从而拉动乡村经济发展，缩小城乡经济差距。

2. 数字经济对城乡社会融合高质量发展的影响

目前，我国城市和农村在社会民生保障上仍存在差距，城市拥有较为完善的公共服务，比较而言，政府提供给农村的公共服务水平较低。党的二十大报告提出"健全社会保障体系"，"健全覆盖全民、统筹城乡、公平统一、安全规范、可持续的多层次社会保障体系"[1]。城乡公共服务差异出现的主要原因是城市人口集中，从成本角度来说提供公共服务更加经济。数字经济的发展能够通过远程教育、电子化政务系统等给农村居民提供较高水平的公共服务；数字经济打破了地理障碍，能够降低公共服务的边际成本，让农村也能享受到与城市同等水平的公共服务，进而促进城乡社会融合。

---

[1] 习近平. 高举中国特色社会主义伟大旗帜 为全面建设社会主义现代化国家而团结奋斗——在中国共产党第二十次全国代表大会上的报告（2022年10月16日）[EB/OL]. http://cpc.people.com.cn/n1/2022/1026/c64094-32551700.html，2022-10-26.

3. 数字经济对城乡空间融合高质量发展的影响

城市与农村在空间上具有明显界限，城市边界的扩展并没有很好地延展到农村，而是以城市形态取代农村形态，城乡融合应该让城市在空间上自然过渡到农村。数字经济的发展能够让城乡在信息基础设施上的差距缩小，同时可以改善城乡交通网、信息网的布局，引导城乡结构转化在已有趋势之外形成新形态、新格局，城乡间的产业形态、地理分布及生产率状况会发生转变；数字经济结合集成遥感、地理探测、大数据和人工智能等数字技术动态管控土地质量、集约度等隐性形态，引导土地资源在配置中发挥最大价值，可以缓解城市建设用地不足、农村建设用地浪费等问题，有利于促进城乡空间协同开发，加快城镇化发展进程。数字经济带来的这些变化都能够模糊城乡边界，促进城乡在空间上的融合发展。

4. 数字经济对城乡生态融合高质量发展的影响

目前，我国工商业主要集聚在城市，农村以农业生产作为主要经济活动。城乡之间在工商业和农业之间的分工，使得城乡环境具有较大差异。党的二十大报告提出"推动绿色发展，促进人与自然和谐共生"[①]。数字经济本身对生态环境的污染较小，通过数字经济对传统产业的渗透，加大数字普惠金融对绿色农业、低碳项目的资金支持力度，挤压高污染、高排放产业的发展空间，以减少农村环境压力。同时，借助数字经济与传统产业的融合，完成传统产业的数字化改造，提升资源转换与利用效率，降低污染排放，推动农业数字化、绿色化、低碳化转型，改善农村生态环境。发展方式的绿色转型和环境污染防治的不断深入，对环境基础设施建设水平和城乡人居环境提出更高要求。数字经济的发展能够引导一部分工业和商业进入农村，进而平衡城乡生态环境，促进城乡生态融合。

二、数字经济对城乡融合的影响存在非线性溢出效应

在数字经济时代，各部门间的经济活动边界性被弱化，网络中获取信息的成本大幅下降，这种情景的出现使农村居民在经济生活中的参与度有所提高，也使得他们在更大区域范围内享受数字经济的红利，真正形成城市和农村联动发展的良好氛围，引起城乡融合溢出效应的动态演变。随着数字经济的广泛应用，各部

---

① 习近平. 高举中国特色社会主义伟大旗帜　为全面建设社会主义现代化国家而团结奋斗——在中国共产党第二十次全国代表大会上的报告（2022 年 10 月 16 日）[EB/OL]. http://cpc.people.com.cn/n1/2022/1026/c64094-32551700.html，2022-10-26.

门之间有效提升了自身的运行效率，同时也提供了更为优质、便捷和高端的网络技术和产品服务，城市和农村之间联动的边际成本持续降低，参与者从中获取的收益呈几何式增加。并且，这种效果会随着数字经济发展水平的提高越来越明显，即"梅特卡夫法则"和网络效应均在城乡融合发展中成立。

数字经济相对传统产业而言，对技术要求更高，研发创新能为数字经济发展提供强大动力。当研发投入强度较高时，能够对数字经济发展起到较大的促进作用。具体而言，研发强度使得信息基础设施得以更新进步，推动基础设施数字化、智能化转型，同时，可以实现农业农村数字化转型，推动农业生产智能化、网络化，提高农业生产率。此外，加强农业农村的创新能够实现农业农村大数据管理，推动智能电网、智慧农业等建设，培育新业态。因而，当研发投入强度较高时，数字经济发展对城乡融合产生的积极作用可能更强。

三、数字经济对城乡融合高质量发展的影响存在空间溢出效应

国内有不少研究结果表明，数字经济对产业结构升级、高质量发展等存在空间溢出效应。在数字金融的研究中发现，数字金融的推广发展依赖于地理因素，数字金融在空间上存在异质性，且存在空间溢出效应。有研究表明，推进互联网发展对本地区和周边地区的区域错配问题均有影响。数字经济的发展带来了海量数据，数据要素所具有的互通共享等特殊性质克服了传统要素有限供给的束缚，提高了不同区域间要素的流动性，即数字经济削弱了信息传递时存在的时空限制，强化了地区间经济的协同发展，模糊了地区之间的边界，因此本地区的数字经济可能会对周边地区城乡融合高质量发展产生影响。

综上所述，数字经济影响城乡融合高质量发展的机理详见图 4.1。但现有研究仍存在一些不足，首先，多数文献在研究时使用了面板数据，但是只考虑了时间效应，忽略了空间效应，导致研究结果不够完善。其次，多数文献采用线性模型衡量数字经济对城乡融合高质量发展的影响，然而许多理论成果显示，两者之间并非线性关系。因此，本章针对已有文献的不足之处，以浙江省为研究对象，将数字经济和城乡融合高质量发展纳入统一的分析框架，探讨数字经济对城乡融合高质量发展的空间溢出效应，并引入门槛模型，进一步讨论不同经济发展水平下数字经济对城乡融合高质量发展的影响是否存在显著差异，为推动城乡融合高质量发展提供合理的决策考量。

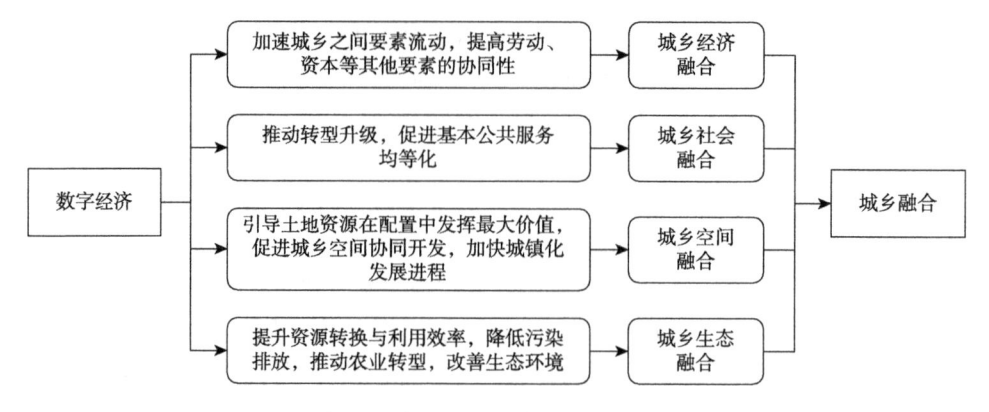

图 4.1　数字经济影响城乡融合高质量发展的机理

第三节　模型设定与变量选取

一、研究方法

1. 空间相关性分析

Griffth 曾指出"同一区域的一些变量值之间存在潜在的相关性",本章利用莫兰指数（Moran's I）度量空间相关性,具体公式如下:

$$I = \frac{n\sum_{i=1}^{n}\sum_{j=1}^{n}w_{ij}(y_i-\overline{y})(y_j-\overline{y})}{\sum_{i=1}^{n}(y_i-\overline{y})^2\sum_{i=1}^{n}\sum_{j=1}^{n}w_{ij}} \quad (4.1)$$

其中, $\overline{y}=\frac{1}{n}\sum_{i=1}^{n}y_i$; n 为研究区域个数; y_i、y_j 为研究区域 i、j 的观测值; w_{ij} 为空间权重矩阵[①], 本章选用 0-1 邻接矩阵:当区域 i、j 相邻时 $w_{ij}=1$, 当区域 i、j 不相邻时 $w_{ij}=0$。

2. 空间面板模型

数字经济在推动城乡之间各生产要素快速流动的同时进一步加强了各地区之间的协调合作,空间面板模型考虑了不同地区之间在空间上的联系,故本章选择

---

① 本书矩阵、向量等字母用白体表示。

空间面板模型分析数字经济对城乡融合高质量发展的影响机理。空间面板模型主要有三种形式[①]，具体公式如下：

$$\text{SLM：} Y_{it} = \rho W Y_{it} + \beta X_{it} + \varepsilon_{it}, \quad \varepsilon_{it} \sim N(0, \sigma^2 I) \quad (4.2)$$

$$\text{SEM：} Y_{it} = \beta X_{it} + \varepsilon_{it}, \varepsilon_{it} = \mu_{it} + \lambda W \varepsilon_{it}, \quad \mu_{it} \sim N(0, \sigma^2 I) \quad (4.3)$$

$$\text{SDM：} Y_{it} = \rho W Y_{it} + \beta X_{it} + \theta W X_{it} + \varepsilon_{it}, \quad \varepsilon_{it} \sim N(0, \sigma^2 I) \quad (4.4)$$

其中，Y_{it} 为研究区域 i 在时期 t 的因变量；X_{it} 为研究区域 i 在时期 t 的解释变量；ρ、β、θ 和 λ 为待估参数；ε_{it} 和 μ_{it} 为误差项；W 为空间权重矩阵。

为更直观地展现数字经济对城乡融合高质量发展的空间效应，将空间效应进行分解。式（4.4）中的 SDM 可改写为

$$Y = (I - \rho W)^{-1}(X\beta + W X \theta) + R \quad (4.5)$$

其中，R 包括截距项和误差项；I 为单位矩阵。

利用偏微分矩阵运算可得被解释变量 Y 的期望值的偏导数矩阵：

$$\begin{bmatrix} \frac{\partial E(Y)}{\partial x_{1t}} & \cdots & \frac{\partial E(Y)}{\partial x_{Nt}} \end{bmatrix} = \begin{bmatrix} \frac{\partial E(y_1)}{\partial x_{1t}} & \cdots & \frac{\partial E(y_1)}{\partial x_{Nt}} \\ \vdots & & \vdots \\ \frac{\partial E(y_N)}{\partial x_{1t}} & \cdots & \frac{\partial E(y_N)}{\partial x_{Nt}} \end{bmatrix} \quad (4.6)$$

$$= (I - \rho W)^{-1} \begin{pmatrix} \beta_k & \omega_{12}\theta_k & \cdots & \omega_{1N}\theta_k \\ \omega_{21}\theta_k & \beta_k & \cdots & \omega_{2N}\theta_k \\ \vdots & \vdots & & \vdots \\ \omega_{N1}\theta_k & \omega_{N2}\theta_k & \cdots & \beta_k \end{pmatrix}$$

式（4.6）中偏导数矩阵对角线元素的均值为直接效应，表示研究区域解释变量对被解释变量的影响；非对角线元素的均值为间接效应，表示研究区域解释变量对邻近地区被解释变量的影响；两者之和为总效应。

3. 门槛回归模型

浙江省不同城市之间经济发展水平存在较大差距，为进一步研究不同经济发展水平下，数字经济对城乡融合高质量发展的影响是否存在显著差异，本章构建如下门槛回归模型：

$$\text{UrRu}_{it} = \beta_1 \text{digital}_{it} I(\text{lgeco}_{it} \leq r) + \beta_2 \text{digital}_{it} I(\text{lgeco}_{it} > r) + \alpha X_{it} + \mu_i + \varepsilon_{it} \quad (4.7)$$

[①] 三种形式为：空间滞后模型（spatial lag model，SLM），也称为空间自回归（spatial autoregressive，SAR）模型；空间误差模型（spatial error model，SEM）；空间杜宾模型（spatial Durbin model，SDM）。

其中，lgeco 为门槛变量；r 为门槛值；digital 为核心解释变量；UrRu 为被解释变量；$I(\cdot)$ 为示性函数，门槛变量满足相应条件时 $I=1$，否则 $I=0$。

二、变量选择

1. 被解释变量

城乡融合将城乡经济建设、社会生活、基础设施和生态环境等作为一个系统整体推进。城乡融合高质量发展既是城乡差距逐步缩小的过程，也是城市和农村协调发展、共同进步的过程，在构建城乡融合高质量发展水平评价指标体系时，既要包含反映城乡差异程度的对比类指标，也要包含展现城市和农村整体发展水平的综合类指标。本章结合已有研究及浙江省发展特点，同时考虑到浙江省各指标的数据可得性，遵循科学性、全面性等特点，从城乡经济融合、城乡社会融合、城乡空间融合及城乡生态融合4个维度，选取19项指标构建浙江省城乡融合发展水平评价指标体系（表4.1）。

表 4.1　浙江省城乡融合发展水平评价指标体系

一级指标	二级指标	基础指标	类型	属性
城乡融合	城乡经济融合	人均地区生产总值（元）	综合	+
		第三产业占地区生产总值比重（%）	综合	+
		城乡居民人均消费比值（%）	对比	−
		城乡居民可支配收入比值（%）	对比	−
	城乡社会融合	城镇登记失业率（%）	综合	+
		二三产业就业人员占比（%）	综合	+
		城镇化率（%）	对比	+
		公共图书馆藏书量（本）	综合	+
		医院病床数（张）	综合	+
		城乡居民生活用电比值（%）	对比	−
	城乡空间融合	城市人口密度（人/千米²）	综合	+
		客运量（万人）	综合	+
		公路建设里程（千米）	综合	+
		城乡居民住房面积比值（%）	对比	−
	城乡生态融合	环保支出占政府总支出比重（%）	综合	+
		城市建设用地与农用地比值（%）	对比	−
		生活污水处理率（%）	综合	+
		森林覆盖率（%）	综合	+
		人均绿地面积（万平方米）	综合	+

为使评价结果具有客观性和不同年份之间具有可比性,本章利用熵值法确定指标权重,然后利用定基功效系数法对浙江省 11 市数据进行标准化处理,最后进行线性加权得出综合评分。

2. 核心解释变量

本章对数字经济的测度参考杨慧梅和江璐(2021)的研究并结合《中国数字经济发展与就业白皮书(2021 年)》。从"产业数字化"和"数字产业化"两个维度对数字经济发展水平进行测度。其中,产业数字化包括规模以上工业增加值(万元)、国家专利申请授权数(个)、普通高校在校学生数(人)、第三产业增加值(万元)、研发经费投入(万元)。数字产业化包括邮电业务总收入(万元)、移动电话用户总量(万人)、宽带用户数(万个)、信息传输计算机服务和软件从业人员总数(万人)。同样采用熵值法、定基功效系数法与线性加权法相结合进行测度。

3. 控制变量

除了数字经济,城乡融合发展还会受到以下控制变量的影响。

(1) 经济发展水平 $\left(\text{lgeco} = \dfrac{\text{地区生产总值}}{\text{常住人口数}}\right)$。城乡融合发展离不开经济增长,本章选用人均地区生产总值表示该变量。

(2) 政府干预程度 $\left(\text{gov} = \dfrac{\text{一般财政支出}}{\text{地区生产总值}}\right)$。为使经济快速增长,地方政府可能会增加用于城市发展的财政支出,从而使城乡差距增大,对城乡融合发展产生不利影响;政府也可能通过转移支付和税收的方式使城市资源流向农村,促进城乡融合发展水平提高。本章选用一般财政支出占地区生产总值比重表示该变量。

(3) 城乡收入差异程度 $\left(\text{dispar} = \dfrac{\text{城镇人均可支配收入}}{\text{农村人均可支配收入}}\right)$。本章选用城镇与农村人均可支配收入比值表示该变量。

(4) 开放程度 $\left(\text{open} = \dfrac{\text{地区进出口总额}}{\text{地区生产总值}}\right)$。本章选用浙江省 11 市进出口总额与地区生产总值比值表示该变量。

(5) 交通基础建设水平 $\left(\text{tra} = \dfrac{\text{地区公路总面积}}{\text{地区行政区域面积}}\right)$。较高的交通基础设施建设水平更有利于城镇和农村之间要素流动。本章选用浙江省 11 市单位面积公路里程数表示该变量。

(6) 城镇化水平 $\left(\text{urban} = \dfrac{\text{城镇常住人口数}}{\text{地区常住人口数}}\right)$。城乡融合建设过程中伴随着大量农村人口流向城市，而户籍人口无法反映人口流动。本章选用常住人口城镇化水平表示该变量。

4. 数据来源

本章所用数据均来源于浙江省 11 市统计年鉴和统计局官方网站。考虑到 2005 年浙江省户籍制度改革对部分数据影响较大，故选择 2007~2020 年的数据进行分析，部分缺失数据用插值法进行填补，同时为减弱数据异方差带来的影响，对控制变量取对数处理。各变量描述性统计如表 4.2 所示。

表 4.2　变量描述性统计

变量名称	变量描述	样本量	平均值	标准差	最小值	最大值
UrRu	城乡融合发展水平	154	0.747 1	0.254 9	0.221 2	1.480 4
digital	数字经济发展水平	154	1.216 8	0.911 7	0.120 4	4.871 8
urban	城镇化水平	154	0.606 1	0.092 0	0.403 1	0.833 0
gov	政府干预程度	154	0.137 7	0.061 7	0.056 9	0.356 6
dispar	城乡收入差异程度	154	1.892 2	0.355 3	1.425 0	3.106 1
lgeco	经济发展水平	154	4.832 8	0.231 6	4.240 5	5.296 4
open	开放程度	154	0.418 2	0.267 2	0.040 1	1.306 9
tra	交通基础建设水平	154	1.178 3	0.303 6	0.617 7	2.065 9

第四节　实证结果与分析

一、数字经济和城乡融合高质量发展水平的时空演进特征分析

为直观展现浙江省 11 市数字经济和城乡融合高质量发展水平的时空演进趋势，本章选取 2007 年、2011 年、2015 年和 2020 年 4 个时间截面，利用 Arcgis 软件，绘制 4 个年份浙江省 11 市数字经济发展和城乡融合高质量发展水平时空演进图。

1. 浙江省数字经济发展时空演进特征分析

从图 4.2 可以看出，2007~2020 年浙江省 11 市数字经济发展水平整体呈逐年增

长趋势，但也存在明显的空间差异性和不均衡性。2007年仅有杭州市处于0.837 3~1.182 4的较高分位数区间，除宁波市外的其余城市均处于最低分位数区间（0.289 7~0.599 8）。随着时间的推移，逐渐形成以杭州和宁波两市为中心，带动周边各市发展的格局。2015年，以杭州市和宁波市为中心的浙东北地区各市数字经济水平均达到了较高分位数区间，而浙西南地区的衢州市仍处于最低分位数区间[①]。随着浙江省产业结构逐渐实现高级化演变，传统行业数字化转型呈现出"自东北向西南"逐渐推进的趋势，2020年浙江省摆脱最低分位数区间，并且浙东北多个城市达到1.182 5~4.871 8的最高分位数区间。这一发展趋势很大程度与党的十八大以来政府加快淘汰落后产能、推进产业结构升级和数字化转型的政策有关。

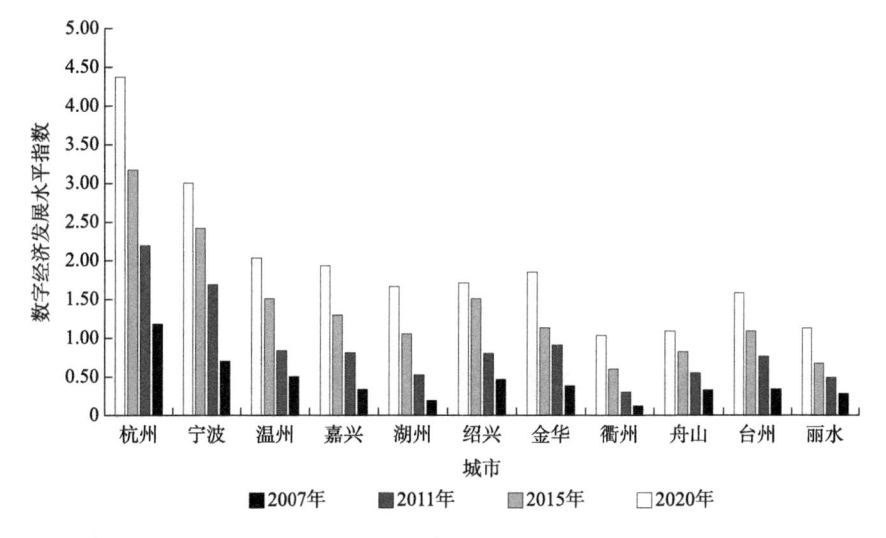

图 4.2　浙江省数字经济发展水平时空演进图

2. 浙江省城乡融合高质量发展水平时空演进特征分析

从图4.3来看，浙江省11市城乡融合高质量发展存在明显的空间差异性和发展不均衡性。整体来看，浙东北地区城乡融合高质量发展水平明显高于浙西南地区，且随着时间的推移表现出明显的自东向西辐射扩张趋势。尤其在2011年以后，城乡融合水平较高的地区对周边地区的辐射带动作用更加明显，此时杭州市已处于最高分位数区间（1.182 5~4.871 8），浙东北地区各市也均达到较高分位数区间，然而浙西南地区的衢州市和丽水市仍然处于最低分位数区间。2017年党中央提出乡村振兴战略之后，各类资源逐步向农村倾斜，逐渐形成了以城带乡、共同发展

[①] 浙东北地区城市：杭州、宁波、嘉兴、湖州、绍兴、舟山；浙西南地区城市：温州、金华、衢州、台州、丽水。

的格局,浙江省城乡融合高质量发展水平快速提高。2020年浙东北地区多市已达到最高分位数区间,浙西南地区与浙东北地区之间的差距也进一步缩小。这一发展趋势与浙江省近几年实行的一系列推进城乡融合发展的政策密切相关。

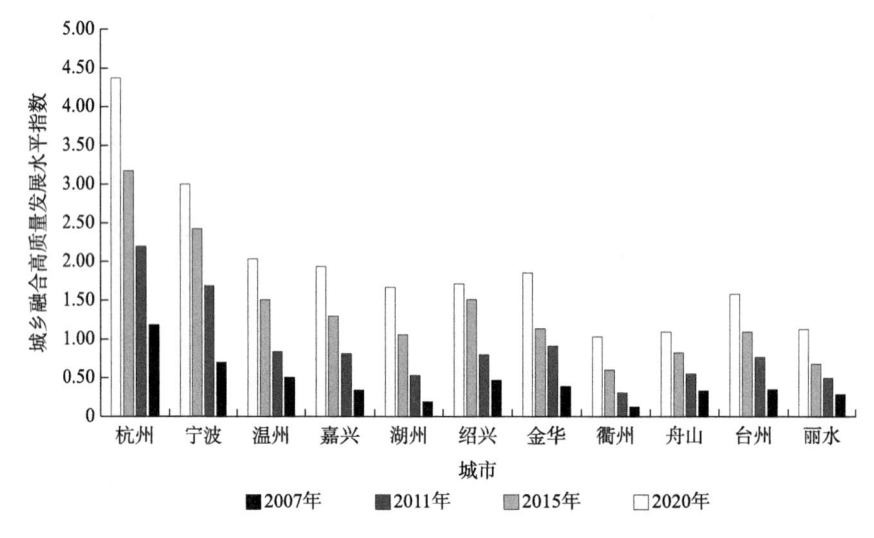

图 4.3　浙江省城乡融合高质量发展水平时空演进图

二、空间面板模型检验与分析

1. 空间相关性检验与模型选择

建立空间面板模型之前需要先检验空间相关性,本章利用莫兰指数检验空间相关性。由检验结果(表 4.3)可知城乡融合的莫兰指数为 0.429,P 值为 0,通过了水平为 1% 的显著性检验。

表 4.3　莫兰指数检验结果

变量名	莫兰指数	Z 值	P 值
UrRu	0.429	7.754	0

下面对模型进行一系列检验,选择最合适的模型进行后续分析。LM(Lagrange multiplier,拉格朗日乘子)检验和 R-LM(robust-LM,稳健的拉格朗日乘子)检验结果显示空间误差效应和空间滞后效应同时存在;Wald 检验和 LR(likelihood ratio,似然比)检验结果均显示应选择 SDM;Hausman 检验结果显示固定效应模型更加合适。因此,最终选择固定效应的 SDM 进行后续分析。具体检验结果如表 4.4 所示。

表 4.4　空间面板模型检验

检验	统计量	P值
LM（SEM）	14.056	0
LM（SLM）	4.456	0.086 0
R-LM（SEM）	12.94	0
R-LM（SLM）	3.34	0.075 0
LR（SEM）	16.99	0.017 5
LR（SLM）	17.06	0.017 0
Wald（SEM）	30.60	0
Wald（SLM）	29.35	0
Hausman（SDM）	14.34	0.042 0

2. 空间面板模型结果与分析

基于 0-1 邻接矩阵，分别构建三种固定效应下的 SDM，同时也加入不考虑空间效应的回归结果与空间面板模型结果进行比较，具体结果如表 4.5 所示。

表 4.5　模型估计结果

模型	OLS[1]回归	SDM（时间固定）	SDM（个体固定）	SDM（双固定）
digital	0.139 0*** (0.030)	0.092 7*** (0.034)	0.041 1*** (0.006)	0.070 1* (0.048)
urban	0.312 0*** (0.042)	0.257 7 (0.384)	−0.394 1 (0.764)	−0.022 0 (0.786)
gov	0.335 0* (0.198)	0.417 3 (0.400)	0.306 4** (0.069)	1.257 0 (1.141)
dispar	−0.002 9 (0.056)	−0.136 8* (0.079)	−0.071 2 (0.107)	−0.118 1** (0.017)
lgeco	0.095 7** (0.013)	0.761 3*** (0.295)	0.219 0** (0.035)	0.258 0* (0.140)
open	0.073 1* (0.025)	0.120 6** (0.050)	−0.149 0 (0.100)	−0.083 0 (0.105)
tra	0.155 6*** (0.025)	0.032 0 (0.072)	0.157 2*** (0.019)	0.132 1 (0.137)
常数项	−0.516 1 (0.600)			
Wx digital		0.116 0** (0.089)	0.028 2* (0.005)	−0.015 0 (0.092)
Wx urban		−0.338 0 (0.902)	1.052 0 (1.234)	0.027 1 (1.571)

续表

模型	OLS[1]回归	SDM（时间固定）	SDM（个体固定）	SDM（双固定）
Wx gov		0.966 9 (0.922)	−1.716 0 (1.539)	−1.258 8 (1.998)
Wx dispar		−0.060 1 (0.157)	0.045 6 (0.479)	−0.378 1* (0.197)
Wx lgeco		−0.480 8 (0.457)	−0.068 0* (0.010)	0.677 1 (0.881)
Wx open		−0.118 0 (0.241)	0.241 0*** (0.071)	0.310 0 (0.266)
Wx tra		0.621 1** (0.193)	−0.133 0 (0.268)	0.286 1 (0.327)
rho（空间自回归系数）		−0.184 0 (0.177)	0.182 0** (0.067)	−0.120 8 (0.179)
sigma2_e（个体效应的特异误差）		0.013 1* (0.013)	0.010 2*** (0)	0.010 4*** (0.001)
观测值	154	154	154	154
R^2	0.765 6	0.902 0	0.916 0	0.869 0

*、**、***分别表示10%、5%、1%的显著性水平
1）OLS：ordinary least square，普通最小二乘法

从回归结果来看，个体固定效应下的空间自回归系数通过了水平为1%的显著性检验，说明浙江省11市之间的城乡融合高质量发展存在明显的空间自相关性。在不考虑空间效应的情况下，数字经济发展水平指数的回归系数为0.139 0，并且通过了水平为1%的显著性检验，说明数字经济可以有效促进城乡融合高质量发展水平的提高。加入空间效应之后，数字经济对城乡融合高质量发展的空间溢出效应同样显著为正向，因此数字经济的发展不仅可以促进本地区城乡融合高质量发展，还可以通过空间溢出效应带动邻近地区城乡融合高质量发展。另外，大部分控制变量回归系数均在5%的水平上显著，其中经济发展水平和政府干预程度对城乡融合高质量发展具有明显的直接推动作用，然而对周围城市城乡融合高质量发展的空间溢出效应显著为负向，这可能是因为经济发达地区对周围欠发达地区具有"虹吸效应"。交通基础建设同样对城乡融合高质量发展具有显著促进作用，良好的交通基础建设更有利于生产要素在城市和农村之间流动，形成城乡互补格局。

3. 空间效应分解

由于相邻城市之间存在大量复杂的交互信息，为更直观地分析空间效应，本章借鉴Lesage和Pace（2009）的研究，将空间效应进一步分解为直接效应和间接

效应。选择拟合效果最好的个体固定效应模型进行分解，分解结果如表4.6所示。

表4.6 SDM分解结果

变量	直接效应	间接效应	总效应
digital	0.031 1*** (0.007)	0.030 9* (0.011)	0.062 0** (0.054)
urban	−0.207 1 (0.488)	1.965 9*** (0.869)	1.758 8** (0.070)
gov	0.911 0 (0.824)	−1.462 1 (1.379)	−0.551 1 (0.551)
dispar	−0.069 0 (0.084)	−0.031 1 (0.137)	−0.100 1 (0.129)
lgeco	0.219 0*** (0.034)	−0.166 1 (0.439)	0.052 9 (0.309)
open	−0.033 0 (0.088)	−0.523 0 (0.173)	−0.556 0* (0.178)
tra	0.215 0 (0.107)	0.162 8* (0.031)	0.377 8* (0.112)

*、**、***分别表示10%、5%、1%显著性水平

从直接效应来看，数字经济对本地区城乡融合高质量发展具有明显推动作用，影响系数为0.031 1，并且通过了水平为1%的显著性检验，进一步验证了数字经济发展可以较好地带动当地城乡融合高质量发展的结论。经济发展水平和交通基础建设水平同样可以很好地推动城乡融合高质量发展，与前文结论一致。

从间接效应来看，数字经济对城乡融合高质量发展的空间溢出效应显著为正向。数字经济可以通过空间关联性对周边地区城乡融合高质量发展产生正向影响，区域性数字经济发展使得生产要素在各区域之间自由流动是数字经济推动城乡融合高质量发展的关键。除此之外，交通基础建设对城乡融合高质量发展的空间溢出效应同样显著为正向。

三、门槛模型建立与分析

前面的讨论中已经证实了数字经济对本地区与邻近地区城乡融合高质量发展均具有显著促进作用，下面利用门槛模型进一步研究不同经济发展水平下数字经济对城乡融合高质量发展的影响是否存在显著差异。

1. 门槛效应检验与估计

将经济发展水平（人均地区生产总值）作为门槛变量，检验门槛效应是否存

在。结果显示单一门槛效应 F 值为 13.35，P 值为 0.080 3，双重门槛效应 F 值为 4.05，P 值为 0.596 7，因此认为在 10% 的显著性水平下存在一个门槛，具体结果见表 4.7。

表 4.7　门槛效应检验与估计

门槛变量	门槛数	F 值	P 值	临界值 10%	5%	1%
lgeco	单一门槛	13.35	0.080 3	15.42	18.30	22.65
	双重门槛	4.05	0.596 7	7.10	10.16	15.21

对门槛值进行估计，图 4.4 为由 LR 统计量 $LR(\gamma)$ 计算的门槛值与 95% 置信水平的置信区间，虚线表示 5% 显著性水平上 LR 值的临界值为 7.35，结果显示门槛估计值为 4.919 0。

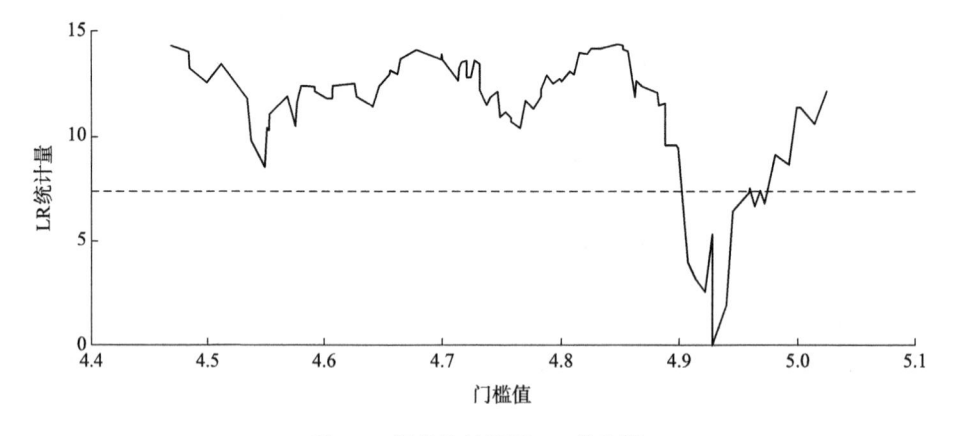

图 4.4　门槛估计值及 LR 检验图

2. 门槛模型结果与分析

表 4.8 给出了门槛模型估计结果。结果显示，数字经济对城乡融合高质量发展的影响被经济发展水平这一门槛变量划分为两个区间。当经济发展水平低于门槛值时，数字经济对城乡融合高质量发展具有较强的正向驱动作用，此时数字经济对城乡融合高质量发展的弹性系数为 0.314 0。当经济发展水平超过门槛值之后，数字经济对城乡融合高质量发展的促进作用稍有减弱，此时弹性系数为 0.220 9，近似呈倒 "V" 形关系。这是由于经济发展水平较高时，城市地区可以获得相对更多的 "数字红利"，农村地区虽然也可以获取大量 "数字资源"，但难以将数字资源优势转化为竞争优势，从而使城乡差距加大，不利于城乡融合高质量发展水平的提高。

表4.8 门槛模型估计结果

变量	OLS回归模型	门槛回归模型
urban	0.3120*** (0.042)	0.5084** (0.067)
gov	0.3350* (0.198)	0.2702 (0.223)
dispar	−0.0029* (0.056)	−0.0195 (0.021)
open	0.0731* (0.025)	−0.0526 (0.034)
tra	0.1556*** (0.025)	0.1437*** (0.012)
digital×I(lgeco≤4.9190)		0.3140*** (0.012)
lgeco	0.0957*** (0.013)	
digital×I(lgeco>4.9190)		0.2209*** (0.021)
digital	0.1390*** (0.030)	
常数项	−0.5161 (0.620)	−0.1832 (0.230)
F	72.38***	132.30***
R^2	0.7656	0.8723

*、**、***分别表示10%、5%、1%的显著性水平

表4.9为2010~2020年按门槛值（经济发展水平）划分的城市数。2007~2020年浙江省各市经济发展水平稳步提升，自2010年起，杭州市和宁波市率先迈过门槛值，截至2020年，仅温州、台州、衢州和丽水4市的经济发展水平低于门槛值。这也与前文中杭州市、宁波市近几年城乡融合高质量发展增速放缓，衢州市、丽水市增速较高的结论相契合。

表4.9 2010~2020年按门槛值（经济发展水平）划分的城市数

年份	lgeco≤4.9190	lgeco>4.9190
2010~2013	7	4
2014~2016	6	5
2017~2020	4	7

注：当lgeco=4.9190时，人均地区生产总值为82985.08元。

第五节 本章研究结论及对策

本章在深入探讨数字经济对城乡融合高质量发展影响机理的基础上,利用2007~2020年浙江省11市的面板数据进行实证研究。结果显示:第一,虽然近年来浙江省数字经济和城乡融合高质量发展水平均稳步提升,但省内区域性差异一直存在。杭州、宁波、嘉兴3市在浙江省一直处于领先水平,但最近几年增速放缓;衢州、丽水两市虽一直处于较低水平,但最近几年增长速度逐渐提高,说明城乡融合高质量发展水平较低的地区对较高的地区存在"追赶效应"。第二,数字经济对城乡融合高质量发展的空间溢出效应显著为正向。数字经济的快速发展加强了各地区之间的跨区域合作,为城乡之间要素流动创造了有利条件,不仅对本地区城乡融合高质量发展具有显著促进作用,而且在空间权重矩阵的作用下,对周围地区城乡融合高质量发展同样具有显著促进作用。第三,在经济发展水平的作用下,数字经济对城乡融合高质量发展的影响存在单一门槛,两者近似呈倒"V"形关系。当人均地区生产总值低于或等于82 985.08元时,数字经济对城乡融合高质量发展具有较强推动作用;当人均地区生产总值超过82 985.08元之后,数字经济对城乡融合高质量发展的推动作用稍有减弱。

基于上述结论,提出如下对策建议:第一,正视城乡融合高质量发展不足,努力缩小省内发展差距。虽然浙江省总体城乡融合高质量发展水平逐步提升,但近几年整体增长速度明显减缓,必须正视浙江省内城乡融合高质量发展不平衡问题,鼓励浙东北地区优势技术、先进产业向浙西南地区扩散,增强浙东北地区对浙西南地区城乡发展的带动作用。第二,加强数字基础设施建设,缩小城乡"数字鸿沟"。重视农村地区信息基础设施建设,打破城市与农村之间的物理隔阂,利用好数字技术的溢出效应,数字经济水平较高的城市充分发挥其增长极作用,带动周边农村的发展。第三,充分挖掘动力因素,积极探索新的发展方向。数字经济和城乡融合高质量发展近似呈倒"V"形关系,当人均地区生产总值处于82 985.08元附近时,数字经济带动效应最高。衢州市、丽水市等经济发展水平较低的地区应加速经济发展,从而提高数字经济的影响效应;杭州市、宁波市等经济发展水平较高的地区应积极探索新的发展方式和发展动力,注重数字经济与实体经济发展相结合,推动城乡融合高质量发展再上新的台阶。

第五章　绿色发展推动城乡融合高质量发展研究

第一节　引　　言

中国已进入高质量发展阶段，发展具有多方面优势和条件，同时发展不平衡、不充分问题仍然存在。资源环境问题则是"不平衡、不充分"问题的集中体现之一，也是制约中国高质量发展的重要因素之一。基于高质量发展和绿色低碳发展，坚持绿色发展理念，提升城乡生态融合效率成为实现高质量发展的必经之路。因此，处理好经济、资源和环境三者协调发展的问题已经成为国家亟待解决的重点问题。城乡融合的绿色发展则是一个可以从节能减排的角度衡量经济、资源和环境之间协调关系的有效指标。它不仅可以为绿色发展提供可量化的标准，为新型城乡融合高质量发展模式提供直观的效果，还可以为政策调整提供依据和导向。同时，数字经济近年来发展迅猛，依托大数据 5G 技术、云计算和人工智能等技术的发展，世界范围内许多国家都把数字经济作为重构国家核心竞争力的重要战略方向和新的经济增长驱动力。"十四五"规划提出，"加快数字化发展 建设数字中国"。中共中央、国务院在颁布的《关于构建更加完善的要素市场化配置体制机制的意见》中首次将数据纳入主要生产要素，标志着数据已成为中国经济价值创造体系中推动经济发展的基础资源。因此，数字经济与绿色发展之间存在着相辅相成、共同促进的关系。一方面，数字经济的蓬勃创新为绿色发展赋予了极大的动能，传统产业，包括工业、能源、交通等，通过开展数字技术创新以改变低效率、高耗能、高排放的生产方式，已成为实现绿色低碳转型的最有效方式，并有助于加强数字技术设施的互联互通和绿色发展的信息共享，为实现绿色低碳发展提供硬件和软件基础。另一方面，绿色发展作为中国未来的社会经济发展方向，将为数字经济的创新方向和发展模式等提供重要指引，如相关数字企业可探索如何与工业企业开展绿色数字合作与创新，制订针对性的绿色低碳转型生产方案；云计算、大数据等数字技术可探索如何推动区域碳减排的监测与评估等。

随着近年来绿色发展理念日益深入人心，生态文明建设的重要性愈加凸显，尤其在城乡建设方面。一方面，中国城乡生态基本情况反映了城乡融合绿色发展的紧迫性。《2021中国生态环境状况公报》显示，2021年中国有121个城市环境空气质量超标，占全国城市总数的35.7%。另一方面，中国社会主要矛盾的转变决定了城乡融合绿色发展的必要性。传统经济发展方式所致的资源转化效率低、城乡发展不均衡等问题已与城乡居民对生活质量的高追求相悖。近年来，随着中国绿色发展、城乡高质量发展等政策不断出台，如何更好地进行绿色城乡建设以缩小城乡差距、促进城乡融合，成为学界关注的热点。因此，本章重点研究绿色发展推动城乡融合高质量发展的问题。

第二节 文献综述

一、绿色发展相关研究

学界关于绿色发展的研究主要有以下三类：一是对绿色发展内涵进行不同阐释。朱东波（2020）认为绿色发展的内涵是正确处理经济与自然两者的关系，倡导节能减排，打造循环经济，建设生态文明；胡鞍钢等（2015）认为绿色发展需强调经济、社会、自然三大系统的统一性。二是对绿色发展水平的测度。国内大部分学者均采用综合指数指标体系进行衡量，蓝庆新和陈超凡（2015）、林卫斌等（2019）、吴玉萍和张云（2020）分别以国家、省（区、市）、城市为对象构建指标体系进行绿色发展水平的评价；李杰等（2020）增设影响因子"环境损益分析"，实现了绿色发展评价体系的创新。三是探究绿色发展的影响因素。部分学者发现数字技术、地理空间因素、推进城市化、增加环境治理投入、经济发展及科技创新对绿色发展均有重要影响。

二、城乡融合的绿色发展相关研究

学界对城乡融合的绿色发展的研究主要集中在三方面：第一，城乡空间生态建设的分区治理研究。孔祥智和卢洋啸（2019）研究发现，改善基础设施的投入运维机制等措施有助于加强乡村建设。张龙江等（2021）基于生态视角提出了防灾减灾等宜居村镇的建设模式。李志强（2018）认为培育生态特色小镇有利于提升新型城镇化质量。第二，绿色化与新型工业化、信息化、城镇化、农业现代化的协同发展研究。部分学者研究认为"五化"是一个整体并通过要素交互协同发展，"四化"对绿色发展均有促进作用，且信息化影响最大，工业化次之。第三，生态文明视野下城乡融合的绿色发展研究。实现城乡生态融合是城乡一体化的必然要求和加强城乡环境资源利用的有效途径，应加快构建城乡一体化的生态经济产业链，实现生态价值的创造性转化。

三、绿色发展推动城乡融合高质量发展的机理分析

绿色发展对城乡融合高质量发展的推动通过空间系统联动经济、社会、生态三大系统产生变革，传导机制可以归纳为四种途径：一是绿色发展着力打造绿色循环经济体系，引领城乡要素双向流动，推动产业规划互补；二是绿色发展加快转变城乡建设发展方式，统筹城乡治理，推动构建人与自然生命共同体。三是绿色发展帮助城乡在空间上合理布局，改善城乡交通网、信息网，为推进城乡基本公共服务和设施均等化创造基础。四是绿色发展加强城乡融合政治制度保障，对城乡多元主体的行为加以规范引导，进而实现生态理念全面贯彻。具体传导机制如图 5.1 所示。

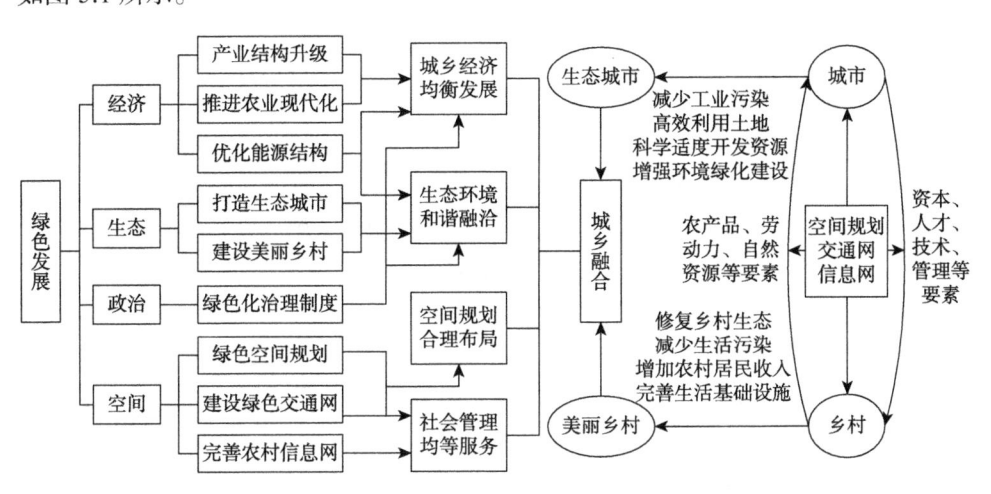

图 5.1 绿色发展推动城乡融合高质量发展机理图

目前学界对绿色发展与城乡融合高质量发展的理论内涵、评价体系及影响因素等展开了丰富研究，但关于两者的机理研究及实证分析仍较少。因此，本章将在上述理论基础上，研究绿色发展对城乡融合高质量发展的推动作用并给出对策建议。

第三节 模型设定与变量选取

一、研究方法

1. PVAR 模型

本章先采用 PVAR 模型从时间、空间上对数据进行处理,构建的 PVAR 模型如式(5.1)所示。

$$Y_{i,t} = \gamma_0 + \sum_{p=1}^{k} \gamma_p Y_{i,t-p} + \theta_i + \eta_t + \varepsilon_{i,t} \quad (5.1)$$

其中,i 表示省(区、市);t 表示年份;$Y_{i,t}=(\text{URI},\text{GD})$ 表示包含城乡融合高质量发展水平(URI)、绿色发展水平(GD)两个变量的向量;p 表示滞后阶数;$Y_{i,t-p}$ 表示 p 阶滞后项;γ_0 表示截距项;γ_p 表示回归系数矩阵;θ_i 为个体固定效应;η_t 为时间效应;$\varepsilon_{i,t}$ 为随机误差项。

2. 门槛效应模型

在了解绿色发展与城乡融合高质量发展的基本关系后,进一步引入控制变量对其非线性关系展开研究,构建如式(5.2)所示的门槛模型。

$$\begin{aligned}\text{URI}_{i,t} = \alpha_i &+ \beta_1 \text{town}_{i,t} + \beta_2 \text{fin}_{i,t} + \beta_3 \text{open}_{i,t} + \beta_4 \text{tech}_{i,t} + \beta_5 \text{edu}_{i,t} \\ &+ \beta_6 \text{gov}_{i,t} + \beta_7 \text{GD}_{i,t} I(\text{GD}_{i,t} \leqslant \lambda) + \beta_8 \text{GD}_{i,t} I(\text{GD}_{i,t} > \lambda) + \mu_{i,t}\end{aligned} \quad (5.2)$$

其中,i 表示省(区、市);t 表示年份;城乡融合高质量发展水平(URI)表示被解释变量;绿色发展水平(GD)表示门槛变量;城镇化率(town)、金融发展水平(fin)、对外开放程度(open)、科研创新(tech)、教育水平(edu)、财政干预(gov)表示控制变量;I 为指示函数;α_i 为反映省(区、市)差异的特征值;β_c 为系数;$\mu_{i,t}$ 为随机扰动项。

二、变量选取

1. 核心解释变量

本章在借鉴林卫斌等(2019)研究的基础上,从经济发展、资源利用、生态保护、环境污染 4 个方面,选取了 12 个二级指标构建绿色发展水平评价指标体系

（表 5.1），并利用熵权法进行测度。

表 5.1 绿色发展水平评价指标体系

一级指标	二级指标	统计方式	权重
经济发展	人均地区生产总值	统计指标	0.124 9
	万人发明专利授权数	专利授权数/常住总人口	0.253 1
	第三产业增加值占全省地区生产总值比重	统计指标	0.105 6
资源利用	工业固体废物综合利用率	统计指标	0.080 9
	能源消费弹性系数	能源消费量年平均增长速度/地区生产总值年平均增长速度	0.073 2
生态保护	节能环保支出占一般预算支出比重	节能环保支出/一般公共服务支出	0.101 1
	森林覆盖率	统计指标	0.097 3
	每万人公共交通拥有量	统计指标	0.070 7
	建成区绿化覆盖率	统计指标	0.023 2
环境污染	万元地区生产总值工业废水排放量	工业废水排放量/地区生产总值	0.034 2
	万元地区生产总值二氧化硫排放量	二氧化硫排放量/地区生产总值	0.010 1
	生活垃圾无害化处理率	统计指标	0.025 7

2. 被解释变量

本章在参考其他学者的研究基础上，结合长江经济带本身的发展特点，同时考虑指标的可获得性和代表性，从经济、生态、空间、社会 4 个方面的融合选取了 24 个二级指标，构建长江经济带城乡融合发展水平评价指标体系（表 5.2），同样利用熵权法进行测度。

表 5.2 长江经济带城乡融合发展水平评价指标体系

一级指标	二级指标	统计方法	权重
经济融合	投资产出率	地区生产总值/固定资产投资总额	0.046 0
	能源效率	综合能耗/地区生产总值	0.025 9
	农业劳动生产率	农业生产总值/耕地面积	0.091 7
	城乡二元系数	（第一产业产值/二三产业产值）/（第一产业从业人员/二三产业从业人员）	0.180 5
	城乡第三产业从业人员比	城镇第三产业从业人数/农村第三产业从业人数	0.002 0
	城乡恩格尔系数比	（城镇食品支出/城市消费支出）/（农村食品支出/农村消费支出）	0.018 1
	城乡可支配收入比	城镇居民人均可支配收入/农村居民人均可支配收入	0.050 2

续表

一级指标	二级指标	统计方法	权重
生态融合	人均绿地面积	统计指标	0.001 6
	农村厕所普及率	1-农村无厕所住房比	0.005 5
	污水处理率	统计指标	0.000 4
	工业固体废物综合利用率	统计指标	0.014 5
	城乡用电比	城镇用电/农村用电	0.003 6
空间融合	城乡人均住房面积比	城镇人均住房面积/农村人均住房面积	0.021 3
	建设与农用地面积比	建设用地面积/农用地面积	0.132 0
	交通密度网	（公路运营里程+铁路运营里程）/土地总面积	0.036 4
	城乡每百户拥有家用汽车比	城镇每百户拥有家用汽车数/农村每百户拥有家用汽车数	0.043 2
	城乡每百户拥有家用电脑比	城镇每百户拥有家用电脑数/农村每百户拥有家用电脑数	0.013 0
社会融合	社会稳定度	100-（居民消费价格指数+城镇登记失业率）	0.030 1
	城乡居民消费价格指数比	城镇居民消费价格指数/农村居民消费价格指数	0.067 1
	城乡公职人员比	城市公职人员数/农村公职人员数	0.097 1
	城乡专科以上学历比	城镇专科以上学历人数/农村专科以上学历人数	0.010 0
	城乡教育文化支出比	城镇教育文化娱乐支出/农村教育文化娱乐支出	0.013 8
	城乡医疗保障支出比	城镇医疗保健支出/农村医疗保健支出	0.088 1
	城乡最低生活保障人数比	城镇最低生活保障人数/农村最低生活保障人数	0.007 9

3. 控制变量

本章考虑到长江经济带的发展特点，引入如下控制变量：①城镇化率（town），为城镇人口与总人口之比；②金融发展水平（fin），为金融机构本外币存款余额与地区生产总值之比；③对外开放程度（open），为进出口总额与地区生产总值之比；④科研创新（tech），为研发经费与地区生产总值之比；⑤教育水平（edu），以每十万人高等学校平均在校生数表示；⑥财政干预（gov），为一般公共预算支出与地区生产总值之比。变量描述性统计如表5.3所示。

表 5.3 变量描述性统计

变量名称	变量符号	均值	标准差	最小值	最大值
城乡融合发展水平	URI	1.216 2	0.380 1	0.559 8	2.115 5
绿色发展水平	GD	0.380 8	0.141 6	0.164 8	0.739 5

续表

变量名称	变量符号	均值	标准差	最小值	最大值
城镇化率	town	56.198	13.615	33.810	89.600
金融发展水平	fin	1.730 6	0.557 4	0.908 0	3.859 1
对外开放程度	open	0.291 6	0.321 5	0.027 0	1.412 9
科研创新	tech	0.011 6	0.005 3	0.002 3	0.022 1
教育水平	edu	2 508.94	580.29	1 109.00	4 300.00
财政干预	gov	0.221 9	0.068 8	0.117 1	0.408 7

4. 数据来源

本章选取 11 个位于长江经济带的省（市）[①]作为样本，搜集了 2010~2019 年的各项指标数据用于测度。原始数据来源于《中国统计年鉴》《中国环境统计年鉴》和各省（区、市）统计年鉴，少数缺失数据采用插值法补全。

第四节 实 证 研 究

一、绿色发展与城乡融合状况特征分析

1. 绿色发展水平时空演进特征分析

根据测度出的绿色发展水平指数绘制时空演进图（图 5.2），可以看出各地区绿色发展水平均呈上升趋势，但区域间发展并不均衡。这说明在政策引导下，绿色生产生活方式不断发展，各地区绿色发展建设均有所增强。但地区间绿色发展水平差距较大，整体上东部地区>中部地区>西部地区，并由东部地区向中部地区、西部地区辐射，考虑到不同地区有不同的发展背景，经济发达地区可能对绿色发展的投入和参与更丰富，呈现出的绿色发展水平也相对更高，经济落后地区还有较多可改善的空间。

2. 城乡融合水平发展特征分析

测度得到的城乡融合高质量发展水平指数如表 5.4 所示，并绘制图 5.3。结果显示，长江经济带城乡融合高质量发展水平整体有所增长，总体均值在 2010~2019

[①] 东部地区的上海、江苏、浙江、安徽，中部地区的江西、湖北、湖南，西部地区的重庆、四川、贵州、云南。

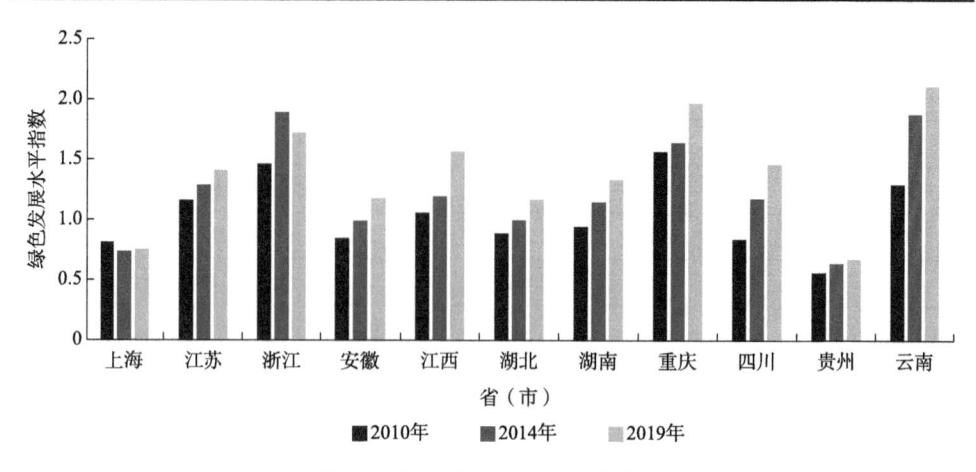

图 5.2 绿色发展水平时空演进图

年 10 年间由 1.040 增长至 1.396，涨幅达到 34.23%，说明研究期间各省（市）的城乡融合高质量发展在不断推进并取得成效。局部比较来看，西部地区的城乡融合高质量发展平均水平最高，中部地区较低，东部地区前期较高，在 2017 年后低于中部地区。不同省（市）间的差异突出，且差异有扩大的趋势。2010 年和 2019 年城乡融合高质量发展水平指数的最大值分别为最小值的 2.8 倍和 3.1 倍，其中，云南、重庆、浙江的城乡融合高质量发展水平较高，上海、贵州则处于较低水平。从增速上看，江苏、浙江、重庆等经济较发达地区在前几年的增速较快，近些年增速逐渐放缓，原因可能在于各地区在不同发展阶段对城乡融合高质量发展的关注和投入程度不同。

表 5.4 城乡融合高质量发展水平指数

地区	省（市）	2010 年	2011 年	2012 年	2013 年	2014 年	2015 年	2016 年	2017 年	2018 年	2019 年
东部地区	上海	0.812	0.796	0.781	0.756	0.736	0.781	0.794	0.792	0.781	0.753
	江苏	1.162	0.908	1.288	1.292	1.290	1.319	1.319	1.367	1.390	1.410
	浙江	1.462	1.561	1.654	1.855	1.891	1.914	1.879	1.580	1.580	1.723
	安徽	0.849	0.793	0.896	0.939	0.994	1.037	0.998	1.074	1.125	1.180
	均值	1.071	1.015	1.155	1.211	1.228	1.263	1.248	1.203	1.219	1.267
中部地区	江西	1.057	1.037	1.143	1.171	1.195	1.251	1.289	1.304	1.666	1.567
	湖北	0.889	0.913	0.935	0.900	0.998	0.981	1.035	1.087	1.117	1.170
	湖南	0.944	0.924	1.079	1.076	1.149	1.178	1.203	1.161	1.208	1.333
	均值	0.963	0.958	1.052	1.049	1.114	1.137	1.176	1.184	1.330	1.357
西部地区	重庆	1.566	1.542	1.559	1.586	1.642	1.719	1.807	1.844	1.862	1.972
	四川	0.839	0.902	1.041	1.136	1.176	1.125	1.239	1.234	1.347	1.461

续表

地区	省（市）	2010年	2011年	2012年	2013年	2014年	2015年	2016年	2017年	2018年	2019年
西部地区	贵州	0.561	0.560	0.635	0.613	0.638	0.685	0.746	0.807	0.738	0.672
	云南	1.294	1.417	1.503	1.562	1.879	1.751	1.772	1.832	1.937	2.116
	均值	1.065	1.105	1.185	1.224	1.334	1.320	1.391	1.429	1.471	1.555
总体均值		1.040	1.032	1.138	1.171	1.235	1.249	1.280	1.280	1.341	1.396

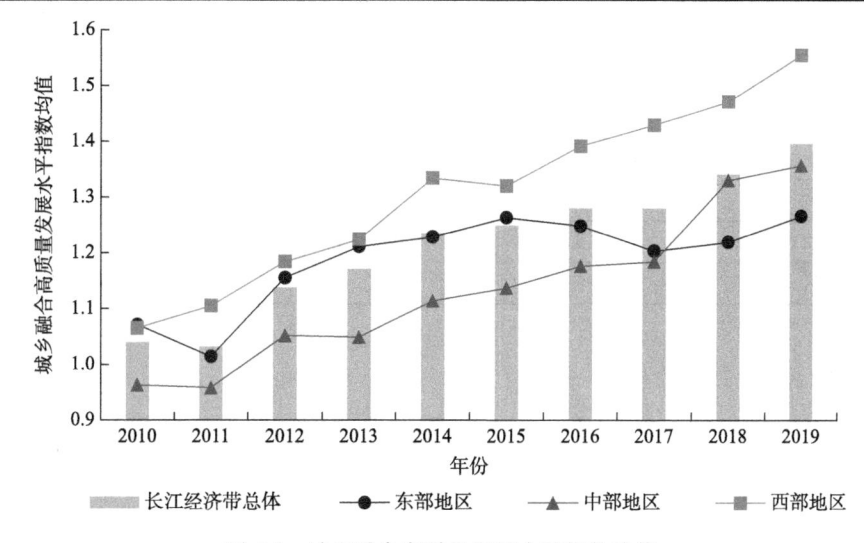

图 5.3 城乡融合高质量发展水平指数均值

二、PVAR 模型实证分析

1. 平稳性检验

对数据进行 LLC（Levin-Lin-Chu）、IPS（Im-Pesaran-Shin）单位根检验得到表 5.5。结果显示，城乡融合高质量发展水平、绿色发展水平均在 1% 水平上显著拒绝原假设，表明变量原始数据均平稳，故采用原始面板数据进行 PVAR 模型估计。

表 5.5 变量平稳性检验结果

变量	LLC 检验		IPS 检验	
	T-star	P 值	T-nar	P 值
URI	−10.950 0	0	−3.718 2	0.000 1
GD	−10.007 2	0	−4.817 1	0

2. 选择最优滞后阶数

利用赤池信息准则(Akaike information criterion, AIC)、贝叶斯信息准则(Bayesian information criterion, BIC)、汉南-奎因信息准则(Hannan-Quinn information criterion, HQIC)判断最优滞后阶数,结果如表5.6所示。由此可知,当滞后阶数为2阶时,AIC、BIC、HQIC统计量均达到最小值,故判定最优滞后阶数为2阶。

表5.6 滞后阶数检验结果

滞后阶数	AIC	BIC	HQIC
滞后1阶	−5.969 9	−5.237 9	−5.675 0
滞后2阶	−6.319 3*	−5.406 1*	−5.954 0*
滞后3阶	−5.993 7	−4.865 7	−5.548 0
滞后4阶	−5.808 0	−4.421 1	−5.271 7
滞后5阶	−5.442 2	−3.739 1	−4.810 6

*表示10%的显著性水平

3. Granger 因果检验

进一步采用Granger因果检验,得到结果如表5.7所示。可以看到P值分别为0.033和0.852,由此得出结论:在短期内,绿色发展是城乡融合高质量发展水平增长的原因,而城乡融合高质量发展对绿色发展水平的增长影响并不明显。

表5.7 Granger 因果检验结果

原假设	卡方统计量	P值	结果
GD不是URI的原因	6.844 6	0.033	拒绝
URI不是GD的原因	0.320 4	0.852	接受

4. PVAR 模型的 GMM 和脉冲响应分析

进一步对PVAR模型进行GMM(generalized method of moments,广义矩估计),得到结果如表5.8所示。

表5.8 GMM 结果

变量	URI	GD
滞后1期的URI	0.599 3*** (3.95)	0.186 0 (0.48)
滞后1期的GD	0.982 9** (1.97)	0.609 5*** (4.02)
滞后2期的URI	0.156 7 (1.36)	0.004 3 (0.13)

续表

变量	URI	GD
滞后 2 期的 GD	−0.879 6** (−2.44)	0.090 9 (0.76)

、*分别表示 5%、1%的显著性水平

结果显示，在 5%的显著性水平下，滞后 2 期的绿色发展水平增长对城乡融合高质量发展具有负向影响，系数为−0.879 6，但到了滞后 1 期转变为更强的正向影响，系数高达 0.982 9，原因可能是在绿色发展初期，既要降低能耗又要保护环境，对经济发展带来了一定限制，但后期各地区逐步探索出既能保证绿色效益又能推动经济高质量发展的模式，对于城乡融合起到了推进作用；滞后 1 期的绿色发展水平增长对自身具有强烈的正向影响，系数为 0.609 5，而滞后 2 期并不显著，说明要想提高当期的绿色发展水平，前期的绿色发展投入尤为重要；城乡融合高质量发展水平对绿色发展水平的影响并不显著，但滞后 1 期的城乡融合高质量发展水平增长对自身有较强的正向作用，系数为 0.599 3，表明前期推进城乡融合高质量发展有利于提升当期城乡融合高质量发展水平。

为分析绿色发展与城乡融合高质量发展之间的动态影响，进行 200 次蒙特卡洛模拟后得到滞后 10 期的脉冲响应结果，如图 5.4 所示。结果显示，4 个函数均呈收敛状态。当城乡融合高质量发展水平受到自身的冲击时，会持续产生正向影响且对当期城乡融合高质量发展水平的作用最为强烈，在第 1 期约降为 0.044，最终在第 10 期趋近于 0；当绿色发展水平受到城乡融合高质量发展水平 1 个标准差的冲击时，绿色发展水平会在短期内迅速响应获得正向影响，在第 1 期达到峰值 0.024，并逐渐削弱，在第 6 期之后趋近于 0；当城乡融合高质量发展水平受到绿色发展水平 1 个标准差的冲击时，会产生微弱正向影响，并在第 10 期趋近于 0；当绿色发展水平受到自身的冲击时，也会产生持续正向影响，在当期达到峰值 0.025，并持续减弱，在第 10 期附近趋近于 0。

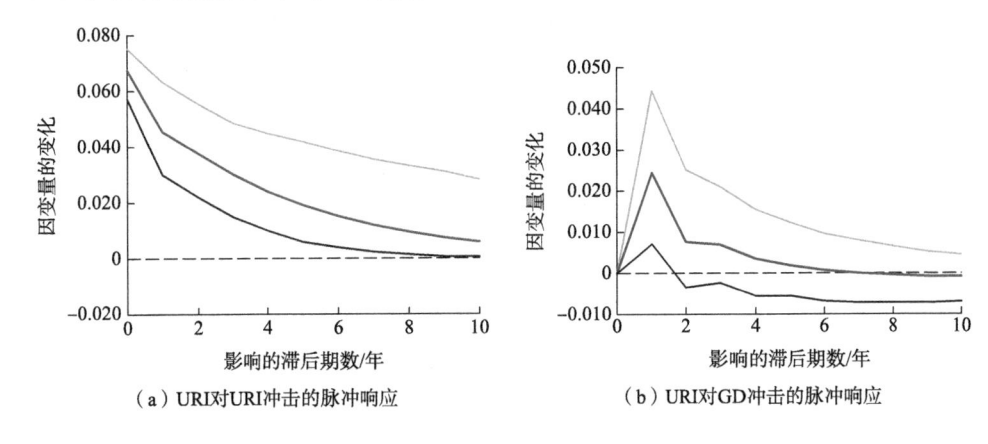

(a) URI对URI冲击的脉冲响应

(b) URI对GD冲击的脉冲响应

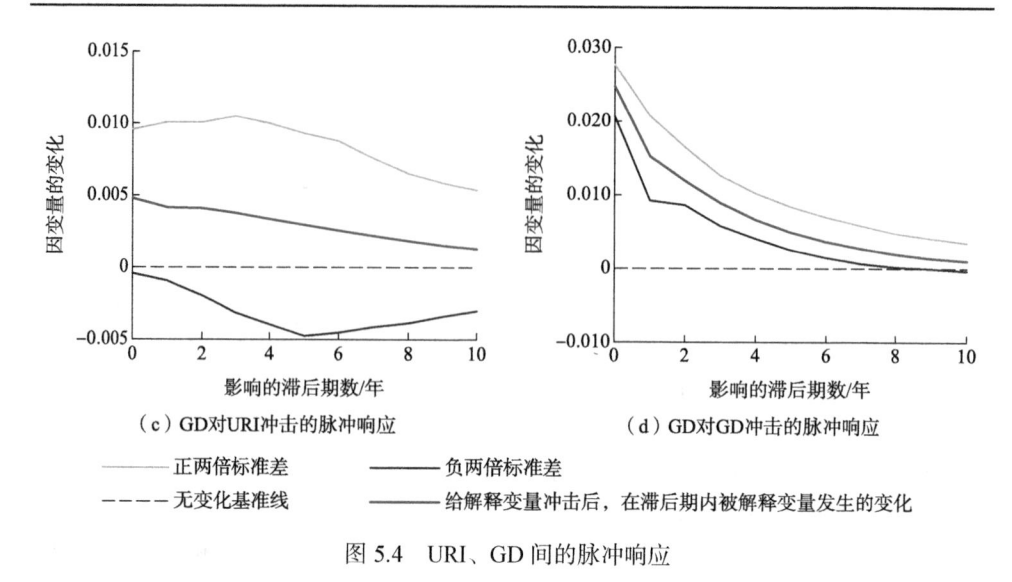

(c) GD对URI冲击的脉冲响应　　　　　(d) GD对GD冲击的脉冲响应

―― 正两倍标准差　　―― 负两倍标准差
---- 无变化基准线　　―― 给解释变量冲击后，在滞后期内被解释变量发生的变化

图 5.4　URI、GD 间的脉冲响应

5. 方差分解分析

为考察变量总体变异的来源和变量间的长期影响，对城乡融合高质量发展水平、绿色发展水平预测误差进行方差分解，得到结果见表 5.9。

表 5.9　方差分解结果

预测期	URI		GD	
	URI	GD	URI	GD
1	1.000	0.036	0	0.964
10	0.935	0.086	0.065	0.914
20	0.935	0.090	0.065	0.910
30	0.935	0.090	0.065	0.910

观察可知，被冲击的绿色发展水平在第 1 期主要受自身波动影响，自身贡献度高达 0.964，而被冲击的城乡融合高质量发展水平则完全由自身波动决定。随着时间的推移，城乡融合高质量发展水平对自身波动的影响有所减弱，在第 10 期降至 0.935，并在此后保持稳定。同样地，绿色发展水平对自身波动的影响也有所减弱，在第 10 期减弱至 0.914，在第 20 期之后稳定在 0.910。

三、门槛效应的检验与分析

上文基于 PVAR 模型分析得出绿色发展对城乡融合高质量发展具有正向作用，但除此之外，城乡融合高质量发展可能还会受到诸多因素影响，故进一步引入控制变量构建门槛模型，从非线性的角度对其影响展开分析。

1. 门槛效应检验

将绿色发展水平（GD）作为门槛变量，借助 Stata 16.0 得到检验结果（表 5.10、表 5.11），可以看出其通过了单一门槛检验，门槛值为 0.648 2，其对应的 95% 置信区间为[0.643 1，0.651 6]。输出的 LR 函数图如图 5.5 所示，虚线表示 5% 显著性水平上 LR 值的临界值为 7.35，门槛模型 LR 值位于临界值下方。

表 5.10　门槛存在性检验

门槛数	F 统计量	P 值	自助（bootstrap）抽样次数	临界值 1%	临界值 5%	临界值 10%
单一门槛	23.76	0.006 7	300	23.304 2	18.438 4	14.674 7
双重门槛	9.16	0.346 7	300	41.726 3	22.588 3	15.304 5

表 5.11　门槛值估计结果

门槛变量	门槛数	估计值	置信区间
绿色发展水平	单一门槛	0.648 2	[0.643 1，0.651 6]

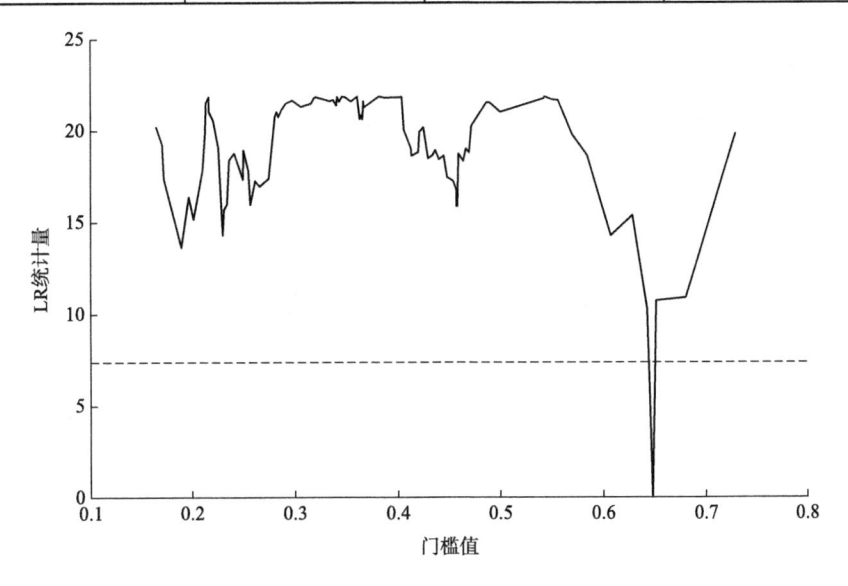

图 5.5　门槛估计值及置信区间

2. 门槛模型结果

继续实证得到面板门槛模型参数估计结果（表 5.12）。绿色发展对城乡融合发展水平在总体上具有正向的促进作用，但在不同阶段其影响程度有所差异。当绿色发展水平低于或等于门槛值 0.648 2 时，对城乡融合发展水平的估计系数为 0.776 5；当其高于门槛值 0.648 2 时，估计系数为 0.406 1。原因可能是地区在绿色发展初期，升级产业结构、优化能源结构、推行绿色化治理制度等措施改变了以往的城乡发展方式，有效推动了城乡融合高质量发展，而当其绿色发展水平达到一定程度时，城乡间的循环经济基本成型，绿色治理趋向常态，城乡在空间规划和生态保护方面有了更为完善的布局和制度，此时绿色发展对城乡融合高质量发展仍能起到正向促进作用，但程度会稍微减弱。

表 5.12　面板门槛模型参数估计结果

变量	回归系数	标准误差	T 值	$P>|T|$
town	0.011 6	0.006 5	1.79	0.077
fin	−0.136 7	0.074 4	−1.84	0.070
open	−0.202 8	0.167 7	−1.21	0.230
tech	5.968 3	8.320 7	0.72	0.475
edu	0.000 1	0	1.50	0.138
gov	0.522 7	0.697 0	0.75	0.455
GDI（GD ≤ 0.648 2）	0.776 5	0.298 5	2.60	0.011
GDI（GD > 0.648 2）	0.406 1	0.262 6	1.55	0.125
常数项	0.118 7	0.255 2	0.47	0.643
自助抽样次数	300	300	300	300

第五节　本章研究结论及建议

本章以长江经济带 11 个省（市）为例，分别测度了绿色发展水平和城乡融合高质量发展水平，并构建模型对两者关系进行实证研究，得出以下四个结论。

（1）地区间绿色发展水平整体有所提升，但地区发展并不均衡，有从长江经济带东部地区向中部地区、西部地区辐射的态势。

（2）各地区城乡融合高质量发展水平整体波动上升，但局部存在较大差异，且该差异可能有扩大趋势。

（3）绿色发展对城乡融合高质量发展具有正向促进作用。长江经济带滞后 2 期的绿色发展水平增长对城乡融合高质量发展具有负向影响，到了滞后 1 期会转变为强烈的正向影响。另外，在5%的显著性水平上，城乡融合高质量发展对绿色发展的影响并不显著。

（4）绿色发展对城乡融合高质量发展的推动作用存在阶段差异性。当绿色发展水平低于或等于门槛值0.648 2时，其对城乡融合发展的推动作用较强，估计系数为0.776 5；当绿色发展水平高于门槛值0.648 2时，其对城乡融合发展的推动作用有所减弱，估计系数为0.406 1。

依据上述结论，提出以下四点建议。

（1）各地区需立足当地的经济发展水平、空间地理特点、社会文明发展水平等，采取符合自身城乡融合高质量发展水平的差异化绿色规划。农村需要重视基础设施建设，在生产生活上衔接"四化"推进产业升级转型；城市需要强化公共服务保障，加强生态环境的治理，持续优化城市空间结构。

（2）加大对经济落后地区的绿色发展投入。目前，地区间绿色发展水平存在较大差距，经济发达地区在资金、人才、技术等方面占据优势，经济欠发达地区需要加大当地绿色发展的财政投入，制定政策吸引绿色科技人才，利用技术创新将生态优势转化为经济优势，发挥绿色发展初期对城乡融合的拉动作用。

（3）加强培育绿色主体，加快形成城乡融合绿色发展的循环体系。绿色发展需要多元主体共同参与，政府要帮助社会建立高效绿色市场，提高生态产品的配置与供给效率；企业应进行技术创新和绿色转型以获取最大综合效益；社会组织和城乡居民要加强环保意识。

（4）继续完善绿色发展体系的制度建设。以绿色、低碳、循环为准则，在"法制"和"激励"两方面建立起完善的绿色治理制度，最大限度地调动多元主体参与绿色治理，实现建设美丽中国、城乡共同繁荣的愿景。

第六章 数字经济对中国城乡收入差距的空间溢出与门槛效应研究

第一节 引 言

多年来，推进实现共同富裕一直是党和国家高度重视的目标，缩小城乡收入差距是促进共同富裕的重要抓手。根据中国信息通信研究院的研究，2021年，我国数字经济规模达到45.5万亿元。数字经济作为国民经济"稳定器"和"加速器"的作用更加凸显，同时也为改善城乡收入差距，实现共同富裕提供了绝佳契机。关于城乡收入差距的影响因素，已有学者从财政分权（李春仙和李香菊，2021）、税收政策（骆永民和樊丽明，2019）、金融政策（傅巧灵等，2021）、产业发展（李晓龙和冉光和，2019；周国富和陈菡彬，2021；熊凯军，2022）等角度进行了较为翔实的研究。相比之下，探讨数字经济对城乡收入差距影响的研究略有不足，且关于数字经济对城乡收入差距的影响究竟是扩大还是缩小，学术界尚未达成一致结论。持"扩大观"的学者认为，在城乡二元制结构下，农村人口转移就业在一定时期缩小了城乡收入差距，然而工业智能化对农村低技能劳动力的替代通过减少农村人口的工资性收入扩大了城乡收入差距（刘欢，2020）。另外，城乡"数字鸿沟"正成为扩大城乡收入差距的重要原因（刘骏，2017）。持"缩小观"的学者认为，数字经济与农业的融合发展有利于促进农业现代化，提高农业生产效率，增加农民收入（Shi and Gao，2018）。数字普惠金融等的发展为农村地区提供了优质便捷的金融服务，促进了农村发展，进而缓解了城乡收入差距（宋科等，2022）。

综上所述，目前关于数字经济对城乡收入差距究竟是扩大还是缩减效应，学者尚未达成一致，且这些研究多为时间效应方面的研究，忽略了空间效应，使研究结果不够完善。因此，本章试图探索分析我国数字经济对城乡收入差距的空间特征，并以数字经济作为门槛变量和核心解释变量构建门槛面板模型，揭示我国数字经济对城乡收入差距的门槛效应，以此丰富数字经济与城乡收入差距关系的研究成果，为缩小城乡收入差距提供决策参考。

第二节 理论分析与研究假设

一、数字经济对城乡收入差距的缩减效应假设

首先，数字经济的发展提高了信息资源的整合共享，降低了农村居民的信息搜寻成本，进而为其创造了更多的就业机会，提高了农村居民的工资性收入，缩减了城乡收入差距。其次，数字经济赋能农业发展，助力农业技术提升，提高了农业生产效率，同时农村电子商务等新方式的产生可以推动农产品的销售，从而增加了农村居民收入，缩小了城乡收入差距。最后，数字经济推动了医疗、教育等优质资源在城乡间的共享，同时大数据平台等的应用有效提升了政府服务效能，通过向农村居民提供更智能、便捷、高效的公共服务，提高了农村人口的综合素质，进而提高其收入水平，缩小了城乡收入差距。基于以上分析，提出假设6.1。

假设6.1：数字经济的发展有利于缩减城乡收入差距。

二、数字经济对城乡收入差距的空间溢出效应假设

首先，数字经济的高渗透、可持续发展等特点削弱了生产要素的空间流动限制，优化了要素配置效率，提高了生产要素之间的协同性，进而推动了城乡协同发展，缩小了城乡收入差距。其次，国内有不少研究表明，数字经济对产业结构升级、高质量发展等存在空间溢出效应，那么，数字经济对城乡收入差距的影响效用也不会局限于本区域，而是对周边地区具有辐射效应。原因在于，数字经济带来的产业升级和产业分工会让技术、知识、资源等流向周边地区，带动承接地的农村居民收入增加，从而缩小承接地的城乡居民收入差距。基于以上分析，提出假设6.2。

假设6.2：数字经济对城乡收入差距的影响存在空间溢出效应。

三、数字经济与城乡收入差距的非线性关系假设

在数字经济发展初期，农村地区数字基础设施较为落后，农业结合数字技术发展受到限制，因此数字经济为城镇居民带来的利益更多。近几年，随着农村地

区数字基础设施的不断完善和国家政策对农村地区的支持,数字经济为农村带来的优势越来越明显。例如,互联网+农业、农村电子商务等数字经济产物将农村特色产品推向市场,拓宽了其销售渠道。农村居民还可以通过拍摄短视频、开展直播等形式宣传当地的文化、景点,吸引更多的游客观光,发展当地旅游业,促进当地消费。同时,网络教学平台弥补了农村居民基础教育薄弱、技能培训短缺的不足,从源头上缩小了城乡教育的差距,提升了农村居民的整体素质,大幅度提升了农村的就业率。因此,现阶段数字经济的发展在惠及了广大农村居民的同时也减小了城乡收入差距。基于以上分析,提出假设6.3。

假设6.3:在数字经济发展初期,数字经济不利于城乡收入差距的缩小;在现阶段,数字经济有利于我国城乡收入差距的缩小。

第三节 变量说明与模型设定

一、变量选择

1. 被解释变量

本章对城乡收入差距(income)的测度借鉴钞小静和沈坤荣(2014)的研究,采用比值法,即城乡居民人均可支配收入比。相比其他方法,比值法更加直观且可操作性强。

2. 解释变量

数字经济(digit)是一个复杂的经济体系,使用单一指标测度很难准确地反映其发展水平,因此需要构建综合评价指标体系进行全面测度。本章参考王军等(2021)的研究,从基础建设、融合发展、技术创新和数字应用4个维度构建8个二级指标、22个三级指标对2013~2020年中国31个省(区、市)(不含港澳台地区)数字经济发展水平进行测度(表6.1)。为使评价结果具有客观性和可比性,本章运用熵值法赋权,并利用线性加权法计算得到综合评分。

表6.1 中国省级数字经济发展水平综合评价指标体系

一级指标	二级指标	三级指标	单位	属性
基础建设	普及程度	固定电话普及率	%	+
		移动电话普及率	%	+

续表

一级指标	二级指标	三级指标	单位	属性
基础建设	设施建设	域名数	万个	+
		网页数	万个	+
		长途光缆线路长度	万千米	+
		互联网宽带接入端口	万个	+
融合发展	数字产业化	电信业务总量	亿元	+
		高技术产业企业数	个	+
		软件业务收入	万元	+
	产业数字化	数字普惠金融		+
		每百人使用计算机数	台	+
技术创新	创新投入	规模以上工业企业研发人员全时当量	人年	+
		规模以上工业企业研发经费	万元	+
	创新产出	国内专利申请数	件	+
		国内专利授权数	件	+
		技术市场成交额	亿元	+
数字应用	网络应用	每百家企业拥有网站数	个	+
		数字电视用户数	万户	+
	电商应用	有电子商务交易活动的企业数比重	%	+
		电子商务销售额占地区生产总值比重	%	+
		电子商务采购额占地区生产总值比重	%	+
		网络零售总额占社会消费品零售总额的比重	%	+

3. 控制变量

除了数字经济，城乡居民收入差距还会受到其他因素的干扰。本章参考李晓钟和李俊雨（2022）的研究，选取如下控制变量：城镇化率（urban），用城镇人口占总人口的比例表示；产业结构（indus），用第二、第三产业增加值占地区生产总值的比重表示；财政支出（gov），用地方政府财政支出占地区生产总值的比例衡量；对外开放（open），用进出口总额占地区生产总值的比重来衡量；经济发展水平（pgdp），用人均地区生产总值表示；金融发展（finance），用年末金融机构的存贷款总额占地区生产总值的比重来衡量。

二、数据来源

本章选取的研究对象为 2013~2020 年中国 31 个省（区、市）（不含港澳台地区）。样本数据来自各省（区、市）统计年鉴、《中国金融年鉴》和《中国信息年鉴》等，缺失数据用插值法或类推法补齐。

三、研究方法

1. 熵值法

熵值法是客观赋值法中的一种，能够避免人为参与带来的主观性因素，能较为准确地反映指标的权重。本章利用该方法对中国省级数字经济发展水平综合评价指标体系中的三级指标赋权，并通过求和计算得到不同省（区、市）各年的数字经济发展水平。

2. 全局空间自相关

空间自相关可以分析某地区的某一现象特征是否受到关联地区影响，而全局莫兰指数是分析空间关联性常用的方法之一。本章利用全局莫兰指数值（I）检验是否存在空间效应，公式如下所示：

$$\text{I} = \frac{n \sum_{i=1}^{n} \sum_{j=1}^{n} w_{ij}(y_i - \bar{y})(y_j - \bar{y})}{\sum_{i=1}^{n}(y_i - \bar{y})^2 \sum_{i=1}^{n} \sum_{j=1}^{n} w_{ij}} \quad (6.1)$$

其中，y_i、y_j 分别为 i 省（区、市）和 j 省（区、市）的变量观测值；n 表示地区总数；w_{ij} 为空间权重矩阵，本章选用 0-1 邻接矩阵。

3. 空间面板模型

数字经济在推动各省（区、市）发展的同时进一步加强了各省（区、市）之间的协调合作，空间面板模型很好地考虑了不同区域在空间上的联系，故本章选用空间面板模型分析数字经济对城乡居民收入差距的影响效应。空间面板模型主要有三种形式，具体公式如下：

$$\text{SLM：} Y_{it} = \rho W Y_{it} + \beta X_{it} + \varepsilon_{it}, \quad \varepsilon_{it} \sim \text{N}(0, \sigma^2 I) \quad (6.2)$$

$$\text{SEM：} Y_{it} = \beta X_{it} + \varepsilon_{it}, \varepsilon_{it} = \mu_{it} + \lambda W\varepsilon_{it}, \ \mu_{it} \sim N(0,\sigma^2 I) \quad (6.3)$$

$$\text{SDM：} Y_{it} = \rho WY_{it} + \beta X_{it} + \theta WX_{it} + \varepsilon_{it}, \ \varepsilon_{it} \sim N(0,\sigma^2 I) \quad (6.4)$$

其中，i 为地区；t 为时间；Y_{it}、X_{it} 分别为 i 省（区、市）t 时的因变量和自变量；ρ、β、θ 和 λ 为待估参数；ε_{it} 和 μ_{it} 为误差项；W 为空间权重矩阵。

为更加清晰地展现数字经济对城乡居民收入差距的空间效应，将空间效应分解。式（6.4）中的 SDM 可改写为

$$Y = (I - \rho W)^{-1}(X\beta + WX\theta) + R \quad (6.5)$$

其中，R 包括截距项和误差项；I 为单位矩阵。

利用偏微分矩阵运算可得被解释变量 Y 的期望值的偏导数矩阵：

$$\begin{bmatrix} \dfrac{\partial E(Y)}{\partial x_{1t}} & \cdots & \dfrac{\partial E(Y)}{\partial x_{Nt}} \end{bmatrix} = \begin{bmatrix} \dfrac{\partial E(y_1)}{\partial x_{1t}} & \cdots & \dfrac{\partial E(y_1)}{\partial x_{Nt}} \\ \vdots & & \vdots \\ \dfrac{\partial E(y_N)}{\partial x_{1t}} & \cdots & \dfrac{\partial E(y_N)}{\partial x_{Nt}} \end{bmatrix}$$

$$= (I - \rho W)^{-1} \begin{bmatrix} \beta_t & \omega_{12}\theta_k & \cdots & \omega_{1N}\theta_k \\ \omega_{21}\theta_k & \beta_t & \cdots & \omega_{2N}\theta_k \\ \vdots & \vdots & & \vdots \\ \omega_{N1}\theta_k & \omega_{N2}\theta_k & \cdots & \beta_t \end{bmatrix} \quad (6.6)$$

式（6.6）中偏导数矩阵对角线元素的均值为直接效应，表示研究区域解释变量对被解释变量的影响；非对角线元素的均值为间接效应，表示研究区域解释变量对周边地区被解释变量的影响；两者之和为总效应。

4. 门槛回归模型

本章采用 Hansen 在 20 世纪 90 年代提出的面板门槛回归模型深入研究数字经济发展与城乡收入差距之间的影响效用。设定数字经济为门槛变量，构建如下门槛效应模型：

$$\begin{aligned} \text{income}_{it} = {} & \alpha_0 + \beta_1 \text{digit}_{it} I(\text{digit}_{it} \leq \gamma_1) + \beta_2 \text{digit}_{it} I(\gamma_1 < \text{digit}_{it} \leq \gamma_2) \\ & + \beta_3 \text{digit}_{it} I(\text{digit}_{it} > \gamma_2) + \beta_4 \text{urban}_{it} + \beta_5 \text{indus}_{it} + \beta_6 \text{gov}_{it} \\ & + \beta_7 \text{open}_{it} + \beta_8 \text{pgdp}_{it} + \beta_9 \text{finance}_{it} + \varepsilon_{it} \end{aligned} \quad (6.7)$$

其中，i 为地区；t 为年份；γ 为门槛值；ε_{it} 为残差项；$I(\cdot)$ 为示性函数，其数值取决于括号内的表达式，成立时取 1，不成立时取 0。

第四节 实证结果与分析

一、数字经济发展水平的时空特征分析

本章运用熵值法分析得到 2013~2020 年我国 31 个省（区、市）（不含港澳台地区）数字经济发展水平综合指数，并利用局部空间自相关统计量 Getis-Ord G_i^* 指数值绘制了数字经济发展水平的冷热点分布图，进行局部空间差异性分析。分析结果表明，2013~2020 年，数字经济发展水平在各省（区、市）乃至全国均呈现上升的趋势，但各省（区、市）数字经济发展存在差异，区域上呈现出由东向西逐渐减弱的特征。

二、空间面板模型检验与分析

1. 空间自相关性与模型选择

大数据时代，不同城市间的合作越来越多，联动性越来越强。为探究各省（区、市）各变量间是否存在空间效应，根据式（6.1）计算全局莫兰指数。计算结果如表 6.2 所示。2013~2020 年的城乡收入差距莫兰指数为正值，说明我国数字经济发展在空间上具有正相关性，呈现集聚分布，即一个地区的数字经济发展水平受到周边地区数字经济发展水平的影响，地区与地区之间存在连带作用。

表 6.2 全局莫兰指数值

变量	2013 年	2014 年	2015 年	2016 年	2017 年	2018 年	2019 年	2020 年
income	0.393***	0.391***	0.417***	0.413***	0.406***	0.397***	0.381***	0.358***
digit	0.212***	0.195**	0.182**	0.152**	0.159**	0.160**	0.158**	0.168*

*、**、*** 分别表示 10%、5%、1% 的显著性水平

为选取到最合适的模型，需要进行一系列检验，检验结果如表 6.3 所示。首先，通过 LM 检验和 R-LM 检验判断空间回归模型与 OLS 模型中的哪一个更适合本章的研究，从中可以看到空间误差效应和空间滞后效应同时显著存在，故空间回归模型更合适。其次，通过 LR 检验和 Wald 检验判断 SDM 是否可以简化为 SLM 或 SEM，结果均显著，说明 SDM 不能简化为 SLM 或 SEM，故 SDM 是最适合的模型。最后，通过 Hausman 检验确定了固定效应模型更加合适。综合上述检验结

果，本章最终选定的模型为固定效应的 SDM。

表 6.3 空间面板模型检验

检验	统计量	P 值
LM（SEM）	208.670	0
LM（SLM）	64.374	0
R-LM（SEM）	152.957	0
R-LM（SLM）	8.661	0.003
LR（SEM）	27.220	0
LR（SLM）	56.870	0
Wald（SEM）	11.020	0.088
Wald（SLM）	25.330	0.001
Hausman	113.830	0

2. 空间面板模型结果与分析

基于 0-1 邻接矩阵，构建固定效应的 SDM，同时将不考虑空间效应的回归结果与加入空间效应的结果进行比较，具体结果如表 6.4 所示。从表 6.4 中我们可以获取一些基本信息：时间固定、个体固定和双固定 SDM 中的数字经济水平综合指数均未通过显著性检验，这可能是由于 SDM 考虑了空间溢出效应，表 6.4 中数字经济水平综合指数的估计系数并不能直接反映其对城乡收入差距的影响，导致结果存在些许偏差。但其中两个模型的 spatial_rho 数值在 1% 的水平上显著相关，证明了空间溢出效应在本章的研究中是显著存在的。

表 6.4 模型估计结果

模型	OLS 回归	SDM（时间固定）	SDM（个体固定）	SDM（双固定）
digit	−0.382	−0.249	0.119	0.136
urban	−1.958***	−1.137	−0.507***	0.095
indus	0.927*	0.439	0.255	0.868**
gov	0.010	0.021	0.023	0.257**
open	0.007	0.088	−0.014	−0.073*
pgdp	8.66×10^{-8}	1.26×10^{-6}	-6.4×10^{-7}	9.38×10^{-7}
finance	0.062***	0.048***	0.002	0.003
常数项	2.733***			
Wx digit		0.014	−0.726**	−0.664**
Wx urban		−2.209***	−0.537*	−0.012

续表

模型	OLS 回归	SDM（时间固定）	SDM（个体固定）	SDM（双固定）
Wx indus		1.992	1.221**	1.605**
Wx gov		−0.580	0.404*	0.879***
Wx open		−0.455	−0.094	−0.229**
Wx pgdp		-7.59×10^{-6}	$2.01 \times 10^{-6*}$	1.93×10^{-6}
Wx finance		0.086	0.016**	0.015**
spatial_rho		−0.049	0.454***	0.265***
sigma2_e		0.050***	0.001***	0.001***
观测值	248	284	248	248
R^2	0.434	0.667	0.769	0.151

*、**、***分别表示10%、5%、1%的显著性水平

3. 空间效应分解

由于数字科技的发展，相邻省（区、市）之间往往存在着错综复杂的关系，为了更加清晰地分析出相关影响，本章借鉴 Lesage 和 Pace（2009）的研究，在拟合效果最好的个体固定 SDM 的估计结果基础上，基于偏微分效应分解方法，将数字经济对城乡收入差距产生的空间效应影响分解为直接效应、间接效应和总效应，分解结果见表 6.5。

表 6.5　SDM 分解结果

变量	直接效应	间接效应	总效应
digit	0.043	−1.141**	−1.098*
urban	−0.601*	−1.233***	−1.834***
indus	0.447	2.198**	2.645***
gov	0.072**	0.688*	0.760
open	−0.026	−0.162	−0.188
pgdp	-4.34×10^{-7}	2.86×10^{-6}	$2.43 \times 10^{-6***}$
finance	0.004	0.029**	0.033**

*、**、***分别表示10%、5%、1%的显著性水平

表 6.5 中的直接效应反映的是数字经济对本地区城乡收入差距的影响，间接效应则反映数字经济对周边地区城乡收入差距的影响，两者之和为总效应。在直接效应中数字经济的系数为正值但未通过显著性检验，说明数字经济对本地区城乡

收入差距有微弱的扩大作用,但影响并不显著。虽然近几年政府一直在大力发展乡村互联网设施技术,往乡村引进高科技人才,但城市与农村之间的基础设施、数字技术及人才的知识素养依旧存在着差距。从间接效应来看,数字经济对城乡收入差距的空间溢出效应的系数在5%的水平上显著为负值,说明数字经济显著影响周边地区的城乡居民收入,且发展该地区的数字经济对缩小周边地区城乡收入差距有巨大的贡献。总效应系数在10%的显著性水平上显著为负值,说明发展数字经济有助于缩小城乡收入差距。综上所述,假设6.1和假设6.2得到验证。

三、门槛模型建立与分析

1. 门槛效应检验与估计

为研究不同的数字经济发展水平下数字经济对城乡收入差距可能存在的门槛效应,本章以数字经济发展水平为门槛变量,采用自助抽样法模拟抽取300次,得到如表6.6所示的门槛检验结果,结果显示,变量digit分别通过了单门槛和双门槛检验。

表6.6 数字经济对城乡收入差距的门槛效应检验

变量	门槛类型	F值	P值	临界值		
				10%	5%	1%
digit	单门槛	25.810	0.060	21.644	26.676	40.272
	双门槛	23.510	0.063	20.336	25.752	43.999
	三门槛	12.280	0.750	46.076	55.851	74.541

基于门槛效应检验的结果,进一步对门槛值进行估计。由表6.7可知,digit的双门槛估计值分别为0.101和0.153。

表6.7 门槛值估计及置信区间检验

门槛变量	门槛值	门槛估计值	95%置信区间
digit	门槛值γ_1	0.101	[0.093, 0.102]
	门槛值γ_2	0.153	[0.145, 0.154]

2. 门槛模型结果与分析

根据上述检验结果,对模型进行双门槛估计,估计结果如表6.8所示。当数字经济发展水平低于或等于第一个门槛值0.101时,数字经济对城乡收入差距的影响效果系数为 0.833，在 1% 的水平上显著正相关，即数字经济发展水平每提高 1%，城乡收入差距将扩大 0.833%。当数字经济发展水平高于 0.101 且不超过 0.153 时，数字经济对城乡收入差距的调节作用从扩大转变为缩小，影响效果系数为 −0.070，但在统计上不显著，可能是因为该阶段是过渡阶段，受到多种因素的限制，所以数字经济对城乡收入差距的影响不明显。当数字经济发展水平高于第二个门槛值 0.153 时，数字经济对城乡收入差距的抑制效应产生了较大程度的正向作用。上述结果说明了较低的数字经济发展水平会进一步扩大城乡收入差距，只有不断提高数字经济发展水平，使其跨过门槛值，才能缩小城乡收入差距，假设 6.3 得到验证。

表 6.8　门槛模型变量参数估计结果

变量	系数	标准误差	t 统计量	P 值
urban	−0.609***	0.169	−3.61	0
indus	0.611	0.411	1.49	0.139
gov	0.308**	0.123	2.51	0.013
open	−0.089	0.057	−1.56	0.120
pgdp	-1.19×10^{-6}***	5.26×10^{-7}	−2.26	0.025
finance	0.001	0.003	0.29	0.770
digit $\times I(\gamma_{it} \leqslant \gamma_1)$	0.833***	0.256	3.25	0.001
digit $\times I(\gamma_1 < \gamma_{it} \leqslant \gamma_2)$	−0.070	0.180	−0.39	0.697
digit $\times I(\gamma_{it} > \gamma_2)$	−0.349**	0.165	−2.12	0.036
常数项	2.444***	0.348	7.03	0

、*分别表示 5%、1%的显著性水平

四、稳健性检验

本章采取替换被解释变量衡量指标的方式进行稳健性检验，参考李晓钟和李俊雨（2022）的研究，以泰尔指数作为衡量城乡收入差距的替代指标，泰尔指数越小，说明城乡收入差距越小。首先，采用 SDM 检验数字经济对城乡收入差距的空间溢出效应，结果显示间接效应和总效应的系数分别为−0.398 和−0.427，且均在 1%的水平上显著，说明更改被解释变量的衡量方式后，数字经济对城乡收入差距的空间溢出效应依然显著存在。其次，采用门槛模型检验数字经济对城乡收入差距的门槛效应，门槛效应检验显示双门槛值分别为 0.110 和 0.141，且数字经济发展水平低于或等于 0.110 时，对城乡收入差距有扩大作用，处于 0.110 和 0.141

之间时，转变为缩减效应，但并不显著，高于 0.141 时，数字经济对城乡收入差距的影响效果系数为-0.052，且在 1%的水平上显著，这与主回归结论一致，说明本章结论稳健。

第五节 本章研究结论及建议

本章基于现有文献，构建数字经济发展水平综合评价指标体系，并运用熵值法得到 2013~2020 年我国 31 个省（区、市）（不含港澳台地区）的数字经济发展水平综合指数，运用空间模型和门槛模型探讨了数字经济对我国城乡收入差距的影响效应，得出以下结论。

（1）我国数字经济发展水平总体来看呈现上升趋势，但各省（区、市）之间存在较大差异，东部地区的数字经济发展水平要明显高于中西部地区。

（2）从全局空间看，各省（区、市）的数字经济和城乡收入差距具有明显的空间正相关性。

（3）数字经济高质量发展有助于缩小城乡收入差距，且一个地区的数字经济发展水平提升会对缩小周边地区的城乡收入差距产生正面影响。

（4）数字经济对城乡收入差距的影响存在显著的双门槛效应。当数字经济发展水平低于或等于第一个门槛值时，其对城乡收入差距具有扩大作用。当位于两个门槛值之间时，数字经济对城乡收入差距的调节作用从扩大转变为缩小。当跨过第二道门槛值时，数字经济对城乡收入差距的抑制效应更加显著。

根据上述结论，本章提出以下几点建议。

（1）打造数字经济区域发展城市圈，减少市场分割，将中西部地区的资源优势和东部地区的技术、市场和产业优势相结合，进一步推动"东数西算"等工程的建设，利用西部地区充裕算力解决东部地区算力需求的同时带动西部地区的数字经济发展。充分发挥数字经济缩减城乡收入差距的空间溢出效应，形成城乡互补、经济发达地区与经济欠发达地区互促的模式，实现共同富裕。

（2）完善农村地区的数字基础设施建设，打造"智慧农村"。避免城乡"数字鸿沟"扩大对城乡收入差距的不利影响。同时，为农村低技能劳动力人口提供相关的数字化技能培训，提高其数字化素养，以帮助其应对数字经济时代工业智能化对低技能岗位的冲击，促进就业。

（3）加快大数据战略与乡村振兴战略融合，促进数字技术与农业农村有机结合，利用现代化农业智能设备，提高农业生产效率，依托深度学习、区块链技术等在预测和风险防范领域的作用，克服或缓解市场的盲目性，提高农业生产经营决策的智能化。打造特色"数字乡村",发挥乡村旅游的创收功能。

（4）加快数字普惠金融的发展,扩大农村金融服务覆盖率,为农业发展和农村居民创业提供优质的信贷资源,发挥数字技术对农业发展的放大叠加作用,挖掘农村创新潜力,进而增加农村居民收入,减小城乡收入差距。

第七章　产业结构变迁对城乡经济增长质量影响

第一节　引　言

我国过去所经历的粗放式经济增长得益于要素投入的增加，而现今经济向集约式发展转型，在质与量上同时发展，并且这种可持续性发展来源于两方面：一是产业内部效率的提高；二是产业结构红利。本章以产业结构为切入点，实证分析其对我国城乡经济增长的影响。

产业结构变迁是经济增长的永恒主题，产业经济学的经典理论已对此进行论证，但是对其研究的方法和角度产生了分歧，其中较为典型的代表性学者是Kuznets 和 Peneder。Kuznets（1957）认为高增长率引起需求结构的高转移率，需求结构的高转移率则引起生产结构的高变动率，即产业结构受人均国民收入变动的影响。他对 18 个国家经济增长率和各个产业劳动力比例的关系进行分析发现，劳动力向较高生产率的行业转移会促进经济增长。Peneder（2003）指出，投入要素从低生产率水平或者低生产率增长率的产业向高生产率水平或高生产率增长率的产业流动可以促进整个社会生产率的提高，由此带来的"结构红利"维持了经济的持续增长。

我国经济步入新常态，城乡经济发展已逐渐由数量型增长向质量型增长过渡，经济增速已经无法全面反映经济发展情况。对于我国这样一个正在经历全方位经济转型的国家，是产业结构通过结构红利促进了城乡经济增长，还是经济增长通过需求收入弹性推进了产业结构变迁，抑或是两者之间具有双重因果关系？为什么会出现这样的关系？本章以这些问题为出发点，力求从以下几方面弥补现有研究的不足：我国经济步入新常态，经济增速保持中高速运行，现阶段中央反复强调要把发展的立足点转到提高质量和效益上来，因此本章通过经济增长质量判断与分析城乡经济增长,更贴近新常态的客观事实,更能全面反映经济发展情况;以往研究只是对两者之间关系进行探究,很少有研究对两者之间关系的原因进行探究,本章基于产业结构红利假说和需求收入弹性分析,对产业结构变迁对城乡经济增长影响的原因进行深入探究。

第二节　模型构建及变量度量

一、产业结构变迁度量及分析

产业结构变迁过程主要包括两个维度,即产业结构合理化和产业结构高级化,本章从这两个方面对其进行度量。

产业结构合理化即要素投入与产出的耦合性,体现了不同产业协调性和资源利用程度的情况。本章采用泰尔指数来度量产业结构合理化,该指标保留了产业结构偏离度的基本意义,同时又考虑了权重的影响,避免了绝对值的计算,使结果更加准确合理,记为 TL:

$$\mathrm{TL} = \sum_{i=1}^{n} \frac{Y_i}{Y} \ln\left(\frac{Y_i}{L_i} \Big/ \frac{Y}{L}\right), \ n=3 \tag{7.1}$$

其中,Y_i 表示不同产业产值;L_i 表示不同产业劳动力人数。当经济处于完全均衡状态时,各产业部门生产率水平相同,TL = 0;当经济结构偏离均衡状态时,TL 大于 0,小于 1;TL 值越大,表示经济偏离均衡状态程度越大,产业结构越不合理。

产业结构高级化是指产业结构的升级过程,国内研究主要度量对象包括非农产业产值比重、第三产业与第二产业比重,三次产业占比向量与其对应坐标体系夹角的变化。产业结构在升级过程中的一个重要特征就是经济服务化趋势,考虑到结果的合理性与便捷性,本章选择用第三产业与非第三产业比值来度量产业结构高级化,记为 TS:

$$\mathrm{TS} = Y_3 / (Y_1 + Y_2) \tag{7.2}$$

通过数据查找,得到我国产业结构合理化和产业结构高级化指标的趋势变动,如图 7.1 所示。可以看出,1978 年以来我国产业结构一直向高级化和合理化趋势发展。产业结构高级化指标呈增长趋势,表明了产业的服务化趋势,且指标斜率更加陡峭,服务化进程加快。2005~2016 年,产业结构合理化指标呈下降趋势,且趋于 0,说明我国产业产出与劳动力投入之间较均衡。产业结构合理化与产业结构高级化是产业结构变迁的两个方面,但从图 7.1 中可以看出两者相关性并不强,从而为后文协整关系的建立打下基础。

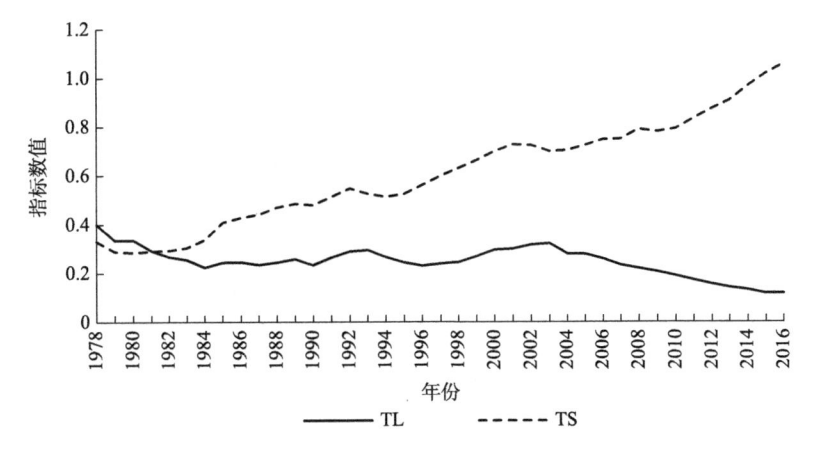

图 7.1 1978~2016 我国产业结构合理化和产业结构高级化指标走势

二、经济增长质量的度量及说明

对于城乡经济增长质量的度量，现在主要有两种思路：一种是用 TFP（total factor productivity，全要素生产率）、TFP 增长率或 TFP 贡献度（即 TFP 增长率与经济增长率的比值）；另一种是建立一个综合的评价指标体系来反映经济增长质量。前一种思路倾向狭义的理解，认为城乡经济增长质量是经济活动所消耗和使用的要素与经济活动总成果之间的比较，提高城乡经济增长质量主要依靠技术进步、提高劳动生产率和资源利用效率，即通过 TFP 来提高经济增长质量。后一种思路倾向广义的理解，认为城乡经济增长涵盖增长的稳定性、资源配置效率、技术进步、资源环境代价等内容，对其界定具有一定的模糊性与随意性，难以形成一个权威、全面的评价体系。综合考虑，本章选用 TFP 贡献度度量经济增长质量，并选用 Solow 余值法测算 TFP。Solow 余值法有四个前提：总产出由资本投入、劳动投入、技术进步三个因素决定；劳动和资本可以进行替换；规模收益不变；技术进步为 Hicks 中性。由此得到 TFP 增长率，即

$$\text{TFP增长率} = \text{GDP增长率} - \alpha \times K\text{增长率} - \beta \times L\text{增长率} \quad (7.3)$$

其中，K 表示资本；L 表示劳动；α 表示资本的弹性系数；β 表示劳动的弹性系数。总量生产函数为传统柯布-道格拉斯生产函数，假设规模效益不变，对其两边取自然对数，可得

$$\ln(Y/L) = \ln A + \alpha \ln(K/L) + \varepsilon_t \quad (7.4)$$

其中，Y 为产出，用 GDP 总量衡量，为消除物价的影响，折算成 1978 年不变价 GDP；L 为劳动投入，本章选用劳动力年末从业人数这项指标度量；K 为资本投入，理想指标应是每年的资本使用流量；$A(T)$ 为综合技术水平，可设为 $A(T) = Ae^{\varepsilon_t}$；$\alpha$

为资本的产出弹性；ε_t为残差项；Y和L均可直接查找数据得出。对于K，我们采用永续盘存法进行测算：

$$K_t = I_t / P_t + (1-\delta)K_{t-1} \quad (7.5)$$

其中，K_t为t年末资本存量；K_{t-1}表示K_{t-1}年末资本存量，对于基期资本存量的估计，不同学者有不同的估计方法，本章选用了郭庆旺和贾俊雪（2005）根据1978年全民所有制工业企业固定资产净值及其占GDP的比例推算出的1978年的资本存量3 837亿元；I_t表示第t年的名义投资，即全社会固定资产投资，由《中国统计年鉴》得到；P_t表示固定资产投资价格指数，《中国统计年鉴》上只给出了1990年以后的固定资产投资价格指数，此前数据无法获得，对此学者的一般做法是用其他指数代替，或者合成一个新的序列，本章参照张军等（2004）的做法，用上海市的固定资产投资价格指数代替全国固定资产投资价格指数；δ表示重置率，用折旧率代替，本章参考《中国统计年鉴》中国有企业固定资产折旧率大部分在5%左右，将资本折旧率设为5%。由此估算出我国的资本存量。对约束方程（7.4）进行OLS回归，结果如下：

$$\ln(Y/L) = -0.856\,047 + 0.678\,753\ln(K/L) \quad (7.6)$$

由上述回归方程得：$\alpha = 0.678\,753$，$\beta = 0.321\,247$。对估计系数α和β进行线性约束检验，在5%的显著性水平上接受$\alpha + \beta = 1$的原假设。将此结果代入式（7.3），求出39年间（1978~2016年）我国TFP增长率及TFP贡献度，TFP增长率与TFP贡献度在波动趋势上基本一致。

我国1978~2016年GDP增速与TFP贡献度如图7.2所示。结合实际发展情况，将改革开放以来（1978~2016年）我国经济增长情况分为四个阶段：①1978~1993年，我国经济体制和市场条件发生巨大变化，进而导致GDP增速和TFP贡献度的波动幅度均较大，且波动较为频繁。改革开放初期，受制度改革变迁的影响，生产力得到解放，TFP贡献度快速增长，随后，随着一些制度上的矛盾逐渐显现，又表现出下降的趋势，在频繁的波动与变化中，GDP增速在1983年达到阶段内最高点15.14%，TFP贡献度在1992年达到阶段内最高点41.6%。②1994~2007年，GDP增速和TFP贡献度整体先降后升，波动幅度较小，TFP贡献度波动幅度更是远小于GDP增速波动幅度。1993年以来，我国出现了生产能力过剩的情况，导致GDP增速和TFP贡献度缓慢持续下降，随着积极财政政策的施行及对外开放程度的逐步加深，我国经济又呈现出稳定增长的趋势。③2008~2014年，GDP增速和TFP贡献度整体下滑。2008年爆发全球金融危机，致使GDP增速和TFP贡献度在2007年达到一个波峰后在随后的两年大幅度下跌，整体表现出下降趋势，影响经济增长的因素已从制度与政策转为市场，这也说明我国市场经济在逐步完善。④2015~2016年，GDP增速基本持平，TFP贡献度呈现增长的趋势。在经济转型的大背景下,对于中国经济的要求重"质"不重"量",经济步入新常态,经济增速逐渐放缓,而经济增长质量已经触底回升,综合来看,经济呈现回暖之势。

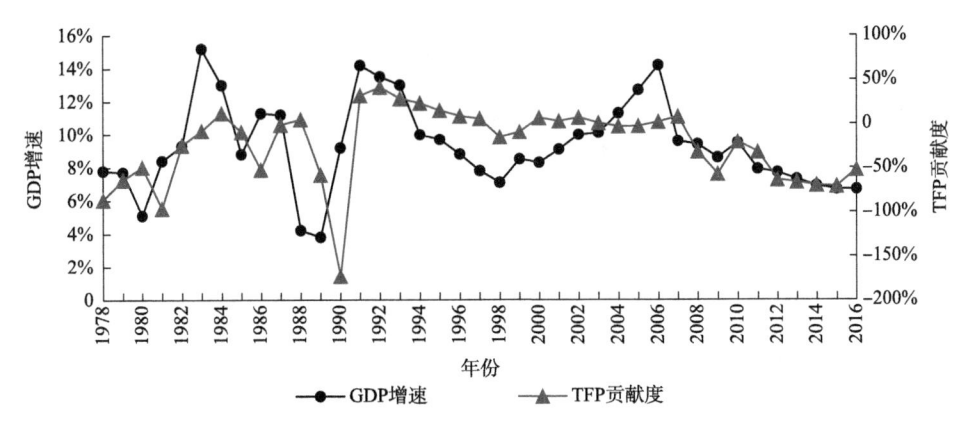

图 7.2　1978~2016 年我国 GDP 增速与 TFP 贡献度

第三节　实证分析

一、平稳性检验

选用 ADF（augmented Dickey-Fuller test，增强迪基-富勒检验）单位根检验对时间序列样本数据的平稳性进行检验,结果表明:在 5% 的显著性水平上 T 序列平稳,TL 和 TS 一阶差分后平稳,为一阶单整序列。在存在多个变量的情况下,解释变量的单整阶数高于被解释变量,且解释变量同阶单整,可能存在协整关系,可以进行协整检验。

二、协整检验

模型中存在多个变量,选用 Johansen 检验对变量之间的协整关系进行判断。在进行检验前,先建立无约束向量自回归（vector autoregressive，VAR）模型并确定滞后阶数,利用 LR 值、AIC 和施瓦兹准则（Schwarz criterion，SC）等确定无约束 VAR 模型的最优滞后期为 2,根据 VAR 模型的滞后期得出协整检验的最优滞后期为 1,对变量进行协整检验,迹检验与最大特征值检验的结果均表明 3 个变量之间存在唯一的协整关系,系数标准化后的协整方程如下:

$$T = 0.959\,699 + 2.311\,176 \times \text{TL} + 0.376\,469 \times \text{TS}$$
$$(2.036\,41) \qquad (0.431\,94)$$

其中，T 表示经济增长质量。

结果显示，变量的系数均显著，方程整体解释能力较好。对残差估计项进行 ADF 检验，在 5% 的显著性水平上，残差序列平稳，取值在 0 附近波动，进一步验证了协整关系的正确性。根据关系式可知，城乡经济增长质量与产业结构变迁之间存在长期稳定的均衡关系。产业结构合理化对城乡经济增长的促进作用要大于产业结构高级化。

建立向量误差修正模型（vector error correct model，VECM）。长期稳定的均衡下必然存在着变量之间的短期波动，向量误差修正模型就是反映变量的短期动态波动。本章用滞后一期的变量建立向量误差修正模型，根据 EViews 估计结果，AIC 和 SC 值均较小，LR 值较大，说明模型的整体解释能力较强，将估计结果用矩阵形式表示如下：

$$\Delta T_t = \begin{bmatrix} -0.770\,9 \\ 0.001\,0 \\ -0.007\,5 \end{bmatrix} \times \text{vecm}_{t-1} + \begin{bmatrix} 0.189\,1 & -2.832\,1 & -3.025\,7 \\ 0.003\,3 & 0.120\,2 & 0.210\,6 \\ 0.005\,8 & -0.457\,2 & 0.478\,3 \end{bmatrix} \times \Delta Y_{t-1} + \begin{bmatrix} 0.039\,8 \\ -0.009\,6 \\ 0.009\,2 \end{bmatrix}$$

其中，vecm_{t-1} 表示第 $t-1$ 时刻的 vecm 模型值。

三、Granger 因果检验

为了说明变量之间的因果关系，本章选用 Granger 因果检验法进一步验证 T、TL、TS 之间的因果关系，检验结果见表 7.1。在 5% 的显著性水平上，产业结构合理化是城乡经济高质量增长的 Granger 原因，但产业结构高级化不是城乡经济高质量增长的 Granger 原因。在产业结构的演进中，合理化趋势拥有更为重要的作用。

表 7.1 Granger 因果检验结果

原假设	观测值	F 统计量	概率
TL does not Granger Cause T	35	4.359 52	0.012 2
T does not Granger Cause TL		0.799 38	0.504 7
TS does not Granger Cause T	35	2.120 77	0.120 1
T does not Granger Cause TS		1.066 54	0.379 1
TS does not Granger Cause TL	36	1.395 36	0.264 1
TL does not Granger Cause TS		4.555 90	0.009 8

产业结构合理化是城乡经济高质量增长的原因，同时还可以据此得出我国经济发展"先速度、再结构、后质量"的增长模式，这与我国的实际发展情况也是相符的。

第四节 产业结构变迁对城乡经济增长质量影响的原因

一、产业结构变迁通过产业结构红利影响经济增长

产业结构红利假说认为,投入要素从低生产率水平或者低生产率增长率的产业朝高生产率水平或高生产率增长率的产业流动可以带动整个社会生产率的提高。这是产业结构影响经济增长的重要理论依据。为了具体量化经济结构对经济增长的贡献,下面使用偏离份额法将经济总量变动进行分解,基本形式如下:

$$\frac{LP^T-LP^0}{LP^0}=\frac{\sum_1^n(LP_i^T-LP_i^0)L_i^0}{LP^0}+\frac{\sum_1^n(L_i^T-L_i^0)LP_i^0}{LP^0}+\frac{\sum_1^n(L_i^T-L_i^0)(LP_i^T-LP_i^0)}{LP^0}$$

其中,LP表示劳动生产率;L表示产业。等式左端表示劳动生产率的变化率;右端第一项表示行业内生产率增长,第二项为要素流动的静态影响,表示在期初劳动生产率的水平下,劳动力转移带来的生产率的提高,第三项为要素流动的动态影响,表示劳动力向更有活力的行业转移带来的生产率的提高。产业结构对经济增长的贡献包括第二项和第三项,利用我国经济数据[①],得到结果如表 7.2 所示。

表 7.2 产业结构对经济增长贡献统计表

时间段	产业内增长	静态影响	动态影响
1978~1982 年	0.75%	0.27%	−0.02%
1983~1987 年	0.65%	0.27%	0.08%
1988~1992 年	0.89%	0.09%	0.03%
1993~1997 年	0.77%	0.20%	0.03%
1998~2002 年	1.06%	−0.04%	−0.02%
2003~2007 年	0.69%	0.24%	0.07%
2008~2012 年	0.77%	0.18%	0.04%
2013~2016 年	0.79%	0.18%	0.03%

由表 7.2 可知,除个别年份外,我国产业结构对经济增长的贡献大多在 0.2%~

---

① 数据来源于《中国统计年鉴》《中国劳动统计年鉴》,以及各种网站数据等。

0.3%，改革开放以来整体贡献的平均值为 0.21%，远低于产业内增长的贡献。经济发展已经发展到更多依赖技术进步带来的行业自身效率的改善，而不是依赖市场化进程中的产业结构效应。进一步分析产业结构合理化与产业结构高级化对经济增长影响的原因。计算得到 1978~2016 年三次产业的劳动生产率及劳动力份额变化趋势，如图 7.3 和图 7.4 所示。

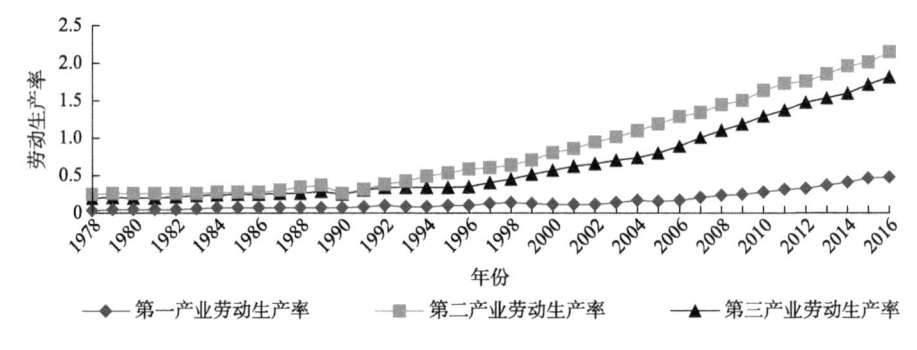

图 7.3　三次产业劳动生产率变化

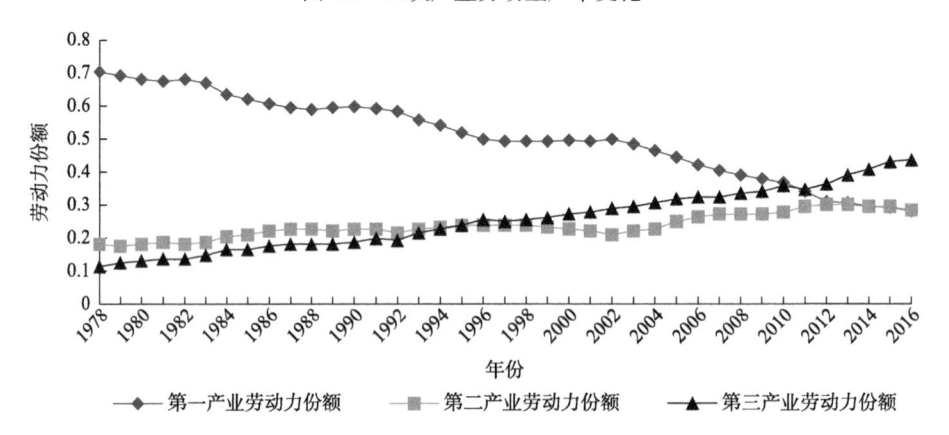

图 7.4　三次产业劳动力份额变化

由图 7.3 可知，1978~2016 年，我国第二产业、第三产业劳动生产率远高于第一产业，并且第二产业劳动生产率始终高于第三产业，这种差距并没有缩小的趋势，如果存在产业结构红利，那么劳动力应由第一产业向第二产业和第三产业转移，并且向第二产业转移的程度应该高于向第三产业转移的程度。通过图 7.4 可以发现，第一产业劳动力份额确实呈下降趋势，然而劳动力在由第一产业转出的过程中，更多的是转移至第三产业，2012 年以后，这种差距更加明显，甚至第二产业劳动力份额出现了下滑趋势。就我国产业结构与经济增长来说，产业结构的服务化趋势，即产业结构高级化不能给我国经济带来很好的促进作用，而劳动力在产业之间合理分配，即产业结构合理化对经济增长的促进作用更为明显。

二、需求收入弹性

经济增长通过各行业的需求收入弹性影响着产业结构。伴随着经济增长及国民收入水平的提高，各个行业需求状况不同且不断改变，从而推动了产业结构的变化。选择经济增长率 Y 作为自变量，对三次产业的增加值取对数进行差分，得到三次产业的增长率 DIND1、DIND2、DIND3，通过一元线性回归得到回归系数，即产业的需求收入弹性。

由表 7.3 可知，经济增长对第一产业的发展影响系数显著为负值，当经济增长速度加快时，第一产业的增长速度反而下降，第二产业、第三产业的系数并不显著，说明各产业之间的需求收入弹性不存在显著的差别，因此经济增长并不是产业结构变化的原因。

表 7.3 三次产业回归结果

因变量	自变量系数	P 值	DW[1] 检验值
DIND1	-0.925 060	0.023 8	0.724 117
DIND2	0.177 158	0.742 5	0.151 625
DIND3	-0.411 856	0.546 5	0.242 470

1）DW：Durbin-Watson，杜宾-瓦特森

第五节 本章研究结论

综合 GDP 增速与经济增长质量将改革开放以来（1978~2016 年）我国经济发展划分为四个阶段，用产业结构合理化与产业结构高级化两方面指标度量产业结构变迁，继而对产业结构高级化、产业结构合理化与经济增长质量的协整关系与因果关系进行检验，并对其原因进行探究，得出如下结论。

（1）我国产业结构变迁与城乡经济增长质量之间存在着长期稳定的关系，且产业结构合理化是经济增长的原因。产业结构合理化与产业结构高级化对城乡经济增长均存在着显著的正向作用，产业结构合理化的影响作用更大。由于城乡经济增长质量与产业结构变迁之间是长期的趋势方程，也可预测未来我国的产业结构变动与经济发展大致走势，从而为我国的产业结构调整、经济发展提供决策依据。同时，这一动态均衡关系与因果关系，深刻揭示了我国经济发展"速度—结构—质量"的变化规律，即由经济增长"量"的提高到"质"的提高，与改革开

放以来我国经济发展现实相符。

（2）经济发展已经发展到更多依赖技术进步所带来的行业自身效率的改善，而不是依赖市场化进程中的产业结构效应，并且产业结构高级化红利和需求收入弹性效应均不显著。我国第二产业劳动生产率始终高于第三产业，但是劳动力在由第一产业转出的过程中，更多的是转移至第三产业，产业结构高级化不能给我国经济带来很好的促进作用，而劳动力在产业之间合理分配，即产业结构合理化对城乡经济增长促进作用更为明显，因此产业结构高级化红利不显著，产业结构合理化是经济增长的原因。

（3）本章通过实证分析，证明了在我国产业结构演进是经济高质量增长的原因，同时，对产业结构与城乡经济增长之间关系的研究具有一定的现实意义。随着社会分工细化，产业部门增多，部门之间的要素流动日益频繁与复杂，部门之间依赖程度加大，结构效益地位升高，成为经济增长的基本支撑点，决定了资源配置的效果，进而决定了现代经济的增长，因此对产业结构与经济增长之间关系的研究具有一定的现实意义。

第三篇　电子商务经济推动城乡经济融合高质量发展专题研究

第八章　电子商务与农村电子商务经济：概念与框架

第一节　电子商务的概念与类型

电子商务的概念来自 IBM（International Business Machines Corporation，国际商业机器公司）。1996 年，IBM 提出了 Electronic Commerce（E-Commerce）的概念，认为 E-Commerce 是企业与其业务对象在贸易过程的各个阶段都应用信息化手段。1997 年，IBM 又提出了 Electronic Business（E-Business）的概念，认为 E-Business 是企业通过互联网等电子工具，与供应商、客户和合作伙伴之间共享信息，实现企业间业务流程的电子化，并通过企业内部的电子化生产管理系统，提高企业生产、库存、流通等各个环节的效率。前者强调企业与其他企业之间的贸易过程电子化，与企业内部业务流程并不强求协同；后者则不仅要求企业与其他企业之间的贸易过程实现电子化，还要求与企业内部的业务信息系统实现某种程度的协同甚至是一体化。可见，E-Business 的内涵要比 E-Commerce 更加广泛，因此人们将 E-Commerce 看作狭义的电子商务，而将 E-Business 看作广义的电子商务。目前，狭义的电子商务受到人们的普遍认可，如联合国国际贸易程序简化工作组对电子商务的定义就是采行狭义电子商务的基本内涵。

电子商务可以基于不同的分类标准划分为不同的类型。例如，按照商业活动的运行方式，电子商务可以分为完全电子商务和非完全电子商务；按照商务活动的内容，电子商务主要包括间接电子商务（有形货物的电子订货和付款，仍然需要利用传统渠道，如邮政服务和商业快递车送货）和直接电子商务（无形货物和服务，如某些计算机软件、娱乐产品的联机订购、付款和交付，或者是全球规模的信息服务）；按照使用网络的类型，电子商务可以分为基于专门增值网络［电子数据交换（electronic data interchange，EDI）］的电子商务、基于互联网的电子商务、基于 Intranet 的电子商务；按照交易对象，电子商务可以分为企业对企业（business to business，B2B）的电子商务，企业对消费者（business to customer，B2C）的电子商务，企业对政府（business to government，B2G）的电子商务，消费者对政府（consumer to government，C2G）的电子商务，消费者对消费者（consumer to consumer，C2C）的电子商务，代理商（agent）、企业、消费者三者相互转化的电子商务（ABC）等。

第二节　多维度认识农村电子商务经济属性

上述有关电子商务的定义形成于 20 年前，当时的电子商务发展尚处于雏形，不仅相对简单，而且很多属性、特征和业态都远未得到明显的显露，甚至还不具备产业属性。尤其显著的是，其中竟然没有电商平台的角色，而就目前的情况来看，电商平台在电子商务发展中发挥着核心作用。因此，我们实际上难以从这些定义中去探寻当前我国电子商务经济的复杂内涵及其庞杂的相互关系。

要深入认识当前我国农村电子商务经济的具体属性，必须结合以下几方面的具体情况。

1. 信息化建设

作为信息化重要组成部分的电子商务，在不同国家的发展路径存在些许差异。在美国，互联网首先应用于电子商务，并通过电子商务经济的发展，促进政府信息化建设和电子政务的发展。在我国农村，由于农业企业在开展信息化建设方面存在认识方面的差异，电子商务经济在初期发展一直比较缓慢，反倒是政府信息化对包括农村电子商务经济在内的国民经济和社会发展信息化起到龙头带动作用。然而，在电子政务的拉动下，在整个社会的信息化应用水平得到大幅度提升之后，近年来尽管经济不确定性抑制了整体零售额的增长，但随着人们增加在线购物，在线零售额增长强劲，其占零售总额的份额显著增加，从 2019 年的 16% 增加到 2020 年的 19%，尽管后来线下销售开始回升，但线上零售额增长一直持续到 2021 年。在线销售在我国的零售总额中所占份额（2021 年约为四分之一）远高于美国（约为八分之一）。2020 年 5 月举行的国务院政策例行吹风会上，商务部副部长王炳南表示，2019 年全国农产品网络零售额达到 3 975 亿元，同比增长 27%，带动 300 多万农民增收。农村电子商务还吸引了一大批外出务工人员、大学生、转业军人返乡创业。农村电子商务反过来又成为拉动城乡社会信息化发展的重要动力。从这里可以看出，农村电子商务既是农村信息化发展的一部分，需要得到其他相关条件的支撑,也是整个城乡信息化发展的重要基础,农村电子商务经济的发展能够有力地促进整个农村社会的信息化水平。

2. 参与主体

上述电子商务的定义主要从产品和服务的供给者与需求者的角度去界定电子商务的类型,其中并没有考虑作为电子商务第三方的电商网站的价值和地位。从这些年我国农村电子商务经济发展情况来看,电商网站日益引导整个农村电子商务经济的发展方向,并对实体经济产生相应的竞争与替代作用。电商网站应该被看作电子商务经济发展的核心。

在电子商务经济发展初期,其参与主体只有三类,即产品服务供给方、需求方及第三方的电商网站,电商网站在其中只是起着信息中介的作用。然而,近年来随着农村电子商务经济的深入发展及城乡信息化建设的需要,参与电子交易的对象领域越来越多:先是信息技术、物流和广告,接着是金融支付,然后是征信、网络搜索,网络社区在兴起之后也很快投入农村电子商务之中,派生出电子商务的"团购模式"。当前,农村电子商务与传统的物流及农村信息化建设的各个层面融合在一起,其传统的贸易属性正变得日益模糊(图8.1)。

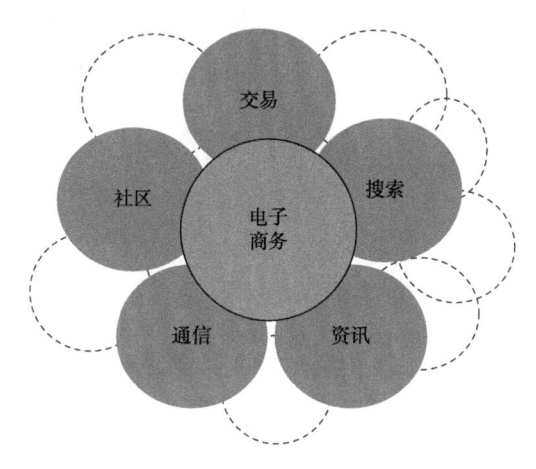

图8.1 农村电子商务发展的相关载体
资料来源:艾瑞咨询集团2009年6月的研究报告《2008年中国电子商务发展趋势》

3. 供给与需求关系

从产品、服务市场来看,我们可以区分其供给与需求关系,然而从农村电子商务建设角度来看,实际上还存在另外一种供给和需求关系:一方面,无论是农产品和服务的供给者还是需求者(B2B、B2C、C2C),都希望通过互联网以农村电子商务形式实现贸易过程;另一方面,要实现这个贸易过程,不仅需要信息技术企业提供相应的信息技术支持以建立电商网站，还需要物流、电子支付、信用管理、电子认证、网络安全等技术和行业的支撑。为此，我们可以将农产品、服务的供需双方看作农村电子商务建设的需求方，而将提供农村电子商务建设服务的信息技术企业及上述物流、电子支付、信用管理、电子认证、网络安全等企业看作农村电子商务建设服务的供给方。就农村电子商务建设服务的供给情况来看，物流、电子支付、信用管理、电子认证、网络安全、软件服务等领域都呈现日益多样化的服务业态，成为促进各行业发展特别是传统行业信息化发展的重要基础和支撑手段。

我们用图 8.2 表示农村电子商务建设服务的供给、需求与业态。

图 8.2 农村电子商务建设服务的供给、需求与业态

资料来源：IDC（International Data Corporation，国际数据公司）2011 年 1 月的电子商务白皮书：《为信息经济筑基——电子商务服务业及阿里巴巴商业生态的社会经济影响》

一方面，上述从需求层面去认识农村电子商务应用有利于加强我们对"两化融合"问题的认识。产品或服务提供者主要是企业（特别是中小企业），电子商务的发展将几乎所有的中小企业都迁移到互联网世界中，从而直接加速了企业信息化进程。这不仅会促使企业加快建立自己的信息管理系统，而且对农村制造企业来说，企业还会将信息管理系统与生产流程联系起来，从而进一步加速城乡信息化与工业化的融合。

另一方面，上述农村电子商务建设服务的供给层面有利于加深我们对电子商务的专业化分工及其复杂业态的认识。在电子商务发展初期，很多支撑电子商务的服务项目规模较小，其独立特性难以体现出来，但是在电子商务规模做大之后，各相关项目随之做大并日益专业化，成为一个独立发展壮大的行业。例如，现代物流业中异军突起的快递业务、电子支付及网络平面广告业务。这些业务既有传统业务，如快递，也有新生业务，如网络平面广告。这些业务的专业化将进一步带来本行业的规范化发展，并将进一步推进农村电子商务经济的整体发展，是未来电子商务深入发展、做大做强并形成其成熟商业模式的基础。

4. 产业属性

我们难以从农村电子商务经济的最初定义中发现其产业属性，但是经过上述供给与需求的分解特别是从需求层面进一步展开的专业化分工演化及其所出现的复杂业态之后，农村电子商务经济的产业属性才清晰地显现出来。

在这种情况下，近年来我国学者开始将农村电子商务建设服务供给层面的各类专业化分工业态称为电子商务服务业，而将其需求层面看作电子商务应用业。这种认识早在商务部发布的《"十二五"电子商务发展指导意见》（商电发〔2011〕第375号）中得到应用，该指导意见把农村电子商务服务平台、信用保障、电子支付、物流配送和电子认证等作为电子商务服务业发展的主要内容。

从产业分类来看，农村电子商务本身属于服务业的范畴，是服务业的电子商务部分，是现代服务业的一个重要组成部分。但是，电子商务服务业与服务业的电子商务却有着根本的区别。服务业的电子商务是传统服务业的电子化，是传统服务业利用信息技术的升级形态。电子商务服务业是指伴随电子商务的发展、基于信息技术而衍生出的为电子商务活动提供服务的各行业的集合，是构成电子商务系统的一个重要组成部分和一种新兴服务行业体系，是促进电子商务应用的基础和促进电子商务创新和发展的重要力量。可见，电子商务服务业面向企业和个人，以硬件、软件和网络为基础，提供全面而有针对性的电子商务支持服务，主要包括基于互联网的交易服务、业务支持服务及信息技术系统服务三部分。电子商务服务业是以电商平台为核心、以支撑服务为基础，整合多种衍生服务的生态体系。

第三节 新一代信息技术正在丰富农村电子商务经济的内涵

以物联网、云计算、大数据及移动智能终端为主要代表的新一代信息技术不仅将改变信息技术产业及整个信息化建设的格局，也将给农村电子商务经济带来重大影响。从发展趋势来看，这些重大变化主要体现在以下几个方面。

1. 物联网与现代物流业

作为电子商务服务业重要一环的传统物流业将因新一代信息技术而得到现代化的改造（图 8.3），即通过网络通信技术改造信息流、物流、资金流，使信息能够实时地向上下游传递，提升供应链的效率，减少库存，提高资金周转率。同时，随着网络渗透率的稳步提高，新兴的 B2C、C2C 商业模式与农村传统服务业将进一步融合，使得某些农村传统服务业逐渐打破时间、空间区域限制而向更广泛的区域转移。例如，传统服务业中，交通运输、仓储和邮政业属于生产性服务业，但是通过利用新一代信息技术来实现交通一体化，可将其逐渐转向现代物流业。通过现代化改造的物流业将对批发零售市场产生重大影响，区域性物流中心将得以向广大的中西部地区迁移，促进产品、服务向中西部地区的市场扩展。因此，借助现代物流业，农村电子商务经济将能够有力地改善当前区域经济发展的不平衡局面。

	批发零售业	交通运输业	传统物流业
	电子数据交换	仓库计算机控制系统	物流管理信息平台
	计算机跟踪存货	计算机跟踪存货	射频标签
	无线扫描枪	自动终端控制	电子标签
	条形码技术	自动装载	条形码技术

纵轴：信息技术应用；横轴：传统服务业

图 8.3 传统物流业的信息化

资料来源：吉丽等（2013）

2. 云计算

电子商务的社会化应用给农村电子商务服务企业带来压力：首先，近年来农村电子商务用户数量以百万级，甚至是千万级规模在海量增长，而且每天的交易订单数量也同样地在海量增长，这些信息资源既有结构化数据，也有半结构化、非结构化数据，不能以单一简单的日志形式存储处理，同时这些数据都需要经过清洗、分析、建模、加密、搜索、制作等一系列环节。处理和存储这些海量数据的工作就变得非常重要。其次，在一年当中，全社会的电子商务交易量存在着季节性差异，电商平台为处理高峰时期的交易需要建设庞大的数据中心，但在低谷时期这些资源被闲置或被低效率地使用。

云计算的出现为电商平台企业提供了缓解这种资金、资源压力的技术手段。云计算之所以能在极短的时间内就在全球范围内受到普遍的关注，是因为它本身并不仅仅是一项新技术，更是由此引发的对于所有产业的（无论是工业还是服务业）、全行业的一种革命性经营方式和服务模式的变革。通过云计算技术，电商平台企业不仅可以规模化地提升资源利用效率、减少运营投资从而大幅度降低运营成本，还可以吸纳更多农村电子商务应用企业加入云计算平台之中，实现电商平台与整个电子商务买家和卖家的一个合作共赢的产业生态系统。

对于电商平台而言，云计算不仅能够帮助其快速处理海量资源，而且可以将其"匀"给其他企业使用并收取合适的费用，以弥补其初期的大量投资及日常运维成本。

对于众多中小企业来说，云计算平台不仅可以为其提供量身定制的业务信息管理系统，而且可以将自身内部的加工业务与电商平台相结合，实现企业内部与外部合作伙伴的无缝连接。在这种新的模式下，农村电商平台实际上承担着一种领头羊的作用，带领、推动无数的农村加工企业和行业实现创新发展和转型升级。这为真正实现信息化与农业现代化的融合提供了一条切实可行的技术路径。

3. 大数据

对电商平台来说，云计算与大数据密切相关。电商平台在长期的经营过程中，积累了大量关于用户的、蕴藏潜在经济价值的数据，这些数据来自电商平台的营销体系、广告推送、捕获系统、销量预测系统、物流配送调用乃至其移动终端。要发现、利用这些海量数据的经济价值，就必须对其进行全面系统的挖掘。然而，从技术上讲，要对存储在云计算中心的这些海量数据进行处理，需要经过清洗、分析、建模、加密、搜索、制作等一系列环节，而这些环节都属于整个"大数据"处理的一个流程。

对农村电子商务经济而言，大数据处理的应用主要体现在两个方面：一是电商平台的综合应用。例如，把握平台自身的宏观数据，即供应商规模、能够供应的产品服务种类、每天的交易规模、供应商与需求者的细分领域及其特征等，从而为自身的综合决策奠定基础；将这些数据结果一方面服务于农村电子商务应用企业，帮其分析市场需求，另一方面服务于其他电子商务服务业伙伴，如广告、市场调查与分析公司等。二是大数据将通过广告实现电商平台的产品服务供给者与潜在需求者之间的直接关联，通过这种精准营销减少市场的信息不对称及其社会交易成本。

从长期趋势来看，近年来受到广泛关注的 3D 打印技术也将对未来电子商务的发展产生深刻的影响，甚至改变人类社会的产品生产流程、生产者与需求者之间的关系。如果电商平台能够有效地融合云计算、大数据与 3D 的技术应用，就能超越"量身定制"：产品消费者提前介入产品的设计、制造阶段，生产者与消费者成为全社会产品价值的共同创造者和利益相关方。

4. 智能移动终端

从近年来智能移动终端的应用情况来看，电子商务越来越成为其撒手锏式的应用，农村电子商务与移动智能终端的相互促进，正在推动整个城乡信息消费市场的快速发展。

智能移动终端将对农村电子商务服务业产生重要的影响，加速其业态的进一步演化，其中，电子支付的变化最值得关注。第三方电子支付将日益从农村电商平台独立出来，成为一项服务于整个互联网与智能移动终端市场发展的基本工具。电子支付的这种独立性还将进一步向金融领域拓展，从而对金融信息化产生新一轮的深刻变化。

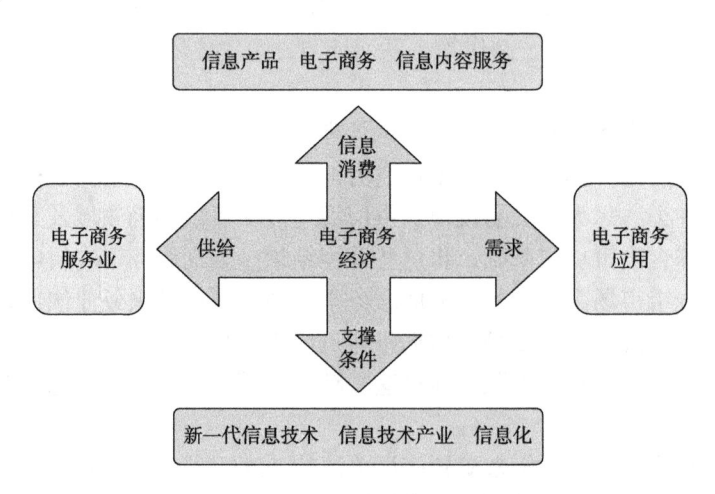

第四节 农村电子商务经济的基本框架

基于前面所述，要分析当前我国农村电子商务经济的发展特点，可以从农村电子商务应用需求、电子商务服务业及相关制度建设层面入手，这些内容共同构成农村电子商务经济。同时，作为信息化发展的重要组成部分，农村电子商务经济正日益成为推进城乡经济和社会发展信息化进程、促进信息消费的重要引擎（图 8.4）。

图 8.4 农村电子商务经济的基本框架

图 8.4 中的农村电子商务经济的供给和需求,都包含着非常丰富的内容,而这些内容都与当前我国城乡信息化建设特别是农村电子商务经济发展现状密切相关。从其需求,即电子商务应用来看,更多地与国家对于城乡数字化发展的促进政策密切相关,如早期的"企业上网工程",2008 年以来的"两化融合"及当前的企业电子商务化等。从其供给,即电子商务服务业来看,已经初步形成了以电商平台交易为中心,以物流配送、电子支付、电子认证、信息技术服务、数据挖掘等为支撑,以网络营销、客服外包、运营服务等为辅助的农村电子商务服务业生态体系(图 8.5)。

图 8.5 农村电子商务服务业生态

为此,将上述相关内容融为一体,就会发现农村电子商务经济本身构成了一个复杂的经济系统(图 8.6)。

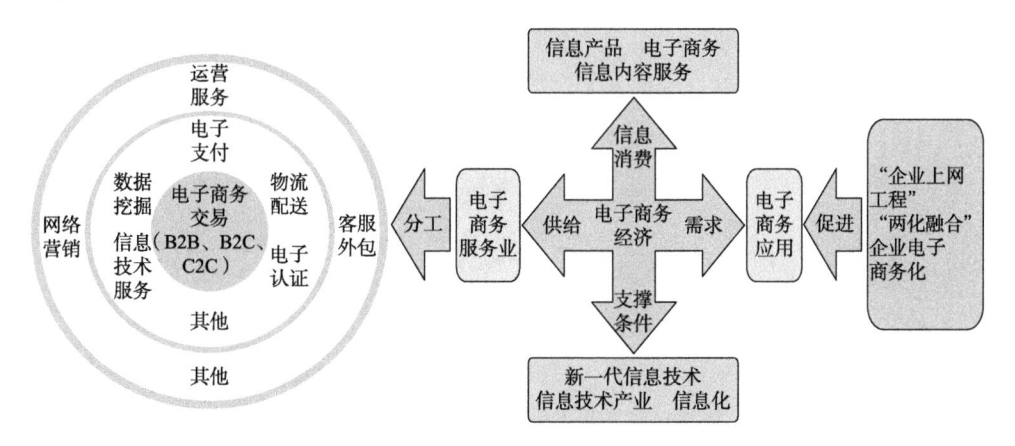

图 8.6 农村电子商务经济的复杂系统

第五节 本章研究结论

本章讨论了电子商务和农村电子商务经济的概念与框架。首先，从概念和类型两个方面阐述了电子商务的内涵，提出电子商务可以细分为狭义和广义两个层面。随后，本章从多维度分析了农村电子商务经济的属性，提出了需要考虑信息化建设、参与主体、供给与需求关系及产业属性等多个方面，以此来全面理解农村电子商务经济的内涵。

农村电子商务经济既是农村信息化发展的一部分，也是推动农村信息化发展的重要动力。电商平台在农村电子商务经济发展中发挥着核心作用。从供给和需求角度可以识别出农村电子商务服务的供给者和需求者，服务提供者日益专业化，形成了包括物流、支付、信用管理等在内的业态，使农村电子商务经济呈现出产业属性。电子商务服务业面向农村电子商务的各方面需求，提供交易、业务支持和信息技术服务。

新一代信息技术正在重塑农村电子商务经济，物联网正在改造传统物流业，云计算降低了农村电子商务企业的运营成本，大数据分析挖掘了平台的数据价值，移动终端推动了信息消费。这些变化在供给和需求两个层面重塑农村电子商务经济。

综上，农村电子商务经济是一个复杂的系统，包含电子商务应用需求、电子商务服务业供给和相关制度建设。农村电子商务经济正成为连接城乡经济社会、推动信息消费的关键力量。农村电子商务经济内涵丰富，既包含传统贸易属性，也呈现出产业属性，与信息技术和新商业模式密不可分。

第九章 电子商务经济促进城乡融合高质量发展研究

第一节 引 言

凭借门槛低、技术难度小、初始资金需求量少等优势，电子商务已成为大众参与市场竞争的主要途径之一，尤其是对于资金不足、传统销售渠道受限的农民来说，电子商务无疑打破了传统农业销售模式在地域上的限制，使农产品销售可通达到全国甚至海外。借助电商平台，农民可以直接与市场需求方接洽，进而主动掌握销售渠道和用户信息，摆脱以往只顾盲目开展农业生产的窘境。

电子商务作为一种新型商业运营模式，不但提高了城乡主体参与市场的积极性，更助推了城乡之间要素的融合。

随着交通条件和网络通信设施的不断改善，"互联网+"模式下的中国电子商务产业正处于发展的黄金时期。国家统计局数据显示，2016~2020年，全国电子商务交易额从26.1万亿元增长到37.21万亿元，年均增长率为9.3%，农村网络零售额由0.89万亿元增长到1.79万亿元，年均增长率为19.1%，为全国平均增幅的2倍多[1]。这些数据表明中国电子商务市场的发展规模不断壮大，电子商务经济已经成为促进城乡融合高质量发展不可忽视的动力之一。

农村电子商务作为乡村新兴产业，其发展健康与否直接影响着乡村新经济的发展质量，更可能关乎城乡融合高质量发展战略的顺利实现。电子商务经济不仅可以帮助群众脱困，而且在助推乡村振兴过程中大有可为。

---

[1] 以上数据均来自国家统计局。

第二节 电子商务对城乡融合高质量发展影响的理论思考

随着互联网普及程度的提升,电子商务对中国经济社会发展的作用日益重要,特别是对城乡融合发展的作用越发凸显。电子商务作为新型经济模式,不仅能够大幅提升城乡信息流通效率,而且在推动产业链整合和产业结构转型升级(李建琴和孙薇,2020)方面起到了积极作用。下面从电子商务的投入和产出、区域结构调整三个角度来阐释其对城乡融合高质量发展的影响。

一、从投入层面来看

加大农村电子商务领域基础设施的投入,可以有效打破乡村地区信息较为闭塞的困境,促进城乡要素的高效流通,改善城乡融合发展所需要的基础性硬件。近年来,国家层面陆续出台了一系列加快农村电子商务发展的政策文件,2015年国务院办公厅发布了《关于促进农村电子商务加快发展的指导意见》;2021年11月,国务院印发的《"十四五"推进农业农村现代化规划》提出,"加快农村电子商务发展。扩大电子商务进农村覆盖面,加快培育农村电子商务主体,引导电商、物流、商贸、金融、供销、邮政、快递等市场主体到乡村布局"。当前,关于加大农村电子商务投入的政策主要围绕完善交通、物流、信息等基础设施建设展开。农村信息化基础设施完善和城乡一体化物流体系构建是促进电子商务快速发展的关键所在,两者均为城乡融合发展提供了有利条件。其中,农村信息化基础设施的完善可以通过提升农村信息化水平,加速资源和要素的融合互动(夏振荣和俞立平,2010),优化农业生产结构(阮怀军等,2014)来促进区域间经济的协调发展,最终有利于城乡进一步融合;城乡一体化物流体系构建可以形成"农产品进城"和"工业品下乡"的双向高效流通领域服务体系(张晓林,2019),同时能够充分发挥城市高水平物流对农村低水平物流的辐射带动作用(刘宝,2008),这将为改善城乡二元结构、推进要素流通和城乡共建、促进城乡融合发展提供现实基础。

二、从产出层面来看

电子商务的产出主要表现为网络平台的商品和服务供给。新模式下网络平台所提供的商品和服务可以通过促进城乡要素供需平衡，进而通过提升城乡要素双向流动效率来加强产业、经济等领域的城乡间相互融合。电子商务加速了供需双方之间的对接，拉近了买卖双方之间的距离，消费者可以更直接地了解产品信息，特别是对于农产品而言，电子商务有助于农民更便捷地获取市场信息，使农业生产模式从自主供给型转为需求导向型（邱子迅和周亚虹，2021）。同时，随着电子商务的发展，农村地区商品和服务供给的数量和质量均明显提升，有利于实现人口从城市向农村的逆向流动，从而促进人力资本等关键生产要素的城乡融合（王领和胡晓涛，2016）。此外，电子商务所提供的商品和服务，以及电子商务产业的发展不仅能带动乡村经济模式的转变，更能带来农民生产和生活方式的改变，逐渐打破城乡之间的二元结构，最终实现城市（含城镇）与农村之间多层次、全方位的深度融合发展。

三、从区域结构调整层面来看

电子商务对区域经济结构调整的作用相对比较简单，主要包括两个方面：一是电子商务的扁平性对城乡空间规划建设的影响。电子商务突破了城乡空间和时间的限制，使得交易可以在任何时间、任何地点进行，从而大大提高了效率。但电子商务同时也对城市大型商业功能中心的地位和作用产生了越来越大的冲击，有些城市的商业中心已经显露萧条的景象。因此，构建大、中、小城市功能规划格局将越来越需要考虑电子商务的作用和影响。二是促进城乡区域经济协调发展。电子商务本身虽然也是一个经济技术现象，但是与其他的技术应用普及不同，电子商务对城乡经济的协调发展日益发挥着一种综合的、通用化的、普遍的促进作用，对缩小城乡经济发展水平差异具有特别的促进作用。

电子商务从两个层面促进城乡经济协调发展：一是促进区域电子商务应用。农村企业要生存发展，必须与国内其他企业建立业务联系，在经济发达地区日益通过信息化和电子商务途径开展业务的大背景下，全国其他地区的企业，无论是中部地区还是西部地区的企业，都必须跟上这个潮流才能得到发展。在国家加大基础设施建设、电子商务日益成为推进城乡信息化发展的主导力量的情况下，电子商务对城乡融合高质量发展的促进作用将日益显著。二是在不断渗透地方经济的过程中，农村电子商务服务业将有力地引导各地现代服务业的发展，并日益完善城乡融合高质量发展环境，为推动地区经济发展打下良好的基础。在这方面，快递物流业、金融支付、信息技术服务将得到优先发展，并直接带动当地就业，促进城乡经济发展。在国家信息消费战略的促进下，电子商务将通过上述两个层面对城乡融合高质量发展产生影响。

第三节 电子商务发展促进城乡融合的影响机制分析

由于城乡融合的系统性和综合性特点,电子商务对城乡融合的影响渠道表现出多维度特性。结合已有研究可知,电子商务可以通过降低创业门槛来提高收入水平、提高物流水平来改善营商环境、提升网络状态来加强信息流通、降低均衡价格来实现消费升级四个途径促进城乡融合。

具体而言,首先,在"大众创业"和"互联网+"的双重背景下,电子商务已然成为自主创业的首要选择。平台网络的出现克服了人与人之间的交流障碍,为创业者提供了更优良的市场条件。相对于城市居民,农村居民的创业门槛更高,电子商务可以通过改善农村居民的知识存量、知识获取路径及知识的有效性来激发其进行创业选择(王金杰和李启航,2017),而创业活动又有利于促进城乡间要素的自由流动和公共资源的均衡配置(孔祥利和陈新旺,2018),进而加速城乡融合。因此,作为朝阳行业,电商平台及以其为核心的电子商务各服务行业,需要大量的人才,如技术、产品、市场、销售、客服、行政、财务、人力资源等方面的人才。电子商务正在成为农村新增就业的主要领域。

其次,电子商务与物流业是共生共存的协同发展关系,电子商务从萌芽到成熟的发展过程,带动了物流业的逐渐演化升级。物流业高速发展能有效提高经济运行效率,改善营商环境,降低经济环境运行成本,进而实现城乡区域经济良性发展(王鹏,2021),因此,"环境效应"是电子商务促进城乡融合的另外一个中介机制。同时,电子商务促进产业链的优化组合。电子商务(尤其是 B2B)将进一步促进上下游企业之间的供求关系,围绕最终产品的生产制造而在整个产业链上优化重组,从而促进产业分工,加速产业集聚,优化资源配置效率。这也是当前我国电子商务园区发展的方向。

再次,农村电子商务的出现改善了城乡信息网络条件,同时调动了城乡居民使用网络获取信息的积极性。电子商务具备信息沟通功能,可以消除信息在时间和地理区位上的差异(Glavas and Mathews,2014),即使是农村居民也可以在电商平台上获得商业、技术、服务方面的动态信息,因此可以通过"信息效应"来实现城乡融合发展。

最后,电子商务的快速发展降低了消费者的搜索成本,促进了市场竞争,加速了商品市场的整合,进而使消费品价格下降(孙浦阳等,2017)。由于多数农村区位条件不佳,传统商业点很难覆盖全部地区,商品出现"品种少、单价贵"的现象,电子商务的出现从根本上解决了这个问题,城乡居民享有同样的网上购物平台，可以消费同等价格的产品，这一现象表现为电子商务可通过"价格效应"来促进城乡融合。同时，从电子商务服务业来看，物流配送、电子支付、电子认证、信息技术服务、数据挖掘、网络营销、客服外包、运营服务等几乎都属于现代服务业的内容。即使是最为传统原始的快递、物流配送，无论是从电商平台企业自身搭建的物流系统还是第三方物流来看，都建立在信息技术业务系统之上，不仅商品本身已经基于二维码、条形码进行了物品编码，而且可以在电商平台实时查询、跟踪商品流通过程，并可事先在线通过网络银行或第三方电子支付平台进行支付。毫无疑问，这些现代服务业将随着农村电子商务经济的发展而不断壮大，在整个服务业中的比重也将不断提高。

第四节 加快电子商务经济发展推动城乡融合高质量发展的对策

一、完善电子商务行业管理体制

基于"简化市场准入，强化业务监管"的思路，建立电子商务监管的部级协调机制，将各项监管职能有机衔接、深度整合，培育统一的电子交易管理体系。处理好政府市场监管职能与电商平台基于自身平台化优势而具备的公共管理功能之间的关系，充分发挥电商平台在规范电子交易市场方面的作用。监管部门与电商平台一起加强交易信用管理，全时监测并有效打击网上违法违规交易行为，及时处理网络交易纠纷，构建可信、安全、便利的网络购物环境。

二、加强电子商务标准规范体系建设

建立与完善电子商务标准化工作组织与机制，开展电子商务标准化的系统研究，制定出台各细分领域的电子商务标准规范，同时，加强电子商务标准规范的试点验证工作。积极参与国际标准化组织或机构制定电子商务标准规范的相关工作，大力推进电子商务领域的国际交流与合作。

三、加大电子商务基础设施建设力度

积极实施"宽带中国"和"数字中国"战略，尽早实现"三网融合"，为电子

商务经济发展提供便利条件。增强网络覆盖能力，提升宽带接入水平，尤其要提高无线网络、无线通信等基础设施建设水平，在提高网络使用性价比的同时降低资费。逐步整合目前国内基于不同技术标准建立的安全认证体系，建立全国范围内的电子商务安全认证体系。加强农村地区信息基础设施建设，改善上网条件，促进农村电子商务经济发展。综合采取财政、金融、税收等方面的支持政策，推进电商平台配套服务体系建设，增强电子商务交易企业的可持续发展能力和创新能力，充分发挥其对相关企业、产业创新发展的龙头牵引作用。

优化电子商务物流配送体系，鼓励和支持地方政府在城市规划、仓储设施建设等方面为电子商务企业提供配套服务，保障开展电子商务所需的仓储配送用地，完善跨区域分拨中心、公共配送中心、末端配送点三级网络体系建设，推动解决物流配送"最后一公里"问题，提高物流配送效率，逐步形成满足电子商务经济发展需求的物流配送体系。启动农村流通设施和农产品批发市场信息化提升工程，鼓励和支持电子商务从业人员参与农产品流通和农村物流体系建设。引导社会资金投资建设智能物流信息网络，实现制造企业、电子商务从业人员、电子商务服务企业、物流企业的信息共享。

第五节 本章研究结论

本章主要研究了电子商务经济促进城乡融合高质量发展的问题。结果显示，电子商务经济对促进城乡融合高质量发展的重要作用体现在以下三个方面。

（1）从投入层面来看，电子商务需要大力投入农村基础设施建设，包括交通、物流、信息等，这有助于打破乡村信息闭塞状态，实现城乡要素高效流通。完善农村信息化基础设施，可以提升农村信息化水平，促进区域间经济协调发展。构建城乡一体化物流体系，可以实现"农产品进城"和"工业品下乡"，并发挥城市物流对农村的辐射带动作用，为城乡共建提供基础。

（2）从产出层面来看，电商平台为农村提供商品和服务，满足农村居民需求，提高农村商品和服务供给，吸引人口返乡创业，实现要素双向流动，推动产业结构升级和经济转型，逐步消除城乡差异。

（3）从区域结构调整层面来看，电子商务经济的扁平化特征冲击传统商业中心，需要考虑其影响进行功能规划。同时，它对缩小区域发展差距具有正向作用。电子商务普及有利于拉近各地企业距离，并引导现代服务业发展，完善环境，推动协调发展。

从电子商务经济发展促进城乡融合的影响机制分析，电子商务经济可以通过降低创业门槛来提高收入水平、提高物流水平来改善营商环境、提升网络状态来加强信息流通、降低均衡价格来实现消费升级四个途径促进实现城乡融合。

因此，为进一步发挥电子商务经济作用，应从完善电子商务行业管理体制、加强电子商务标准规范体系建设、加大电子商务基础设施建设力度等方面着手，打造监管协调机制，制定电子商务标准，加快网络、物流等建设，以有效推动城乡高质量一体化发展。

第十章 电子商务经济中产品推荐代理使用对消费者购买决策的影响

第一节 引 言

农村电子商务经济的快速发展不仅为消费者提供了极大的购物便利，也带来了大量的产品选择和海量的产品相关信息。然而，由于受到认知能力制约，人们的信息处理能力有限。面对过量的信息，消费者识别出满足自身需求的产品并不是一件容易的事情。为了帮助用户减轻信息过载压力，各大商务网站推出了各种信息过滤技术，RA 是其中的典型代表。Shopping.com 和 BizRate 等著名的购物比较网站大获成功，靠的就是 RA。

RA 是一种获取个体用户产品兴趣或偏好，并或明或暗做相应产品推荐的软件。RA 一般嵌套在消费者购物的电商网站之中，可看作商家为消费者提供的一个"虚拟顾问"，它为消费者推荐产品，并提供购物过程中所需的各类信息，引导消费者迅速便捷地完成网上购物。

RA 的核心功能是帮助消费者搜索和选择产品。从 RA 使用者来看，消费者希望 RA 使用能改善其购买决策，从而帮助自己以合理的价格购买到最符合需求和偏好的产品；从 RA 提供者来看，商家希望消费者最大限度地接受 RA 的推荐，以加快消费者的购买决策进程，从而实现自己的销售目标。由此可以看出，不论是作为 RA 使用者的消费者还是作为 RA 提供者的商家，都希望 RA 使用能影响购买决策，因此，RA 使用对购买决策的影响是 RA 使用研究中必须关注的一个核心和焦点。

以往有关 RA 使用的研究主要关注推荐内容的形成过程，即推荐信息形成算法的开发与评价，关于 RA 使用对消费者购买决策影响的研究非常少，还停留在刚刚起步的阶段。值得一提的是 Xiao 和 Benbasat（2007）的研究，他们将 RA

看作一种嵌入不同商务网站的消费者决策支持系统（decision-making support system，DSS），由此观点出发，在综合了大量相关文献的基础上，他们系统探讨了 RA 使用、RA 特征和其他因素（如用户特征、用户与 RA 交互特征、被推荐的产品特征、RA 提供者的可信性等）是如何影响消费者决策和消费者对 RA 评价的，并提出了一个较完整的概念模型，该研究虽然并未对所提出的模型做任何实证，但它为该领域的研究奠定了一个良好的基础。

为了探讨 RA 使用对消费者购买决策的影响，本章研究两个问题：①如何度量 RA 使用对消费者购买决策的影响；②RA 使用如何影响消费者的购买决策，即 RA 使用对消费者购买决策的影响机理是什么。为此，本章提出用"RA 影响力"来度量 RA 使用对消费者购买决策的影响，并构建 RA 影响力模型（即 RA 购买决策影响力理论模型）来考察 RA 使用对消费者购买决策的影响机理。下面先讨论 RA 使用对消费者购买决策的影响，然后提出并检验 RA 影响力模型。

第二节 RA 使用对消费者购买决策的影响

一个完整的决策包括决策过程和决策结果两个方面。研究表明，RA 使用既影响消费者的购买决策过程，也影响消费者的购买决策结果。

一、RA 使用对消费者购买决策过程的影响

根据经典的购买决策信息处理理论，消费者的购买决策过程可以划分为信息搜索、考虑集形成、最终选择三个阶段。RA 使用对消费者购买决策过程中的三个阶段都有明显的影响。

1. 在信息搜索阶段影响产品评价和偏好函数

信息搜索是 RA 最擅长的能力。RA 强大的信息检索和推荐功能从两个方面影响消费者对产品的评价：第一，RA 为消费者提供了更全面、更充分、更个性化的信息，这使消费者对产品功能、性能和价格合理性等的评价更加深入和准确，从而减少对不同品牌产品的认知（评价）偏差；第二，对于所推荐的产品，RA 往往同时向消费者提供专家评论和消费者评论等信息，这些将会在不同程度上左右消费者对产品的评价和态度。另外，研究表明，消费者往往对产品信息缺乏完整、准确的把握，不能形成稳定、明确的偏好，导致消费者的选择偏好不是固定不变的，而是在购买过程中随着信息掌握广度和深度的变化不断修正的，因此，

RA 使用为消费者带来的全面、充分和个性化的信息，必然改变消费者的偏好函数（preference function）。消费者偏好函数的变化也是影响产品评价的原因之一。

2. 在考虑集形成阶段影响考虑集形成策略

考虑集是指从可供选择的产品中选出的一组最有可能购买的产品。借助 RA，消费者可以采用一些新的考虑集形成策略。例如，采用基于完全解空间的考虑集构建策略，即在整个数据库中搜索、评估所有的可选产品，然后形成考虑集，这种策略如果没有 RA 的支持是不可能做到的；采用基于完全委托的考虑集构建策略，即把考虑集形成过程中本来应当由消费者承担的所有工作全部委托给 RA 来完成，消费者所要做的就是下达委托指令，并将自己的需求、偏好输入系统，以此作为 RA 遴选考虑集产品的标准；采用全盘接受的考虑集构建策略，即按 RA 提供的产品推荐排名，简单地截取排名靠前的若干产品进入考虑集。

3. 在最终选择阶段影响产品选择策略

RA 的支持使得消费者可以采取一些全新的产品选择策略。例如，基于深度比较的选择策略：借助 RA 消费者可以轻松地做到对考虑集产品的深度比较，要做的只是定义需要比较的产品属性集，以及每个属性的权重，RA 利用内嵌的各种方法，如加权平均法、比较矩阵法等自动完成综合比较，并给出排名，排名第一的产品就是按照消费者综合偏好遴选出来的最佳产品。

二、RA 使用对消费者购买决策结果的影响

RA 使用对购买决策结果的影响体现在产品的最终选择、决策质量和决策自信三个方面。

1. 对最终选择的影响

如前所述，在购买决策过程中，RA 使用将影响消费者的偏好函数、产品评价和产品筛选策略（包括考虑集形成策略和最终选择策略），很显然，这些影响势必会反映到产品的最终选择上。偏好函数的变化意味着消费者选择标准的变化，这将引起产品搜索范围、产品评价准则和产品考虑集等的一系列变化；产品评价的变化意味着消费者改变了对相应产品的态度和购买意愿；产品筛选策略的变化意味着消费者将采用不同的思路、方法和路径筛选产品，这些显然也将带来最终选择的不同。

2. 对决策质量的影响

决策质量是对消费者购买决策水平的评估，可以有多种不同的测量方法：①消费者所选产品是最优方案还是次优方案；②所选产品属性与消费者偏好的匹配度；③考虑集中产品的平均质量；④消费者在做出购买决策后是否会后悔。

大量学者的研究表明，RA 使用将提高购买决策质量，原因有三个方面：①RA 使用节省了消费者大量的信息搜索、评价和筛选时间，使消费者可以有更多的时间做更好的决策；②RA 使用提高了产品考虑集的质量，使消费者更容易定位和匹配自己的偏好；③RA 使用能增强消费者的认知能力，排除认知局限，从而提高决策质量。

3. 对决策自信的影响

不少研究表明，RA 使用还能增强消费者的决策自信。例如，RA 使用扩大了产品搜索和评价范围，消费者拥有了更大的产品选择余地，从而增强了消费者购买决策信心。当然，也有一些相反的观点，如 Hostler 等（2005）认为 RA 使用对消费者购买决策信心没有任何影响。

第三节 RA 影响力模型构建

上述讨论表明，RA 使用对消费者的购买决策过程和购买决策结果都有重要影响，受"口碑影响力"概念的启发，本章提出用"RA 影响力"来衡量 RA 使用对消费者购买决策的影响。RA 影响力模型就是描述 RA 影响力与其决定因素之间关系的一个概念模型，它反映了 RA 使用对消费者购买决策的影响机理。

综合购买决策信息处理理论、科技接受度模型（technology acceptance model，TAM）理论和信息技术信任形成理论等多种理论视角，我们认为，RA 使用对消费者影响力的大小取决于消费者认为 RA 是否有价值、是否值得信任，而这两方面的评价又取决于消费者对 RA 自身特性和 RA 相关特性的考察。RA 认知价值和 RA 信任统称 RA 评价，RA 自身特性和 RA 相关特性统称 RA 特性，两者与 RA 影响力之间是一种因果关系，存在因果关系链"RA 特性→RA 评价→RA 影响力"，即"RA 特性决定 RA 评价，RA 评价决定 RA 影响力"，RA 影响力模型描述的正是这三类模型构成要素之间的因果关系集合。下面先根据相关研究成果讨论模型要素及其关系，然后给出 RA 影响力模型。

一、模型要素

1. RA 影响力

RA 影响力是 RA 使用对消费者购买决策影响力的简称,指 RA 使用对消费者购买决策所产生的影响程度,它是衡量 RA 使用对消费者购买决策影响的一个综合指标。如前所述,RA 使用对消费者的影响包括购买决策过程和购买决策结果两方面,因此,相应地有决策过程影响力和决策结果影响力。其中,决策过程影响力体现在影响产品评价和偏好函数、考虑集形成策略和产品选择策略三方面;决策结果影响力体现在对最终选择、决策质量及决策自信的影响。购买决策过程对购买决策结果的影响是显然的,因此,本章研究假定:RA 决策结果影响力与 RA 决策过程影响力呈正相关关系。

2. RA 评价

RA 评价是指用户对 RA 的理解和态度,包括 RA 认知价值和 RA 信任两方面。

(1) RA 认知价值。RA 认知价值是指消费者对 RA 使用给其带来的整体效用的主观评价。RA 是一种典型的信息系统,根据 TAM 理论,人们之所以采纳一些信息系统是因为感知有用性和感知易用性,两者实际上构成了人们对信息系统价值的主观评价,即认知价值。因此,RA 认知价值包括 RA 认知有用性和 RA 认知易用性两部分。根据 TAM 理论和大量的相关实证研究成果,认知有用性和认知易用性与信息系统使用意愿或行为呈正相关关系。RA 作为一种信息系统,显然,认知有用性和认知易用性会正向影响 RA 使用。另外,前面的讨论表明,RA 使用将影响消费者的购买决策过程和购买决策结果,因此存在关系链:RA 认知价值→RA 使用→RA 影响力。RA 使用不是本章关注的焦点,只是本章研究隐含的一个前提,本章研究直接假定:RA 决策过程影响力和 RA 决策结果影响力与 RA 认知价值呈正相关关系。

(2) RA 信任。信任是对他方按承诺行动、诚实协商和不采取机会主义行为的期望。消费者与 RA 之间是一种委托代理关系,其中消费者是委托人,RA 是代理人,委托任务是 RA 通过信息搜索、过滤和评价,为消费者提供个性化的产品推荐。委托代理关系中存在信息不对称,如消费者(用户)不知道 RA 是否有能力完成其委托的任务,不知道 RA 是完全代表消费者的利益还是代表在线商家(RA 的提供者)的利益,因此,RA 及 RA 推荐信息能否被用户接受和采纳,存在一个消费者对 RA 的信任问题。RA 信任可以定义如下:消费者对 RA 按承诺诚实履行代理任务的一种期望。

RA 信任包括能力信任和品质信任两方面。能力信任是指 RA 有能力理解并满足消费者真正的信息推荐需求。可从"产品知识是否丰富""推荐信息是否专业"两个维度考量；品质信任是指 RA 是正直和善意的，能全心全意为消费者服务，不会采取有损消费者利益的机会主义行为。根据信任形成理论，如果 RA 能站在消费者的立场上（不以供应商利益为中心），不提供虚假信息，并把双方交互的控制权更多地交给消费者，就会被认为是正直和善意的。综合信息技术信任形成理论和 TAM 理论可知，RA 信任是决定消费者 RA 使用意愿或行为的关键要素，与 RA 认知价值相类似，存在关系链：RA 信任→RA 使用→RA 影响力。如前所述，RA 使用不是本章关注的焦点，只是本章隐含的一个前提，本章研究直接假定：RA 决策过程影响力和 RA 决策结果影响力与 RA 信任呈正相关关系。

另外，根据营销信任理论，客户认知价值是决定客户信任的核心要素，类似地，RA 认知价值也是决定 RA 信任的重要因素，因此，本章研究假定：RA 认知价值与 RA 信任呈正相关关系。

3. RA 特性

RA 特性分为 RA 自身特性和 RA 相关特性两类。

（1）RA 自身特性。RA 自身特性包括 RA 的类型，RA 的输入特性、逻辑处理特性和输出特性等方面，它们都可能会对消费者购买决策产生影响，但基于大部分消费者并不了解 RA 的类型、输入特性及逻辑处理特性，他们所能感受到的只有 RA 的输出特性，如推荐内容的个性化、推荐信息编排的合理性、推荐信息过载等。因此，本章研究只考虑 RA 的输出特性。

推荐内容的个性化是用户最关注的输出特性，指 RA 所推荐产品与当前用户偏好的吻合程度。可以从"推荐的产品是否符合消费者偏好""推荐的品牌消费者是否喜欢""产品的功能是否符合需求""产品的价格是否可以接受"等维度衡量 RA 推荐内容的个性化。推荐内容的个性化直接影响消费者对 RA 的评价，个性化程度越高，消费者认为 RA 的价值越高，对 RA 的信任也越强，因而也越可能接受推荐的产品。

推荐信息编排的合理性也是用户关注的重要特征，如果推荐信息的输出杂乱无章，那么即使再好的推荐内容，消费者对它的评价和接受也会大打折扣，甚至置之不理。不少学者的研究表明，分类列出推荐产品，并按效用得分高低排序，比随机排序方式更容易赢得消费者的认可，推荐产品被消费者选中的可能性更大。可从"推荐的产品是否有列表""列出的产品是否有排序""整个输出信息编排是否逻辑有序"等方面衡量推荐信息编排的合理性。

网络时代信息过载是普遍现象，推荐内容是否有信息过载问题也会影响消费者对 RA 推荐的评价。信息过载表现在两方面：一是推荐的产品太多，面对很长的候选产品清单,消费者要耗费大量的时间和精力来评价和选择,有时甚至无从下手;二是对推荐产品的评价和注释信息过多、过细,令消费者眼花缭乱,甚至没有时间和精力看完。RA 推荐内容的信息量如果超出了人们有限时间内的认知和信息处理能力,显然会降低消费者对 RA 价值的评价。可从"推荐产品是否过多""推荐信息有没有时间或精力看完"等方面衡量推荐信息过载。

综上所述,推荐内容的个性化、推荐信息编排的合理性和推荐信息过载都会直接影响消费者对 RA 的评价,但三者的影响有所不同,推荐内容的个性化同时影响 RA 认知价值和 RA 信任,而推荐信息编排的合理性和推荐信息过载只影响 RA 认知价值,不直接影响 RA 信任。本章研究假定:RA 认知价值和 RA 信任与推荐内容的个性化呈正相关关系;RA 认知价值与推荐信息编排的合理性呈正相关关系;RA 认知价值与推荐信息过载呈负相关关系。

(2)RA 相关特性。RA 相关特性主要是指与 RA 相关的消费者特性和 RA 平台特性。

消费者特性包括消费者自身的人口统计特性(如年龄、性别、收入等)、科技接受特性、感知风险、对 RA 使用的熟悉度及产品专业性等。其中,消费者对 RA 使用的熟悉度是影响消费者使用和评价 RA 的关键要素,主要包括消费者对 RA 推荐形式、推荐界面及推荐原理的熟悉程度。Komiak 和 Benbasat(2006)的研究证实了消费者对 RA 使用的熟悉度会影响消费者对 RA 的信任,因此本章研究假定:消费者对 RA 的信任与消费者对 RA 使用的熟悉度呈正相关关系。

作为网上商家提供的一种工具,RA 都是嵌套、依附在特定的电子商务网站(如 Amazon、CD Now、MovieLens 等)中为消费者提供服务的,RA 一定程度上是代表提供者利益的,因此,RA 所嵌套网站的特性,即平台特性,必然影响消费者对 RA 的评价。平台特性主要指 RA 所在网站的形象,包括网站知名度、声誉、权威性、可靠性、可信性等方面。本章研究假定:消费者对 RA 的认知价值和 RA 信任与 RA 所在网站的形象呈正相关关系。

二、RA 影响力模型

综合上述讨论,本章提出如图 10.1 所示的 RA 影响力模型,模型包括 9 个变量,描述了 RA 特性(包括 RA 自身特性和 RA 相关特性)、RA 评价和 RA 影响力三类变量之间的关系。图 10.1 中的箭头线表示对应的两个变量之间存在因果关系,箭头处为内生变量,箭尾处为外生变量,一个因果关系就是一个假设,图中用"+""−"分别表示两变量之间呈正相关或负相关关系。模型共包含了 13 个假设,如"RA 认知价值与 RA 推荐内容的个性化呈正相关关系""RA 认知价值与

RA 推荐信息过载呈负相关关系"等。

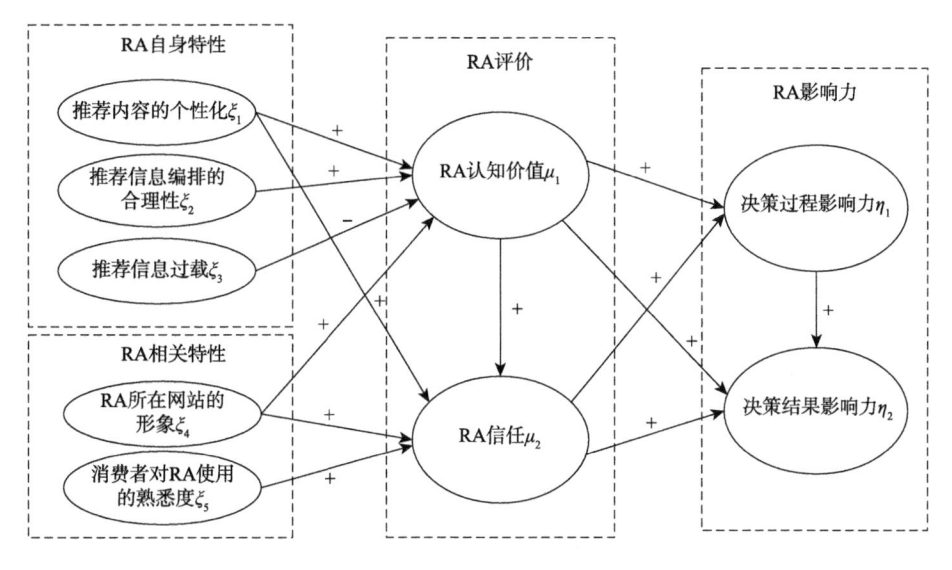

图 10.1 RA 影响力模型

第四节 实证方法与数据采集

一、实证方法

如图 10.1 所示，RA 影响力模型共涉及 9 个变量，这些变量主观性强，且均为隐变量。选择 SEM 软件作为样本数据的分析工具。SEM 软件可方便地处理主观性强、误差大的隐变量，并可评估整个理论模型与观测的样本数据的拟合效果。所用的 SEM 软件为 AMOS 7.0。

二、变量度量

RA 影响力模型涉及的 9 个变量都有相对成熟的量表，在已有量表的基础上，结合本章研究的具体背景对各个变量的度量项目进行设计，如表 10.1 所示，9 个变量共有 35 个度量项目。每个度量项目均采用 Likert 7 级分值刻度。35 个度量项目对 9 个变量的载荷系数最小为 0.69，最大为 0.90，均大于 0.5，表明量表具有良好的收敛效度，并且检验表明 9 个变量之间具有良好的区分效度。9 个变量的度量可靠性系数（Cronbach's α）最小为 0.85，最大为 0.92，表明量表具有良好的信度。

表 10.1 变量的度量项目

变量	度量项目
ξ_1（推荐内容的个性化）	产品形象符合偏好；产品价格可接受；推荐品牌很喜欢；产品功能符合需求；推荐产品刚好需要
ξ_2（推荐信息编排的合理性）	推荐产品有列表；推荐产品有排序；信息布局逻辑有序
ξ_3（推荐信息过载）	推荐信息让人眼花缭乱；没有时间看完推荐信息；没有精力看完推荐信息
ξ_4（RA 所在网站的形象）	网站知名度；声誉；权威性；可靠性；可信性
ξ_5（消费者对 RA 使用的熟悉度）	熟悉推荐形式；熟悉编排方式；熟悉推荐原理
μ_1（RA 认知价值）	减少决策时间；减少决策精力；更大的产品选择范围；使用导航清晰；偏好信息容易输入
μ_2（RA 信任）	产品知识；专业能力；站在用户立场；不提供虚假信息；用户有交互控制权
η_1（决策过程影响力）	影响产品评价和偏好函数；影响考虑集形成策略；影响产品选择策略
η_2（决策结果影响力）	影响产品最终选择；影响决策质量；影响决策自信

三、数据收集

通过问卷调查采集数据，调查对象为网上购物一族。采用面对面纸质问卷和网上电子问卷两种方式发放问卷。其中，电子问卷调查主要通过 E-mail 和 QQ、MSN（Microsoft service network，微软网络服务）等渠道进行发放和回收。两种方式累计发放问卷 1 435 份，回收问卷 655 份，回收率为 45.6%，其中有效问卷 605 份，满足 SEM 方法所要求的大样本。

第五节 结果与分析

一、求解结果

根据图 10.1 所示的变量之间的因果关系和表 10.1 的度量项目，利用 AMOS 7.0 建立结构模型并求解，求解结果包括模型统计参数和结构参数两部分。前者是一类判别模型拟合优劣的指标，主要指标有 4 个（组）：χ^2/df（卡方/自由度）、Tucker-Lewis 指数（Tucker-Lewis index，TLI）[即非标准拟合指数（non-normed fit index，NNFI）]、比较拟合指数（comparative fit index，CFI）和估计误差均方根（root-mean-square error of approximation，RMSEA），求解结果为 $\chi^2/df=2.05$，TLI=0.90，CFI=0.91，RMSEA=0.072。后者指变量与变量之间的路径系数（偏相关系数），由本身的值和相应的显著性指标 T 值组成。T 值与统计显著性水平 α 相对应，如 $\alpha=5\%$ 时，$T=1.96$。结构参数求解结果见表 10.2，其中"路径"栏符号的意义见表 10.1。

表 10.2 模型求解结果（AMOS）

路径	路径系数（T值）	路径	路径系数（T值）
$\xi_1 \to \mu_1$	0.50（5.99）	$\mu_1 \to \mu_2$	0.57（4.64）
$\xi_2 \to \mu_1$	0.20（2.95）	$\mu_1 \to \eta_1$	0.28（2.72）
$\xi_3 \to \mu_1$	−0.11（1.85）	$\mu_2 \to \eta_1$	0.32（3.15）
$\xi_4 \to \mu_1$	0.21（3.00）	$\mu_1 \to \mu_2$	0.32（3.99）
$\xi_1 \to \mu_2$	0.19（2.80）	$\mu_2 \to \eta_2$	0.24（3.18）
$\xi_4 \to \mu_2$	0.14（1.99）	$\eta_1 \to \eta_2$	0.55（6.64）
$\xi_5 \to \mu_2$	0.29（3.89）		

二、结果分析

分析由两步构成，先评估理论模型的拟合效果，然后在模型拟合效果可接受的前提下（否则进一步的分析没有意义），分析 RA 影响力模型假定的 13 个关系是否成立。

根据通行的标准，如果 $\chi^2/df \leqslant 3.0$，CFI$\geqslant 0.9$，TLI(NNFI)$\geqslant 0.9$，RMSEA$\leqslant 0.08$，那么模型的拟合效果是可接受的。由前文可知，模型统计参数均满足通行的评估标准，由此可见，结构模型与观测的样本数据有较好的拟合效果，这说明样本数据总体上支持本章研究所提出的 RA 影响力模型。

依据路径系数的显著性和方向（正负号）判别假设是否成立。以 5%（$T=1.96$）和 10%（$T=1.65$）两个显著性水平进行假设检验，分析过程和结果如下：① "推荐信息过载（ξ_3）→RA 认知价值（μ_1）"的路径系数的 T 值为 1.85，小于临界 T 值 1.96，但大于临界 T 值 1.65，说明"推荐信息过载"与"RA 认知价值"之间的关系在 5% 水平上不显著，只在 10% 水平上显著，可认为是一种弱显著关系。路径系数为负值，说明"RA 认知价值"和"推荐信息过载"之间呈负相关关系，对照前文假设可知，"RA 认知价值与推荐信息过载呈负相关关系"基本成立。②其余 12 个路径系数的 T 值均大于 1.96，在 5%水平上通过统计显著性检验，且 12

个路径系数都为正值，说明 12 个路径系数所描述的变量之间都存在正相关关系，对照前文假设可知，其余 12 个假设均严格成立。

"RA 认知价值与推荐信息过载呈负相关关系"未被严格支持的可能原因有三方面：一是总的来说 RA 推荐的信息量不是太大，在消费者可接受的范围内；二是推荐信息编排的合理性、推荐内容的个性化等削弱了消费者对推荐信息过载的敏感性；三是消费者凭借购物经验，会选择性地查看各类推荐信息，从而使得对推荐信息过载的感知并不是那么严重。

第六节 本章研究结论、理论贡献、实践意义与未来研究方向

一、研究结论

根据实证结果，本章得出三个主要结论：①RA 使用确实会影响消费者的购买决策，不仅影响购买决策结果，而且影响购买决策过程，但 RA 使用对两者的影响是以 RA 认知价值和 RA 信任为中介的。②RA 认知价值取决于 RA 所在网站的形象、推荐内容的个性化及推荐信息编排的合理性，其中推荐内容的个性化影响最大（见表 10.2 的路径系数）；RA 信任取决于 RA 认知价值、推荐内容的个性化、RA 所在网站的形象及消费者对 RA 使用的熟悉度，其中 RA 认知价值对 RA 信任的影响最大（见表 10.2 的路径系数）。③RA 使用对消费者购买决策的影响可以用 RA 影响力衡量，它包括决策过程影响力和决策结果影响力两个维度，并且前者影响后者。

结论③解决了 RA 使用对消费者的影响如何度量的问题，结论①和结论②揭示了 RA 使用对消费者购买决策的影响机理。

二、理论贡献

本章的主要贡献如下。

1. 丰富和拓展了 RA 理论

通过影响消费者购买决策行为进而赢得消费者对所推荐产品的青睐是商家提供信息推荐的根本目的，为了很好地实现这个目的，商家必须解决三个基本问题：

第一，如何衡量 RA 使用对消费者的影响大小？第二，RA 使用对消费者购买决策的影响机理是什么？第三，如何控制对消费者购买决策的影响？本章研究构建了 RA 特性、RA 评价、RA 影响力三类变量之间的关系模型，并用实证检验了模型的合理性。该模型回答了三个问题：第一，可以用决策过程影响力和决策结果影响力来度量 RA 使用对消费者购买决策的影响；第二，RA 认知价值和 RA 信任是 RA 影响力的直接决定因素，两者在 RA 特性（包括 RA 自身特性和 RA 相关特性）和 RA 影响力之间起着中介作用；第三，RA 特性是 RA 影响力的基本控制要素，要控制 RA 使用对消费者的影响，必须从 RA 特性着手。以前关于 RA 的研究主要集中在如何产生有价值的推荐内容，关注的焦点是 RA 技术，如 RA 推荐算法的开发及不同推荐算法的比较与评价等。本章研究突破了狭隘的技术研究视角，将对 RA 的研究延伸到 RA 使用对消费者购买决策行为的影响。本章研究不仅解决了困扰商家的三个基本问题，而且本章研究成果可以反过来指导 RA 技术的研究：在 RA 的两类特性中，RA 自身特性与技术密切相关，如何实现理想的 RA 自身特性（例如，如何产生更加个性化的推荐内容，如何避免推荐信息过载等）应当成为 RA 技术研究的基本目标。

2. 丰富了网上购买决策理论

RA 的出现是现代信息技术高度发展的一个结果，代表着非常先进的一种信息技术，本章以 RA 为例，揭示了电子商务经济背景下，信息技术对消费者购买决策行为的影响，在网上购买决策影响因素集中增加了一个很重要的元素。

三、实践意义

本章的结论对网上商家至少具有如下意义。

1. 增强对 RA 的战略认知

RA 使用既影响消费者的购买决策过程也影响消费者的购买决策结果，这为商家利用 RA 向消费者推荐产品提供了非常好的契机，网上商家必须高度认识 RA 的战略价值：RA 的应用既是顺应消费者需求的一种必然，也为企业利用 RA 技术实施低成本、高效率的一对一网络营销策略，进而获得更多消费者对自身产品的青睐和忠诚，最终在日趋激烈的市场竞争中赢得优势提供了千载难逢的机会。

2. 提高消费者对 RA 的评价

消费者对 RA 的评价，即消费者对 RA 的认知价值和信任，是决定 RA 使用对消费者购买决策影响力大小的直接因素，为了提高消费者对推荐信息的接受度，吸引更多的消费者在更短的时间内决定购买本企业的产品，网上商家必须想方设法地提高消费者对 RA 的认可，让其认识到 RA 是全心全意为他们服务的，不仅能大大减少产品信息搜索、评价和选择的时间与精力，而且能帮助他们以更合理的价格购买到符合自身需求与偏好的产品。

3. 完善 RA 自身特性的设计

推荐内容的个性化、推荐信息编排的合理性、推荐信息过载等 RA 特性决定了消费者对 RA 的评价，商家必须在这些 RA 特性设计方面下足功夫。首先，要有一个高效的消费者需求、偏好获取机制，快速捕获、构建消费者偏好函数；其次，推荐信息的编排方式必须合理有序，以有利于消费者充分理解、吸收推荐内容；最后，推荐的信息量必须在可接受的范围内，不能超出消费者的认知极限。

四、未来研究方向

为了将研究推向深入，需要做进一步的研究。

1. 考虑更多的消费者特性

本章研究仅仅考虑了消费者对 RA 使用的熟悉度这一消费者特性，实际上消费者的其他特性，如产品专业性、科技接受特性及感知风险也会影响消费者对 RA 的评价，进而影响 RA 使用对消费者购买决策的影响力。未来研究中应考虑更多的消费者特性。

2. 考虑产品类别的影响

一些个性化产品的购买需要消费者亲身体验以后才能做出决策（如服装购买），有些产品的购买则无须消费者体验，两种情况下 RA 推荐信息的影响力显然是有差异的，可将产品划分为体验和非体验两类，并将产品类别作为调节变量引入研究中。

3. 将问卷调查和行为实验相结合

本章研究采用回忆的方式让消费者填写问卷，这种情况下问卷数据误差在所难免。未来的研究中可以先让消费者在有 RA 使用的网站中进行一次模拟购物（行为实验），然后对其进行问卷调查，以增强问卷数据的有效性和可靠性。

第十一章 电子商务经济背景下消费者在线购物从众行为为何如此普及

第一节 引　言

　　从众行为非常普遍，因为人们趋向于相信多数人相信的，即使多数人相信的未必正确。从众行为描述了个人强烈地受其他人决策影响的各种社会和经济现象，如金融投资、技术采用、企业战略决策、政治选举、就餐和时尚跟风。消费者决策中的从众行为也十分明显，尤其是在线购物。当选择某个产品时，一个消费者往往有意识地考虑一些信息，如大多数人是怎么评价该产品的，有多少人购买了该产品。正面评价或购买该产品的人越多，消费者选择该产品的可能性越大。在这种情形下，消费者根据其他人的评价和选择来推测产品的质量，从众行为由此产生。

　　然而，大量的从众行为并不能掩盖反从众行为的存在。反从众行为是指决策者排他性地抵触诸如他人推荐和多数人意见等公共信息而做出相反决策的行为。不少学者研究了反从众现象。Hornsey 等（2003）实证检验了群体规范对有道德成分的社会问题的影响，结果发现，对自己的态度持有强烈道德基础的被试，在公众行为中表现出反从众行为。Eznger 和 Polborn（2001）以劳动力市场为背景提出了一个反从众模型，他们发现，如果成为唯一聪明代理人的价值足够大，那么人们总是与其前辈对立，即反从众。Levy（2004）分析了一个职业经理人如何收集和使用别人提供的信息，研究发现，出于声誉的考虑，他们倾向反从众，即总是抵触一些公共信息，如前辈或其他人的建议。为了满足独特性需求，消费者有反从众行为倾向，如做出创造性的反从众选择、不受欢迎的反从众选择和避免与其他人相似性的选择。

然而，相比大量的从众行为，反从众行为要少得多。这种规律在消费者决策中也是成立的。消费者倾向做出冲突最小的购买决策，这就是从众行为为什么如此普及的原因。不难猜测，当消费者基于从众策略做出购买决策时将面临最小的冲突。相反，如果做出反从众决策消费者将面临巨大的冲突。为了检验这种直观的猜测，我们需要引入神经科学的实验手段来揭示从众和反从众的神经基础。

长期以来，从众和反从众的探讨都是基于行为或模型研究的，从众和反从众的神经学基本原理并不清楚。最近发展的脑成像技术，如 fMRI、正电子发射断层扫描（positron emission tomography，PET）和 ERP，为我们精确记录许多与高级认知过程相关的脑活动提供了可能。Berns 等（2005）利用 fMRI 探讨了智力旋转任务期间的社会从众和独立（即不从众）的神经生物学机制。他们研究发现，从众与枕-顶网络（occipital-parietal network）的功能变化有关，而不从众则伴随着杏仁核（amygdala）和壳核活动的增加。杏仁核激活通常与负性情绪有关。他们实验中的杏仁核激活也许是坚持与众不同信念造成情绪负担的最清晰的标志。情绪负担可能来自不从众时个人信念和多数人信念的认知和情感冲突。

Berns 等（2005）的这一发现反映了这样一个事实：不从众伴随着明显的认知和情感冲突。不难推测，反从众将面临更大的认知和情感冲突。根据我们的文献检索，Berns 等（2005）的工作是探索从众和不从众神经学基础的少数研究之一。尚未发现与反从众神经学基本原理相关的文献。总之，关于从众和反从众神经机制，我们知之甚少。

为了探讨从众和反从众背后脑处理的时间进程，我们设计了一个涉及在线购书中消费者从众和反从众决策的 ERP 研究。该研究要求被试根据计算机监视器中央显示的书名关键词、正面和负面书评做出是否购买此书的决策。这是一个类似于亚马逊的网上购书的模拟环境。告诉被试，正面评论数量等于 5 星和 4 星评论的数量之和，负面评论数量等于 1 星和 2 星评论的数量之和，3 星评论数量忽略不计。另外，为了避免书名吸引力的差异，刺激材料中仅给出书名关键词而不是具体的书名。而且，给定的书名关键词非常相似，被试不会对其中的任何一个产生特别的兴趣。在这种情况下，正面评论数量和负面评论数量是被试做出是否购买此书的唯一信息。有两种可能的决策策略，即从众和反从众。当被试在一致好评时决定购买或一致差评时决定不购买，从众决策发生；当被试在一致好评时决定不购买，而在一致差评时决定购买，反从众决策发生。

一个人在做决策之前，往往会面临两个或多个选择之间的冲突，因此，决策之后的失调不可避免。失调是一种不一致或冲突，失调的感觉就是一种不舒服、不安定或紧张状态。有研究表明，做出购买决策以后的失调包括认知和情感两方面。换句话说，一个消费者在做出一个购买决策之后有可能会同时面临认知和情感冲突。尤其在做出反从众决策策略以后，两类冲突更是无法避免。认知冲突来自决策者感觉到他的决策与多数人的观点不一致，因为多数人的观点往往是正确的。情感冲突来自对决策风险的担心或与决策不一致的信息。该研究的目的是探索从众和反从众决策引起的认知和情感冲突处理的脑活动的时间进程。首先，我们要知道从众和反从众决策将引起什么 ERP 成分[①]。其次，我们要知道那些 ERP 成分及其振幅能否反映从众和反从众决策诱发的认知和情感冲突水平的差异。简言之，本章关注的焦点是来自从众和反从众决策的冲突在 ERP 成分上的反映。

现有研究已经发现了几种与冲突相关的 ERP 成分，如 N2、Ne（错误负波）/ERN（error-related negativity，错误相关负波）和 N4。N2 反映了响应冲突。产生在错误响应之后的 Ne 或 ERN 可能反映了与错误相关的一种特殊响应冲突。N4 被广泛用来测度语言理解的不同方面。长期以来，N4 一直被认为反映了与语义相关的冲突，如语义信息和语义背景或语义期望之间的冲突。但最近的许多研究表明，N4 或 N4 类似成分可能也反映了一些非语义冲突，其中包括认知冲突。

如上讨论，我们猜测：在做出反从众决策后，被试将面临高的认知和（或）情感冲突。如果我们的猜测是正确的，该研究中应当能够观察到 N4 或 N4 类似成分。

第二节 研 究 方 法

一、被试

16 个来自某大学的学生（8 男、8 女；年龄 21~27 岁，平均年龄 22.5 岁）签署了知情同意书，作为付费志愿者参加了实验。所有被试均为右利手，裸眼或矫正视力正常，无神经或精神病史。所有被试都在主修"客户关系管理"（customer relationship management，CRM）课程，需要购买相关的参考书，但被试对任何一本所要选购的参考书都没有购买或阅读经历。

---

① ERP 成分反映特定的心理活动，名称一般由两部分构成。第一部分表示正波和负波，一般称正波为 P（positive），负波为 N（negative）。第二部分为数字，代表成分的潜伏期，如出现在 200 毫秒左右的正波被称为 P200（简称 P2），而 P300 是指潜伏期为 300 毫秒的正波（简称 P3）。与决策相关的 ERP 成分主要有 P2、N2、N4 和 P3［广义的 P3 包括晚期正电位（late positive potential，LPP）］。

二、刺激材料

刺激材料由 3 项信息构成，即书名关键词、正面评论数量、负面评论数量。从 CRM 领域中选出 45 本参考书，这些参考书对于正在选修 CRM 课程的被试来说都是感兴趣的。每本书的书名关键词均为 4 个中文字，如客户满意、客户忠诚。45 个书名关键词在快速决策的情况下对被试的吸引力无显著差异。评论总数随机地在 400~500 或 5~50 产生，这两个数字范围是根据亚马逊和当当网两家网上书店畅销榜和非畅销榜的统计数据确定的。正面评论比例固定在 0、25%、75% 和 100%，分别对应 4 类评论，即绝对差评、相对差评、相对好评和绝对好评。50%（代表不一致评论）没有包括在内的原因是，在这种情形下不论被试购买与否，其决策既不是从众也不是反从众。刺激材料共包括 360 张图片，即 45 本书 × 4 类评论一致性 × 2 档评论总数范围。

三、实验程序

被试安静地坐在密闭室内的沙发上，被要求不要眨动或移动眼睛，两眼紧盯前方 1 米处的显示器。刺激材料（黑底白字）连续地按随机顺序显示在计算机显示器屏幕中央，视角为 2.58°×2.4°。每次实验开始时显示"+"500 毫秒，然后刺激材料显示 1 400 毫秒。被试必须根据刺激材料中的书名关键词、正面评论数量和负面评论数量，快速做出是否购买的决策。他们被告知，如果决定购买按左键，如果决定不购买按右键。被试做出反应以后或者刺激开始 1 400 毫秒之后，下一个实验开始。360 次实验被分成三节，节与节之间留有一个让被试休息的时间间隔。被试既没有按左键也没有按右键的试验视作无效。

四、EEG 记录与分析

实验使用 Neuroscan Synamp 2 放大器持续记录 EEG。参照国际上广泛使用的 10~20 系统，采用 64 导电极帽，参考电极置于双侧乳突，两对电极分别置于左眼上下和离两侧眼角 10 毫米处，以记录垂直眼电和水平眼电。实验中头皮电阻保持在 10 千欧以下。EEG 截取时间为刺激材料呈现前的 100 毫秒到呈现后的 800 毫秒，其中刺激呈现前 100 毫秒作为基线。EEG 伪迹采用 Semlitsch 等（1986）建议的方法进行矫正。受放大器噪声、肌电活动影响及波幅大于±80 微伏者，在叠加前被剔除，剩下的进行机械矫正。EEG 分为从众和反从众两类分别进行叠加，叠加后的 ERP 在 30 赫兹的低滤波带通下滤波。为了研究不同决策类型的神经学机制，我们采用组内单因素重复方差检验的方法来比较这两种事件相关电位的波幅。方差分析的因素是决策类型（从众和反从众）和电极位置（P1，PZ，P2，CP1，CPZ，CP2，C1，CZ，C2）。

第三节 研究结果

一、行为数据

在 360 次购书实验中，每个被试平均的有效实验为 356 次（其余 4 次被试未按键），其中，从众决策次数为 325.88±7.47（M±SE[①]），反从众决策次数为 30.12±2.51（M±SE）。4 类不同评论一致性的购买次数和不购买次数的均值见表 11.1。

表 11.1　4 类评论一致性的购买次数和不购买次数的均值

条件	购买次数	决策类型	不购买次数	决策类型
绝对差评	1.94	反从众	87.06	从众
相对差评	5.44	反从众	84.56	从众
相对好评	71.90	从众	16.10	反从众
绝对好评	81.06	从众	7.94	反从众

注：购买次数是被试决定购买刺激材料中的参考书的实验次数；不购买次数是被试决定不购买刺激材料中的参考书的实验次数

表 11.1 表明，被试的大部分决策是从众，从众率超过了 90%（M±SE，91.27%±2.11%），而只有很少量的反从众决策，反从众率大约 9%（M±SE，8.73%±0.71%），从众率远远大于反从众率（$P<0.001$）。该结果支持我们的猜测，被试存在明显的从众偏好。

从众决策的平均反应时间是 668 毫秒（SE=26），反从众决策的平均反应时间是 747 毫秒（SE=38）。反从众决策比从众决策具有更长的反应时间（$P=0.001$）。该结果表明，在做出反从众决策时，消费者可能面临着更多的认知和情感冲突，需要更多的时间来处理。

[①] M±SE：M 为均值，SE 为平均数的抽样误差，反映平均数的抽样准确性。

二、ERP 数据

图 11.1 为从众决策和反从众决策下，电极位置（P1，PZ，P2，CP1，CPZ，CP2，C1，CZ，C2）的 ERP 总平均波形图。根据波形图，我们发现，在 300~600 毫秒，反从众决策比从众决策引起了一个更负向的 ERP 偏向。对 300~600 毫秒时间窗内的 ERP 平均振幅做了一个 2（2 种决策类型：从众和反从众）×9（9 个电极：P1，PZ，P2，CP1，CPZ，CP2，C1，CZ，C2）的被试内重复测量方差分析，结果表明，决策类型具有明显的主效应，$F(1, 15)=13$，$P=0.003$，反从众决策的平均振幅比从众决策的更大。另外，决策类型和电极之间的交互效应显著，$F(8, 120)=2.62$，$P=0.011$。简单效应分析表明，反从众决策在 9 个电极处的平均振幅与从众决策有明显不同，9 个电极处的显著性水平如下：P1 [$F(1, 15)=9.79$, $P=0.007$]，PZ [$F(1, 15)=6.83$, $P=0.020$]，P2 [$F(1, 15)=7.15$, $P=0.017$]，CP1 [$F(1, 15)=11.20$, $P=0.004$]，CPZ [$F(1, 15)=11.82$, $P=0.004$]，CP2 [$F(1, 15)=14.69$, $P=0.002$]，C1 [$F(1, 15)=12.40$, $P=0.003$]，CZ [$F(1, 15)=14.89$, $P=0.002$]，C2 [$F(1, 15)=13.67$, $P=0.002$]。

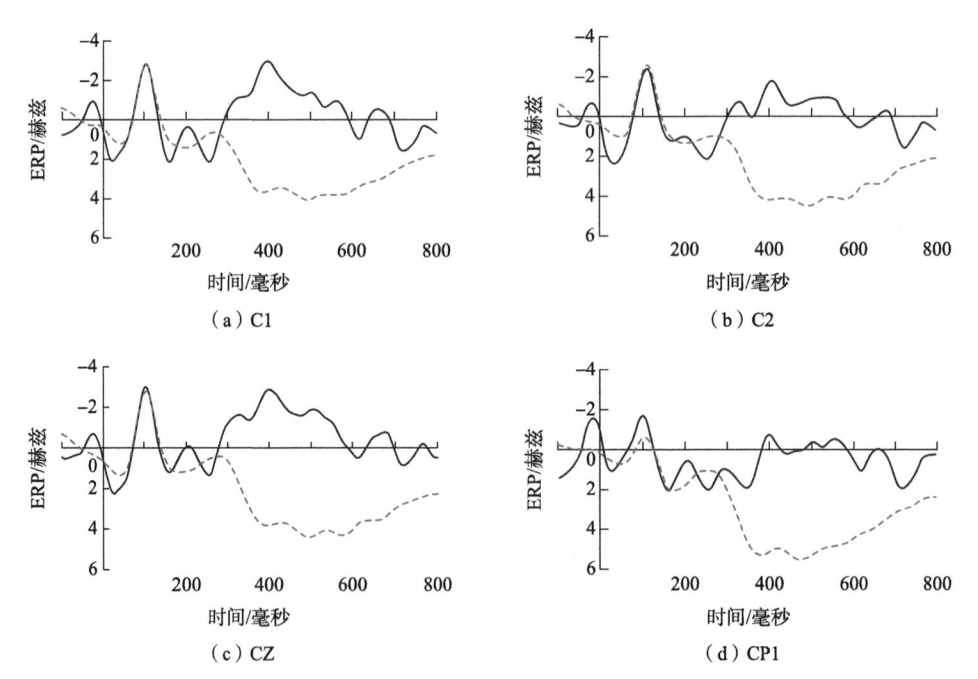

（a）C1

（b）C2

（c）CZ

（d）CP1

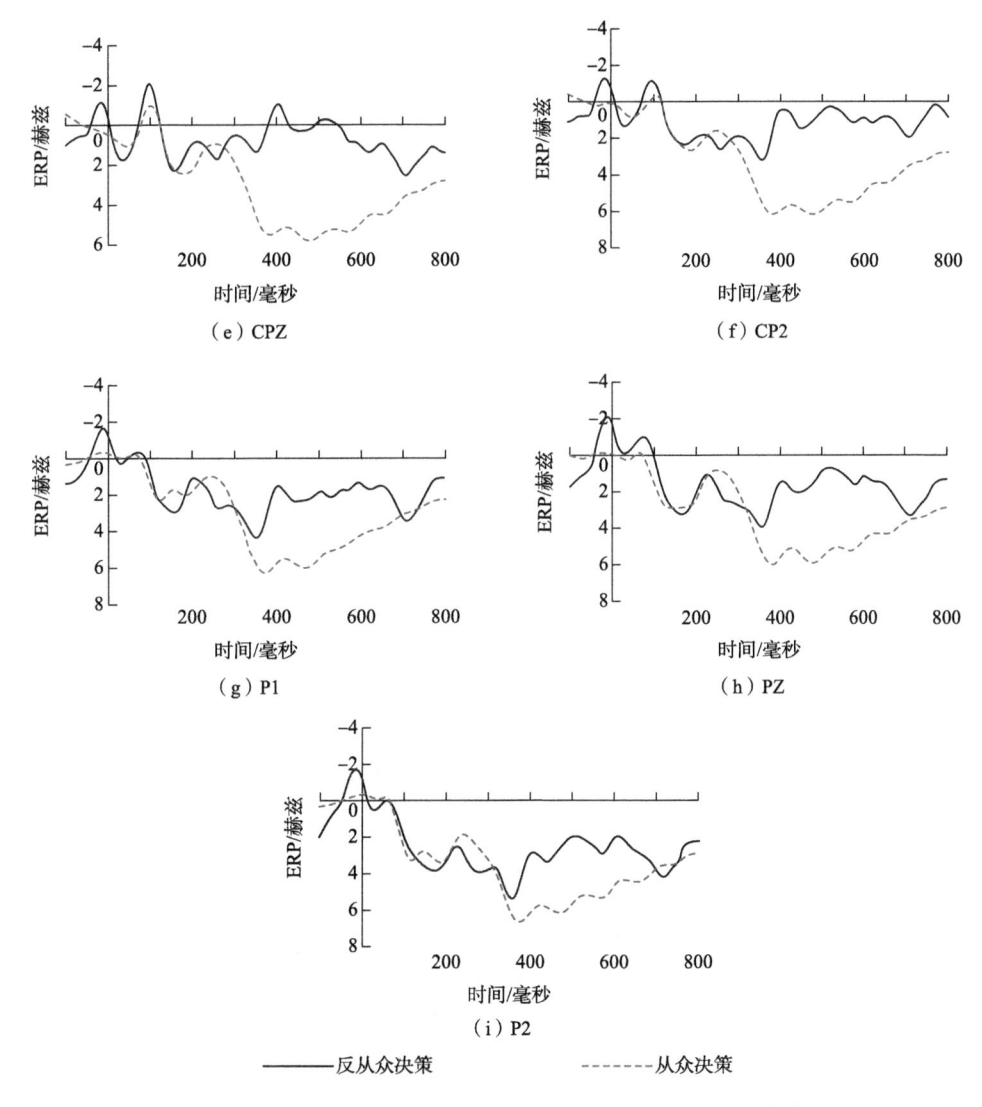

图 11.1　反从众决策和从众决策在不同电极位置的ERP总平均波形图

对于差异波（反从众决策减从众决策），测量了12个电极处300~600毫秒时间窗口内峰值的振幅和潜伏期，结果表明差异波峰值振幅最大的电极位置均在FZ、FCZ和CZ处（3个电极处的差异波峰值无显著差异），图11.2是CZ处的差异波（M±SD[①]，−6.91±1.97微伏），可以看出，差异波的潜伏期大约400毫秒（N4）。

---

① M±SD 为均值±标准差。

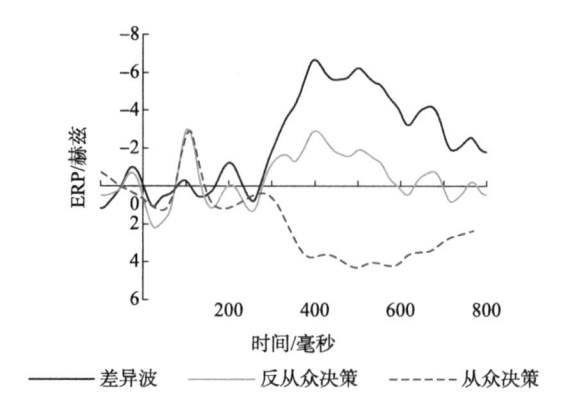

图 11.2　CZ 处反从众决策、从众决策和差异波（反从众决策减从众决策）的 ERP 总平均波形图

第四节　结果讨论

本章研究试图借助 ERP 的时间进程分析来考察反从众和从众的神经机制。实验结果表明，在刺激开始以后的 300~600 毫秒，从众决策产生了一个明显的 LPP，而反从众决策产生的是一个明显的负波 N4，峰值的潜伏期刚好在 400 毫秒处，从反从众决策减从众决策的差异波上看，N4 成分更加明显。

N4 是 ERP 中的一个负成分，峰值在 400 毫秒附近，通常与不符合语义期望的语义信息的处理有关。一般情况下，N4 被认为反映了语义信息和语义背景之间的冲突。然而，一些研究表明，类似于 N4 的 ERP 成分也可以产生在非语言范式下，如当人脸或比较复杂的图片被用作新奇刺激时。在这些研究中，N4 反映了一些其他冲突。例如，Olivares 等（2003）发现，N4 可能与视觉信息冲突有关。总之，在本质上讲，似乎 N4 反映的是各种冲突。特别是，很多研究发现，一些与 N4 相似的 ERP 负成分反映了认知冲突。在 Stroop 颜色-单词干扰任务中，与颜色不一致的单词比与颜色一致的单词产生一个更大的负波（峰值在 410 毫秒处）。Stroop 效应中的负成分反映了认知冲突，因为在词的语义和颜色之间存在一个明显的冲突。在猜谜语任务中，Mai 等（2004）发现，在给出答案以后的 250~500 毫秒，"Aha"答案比非"Aha"答案产生一个更负向的 ERP 偏向（N380）。他们认为 N380 可能与顿悟瞬间新旧认知模式之间的认知冲突有关。在中文造字任务中，Qiu 等（2007）发现，在给出答案后的 300~400 毫秒，意想不到的正确和错误答案比一致答案（与标准答案一致的答案）产生一个更负的 ERP 偏向（N320）。他们猜测，N320 可能反映了字的识别和判断过程中新老思维模式的认知冲突。在视听任务中，Yin 等（2008）发现，视听失配的答案比视听匹配的答案产生一个更负向的 ERP 偏向（N490）。N490 可能与完成视听任务过程中产生的视听整合认知冲突有关。

总的来说，许多过去的研究指出，N4 和 N4 类似成分可能反映了包括认知冲突在内的各种冲突。在我们的研究中，我们猜测，N4 可能与反从众决策后的认知冲突和情感冲突相关。

从众决策和反从众决策是在有一致的客户评论（包括绝对差评、相对差评、相对好评和绝对好评）情况下做出的。反从众决策意味着被试决定购买一致差评的参考书，或不购买一致好评的参考书。反从众决策的这种机制刚好与多数人采用的从众决策相反，对于做出反从众决策的被试来说，可能同时面临认知冲突和情感冲突。第一，被试知道他的决策准则完全不同于大多数人的决策准则，因此，两种不同决策准则之间的认知冲突不仅不可避免地发生，而且发生概率相当高。我们猜测，由反从众决策产生的 N4 反映了这种冲突。第二，被试完全清楚反从众决策的风险。一般来说，一致好评的参考书很可能是一本优质的参考书，而一致差评的参考书很可能是一本差的参考书。从这种意义上来说，反从众决策意味着被试选择购买差的参考书而不是选择购买优质的参考书。因此，反从众决策的风险是很显然的，在做出购买决策后，被试可能会怀疑自己决策的正确性。对决策风险的担心导致情感冲突。反从众决策产生的 N4 可能也反映了这种冲突。相反，从众决策意味着被试决定购买一致好评的参考书，而不购买一致差评的参考书。对一个做出从众决策的被试来说，上述的认知冲突和情感冲突都不存在，故从众决策产生的是一种 ERP 正成分——LPP，而不是反映冲突的 N4 或其他负成分（见图 11.1 的 ERP 波形图）。

第五节　本章研究结论

在本章研究中，在刺激开始以后的 300~600 毫秒，反从众决策引起了明显的 N4。N4 可能反映了反从众决策做出以后的认知冲突和情感冲突。前者来自被试感觉到他的决策与多数人的观点不一致，因为多数人的观点往往是正确的。后者来自被试对其决策风险的担心。

本章研究结论至少具有两个方面的理论价值：①再一次证明 N4 能够反映非语义冲突。在本章研究中反从众决策诱发的 N4 除了反映认知冲突外，还能反映情感冲突。N4 或类似成分与认知冲突的相关关系已经在不少文献中被报告，但尚未见到 N4 反映情感冲突的文献。②从冲突视角揭示了人们偏好从众的神经机制。本章研究表明，消费者反从众决策存在认知和（或）情感冲突，而从众决策不存在这些冲突，这一结果给了"从众行为为何如此普及"一个合理的解释，在神经机制层面上揭示了人们偏好从众的原因。

本章研究结论对于指导农村企业营销实践具有重要意义：从众效应被广泛用于口碑（特别是在线口碑）营销实践中，因为从众是口碑影响消费者购买决策的重要机制，不仅能够引导消费者的购买意愿，而且能够大大缩短购买决策时间。本章研究表明，从众决策能够引起明显的 LPP，反从众决策能够引起明显的 N4，因此从某种意义上说，LPP 和 N4 可以看作从众和反从众的一种内生神经学信号，这样，在口碑从众营销研究和实践中，企业有望使用 LPP 和 N4 作为度量消费者购买决策中从众和反从众倾向的内生神经学指标。例如，借助模拟购物环境中 LPP 和 N4 的测量，我们可以评估某个从众营销方案是否可能唤起足够强的从众效应，或是否会唤起反从众效应。

本章研究得出了一个很有意义的推论，即 N4 成分可能反映了认知和情感冲突，但这一推论的可靠性还有待通过进一步的实验来验证。例如，可以采用 fMRI 实验来验证。已有研究证实，在 Stroop 及其他多种任务范式中，认知冲突将激活前扣带皮层（anterior cingulate cortex，ACC）；情感冲突将激活杏仁核、背内侧前额叶皮层（dorsomedial prefrontal cortex，DMPFC）和背外侧前额叶皮层（dorsolateral prefrontal cortex，DLPFC）。采用 fMRI，在相同的实验情景和实验范式下重做本章实验，我们可以观察到被试在做出从众和反从众决策时前扣带皮层、杏仁核、背内侧前额叶皮层、背外侧前额叶皮层等脑区的神经活动情况，由此判断是否存在认知和情感冲突。

第十二章 在线消费者行为研究中神经科学方法的应用

第一节 引 言

近年来,互联网和移动通信技术的蓬勃发展为消费者提供了前所未有的消费体验,消费者行为发生了极大变化,在线消费成为一种趋势(Preez,2015)。与传统的线下消费相比,在线消费场景更丰富、信息量更大、产品更多样、行为更多元,同时消费者的心理、认知和决策过程变得更加难以观测。现有的在线消费者行为研究大多聚焦于分析消费所产生的大量行为数据(赵一方,2020),对影响消费者行为的心理机制的探究则更多地依赖传统的问卷调查、访谈等方法(范海萌,2020;袁振兰,2020)。然而,人们的很多行为是无意识的,对自身行为的解释却往往经过了意识加工。因此,传统消费者研究中的自我报告法等并不能准确地刻画消费者心理及解释消费者行为(Fugate,2007;Morin,2011;Harris et al., 2018)。

随着先进的神经成像技术和神经生理学技术的发展,消费者行为领域迎来了一种新的研究范式——消费者神经科学(consumer neuroscience),它提供了不需要认知或意识的参与就能直接探测消费者大脑的前沿方法(Morin,2011;Solnais et al., 2013)。研究技术的日益成熟催生出多样化的神经科学工具,使消费者神经科学逐渐赢得了学术界的认可,被频繁应用于消费者行为研究的各类主题(Smidts et al., 2014;Harris et al., 2018)。其中,在线消费环境相对简单和流程化,过程中基本不涉及面对面交互,方便研究人员在实验室中进行情景模拟,因而更适合用神经科学工具探测行为背后的心理机制。然而,在线消费者行为多种多样,神经科学工具的适用范围各不相同,分析各种工具的优劣特征及其适用的研究情境显得尤为重要。因此,本章试图梳理神经科学方法在在线消费者行为研究中的应用。

目前，越来越多的消费者行为研究开始引入神经科学方法，相关的综述文章随之增多。这些综述文章可分为两大类：一类是对整个消费者神经科学领域的概括性介绍（Fugate，2007；Ariely and Berns，2010；Morin，2011；Harris et al.，2018；Lee et al.，2018）；另一类则是梳理神经科学方法在传统消费者行为研究中的应用（Lee et al.，2007；Plassmann et al.，2012，2015；Solnais et al.，2013）。后一类综述文章大多按照"介绍—应用—展望"的架构展开，即先介绍消费者神经科学的定义、起源、优劣势、相关工具等，随后以一定的逻辑框架梳理神经科学工具在消费者行为研究中的应用成果，最后提出对未来研究的展望。本章对标前人的综述文献，同样按照上述行文架构展开，与前人不同的是，本章将综述范围聚焦至在线消费者行为这一特定主题。在逻辑框架的选取上，考虑到神经科学方法在在线消费者行为研究中的应用近年来才逐渐兴起，相关文献并不多，不适合以发展脉络为逻辑框架进行文献梳理，本章试图根据在线消费者行为的不同阶段整理相关文献，因而选取在线消费者行为研究中被频繁使用的 AISAS 模型作为逻辑框架。该模型将在线消费过程划分为引起注意（attention）、引起兴趣（interest）、主动搜索（search）、采取行动（action）、进行分享（share）五个阶段，是公认的可准确刻画在线消费者行为模式的理论模型（张秀英，2012；Cheah et al.，2019；Tseng and Wei，2020）。

通过综述，在理论方面有助于研究者了解目前神经科学在在线消费者行为研究中的应用进展，在实践方面可以帮助研究者挖掘未来潜在的研究方向，并明确各神经科学研究工具的适用范围，避免工具的误用和滥用。本章首先介绍消费者神经科学的相关概念发展，阐述其区别于传统的消费者行为研究方法的主要优势，并列举三种主要的神经科学工具；其次，介绍 AISAS 模型，说明数据收集方法、样本文献和数据分析方法，并结合 AISAS 模型中的五个在线消费者行为阶段梳理各个阶段的神经科学研究，以及相应神经科学工具的应用，总结不同工具的适用范围；最后，结合在线消费情境的特点和各神经科学工具的特征，展望未来各阶段有价值的研究方向。

第二节　消费者神经科学介绍

一、概念发展

消费者神经科学是指对消费背后的神经条件、神经过程、心理意义和行为影响的研究（Hubert，2010；Solnais et al.，2013；Lin et al.，2018）。神经营销学

（Neuromarketing）是消费者神经科学常见的替代词，是运用神经科学方法分析和理解消费者行为，打开消费者大脑中的"黑箱"，从而制定相应营销策略的一门学科（Fugate，2007；Lee et al.，2007）。与此相关的概念最早于2002年开始出现，最广为人知的是美国贝勒医学院2004年在 Neuron 上发表的一项研究（McClure et al.，2004）。该研究让一组被试分别品尝有商标或无商标的百事可乐或可口可乐，同时用功能性核磁共振仪对他们的大脑进行扫描。研究表明，被试在喝有商标的可口可乐时，其大脑中与记忆、认知相关的前额叶皮层有更明显的激活；而被试在喝无商标的百事可乐时，其大脑中与奖赏相关的腹内侧前额叶皮层（ventromedial prefrontal cortex，VMPFC）有更明显的激活。这项研究运用神经科学工具巧妙地解释了在无商标情境下消费者更喜欢百事可乐的口味，而现实中却更愿意购买可口可乐的原因，同时直观地展现了品牌的力量。2007年，"神经营销学"一词正式登上了 Journal of Consumer Marketing、International Journal of Psychophysiology 等学术期刊，随后，这一领域的研究吸引了越来越多的关注，研究数量开始呈现爆发式增长（Fugate，2007；Lee et al.，2007，2018；Morin，2011；Solnais et al.，2013）。近年来，Journal of Marketing Research、European Marketing Academy 等刊物相继开设了特刊，呼吁更多样化的研究（Lee et al.，2018）。消费者神经科学提供了一系列可客观探测大脑的工具，结合临床生物学知识，可从大脑运行机制层面解释消费者行为，包括注意力、情绪处理、态度偏好、决策、记忆学习等，近年来的研究热度一直居高不下（Morin，2011；Solnais et al.，2013）。

二、主要优势

消费者神经科学广受学者青睐的原因，归根结底源于神经科学工具相较于传统的消费者行为研究方法的明显优势，具体可概括为以下几点。

1. 减少主观依赖

传统的消费者行为研究方法包括问卷调查、面对面访谈、焦点小组等，这些方法均依赖一个共同的假设，即人们能够较为准确地描述自己的认知过程（Morin，2011）。实际上，人们的表述很容易受到内在因素（潜意识）和外在因素（激励因素、时间压力、同伴影响）等的干扰，从而影响研究结果的准确性（Fugate，2007；Morin，2011；Harris et al.，2018）此外，在传统方法的实施过程中，部分被试可能会妄自推测实验或调查的意图，并给出他们认为的研究人员想要的结果，使研究结果产生极大的偏差（Fugate，2007）。神经科学工具却恰恰能减少对消费者主观表述的依赖，直击消费者大脑底层机制。

2. 同步追踪反应

传统方法的另外一大缺陷表现为，它们衡量的通常是消费者的事后反应。换言之，实验参与者自我报告的内容往往是基于事后回忆的，而人们难以对复杂的情绪或情感过程进行充分的回忆或评估，难免存在回忆偏差（Harris et al.，2018）。神经科学特有的实验条件允许研究人员在给被试施加实验刺激的同时追踪其神经反应，记录神经数据，有助于解释大脑"黑箱"中正在发生的机制（Fugate，2007；Lee et al.，2007；Solnais et al.，2013）。此举大大提升了实验结果的准确性，也增强了说服力。

3. 区分心理机制

不同的心理过程可能会产生相似的行为结果，神经科学方法有助于识别和区分与特定行为相关的心理过程（Sanfey et al.，2003；Solnais et al.，2013）。例如，Yoon 等（2006）应用 fMRI 技术分别识别被试对于人和非生物的语义知识的脑区激活，结果表明，当被试用同一个词语分别描述人和描述产品时，其大脑内部的推理过程是不一样的，由此区分了人们在处理对人的判断和对品牌的判断时不同的神经活动。

三、相关工具

在消费者神经科学研究中，可使用的研究工具有很多，包括 EEG、fMRI、脑磁图（magnetoencephalography，MEG）、PET、皮肤电反应（galvanic skin response，GSR）、眼球追踪、经颅磁刺激（transcranial magnetic stimulation，TMS）等。有学者在对神经营销学的综述中提及了这些研究工具的工作原理和应用场景。例如，Ariely 和 Berns（2010）分析了 fMRI、EEG、MEG、TMS 4 种神经营销学工具的原理和成本；Morin（2011）介绍了 EEG、MEG、fMRI 3 种在市场营销研究中常用的非侵入性工具；Solnais 等（2013）则比较了上述 3 种工具的测量方法和优缺点。除此之外，Harris 等（2018）首次对在市场营销研究中使用的 12 种神经科学工具进行了系统的剖析和总结。本章通过梳理在线消费者行为领域的神经科学文献，发现 EEG、fMRI 和眼球追踪技术是该领域最常用的 3 种神经科学工具。本章将介绍这 3 种工具的原理，并综述其应用场景和解决的具体问题。

1. EEG

EEG 是一种基于时间测量大脑神经活动变化的工具，可测量脑细胞内神经元自发性、节律性、综合性的电信号。人的大脑的基本组成单位是神经元，神经元活动会产生电信号，研究人员通过在被试头部安置的电极帽或电极带可以极短的时间间隔（每秒可达10 000次）记录这些电信号（Morin，2011）。这些电信号可分为自发电位和ERP。常见的自发电位包括delta波（δ波，0.5~4赫兹）、theta波（θ波，5~7赫兹）、alpha波（α波，8~14赫兹），beta波（β波，15~30赫兹）和gamma波（γ波，30~50赫兹），不同波长的电信号反映了大脑不同的唤醒状态和认知活动（Harris et al.，2018）。此外，当给被试外加一种特定的刺激，作用于其感觉系统或脑的某一部分时，在给予刺激或撤销刺激时被试大脑内产生的电位变化称为ERP。ERP是EEG方法的一种特殊应用，是通过相同刺激的多次重复来得到较强的、与刺激相关的EEG信号。特定的ERP成分（包括其波幅、潜伏期和电位变动等）可以作为指标来观察刺激诱发的神经活动变化，以反映正在发生的认知过程（Lin et al.，2018）。研究较多的成分包括与选择性注意力、工作记忆相关的P2成分（Kotchoubey，2006；Lin et al.，2018），与注意力资源分配、决策相关的P3成分（Polich，2007；Jones et al.，2012；Guo et al.，2016），与语义冲突相关的N4成分（Kutas and Federmeier，2011），与情绪反应相关的LPP成分等（Hajcak et al.，2010）。EEG虽具有较高的时间精度，但其不足之处在于空间分辨率较低，无法精确定位神经元在大脑中活动的位置（Morin，2011；Harris et al.，2018）。

2. fMRI

fMRI是一项利用无线电波和磁场测量大脑神经活动的无创技术（Harris et al.，2018）。当大脑进行神经活动时，神经元细胞会放电并消耗能量，引起血液中氧含量的变化。核磁共振扫描仪可通过成像大脑内部各区域血氧水平依赖性（blood-oxygen-level-dependent，BOLD）活动的信号和变化，定位神经元活动区域，比较其激活程度，具有较高的空间精度（Harris et al.，2018）。在消费者神经科学研究中出现频率较高的脑区包括与冲突相关的前扣带皮层，与价值和信任等相关的背内侧前额叶皮层、腹内侧前额叶皮层，与情绪相关的杏仁核，与奖赏相关的腹侧纹状体（ventral striatum），与记忆相关的海马体（hippocampus），与厌恶和生气相关的脑岛（insula）等（Grabowski et al.，1994；Eichenbaum，2000；Sanfey et al.，2003；Rilling and Sanfey，2011；Plassmann et al.，2012；Bartra et al.，2013）。当然，各区域负责的功能存在重合，脑区与功能间并不完全是一一对应的关系。与EEG相比，fMRI能对大脑深层结构成像，但其时间分辨率较低，成本要高得多（Ariely and Berns，2010；Morin，2011）。

3. 眼球追踪技术

眼球追踪技术通过测量眼睛的注视点位置或眼球相对于头部的运动来实现对

眼球运动的追踪。该技术被广泛应用于测量眼球运动及瞳孔扩张和收缩的变化，研究人员可据此判断被试的认知反应（Harris et al.，2018）。例如，现有的研究表明，积极情绪的刺激会引起瞳孔扩张，消极情绪的刺激则会引起瞳孔收缩（Andreassi，2000）。此外，眼球追踪技术可记录眼球运动数据，包括总注视次数、注视持续时间、兴趣区域内注视次数等，并生成与特定刺激相对应的注视轨迹图、热点图等，以衡量被试的注意力。凭借便携、适用于真实场景等优势，眼球追踪技术被市场营销研究人员广泛应用于评估媒体广告、包装设计、品牌标志等的刺激效果（Harris et al.，2018）。

表12.1为上述三种神经科学工具的特征比较。

表12.1　EEG、fMRI和眼球追踪技术的特征比较

工具	基本原理	优点	缺点	主要指标
EEG/ERP	通过电极帽等设备在头皮表面测量大脑内部神经元活动产生的电信号	时间分辨率高，可检测瞬时的神经元事件；设备成本低	空间分辨率较低；对大脑深层结构的敏感性较差	δ波、θ波、α波、β波、γ波、P2成分、P3成分、N4成分、LPP成分等
fMRI	使用核磁共振扫描仪成像大脑内部各区域血氧水平依赖性活动的信号和变化，用以反映神经元活动的区域与强度	空间分辨率高；可对大脑深层结构成像；可对特定的大脑活动皮层区域进行准确可靠的定位	时间分辨率较低；设备成本高；某些区域会受到信号伪影的影响；设备不可移动，研究情景受限	前扣带皮层、背内侧前额叶皮层、腹内侧前额叶皮层、杏仁核、腹侧纹状体、海马体、脑岛等
眼球追踪技术	通过眼动仪测量眼球运动和瞳孔的扩张、收缩变化，以此判断被试的认知反应	有足够的时间和空间分辨率；移动式眼动仪便携，适用于真实场景	眼动实验成本较高	注视时长、注视点数、首次注视开始时间、眼跳、瞳孔直径、眨眼频率等

资料来源：根据Ariely和Berns（2010）、Morin（2011）、Solnais等（2013）、Harris等（2018）、Lin等（2018）等相关文献整理

第三节　神经科学方法在在线消费者行为研究中的应用

现有的消费者神经科学综述侧重于梳理神经科学工具在传统线下消费者行为研究中的应用，对在线消费者行为相关研究却少有涉及。现如今，传统消费形式产生了巨大变革，在线消费成为一种不可忽视的消费形式。在线消费情境下的消费者不再单一地被动接受信息输入，他们可以通过搜索引擎主动获取产品信息，还可以通过社交媒体发表商品评价、分享消费体验，同时传播产品信息（李鹏飞，2012；刘德寰和陈斯洛，2013）。此外，在线消费者行为具有诸多区别于传统消费

者行为的新特点。一方面，在线消费场景基本不再涉及面对面的实时交互，消费者所展现的可直接观测的行为较少，无法观测的心理活动更为复杂。因此，传统的消费者行为研究方法将更加难以准确刻画在线消费者行为。另一方面，在线消费场景相较于传统线下场景更为简单，易于在实验室中进行模拟，这在很大程度上为神经科学方法的介入提供了便利。为此，我们试图梳理现有的与在线消费者行为相关的神经科学研究，并从中挖掘未来潜在的研究方向。

为了更有条理地梳理相关研究，综述的逻辑框架选取非常重要。有的研究者以自己总结的要点作为逻辑框架。例如，Lee 等（2007）以自主总结的非消费者层面的热点问题为框架；Solnais 等（2013）自主构建了一个梳理框架；Plassmann 等（2015）以神经科学方法相较于传统方法的五大优势为框架。也有研究者以某个理论为逻辑框架。例如，Plassmann 等（2012）以前人消费者心理学研究成果中划分的决策阶段为逻辑框架。本章则基于前人在在线消费者行为研究中取得的成果，选取 AISAS 模型为综述的逻辑框架。从我们检索到的文献来看，AISAS 模型是在线消费者行为研究中应用得最多的模型，国内外有众多学者在进行在线消费者行为研究时应用了该模型。

AISAS 模型的前身是美国著名广告学家 E. S. 刘易斯在 1898 年提出的 AIDMA 模型，该模型将消费者从接触信息到购买商品的心理过程划分为引起注意（attention）、引起兴趣（interest）、唤起欲望（desire）、留下记忆（memory）、采取行动（action）五个阶段。日本电通集团根据网络时代消费者生活形态的变化重新构建消费者行为，在 AIDMA 模型的基础上提出了 AISAS 模型，将在线消费者行为划分为引起注意、引起兴趣、主动搜索、采取行动、进行分享五个阶段，如图 12.1 所示（黄刚，2015）。具体来说，消费者在线购买行为的过程可描述如下：消费者被某品牌或产品的产品设计、营销活动等吸引注意力；对该品牌或产品产生兴趣；主动在互联网上搜索相关信息，包括其他消费者的评价；确定购买后，消费者会采取购买行动，包括在线下单或前往线下门店购买；最后，消费者可能会在购物平台或社交媒体上分享其消费体验，从而影响其他消费者（李鹏飞，2012）。与 AIDMA 模型相比，AISAS 模型结合了互联网交互式、个性化的特点，加入了搜索和分享两个依赖于网络环境所发生的典型的在线消费者行为，充分体现了互联网对人们生活方式和消费行为的影响和改变（曹芳华，2009；陈黎，2010；张丽雯，2014）。

引起注意（attention） → 引起兴趣（interest） → 主动搜索（search） → 采取行动（action） → 进行分享（share）

图 12.1　AISAS 模型

资料来源：根据黄刚（2015）、Preez（2015）、Cheah 等（2019）、Tseng 和 Wei（2020）等相关文献整理

下面将基于 AISAS 模型框架，针对在线消费者行为不同于传统线下消费者行为的特点，综述神经科学方法在在线消费者行为各个阶段研究中的应用。具体地，本章分别以"各神经科学工具名称（如 fMRI）+AISAS 模型各阶段（如 attention）"为关键词，在 Web of Science 核心合集和知网上搜索与在线消费者行为相关的文献，经过认真阅读和比较筛查，人工筛选出 53 篇文献，时间跨度为 2010~2021 年（近 5 年文献占比达 72%）。本章根据 AISAS 模型各阶段对文献进行分类，且在对应类别下根据目标变量和研究主题再次分类，同时按照年份顺序逐条编码，并整理每篇文献的研究目的、神经科学工具、主要结论、不足与展望等。在这些文献中，英文文献的期刊来源包括 *Journal of Marketing Research*、*MIS Quarterly*、*Journal of Consumer Research* 等，中文文献大多来源于 CSSCI 期刊。

一、引起注意

消费过程中能够引起消费者注意的因素很多，包括产品包装设计、促销活动等，本章仅讨论在线消费过程中特有的影响消费者注意力的因素，如在线广告。眼球追踪技术是在线广告研究中应用得最普遍的神经科学工具，它能够在接近真实的环境中测量被试的注意力，捕捉他们对广告的即时反应（Cheung et al., 2017）。为了提高在线广告的有效性，大量研究开始探索广告形式与消费者注意力之间的关系。通过用眼动仪采集并比较被试注视、扫视、频率、持续时间等数据，研究人员发现不同的广告形式可能会以不同的方式吸引消费者注意力。例如，人们更容易被网页顶端的水平式横幅广告吸引（注视次数更多），但网页侧边垂直式广告吸引消费者注意力的时间（注视持续时间）更长（Li et al., 2016）。改变横幅广告的形状可以在短期内吸引消费者注意力（Liu et al., 2018）。此外，网页中的动画也是一种吸引人注意力的因素，当网页中存在动画时，消费者浏览网页的时间会变长（Cheung et al., 2017）。动画还能增加消费者对特定广告格式的关注，其中，动画对垂直式广告的吸引力有积极影响，对横幅广告的吸引力有消极影响（Kuisma et al., 2010）。Li 等（2016）还发现，过度使用动画会使消费者回避广告的干扰，因此，为了吸引消费者注意力，多个动画广告不应同时出现。

近年来，对在线广告的研究逐渐从广告形式转向广告内容。营销人员可基于大数据追踪在线消费者的个人信息、社交网络信息和历史行为数据，并据此实施精准营销策略，个性化广告推送成为一种新型广告投放趋势。与盲目投放的广告相比，个性化广告推送显然能更好地匹配目标消费人群，但其实际广告效果和影响消费者注意力的方式仍待探索。Huang（2018）通过比较注视时长和注视次数发现，广告内容与网站内容相关，更能吸引消费者的注意。Windels 等（2018）对比了消费者对有朋友推荐和没有朋友推荐两种广告类型的关注度，发现被试会花更多时间浏览没有朋友推荐的广告（总注视时间更长）。该结论与 Facebook 所宣称的融合消费者社交背景的广告能获得更多关注的说法背道而驰，作者解释得到这一结论的原因可能是消费者因隐私泄露而产生抵触心理，个性化推送对于注重隐私的消费者来说可能适得其反。Kaspar 等（2019）发现，广告中若包含与消费者相匹配的人口统计学信息，能更多地引起消费者的注意（注视时间更长）。

上述研究均采用眼球追踪技术聚焦于消费者注意力的结果，未来的研究可结合 fMRI、ERP 等工具，更深入地了解消费者处理在线广告时的注意过程。除了在线广告以外，在线消费不同于传统消费的另外一大特点是，它拥有一种特殊"商品"，即包含图文、音频等在内的数字内容。如今，人们每天花费一些时间在网上冲浪，短视频消费更是风靡全球，据统计，在美国，人们每天花费在观看网络视频上的时间总和超过 10 亿个小时（Tong et al., 2020）。因此，人们为何会沉迷于内容消费，什么样的内容更能吸引消费者注意力，可否根据消费者的神经活动预测数字内容的点击率等是未来炙手可热的研究方向，神经科学工具在这类研究中将起到举足轻重的作用，研究结果对于沉迷于在线内容的消费者和以内容浏览量、转发量为关键绩效指标的内容制作者都有重要意义。

二、引起兴趣

消费者被某品牌或产品吸引注意力后，便会对其产生兴趣，初步形成态度和偏好。fMRI 和 ERP 两种神经科学工具都被广泛应用于消费者对传统商品偏好的研究（Boksem and Smidts, 2015; Pozharliev et al., 2015）。ERP 凭借成本低的优势，更受研究人员的青睐，导致更多以 ERP 为研究工具的成果产出。Goto 等（2017）认为，基于前人大量的研究成果，ERP 成分与认知过程之间存在相对更稳健的关联。其中，N2、LPP 和正慢波（positive slow wave, PSW）是公认的与偏好相关的三种 ERP 成分（Pozharliev et al., 2015; Goto et al., 2017; Ma et al., 2018），可用于预测消费者对商品的偏好（Goto et al., 2019）。

除了传统商品的消费以外，目前与在线消费中数字内容（如短视频内容、直播购物等）相关的研究还非常有限。在消费者行为研究领域，与短视频内容比较相似的研究对象包括视频广告、电影等。Barnett 和 Cerf（2017）试图通过消费者的大脑活动预测电影票房，他们在被试观看电影预告片的同时，记录每个电极点的 EEG 数据并计算皮尔逊相关系数，发现引发被试大脑活动相似程度越高的电影，即越能引起观众共鸣的电影，票房可能越高。Chan 等（2019）在这项研究的基础上，用 fMRI 技术进一步明确了相似区域的位置，发现颞叶和小脑的时空神经相似性可预测消费者偏好。与视频广告、电影预告片相比，短视频内容碎片化、生活化和多样化，对消费者偏好的影响也可能有所不同。此外，在短视频内容消费中，消费者还拥有一个明确的表达偏好的途径——点赞。因此，未来的研究可尝试探索不同类型、时长的短视频内容如何影响消费者偏好，消费者为内容点赞背后完整的神经机制是怎样的，可否通过大脑内部神经指标预测短视频内容的点赞数量，等等。

另外，直播购物也是在线消费的一大类型，同时也是当前热点。在中国，几乎所有的在线购物平台都有直播渠道，吸引了包括明星、网红在内的各界人士入驻带货，销售量和销售额都很可观。与生活中如火如荼的直播购物现象相反，学术界对此的研究却刚刚兴起。其中，更多的研究者倾向采用传统方法进行研究（Cai et al., 2018）。Fei 等（2021）则通过眼动研究探索直播购物中的社会线索如何影响消费者的选择性注意力分配和购买意愿，研究发现主播吸引力会削弱社会线索对注意力的影响，内源性注意力与购买意愿呈正相关关系。未来的研究可以利用ERP、fMRI 等工具探究直播购物影响消费者偏好的因素。例如，直播购物中特有的实时抢购环节（抢下单、抢优惠券、抢红包等）如何刺激消费者偏好，问答互动如何影响消费者对产品的态度，等等。

三、主动搜索

主动搜索是指消费者在线搜索与其感兴趣的品牌或产品相关的信息，包括他人对品牌或产品的评价。与此相关的消费者行为研究主要聚焦于搜索结果的页面呈现和具体内容如何对消费者行为产生影响。

关于搜索结果页面呈现如何影响消费者搜索行为的神经科学研究，主要依赖眼球追踪技术，通过分析眼球运动数据，了解消费者的注意力分配机制，以设计更高效的网站页面（Ahn et al., 2018）。例如，杨海波等（2016）通过眼动仪记录被试在不同类型手机 APP（application，应用程序）界面上搜索目标商品的过程，发现 APP 导航界面的背景和图片特征会影响消费者的搜索效率，当导航界面为浅色背景且商品图片简单（无模特等附加信息）时，消费者的搜索效率最高。

此外，还有研究者发现，在线广告出现在搜索过程中与出现在浏览过程中[前文"（一）引起注意"部分所讨论的]相比，对消费者注意力的影响有所不同（Phillips et al., 2013）。用户在浏览网页时往往会忽略广告，然而，在搜索特定产品或服务时，广告可能非常有用。Phillips 等（2013）通过热点图描绘消费者在搜索结果页面的注视行为，发现大多数被试在浏览搜索结果页面时，不仅被结果条目吸引，也会被广告吸引，广告位置越高，受到的关注越多，并且即使广告中的产品不符合消费者的需求，也会受到一定的关注。研究结果部分解释了如今搜索引擎网站上广告竞价激烈的原因。虽然消费者被广告吸引会分散一定的注意力，但是研究人员发现，在搜索结果页面中安插广告可能会在一定程度上提升对搜索结果的注意力（Ahn et al., 2018）。当消费者的视线从搜索结果页面的顶部移动到底部时，他们的注意力呈指数下降，而突遇广告时注意力会被刷新。研究结果对消费者复杂的注意力配置行为有了更深层次的解读。

搜索结果的具体内容尤其是产品评论对消费者行为的影响也是热门研究方向。在线评论又称作电子口碑，能够为消费者提供间接的产品体验，从而影响其购买行为（Luan et al., 2016）。来自 eMarketer 网站 2013 年的数据显示，78%的在线消费者在做出购买决策时会受到在线评论的影响。其中，买家提供的评论比专业人士提供的评论更能节约消费者的搜索时间和认知成本（通过固定视线时长衡量）（Amblee et al., 2017）。当遇到正面评论与负面评论掺杂的情况时，受首因效应和注意力衰退的影响，消费者容易受到最先看到的评论效价的影响（Bigne et al., 2020）。Chen 等（2010）通过 ERP 技术还发现评论的一致性越高，消费者的从众率越高，且 LPP 成分振幅随评论一致性的变化而变化，可被视为从众机制的内源性神经信号。除了评论以外，"赞"和"踩"也是一种社交信息，但消费者的消极偏见却没有在此体现。

上述研究主要基于眼球追踪技术，虽然能准确地捕捉到消费者看见了什么，却无法深入分析其大脑中想的是什么。基于 fMRI 和 ERP 技术研究消费者行为领域的社会影响的文献很多，如 Klucharev 等（2008）发现尾状核可以调节专家说服效果，并导致消费者重新评估对象的感知价值；人们的主观价值编码在面临社会影响时因受到伏核和眶额叶皮层的调节而改变（Zaki et al., 2011）；遵从错误的群体意见会导致个体脑区中后外侧 P1 成分及后顶叶 P3 成分的下降，即影响个体早期无意识的视觉处理，从而导致随后刺激辨别能力的减弱（Trautmann-Lengsfeld and Herrmann, 2013）等。但是，在在线消费领域，关于搜索结果页面中产品和内容的点赞量、评论量、转发量等社交信息影响消费者行为的神经机制的研究很少，也是未来有潜力的研究方向。

四、采取行动

在与在线消费者购买决策相关的研究中，fMRI 工具常被用于分析信任对消费者购买行为的影响。Dimoka（2011）在 eBay 的 B2C 在线拍卖情境下，用 fMRI 探究了被试与四类不同信任度和不信任度的卖家进行交互时，大脑内部的神经机制。结果表明，信任和不信任是与不同的神经过程相关的两个独立的构念，分别激活不同脑区，造成不同影响。其中，信任与大脑中负责期待奖赏、预测他人行为和计算不确定性的区域有关；不信任则与大脑中处理强烈的负面情绪及对失去的恐惧的相关区域有关。Riedl 等（2010）发现男性和女性大脑中负责信任的区域是不同的，在可信度评估任务中（判断 eBay 上产品报价是否可靠），女性会比男性激活更多的大脑边缘结构。此外，消费者的个性特征也会影响可信度评估，冲动程度不同的消费者在在线评估商品可信度时，会引起与信任相关的背侧纹状体、前扣带皮层、背外侧前额叶皮层和岛叶皮层等脑区不同程度的激活（Hubert et al., 2018）。Casado-Aranda 等（2019）研究了不同类别的在线信任信号（批准印章和评级系统）如何影响消费者与信任和风险之间的神经关联。研究发现，批准印章是更值得信赖的信号，会引发与价值和奖励相关区域更高程度的激活；评级系统却会引发与模糊（额中回、额上回、扣带回和顶叶下回）和负面情绪（背内侧前额叶皮层）相关的脑区的激活。未来对在线消费与信任的研究可以更紧密地结合生活中的消费情境。例如，近年来代购和海淘盛行却又难辨真假，其不同类别产品的销量、与官网差价等如何影响消费者的信任将会是有趣的研究主题。

在在线消费过程中，消费者无法真实地接触产品，只能借助一些外源性线索判断产品质量，进而形成购买决策（Wells et al., 2011）。ERP 和 EEG 常被用于分析这些外源性线索，包括产品价格、销量、评价等。例如，Wang 等（2016）探究了产品评级和销量两种线索对消费者购买决策的共同影响，发现产品评级对消费者风险感知有显著影响（引发较大的 N2 振幅），而高评级与低销量组合会引发显著的认知冲突（引发较大的 N4 振幅），随后，消费者综合这两种线索，根据它们与标准的相似性来进行评价（引发较大的 LPP 振幅）。Tang 和 Song（2019）则讨论了产品价格和评级对消费者购买决策的影响，他们将消费者购买决策过程分为三个阶段：在早期自动认知阶段，被试将评价等级作为一个更重要的线索，引发较大的 N1、P2 振幅；接着，被试投入更多的注意力认知资源来仔细考虑价格和评级两个线索，引发较大的 P300 振幅；最后，被试对线索组合进行综合评价，更喜欢的组合（价格低廉且评级高的产品）会引发更大的 LPP 振幅。Sun 等（2020）用 EEG 技术重复了以上研究，发现拥有积极评价的产品所激发的 alpha-ERD（event-related desynchronization，事件相关去同步化）大于拥有消极评价的产品，说明拥有积极评价的产品获得了更多的认知资源，即产品评级比价格更重要。随着当前在线消费服务的日益精细化，一些与产品质量无关的要素也会影响消费者购买决策。例如，产品的运费（包邮与否）及运费险是备受消费者关注的话题，部分消费者甚至仅仅因为要承担少量的运费而放弃低价商品，未来的研究可利用 ERP、fMRI 等工具从心理机制层面探讨产品价格与运费如何综合影响消费者购买决策。

五、进行分享

在线分享是在线消费者行为区别于传统线下消费者行为的一大特征。消费者可以在完成购买后在线上发表对商品或服务的评价和体验。前文中的"（三）主动搜索"部分主要讨论了消费者在选择产品过程中如何受到他人口碑的影响，而在这部分，生成口碑的消费者是主要的研究对象，迄今为止对线上口碑缔造者的神经科学研究却相对较少。未来的研究可以基于大脑机制，探索如何激活或增强消费者的分享欲望，毕竟分享在很大程度上是一种利他行为，多数消费者并不愿意在完成消费过程后进行分享。具体来说，可以研究现实情境中"五星返现""集赞获折扣""好评赢赠品"等鼓励分享的激励机制如何影响消费者的分享动机，哪种方式更有效率等。此外，有学者通过理论研究发现激励会通过影响分享者和接收者之间的信任关系削弱分享效果（Gneezy et al., 2011），也有学者提出了相应的解决策略（Jung et al., 2020）。那么，相应地还可以借助神经科学工具客观地研究这类有激励条件的分享如何影响分享者本人对品牌或商家的态度及日后的回购意愿。

相较于分享传统商品或服务的消费体验，消费者在线上分享内容的行为似乎更加普遍。全球有超过三分之一的人使用社交网络，来自互联网的海量信息通过分享在用户间广泛传播。这种传播能够使内容以较少的成本在短时间内呈指数形式扩散，基于该方式的营销策略被称为病毒式营销（Ho and Dempsey, 2010）。不少营销人员和内容生产者通过这种病毒式内容传播赚取流量。现有的研究大多采用传统的问卷调查、行为实验等方式探究病毒式营销的影响因素，从平台、内容及交互目的的角度分析如何使内容被更多人分享（Reichstein and Brusch, 2019）。神经科学方法无疑是研究消费者动机的更好工具。Huang 等（2019）通过 EEG 实验发现信息情绪对信息的受欢迎程度起关键作用，且不受欢迎的信息比受欢迎的信息更能吸引人们的注意力，也更容易留存下来。该研究通过量表的方式让被试报告信息的受欢迎程度，而现实中，信息的受欢迎程度可通过点赞数量、转发数量、分享数量等各种交互功能体现。除此之外，对分享、转发等消费者交互行为背后神经机制的研究还很少。实际上，点赞及其他不同交互功能的选择反映了消费者微妙的心理活动差异，未来的研究可通过 ERP、fMRI 等工具辨别各项交互功能背后的心理机制差异，这有助于营销人员和内容生成者根据消费者的不同心理制定相应的内容推广策略。

综合上述内容，表 12.2 总结了现有研究中 EEG/ERP、fMRI、眼球追踪技术三种神经科学工具在在线消费者行为五个阶段研究中的应用，包括主要的目标变量、研究主题和研究内容。需要说明的是，本章仅关注在线消费中特有的消费者行为和影响消费者行为的因素，对于一些与传统线下消费者行为相似的内容则不做讨论。

表 12.2　三种神经科学工具在在线消费者行为各阶段的应用

阶段	EEG/ERP	fMRI	眼球追踪技术
引起注意			**注意力** ● 在线广告 ● 广告格式 ● 广告形状 ● 动画广告 ● 个性化广告推送
引起兴趣	**态度、偏好** ● 视频广告 ● 电影预告片	**态度、偏好** ● 视频广告 ● 电影预告片	**注意力、态度** ● 直播购物 ● 社会线索
主动搜索	**电子口碑、社会影响** ● 搜索结果页内容 ● 评论效价 ● 点赞、点踩数量		**注意力** ● 搜索结果页面呈现 ● 页面布局 ● 广告设置 ● 图文内容 ● 搜索结果页面内容 ● 评论效价
采取行动	**购买决策** ● 外源性线索 ● 产品价格 ● 产品销量 ● 产品评论	**信任、不信任** ● 在线拍卖 ● 产品报价 ● 在线信任信号 ● 批准印章 ● 评级系统	
进行分享	**信息情绪** ● 信息受欢迎程度 ● 点赞数量	**亲社会行为** ● 点赞行为	

注：黑体字为研究主题

第四节　本章研究结论及展望

本章先简述了消费者神经科学的发展历程，并区分了神经营销学和消费者神经科学两个概念。接着，本章分析了消费者神经科学相较于传统的消费者行为研究方法的主要优势，并逐一介绍了 EEG/ERP、fMRI、眼球追踪技术三种在在线消费者行为研究中应用较为普遍的神经科学工具。在线消费的便利性允许研究人员在实验室环境下尽可能模拟真实的消费场景,由此凸显了神经科学工具在在线消费者行为研究中的相对优势。即便如此,神经科学工具无法完全替代传统的研究方法(Plassmann et al.,2015),未来的研究应考虑将多种研究方法相结合,各取所长,使它们相辅相成。随后,本章以被广泛用于描述在线消费者行为的 AISAS 模型为框架,梳理了上述三种神经科学工具在在线消费者行为各个阶段研究中的具体应用。在在线消费者行为研究中,眼球追踪技术多用于对消费者注意力的研究,相较于其他两种工具能最大限度地还原在线消费情境,主要适用于消费者的购买前行为阶段。EEG/ERP 和 fMRI 所适用的研究范围和研究主题更广,对消费者态度、信息情绪、购买决策、电子口碑等都有涉及,主要探究影响消费者行为的内在心理机制。

我们认为未来基于神经科学工具的在线消费者行为研究可聚焦于以下两方面:一是针对在线消费区别于传统消费的行为阶段,包括在线搜索和在线分享;二是针对在线消费所特有的消费途径和消费形式,包括社交媒体和内容消费。具体如下。

第一,在线消费者行为的"搜索"和"分享"阶段。"搜索"和"分享"是在线消费者行为区别于传统线下消费者行为的主要阶段,结合了互联网时代搜索引擎和社交媒体所赋予的消费者行为特质。前人关于"搜索"行为的神经科学研究大多运用眼球追踪技术,分析消费者注意力,以期提高消费者的搜索效率和目标结果的点击率。除此之外,消费者在搜索过程中很容易受到亲友、网友和商家的影响,未来可综合 ERP 和 fMRI 等工具进一步探究在线消费者如何受到社会影响及相关的影响机制。另外,"分享"是在线消费过程中独特且极其重要的一个环节,消费者通过分享影响潜在消费者,这也是营销人员推广商品的途径之一。前人对于在线消费者购后"分享"行为的研究非常有限,未来可借助神经科学工具从大脑层面分析消费者分享行为背后的神经机制,由此挖掘提高消费者分享欲的途径。

第二,基于社交媒体和内容消费的消费者行为。社交媒体和内容消费分别是区别于传统线下消费的途径和形式。目前,各大在线购物平台都具备相应的社交功能,消费者之间、消费者和商家之间都可以对商品或服务进行沟通和交流。神经科学工具有助于即时探测消费者在此过程中的心理机制,并帮助平台和营销人员更好地了解社交功能如何影响消费者行为。另外,消费者通过功能各异的社交媒体在虚拟世界中构建社交网络,消费包括图片、文字、视频在内的形形色色的内容。不同平台面向不同的消费群体,且有其独特的产品定位,如小红书主要由用户生成内容,分享购物心得和商品使用体验;抖音主要由用户发布和分享短视频内容;微信属于私密型即时通信工具。未来的研究可针对不同的社交媒体,根据不同的消费情境,结合现实热点挖掘相应的研究问题。此外,社交媒体普遍具备点赞、分享、评论、转发等社交按钮，反映了不同的内容消费行为。未来的研究可借助神经科学工具探索这些社交按钮使用背后的消费者心理机制，这有助于营销人员根据不同的营销目的促进相应的消费者行为。

第十三章 微博主影响力评价指标体系的科学构建

第一节 引 言

党的十九大报告提出"实施乡村振兴战略"以来，我国农村发生了翻天覆地的变化，新媒体成为记录和呈现这一时代变迁的最佳方式，也成为推进乡村振兴战略实施的一支重要力量。5G 时代，信息传播更加迅速，新媒体更具互动和体验性，更容易搭建融合平台，更好地展现"三农"优质产品。助力乡村振兴战略实施，新媒体应该大有可为，大有作为。

作为新一代互联网的核心，新媒体的飞速发展已经颠覆了营销媒体的传统格局。新媒体营销不仅成为企业不可或缺的一种新的营销方式，而且鉴于其未来无限的发展潜力，很多具有前瞻眼光的企业已经明确提出了新媒体营销战略。

新媒体是指利用数字技术、网络技术和移动通信技术，通过互联网、宽带局域网、无线通信网和卫星等渠道，以电视、电脑和手机为主要输出终端，向用户提供视频、音频、语音数据服务、连线游戏、远程教育等集成信息和娱乐服务的所有新的传播手段或传播形式的总称。新媒体种类丰富，包括虚拟社区、博客、播客、微博、社交网、微信等，国内知名的新媒体网站有抖音、新浪微博等。新媒体时代人人都是媒介，人人都有话语权。微博以其平台多样化、信息共享便捷迅速、内容短小精悍等优势，在新媒体中异军突起，以短短 140 字[①]推爆了全世界，让个人拥有了巨大的媒体力。明星微博的"粉丝"动辄几百万名，甚至数千万名；现实世界里默默无闻的普通网民摇身成为拥有数十万乃至数百万名粉丝的微博明星也已属平常。业已展现强大力量的微博自然成了企业新媒体营销战略的焦点，微博营销几乎已是新媒体营销的代名词。企业纷纷建立了自己的公众微博，用以

---

① 微博刚兴起时篇幅限制在 140 字。

发布最新的产品/品牌信息并增强与消费者的互动。但是，消费者既没有足够的时间和精力，也没有足够的信任度去关注在虚拟环境下激增的海量营销信息，这使得企业的在线营销价值有限。很多研究表明，利用高影响力微博主展开营销，能够迅速提升营销信息的可信度和吸引力，增加消费者的关注度，从而大大提高营销效率。因此，微博主影响力评价是微博营销成功的关键。

学界已有一些关于微博主影响力评价的研究，业界也有榜单发布影响力排名，如著名的微博主影响力排名榜——微博风云榜（https://data.weibo.com/datacenter/recommendapp，国内知名的微博数据网站，是研究者采集微博数据的主要网站之一）等。但现有的评价体系存在两个主要问题：一是缺乏系统性；二是指标确定的主观性较大，客观科学性相对不足。如何科学地遴选指标，是构建微博主影响力评价指标体系必须解决的核心问题。本章研究的目标，是在媒介影响力形成理论的指导下，通过理论遴选和实证遴选两个阶段，构建一个更为客观的微博主影响力评价指标体系。

第二节　评价指标的理论遴选

理论遴选是在媒介影响力形成理论的指导下，提出一个评价维度涵盖完整且相互独立的理论指标体系。

研究表明，媒介影响力并不是瞬间产生的，其形成是一个系统的过程。早在1940年，传播学大师拉扎斯菲尔德就指出了二次传播在影响力形成过程中的重要性，并提出了"意见领袖"这一概念，强调关键传播者在传播过程中起核心作用。卡茨和拉扎斯菲尔德则在1959年提出，受众接触并认知传播内容是媒介影响力形成的基础（卡茨和拉扎斯菲尔德，2016）。麦奎尔在1986年提出了媒介信息处理理论，将媒介影响力的形成过程完整地划分为12个阶段：①接触传播内容；②对传播内容感兴趣；③理解传播内容；④接受传播内容；⑤记忆传播内容；⑥在记忆中寻找并恢复信息；⑦产生传播倾向；⑧获得传播技巧；⑨做出传播决定；⑩产生传播行为；⑪强化中意的传播行为；⑫行为后更坚定的传播态度（麦奎尔，2006）。至此，媒介影响力形成过程理论基本形成。但是麦圭尔的12个阶段划分过细，不便于应用，后来，传播学界将媒介影响力的形成归纳为接触—认知—说服—二次传播4个环节，至此，媒介影响力形成理论正式形成。其中，接触环节是指主体将传播内容暴露给受众并吸引受众的选择性注意，等同于信息处理理论的"接触传播内容"；认知环节是指受众接触传播内容后的理解过程，包括"对传播内容感兴趣""理解传播内容"两个阶段；说服环节是指受众对传播内容认知后形成传播意向的过程，涵盖了"接受传播内容""记忆传播内容""在记忆中寻找并恢复信息""产生传播倾向""获得传播技巧"5个阶段;二次传播环节是受众被说服之后主动或者被动进行二次传播的过程,包括"做出传播决定""产生传播行为""强化中意的传播行为""行为后更坚定的传播态度"4个阶段。4个环节之中,接触是基础,认知是接触后的深入,也是说服的前提,说服是二次传播的必要条件,而二次传播则是最终表现影响力的结果,同时又是下一轮接触的开始。4个环节紧密相扣形成因果逻辑链,因此影响力的评估不能只关注结果或中间单一环节,必须全面把握4个环节,这与被《哈佛商业评论》评为"75年来最具影响力的管理工具"——平衡计分卡的原理相同,即不单纯以结果指标测度评估对象,而是拓展为由促成结果的原因指标和结果指标共同构成评价体系。由于简洁明了的特性,媒介影响力形成理论在传播学界得到广泛应用。在微博时代,麦奎尔于1986年提出的"媒介是人的延伸"这一论断得到验证,微博主成为具备独立信息传播能力的媒介,显然,该理论完全适用于微博主影响力的评价,故一个完整的微博主影响力评价指标体系必须涵盖其形成的4个环节。

目前,关于微博主影响力评价指标体系,学界已有一定的研究,如王君泽等(2011)提出的指标体系包括"关注用户数量""粉丝数量""是否被验证身份"和"微博数量",一定程度上涵盖了接触、认知、说服环节,但忽略了影响力形成的核心——二次传播。Cha等(2010)提出的指标体系包括"粉丝量""转发量"和"@量",涵盖了接触和二次传播环节,但忽略了作为传播基础的认知环节和说服环节。业界也提出了一些影响力测评工具,最具代表性的是美国Klout公司的Klout指数,包括三个指标,即真正接触到的人数(true reach)、二次传播力(amplification)、社交网络(network)等,该指标体系未涉及认知和说服环节。总体而言,现有的评价指标体系未能完整涵盖媒介影响力形成的4个环节。

本章在整理已有指标的基础上,根据媒介影响力形成理论在认知环节补充了影响(微博主)受关注度的微博信息表达格式。在说服环节增加了微博主受教育水平、微博主业内权威性、微博主业内知名度。在二次传播环节,补充了主动转发次数、主动评论次数、活跃粉丝数量等指标,以及粉丝质量、粉丝受教育水平、粉丝业内权威性、粉丝业内知名度等指标。所有这些指标构成第一轮指标体系 $X^{(1)}$,共30个,详见表13.1。

表13.1 第一轮指标体系 $X^{(1)}$

所属环节	指标集	编码集	指标来源
接触	{粉丝数量,关注用户数量,微博使用时间,微博使用频率}	$\{x_1 \cdots x_4\}$	Cha等(2010);王君泽等(2011);丁汉青和王亚萍(2010);Trusov等(2010);翁建树等(2010)
认知	{微博总数,平均微博数,原创微博数,原创微博率,微博信息表达格式,微博质量}	$\{x_5 \cdots x_{10}\}$	Tunkelang(2009);翁建树等(2010);王君泽等(2011);Trusov等(2010)

续表

所属环节	指标集	编码集	指标来源
说服	{微博主是否实名认证,微博主受教育水平,微博主业内权威性,微博主业内知名度}	$\{x_{11}\cdots x_{14}\}$	Cha 等（2010）；王君泽等（2011）；余红（2008）
二次传播	{关注用户质量,主动转发次数,主动评论次数,主动@次数,粉丝质量,粉丝实名认证人数,粉丝受教育水平,粉丝业内权威性,粉丝业内知名度,粉丝质量指数（PR值）,活跃粉丝数量,活跃粉丝率,粉丝互动率,粉丝转发次数,粉丝评论次数,粉丝@次数}	$\{x_{15}\cdots x_{30}\}$	Romero 等（2010）；薛可和陈晞（2010）；令狐磊（2010）；微博风云榜（https://data.weibo.com/datacenter/recommendapp）

注：粉丝质量指数（PR值）是指 people-rank 值，PR>1 代表粉丝质量高于平均水平；活跃粉丝数量指粉丝数大于30名、微博数大于30条、一周内有互动的粉丝的数量；活跃粉丝率指活跃粉丝的数量占全部粉丝的比率；粉丝互动率指对微博的转评数占活跃用户的比率；粉丝转发次数指微博主最近200条微博的平均转发数；粉丝评论次数指微博主最近200条微博的平均评论数；粉丝@次数指粉丝@微博主的次数

第三节 评价指标的实证遴选

在理论遴选阶段，遴选的指标存在一定的主观性，因而需要进一步对其进行客观筛选，以尽量消除主观影响。

理想的评价指标体系构建应当满足如下要求：①维度覆盖完整（在一定理论框架指导下完成指标遴选）；②遴选出最重要、最关键的指标；③指标间相互独立（内涵交叉小）；④遴选出的指标有鉴别力（能评估出差异）；⑤确立科学的指标权重。

在理论遴选阶段，在媒介影响力形成理论的指导下，确立了由接触、认知、说服和二次传播四个维度构成的微博主影响力评估指标体系，结合上述②~④的要求，实证遴选阶段分三个步骤，简称"三步法"：第一步，对指标做出隶属度分析，遴选出最重要最关键的指标；第二步，通过相关性分析，剔除重复测度的指标；第三步，通过鉴别力分析，剔除评估不出差异的指标。

本章选取的研究对象是新浪微博主，数据主要来自新浪微博的微博风云榜。新浪微博是国内最大的微博服务平台，已成为学界微博研究的重点对象。微博风云榜主要对新浪微博的微博主做评估，并提供评估用到的基础数据，数据真实权威，是研究数据的重要来源。

一、隶属度分析

"隶属度"这一概念来自模糊数学。模糊数学认为，社会经济生活中存在着

大量模糊现象，其概念的外延无法用经典集合论来描述。某个元素对于某个集合（概念）来说，不能说是否属于，只能说在多大程度上属于。元素属于某个集合的程度称为隶属度。影响力也是一个模糊概念。因此，可以把微博主影响力评价指标体系$\{X\}$视为一个模糊集合，把每个指标视为一个元素，进行隶属度分析。

假设指标x_i被选择的次数为n_i，即共有n_i位被试认为x_i指标是衡量影响力的重要指标，设N为被试总数，则x_i的隶属度为

$$r_i = \frac{n_i}{N} \quad (13.1)$$

其中，r_i的值越大，表示x_i指标越重要，有必要保留，反之则剔除。

我们选择了320位使用微博时间较长的高校学生、高校研究学者、普通企业白领、企业营销人员展开问卷调查。在问卷中，请被试从30个指标中选择认为重要的15个指标。共发放问卷320份，回收有效问卷295份。

根据隶属度分析结果，我们删除了其中隶属度不超过0.5（50%的被试认为某指标重要）的15个指标（表13.2），保留了15个指标，构成第二轮指标体系$X^{(2)}$（表13.3）。

表13.2 隶属度不超过0.5的评价指标

所属环节	指标编码	指标名称	隶属度
接触	x_2	关注用户数量	0.15
接触	x_4	微博使用频率	0.44
认知	x_5	微博总数	0.43
认知	x_6	平均微博数	0.32
认知	x_9	微博信息表达格式	0.49
二次传播	x_{15}	关注用户质量	0.41
二次传播	x_{16}	主动转发次数	0.43
二次传播	x_{18}	主动@次数	0.16
二次传播	x_{20}	粉丝实名认证人数	0.36
二次传播	x_{21}	粉丝受教育水平	0.36
二次传播	x_{22}	粉丝业内权威性	0.18
二次传播	x_{23}	粉丝业内知名度	0.13
二次传播	x_{26}	活跃粉丝率	0.41
二次传播	x_{29}	粉丝评论次数	0.37
二次传播	x_{30}	粉丝@次数	0.15

表 13.3　第二轮指标体系 $X^{(2)}$

所属环节	指标编码	指标名称	隶属度
接触	x_1	粉丝数量	0.66
接触	x_3	微博使用时间	0.75
认知	x_7	原创微博数	0.81
认知	x_8	原创微博率	0.67
认知	x_{10}	微博质量	0.58
说服	x_{11}	微博主是否实名认证	0.57
说服	x_{12}	微博主受教育水平	0.58
说服	x_{13}	微博主业内权威性	0.72
说服	x_{14}	微博主业内知名度	0.69
二次传播	x_{17}	主动评论次数	0.55
二次传播	x_{19}	粉丝质量	0.62
二次传播	x_{24}	粉丝质量指数（PR 值）	0.72
二次传播	x_{25}	活跃粉丝数量	0.64
二次传播	x_{27}	粉丝互动率	0.74
二次传播	x_{28}	粉丝转发次数	0.92

本轮结果中，15 个指标的隶属度低于 0.5，说明被普遍认为不太重要。"微博信息表达格式""关注用户数量""关注用户质量""微博使用频率""微博总数""平均微博数""主动转发次数"和"主动@次数"等指标隶属度低，是因为被试认为它们不能测度发布内容的质量及微博主与粉丝之间的互动效果，因而不能很好地衡量微博主影响力；"粉丝实名认证人数""粉丝受教育水平""粉丝业内权威性""粉丝业内知名度""粉丝评论次数"和"粉丝@次数"隶属度低则是由于被试认为它们主要测度粉丝的单方面属性，不能较好地反映微博主的属性；"活跃粉丝率"隶属度低于 0.5，是由于其测度的有效性不如"活跃粉丝数量"。

二、相关性分析

指标体系通过隶属度分析后，虽然排除了一些不重要的指标，但尚不能有效避免评价指标之间可能存在的相关性，因而进一步对指标体系 $X^{(2)}$ 进行相关性分析，剔除相关性大，即效用重复的指标。

我们随机选取了 40 位新浪微博主，访问其主页采集数据，并在微博风云榜输入其账号，获得原创微博率、粉丝互动率、粉丝质量指数（PR 值）、粉丝转发次数等指标数据。

对数据运用 SPSS 17.0 进行相关性分析，得到相关系数矩阵。根据通行做法，我们删除了其中相关系数大于等于 0.8 的 6 个评价指标（表 13.4），保留的 9 个评价指标构成第三轮评价指标体系 $X^{(3)}$。

表 13.4 相关系数

所属环节	指标编码	指标名称	所属环节	指标编码	被删除的指标名称	相关系数
二次传播	x_{28}	粉丝转发次数	接触	x_1	粉丝数量	0.92
二次传播	x_{28}	粉丝转发次数	认知	x_{10}	微博质量	0.99
说服	x_{14}	微博主业内知名度	说服	x_{13}	微博主业内权威性	0.99
认知	x_7	原创微博数	二次传播	x_{17}	主动评论次数	0.94
说服	x_{14}	微博主业内知名度	二次传播	x_{19}	粉丝质量	0.95
二次传播	x_{28}	粉丝转发次数	二次传播	x_{25}	活跃粉丝数量	0.89

在被删除的指标中，"粉丝数量""微博质量"和"活跃粉丝数量"3 个指标与"粉丝转发次数"高度相关，是因为这些指标直接表征了转发活跃性，如"活跃粉丝数量"，或者是转发活跃性的重要因素，如其余 2 个指标。转发是活跃度的关键表征，因而保留"粉丝转发次数"。"微博主业内权威性"与"微博主业内知名度"高度相关，由于知名度相较权威性更能测度影响力，故保留"微博主业内知名度"。"主动评论次数"与"原创微博数"较高相关，这是因为积极发布原创内容的微博主一般文字组织能力较强，善于评论、乐于评论，考虑到原创微博是微博主发布的最有价值的信息，因而保留"原创微博数"。"粉丝质量"又与"微博主业内知名度"相关，这可能因为"人以群分"，高知名度微博主的高知名度粉丝较多，故总体粉丝质量较高，因而删除"粉丝质量"，保留"微博主业内知名度"。

三、鉴别力分析

评价指标的鉴别力是指评价指标区分评价对象特征的能力。如果某评价指标的评价结果没有区分度，应该给予剔除。

根据通行的做法，采用变差系数法计量评价指标的鉴别力：

$$v_i = \frac{s_i}{\overline{X}} \tag{13.2}$$

其中，v_i 为变差系数。平均值为

$$\overline{X} = \frac{1}{n}\sum_{i=1}^{n} x_i \tag{13.3}$$

标准差为

$$s_i = \sqrt{\frac{1}{n-1}\sum(x_i - \overline{X})^2} \tag{13.4}$$

某个评价指标的变差系数越大，它的鉴别力越强；反之，鉴别力越弱。依据上述原理，运用 SPSS 17.0 对第三轮评价指标体系 $X^{(3)}$ 中评价指标的对应数据进行处理，数据同样来源于第二轮实证过程中采集的 40 位新浪微博主的数据。根据通行做法，剔除了变差系数不超过 0.5 的 1 个评价指标（表 13.5），构成第四轮评价指标体系 $X^{(4)}$（表 13.6）。

表 13.5　变差系数 v_i 不超过 0.5 的评价指标

所属环节	指标编码	指标名称	变差系数
说服	x_{12}	微博主受教育水平	0.17

表 13.6　第四轮评价指标体系 $X^{(4)}$

所属环节	指标编码	指标名称	变差系数
接触	x_3	微博使用时间	0.71
认知	x_7	原创微博数	1.56
认知	x_8	原创微博率	0.51
说服	x_{11}	微博主是否实名认证	1.36
说服	x_{14}	微博主业内知名度	0.58
二次传播	x_{24}	粉丝质量指数（PR 值）	0.58
二次传播	x_{27}	粉丝互动率	1.24
二次传播	x_{28}	粉丝转发次数	2.85

本轮遴选的数据显示，"微博主受教育水平"的变差系数低于 0.5，表明其鉴别力较低，这可能是由于社会教育水平的普遍提高及新媒体的平民化使得个人的受教育水平并不能区分个人影响力。

四、最终确立的评价指标体系

经过理论遴选和实证遴选之后,最终形成了由 8 个指标构成的评价指标体系 $X^{(4)}$(表 13.7)。

表 13.7 最终评价指标体系 $X^{(4)}$

目标	所属环节	指标(评价指标)	变量标识	单位
微博主影响力	接触	微博使用时间	A_1	小时/天
	认知	原创微博数量	A_2	条
		原创微博率	A_3	%
	说服	微博主是否实名认证	A_4	
		微博主业内知名度	A_5	等级
	二次传播	粉丝质量指数(PR 值)	A_6	
		粉丝互动率	A_7	%
		粉丝转发次数	A_8	条

从表 13.7 可以看出,"微博使用时间"成为接触环节的唯一指标,表明微博使用时间是受众接触的重要因素。在认知环节,"原创微博数量"与"原创微博率"是重要指标,说明原创比人云亦云更具影响力。在说服环节,"微博主是否实名认证"与"微博主业内知名度"成为关键指标,说明信源可信度的重要性。二次传播是体现微博主影响力的结果性环节,显然是影响力形成最核心的环节,故它包含的指标最多,"粉丝转发次数"是衡量微博主影响力的关键指标,这与惠普实验室的"转发决定影响力"的结论相符,"粉丝质量指数(PR 值)""粉丝互动率"进入指标体系,表明粉丝质量与活跃度也是影响力的重要体现,不可或缺。

五、确立指标权重

采用通行的层次分析法确立指标权重,具体做法如下。

(1)邀请 20 位专家分别对微博主影响力评价指标体系中 4 个环节及各环节中的评价指标分别进行两两比较,得到 20 个判别系数矩阵 $r_k = (r_{ij\,m \times m})$。其中,$k$ 表示第 k 个专家,m 为评价因素或评价因素中指标的个数;r_{ij} 表示指标 i 与指标 j 相比较所得的判别系数,而 r_{ji} 表示指标 j 与指标 i 相比较得出的判别系数为 $r_{ji} = 1/r_{ij}$。

（2）采用层次分析法软件 yaahpV 7.0 计算各指标的权重。

微博主影响力评价指标体系中的4个环节权重和8个评价指标的权重如表13.8所示。

表13.8 微博主影响力评价指标体系 $X^{(4)}$ 权重分布

环节	环节权重	评价指标及其在环节内的权重		评价指标总权重
接触	0.11	微博使用时间	1	0.11
认知	0.09	原创微博数量	0.33	0.03
		原创微博率	0.67	0.06
说服	0.30	微博主是否实名认证	0.43	0.13
		微博主业内知名度	0.57	0.17
二次传播	0.50	粉丝质量指数（PR值）	0.28	0.14
		粉丝互动率	0.32	0.16
		粉丝转发次数	0.40	0.20

第四节 评价指标体系的信效度检验

根据评价理论的要求，评价体系（测量工具）的指标内容与结构是否合理良好，结果是否可信、有效，需要进行信度（reliability）和效度（validity）检验。

一、信度检验

信度是指测量工具反映被测量对象特征的可靠程度，或者是测量结果在不同条件下的一致性程度的指标，它是衡量测量工具可靠性和一致性的基本指标。信度检验的方法很多，本章研究采用内部一致性信度（internal consistent reliability）和折半信度两种方法。

内部一致性信度是根据评价指标体系内部结构的一致性程度，对测量信度做出评定。一般采用 Cronbach's α 系数来评定评价体系的内部一致性信度。

采用与前面同样的微博主访谈调查数据及微博风云榜网站发布的用户数据，对微博主影响力评价指标体系 $X^{(4)}$，运用 SPSS 17.0 对微博主影响力评价指标体系 $X^{(4)}$ 进行计算，得到评价指标体系总体及各环节的 Cronbach's α 系数（表13.9），其中，接触环节只有单个指标不做信度分析。结果表明，说服和二次传播环节的

Cronbach's α 系数分别为 0.843 和 0.887，具有很好的信度。认知环节的 Cronbach's α 系数为 0.656，不是太理想，这与微博主微博总数的变动及网站数据统计的滞后性有关，但总体信度达到了可接受的水平。

表 13.9　微博主影响力评价指标体系 $X^{(4)}$ 的内部一致性信度（Cronbach's α 系数）

指标	总体	接触	认知	说服	二次传播
Cronbach's α 系数	0.811	—	0.656	0.843	0.887

此外，计算得到的微博主影响力评价指标体系 $X^{(4)}$ 的折半信度系数为 0.743，这从另外一个侧面说明该指标体系具有可接受的信度水平。

二、效度检验

效度是指测量工具究竟在多大程度上测量到真正想要测量的特质。内容效度（content validity，CV）是评价体系效度检验的常用方法，计算公式为

$$\mathrm{CV} = \frac{n_e - \frac{n}{2}}{\frac{n}{2}} \quad (13.5)$$

其中，n_e 为认为某评价指标很好地表示了测评内容范畴的评判者人数；n 为评判者总人数。

我们在高校中选择了 150 位专注微博等新媒体研究的专家，来判断该评价指标体系的 8 个评价指标与微博主影响力之间关系的密切程度。结果有 119 位评判人员认为 8 个评价指标很好地反映了微博主影响力评价指标体系的内容。计算得到内容效度（CV）为 0.79，表明微博主影响力评价指标体系 $X^{(4)}$ 具有较高的效度。

第五节　本章研究结论

一、指标遴选过程体现了科学性与合理性

在指标的遴选中，本章研究有效结合了主客观方法，展开理论和实证两阶段遴选。在理论遴选阶段，在权威的媒体传播影响力形成理论指导下，参考现有文献及测评工具中的评价指标，并在此基础上进行补充，得到涵盖接触、认知、说服和二次传播 4 个环节指标构成的初始指标集。在实证遴选阶段，遵循 3 个步骤：

第一步，评价指标的隶属度分析，目的是参考专家级的微博使用者和研究人员的意见，剔除次要指标；第二步，评价指标的相关性分析，目的是排除重复性指标；第三步，评价指标的鉴别力分析，目的是剔除低分辨力的指标。经过这3个步骤，从初始指标集中，最终遴选出了一个由8个核心指标组成的、涵盖所有4个环节的微博主影响力评价指标体系。

二、最终确立的指标体系具有系统性和权威性，对企业的营销实践具有重要指导意义

传播学的研究表明，影响力的形成是一个系列过程，对于微博主的影响力评估需要涵盖影响力形成的全过程。本章研究在影响力4个环节形成理论的指导下，最终确立了各环节的核心指标，体现了系统性和权威性的统一。接触环节的"微博使用时间"，体现了微博主的网络参与度。与已有研究的"微博数量"不同，认知环节的"原创微博数量"和"原创微博率"聚焦原创，体现了微博主的活跃度与创造力。说服环节的"微博主是否实名认证"和"微博主业内知名度"，可以有效衡量微博主作为信源的可信度。不难发现，在传统媒体或现实环境中拥有高知名度的微博主拥有更高的影响力，这是虚拟与现实的融合之处，与已有研究中只有"微博主是否实名认证"相比，增加"微博主业内知名度"更符合现状。在二次传播环节，转发作为核心指标衡量微博主的影响力，这与现有的学术成果一致。粉丝是微博主影响力形成网络中的关键节点，指标体系中的"粉丝质量指数（PR值）"体现了粉丝质量的重要性，"粉丝互动率"则体现了粉丝活跃度在二次传播中的重要影响。以往主要以"粉丝转发次数"作为二次传播的衡量指标，本章研究增加了粉丝质量指数（PR值）和粉丝互动率，因为后两者才是二次传播真正的原动力。整个评估指标体系与以往最大的不同是，8个指标中既有反映微博主影响力的结果指标（二次传播的3个指标），也有反映影响力因果链上成因环节的指标（3个成因环节都有1~2个指标），从而充分体现了战略管理工具——平衡记分卡所包含的"用评价指标引导可持续发展"的理念。此外，在确立指标及其权重的基础上，还对评价指标体系进行了信度与效度分析，进一步验证了其科学性。

根据本章提出的微博主影响力评估指标体系，企业可以进一步开发微博排名工具，对微博主进行科学有效的影响力排名，进而有针对性地开展营销活动，提高营销活动的效率。

三、采用的影响力评估体系构建方法具有普遍的借鉴意义

本章将研究对象聚焦在微博领域，但所采用的方法具有普遍性。首先，本章采用的理论遴选加实证遴选两阶段评价指标体系构建方法，以及采用的由隶属度分析、相关性分析、鉴别力分析构成的评价指标三步实证遴选法，具有普遍性，适用于不同的指标体系构建。其次，本章根据媒体传播影响力形成理论，提出的由接触、认知、说服和二次传播 4 个维度构成的媒体影响力评价指标体系总体框架，适用于微博、微信、博客、播客等新媒体的影响力评估，也适合于多种新媒体整体影响力的综合评价，因此，可以将本章的媒体影响力评价指标体系框架及具体指标遴选方法推广到整个新媒体领域，从而既可以形成微博、微信等各种单一新媒体的影响力评价指标体系，也可以形成整个新媒体影响力的综合评价指标体系。

第四篇　数据资源推动城乡融合高质量发展对策专题研究

第十四章　政府数据与城乡融合高质量发展

2020年4月,《中共中央 国务院关于构建更加完善的要素市场化配置体制机制的意见》发布,数据作为新型生产要素明确出现在官方文件中,与土地、劳动力、资本、技术一道,成为完善要素市场配置的范畴。城乡融合所拓展的巨大市场是数据要素实现资源价值、提高要素贡献率的重要场所。政府数据作为新型要素资源,是数字化、网络化、智能化的重要基础,已快速融入城乡生产、分配、流通、消费和社会服务管理等各个环节,深刻改变着城乡生产方式、生活方式和社会治理方式。因此,积极发挥我国政府数据规模和数据应用优势,探索发挥政府数据资源作用,加快构建以政府数据为关键要素的城乡融合高质量新发展格局具有重要意义。

第一节　如何认识"政府数据"

一、如何认识"政府数据"的内涵

数据就是对客观世界状态变化的数字化记录。我们对数据的认识经历了一个不断深化的过程:从单纯认为数据是"信息资源",将其看作静态的数据库,到逐步认识到"大数据"的重要价值,认为其具有海量规模、多样化结构、高速增长等特征以及高经济价值,再到将数据看作一种与劳动、资本、土地、知识、技术、管理等生产要素并列的新型生产要素。在实践中,人们也从多个层面去界定数据及其类型。根据数据主体,可将数据划分为个人数据、企业数据、政府数据等。

目前,人们对于"政府数据"尚无权威统一的定义。一般来说,政府数据是指各级人民政府及其职能部门以及依法行使行政职权的组织在其管理或提供公共服务过程中制作、获得或拥有的数据。不过，在政府文件与学术文献中，与"政府数据"相近的概念有"政府信息资源""政务信息资源""政府信息""政务信息""政务数据"等，因此有人甚至认为，"政府数据"与"政府信息资源"或"政务信息资源"含义基本一致，可以等同使用。从这个意义上讲，我们可以采用《国务院关于印发政务信息资源共享管理暂行办法的通知》（国发〔2016〕51号）对政务信息资源的定义，即"政务信息资源，是指政务部门在履行职责过程中制作或获取的，以一定形式记录、保存的文件、资料、图表和数据等各类信息资源，包括政务部门直接或通过第三方依法采集的、依法授权管理的和因履行职责需要依托政务信息系统形成的信息资源等"。因此，我们也可以此作为"政府数据"的具体定义。尽管如此，"政府数据"与"政务信息资源"等说法之间还是存在着一些细微差别的。这种差别来自这样几个方面。

首先，"数据"与"信息"之间存在着一个梯次关系，如图14.1所示。图14.1也被称为DIKW模型（data-to-information-to-knowledge-to-wisdom model）。图14.1所示的递进关系，表明"数据"比"信息"更为根本，"数据"强调"信息"的一种更加原始的状态，保留了更多原始的"信息"，人们通过"数据"可以挖掘更多的"信息"。《德国开放数据行动计划与展望——G8开放数据宪章的实施》就认为，"信息"是所有数据的集合，"数据"是纯粹的"事实"，具有无修饰的、独立的性质，通过上下文和周围环境的相互作用，这些"数据"（或"事实"）在一个具体的、特定的背景环境下，进行释义后成为人类所定义的"信息"。从这个意义上讲，相较于"政府信息"，"政府数据"更适合作为大数据的开发利用对象。因此，当前强调从政府信息公开向政府数据开放转型，就是强调由公众的"知情权"向政府数据的开发利用转变，要让社会公众能够应用更加基础的政府数据。八国集团（G8）《开放数据宪章》明确了政府数据开放的五大原则，特别强调数据质量和数据通用性，要求尽可能多地支持各种数据格式，支持多类型用户的广泛、无障碍使用。

其次，"政府信息"和"政府数据"往往指向不同的内涵。"政府信息"强调一种更加直观、提供给人们的行政管理内容，如各种各样的政府文件、规章制度等。这些跟人们的权利义务密切相关，因而必须直白明确。"政府数据"则强调基于上述"政府信息"而进行的行政业务处理的条件、依据、过程、结果的数字化材料。例如，美国《开放政府指令》就认为，"开放数据"中的"数据"指结构化的数据，"开放信息"中的"信息"则指非结构化的文档和多媒体素材等。

最后，大数据丰富深化了"政府数据"的内涵。大数据具有"4V"的特征，即数据规模（volume）大，数据种类（variety）繁多，数据处理速度（velocity）快，数据价值（value）密度低。近年来，人们将大数据应用于政府行政管理及其数据处理工作中，这也使得更多政府业务过程被数字化并被纳入"政府"。

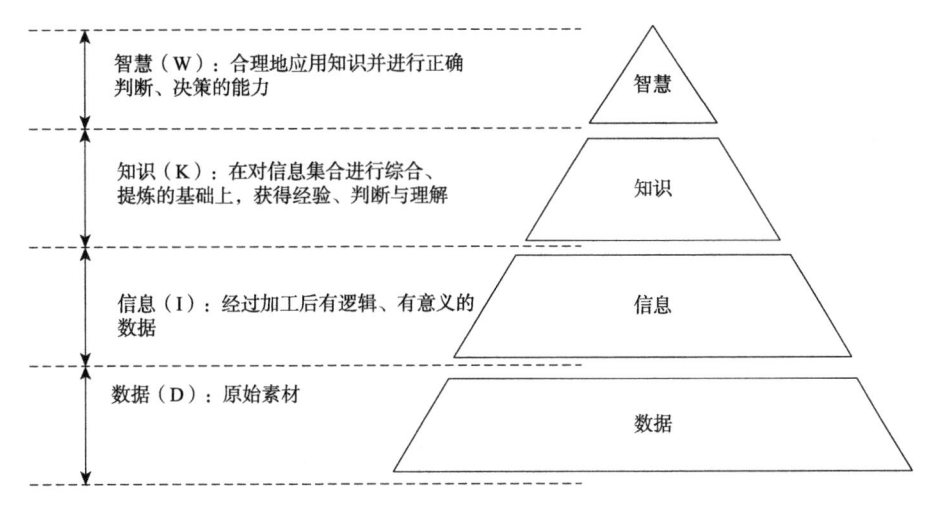

图 14.1 数据、信息、知识与智慧之间的关系

二、如何认识"政府数据"的特征

21世纪以来，随着互联网、大数据、云计算、人工智能、区块链等技术加速创新，数字技术、数字经济成为世界科技革命和产业变革的先机，成为新一轮国际竞争重点领域。政府数据的规模爆发式增长，使其不仅在城乡融合高质量发展中的地位和作用凸显，而且对城乡传统生产方式变革具有重大影响，催生新产业新业态新模式。与传统要素相比，政府数据要素表现出一系列特征：具有非稀缺性，数据海量且能够重复使用；具有较强流动性，数据要素的流动速度更快、程度更深、领域更广；具有非排他性，可以在一定范围按照一定权限重复使用。就政府数据使用主体而言，数据要素还具有非竞争性和非排他性，随着政府数据规模的扩大，政府数据的价值还会呈几何级数上升，因此，不同数据平台还会主动与政府数据联合，提高政府数据要素在城乡间的流动速度，加快数据要素的使用效率。

三、如何认识政府数据推动城乡融合高质量发展

政府数据作为重要要素资源，对城乡融合高质量发展起到重要的推动作用。数字资源化是激发数据价值的基础,是实现经济社会数字化转型发展的前提条件。城乡融合发展，要以政府数据资源的共享为基础，着力构建多级联动的城乡资源共享和交易平台，着力加强乡村资源的数字化转化，精准对接城市地区的经济社会发展，引导城市数据、资本、技术等生产要素下乡，打造城乡融合的数字产业集群，不断增强城乡经济发展之活力。具体来说，一是以政府数据流促进城乡关

键信息要素的交互共享,从而破除城乡要素流动障碍,促进城乡要素合理双向流动和要素红利释放。二是以政府数据流带动人流,构建城乡数字化人才市场,以放松落户限制、实现同城同待遇、提高就业能力为切入点,增强城市对农业转移人口的包容性,引导各类人才带科研成果入乡转化和回乡创业,激发城乡新型人口红利。三是以政府数据流带动物流,充分发挥政府数据与各类电商消费平台融合,推动供给与需求紧密对接,加快农产品进城和工业品下乡。四是以政府数据流带动资金流,推动数字金融、普惠金融等模式创新,通过大数据挖掘乡村产业价值、控制农业金融风险,让各类资本在乡村投资兴业。

第二节 政府数据的演变

我们只有通过政府数据的演变历程,才能够真正地看清其实质内涵。

一、政府数据的发展阶段

近年来,如何认识、处理政府数据成为全球其他各国的政治、行政管理及电子政务建设的重要问题,政府数据引起人们的广泛关注。同时,人们对其也有着各种不同的说法和理解。例如,就我国的情况来看,人们常常将政府数据与"开放""共享"联系在一起,有时甚至将政府数据与"开放共享"统一在一起。这些不同的要求给人们带来很多困惑,也给数字城乡建设带来一些困难。但实际上,政府数据本身是一个特定历史时期的概念,其历史并不长。从各国发展实际来看,政府数据经历了以下几个阶段。

(1)信息公开。在互联网出现之前,政府数据最初是以"政府信息公开"的面目出现的,主要是美国等西方经济发达国家在"知情权""透明政府""阳光政府"等诉求、要求下而提出的一项政策措施;在互联网逐步得到应用之后,政府信息公开得到进一步强化,并被赋予了更多的功能要求。

(2)政府专题数据库建设。随着信息化的深入发展和数字城乡的日益普及,政府信息公开工作日益深化并逐渐成为数字城乡建设的一个重要内容,从而使得政府数据库系统建设成为一项基础性工作,成为支撑政府行政管理的重要内容,政府数据日益成为一个独立的关键内容受到人们的关注。在这个阶段,各政府职能部门开始基于各自的职能业务,建设与其电子政务业务系统相对应的专题数据库。

(3)业务系统整合。职能业务部门的电子政务建设在改进服务城乡社会公众效能的同时,也带来诸多新的问题,如重复建设、数据烟囱、信息孤岛等。这些问题让人们意识到业务系统整合的重要性。整合重点包括两个方向：一是试图通过政府门户网站去整合各职能业务系统。政府门户网站是指一级政府在各部门的信息化建设基础之上，建立起跨部门、综合的业务应用系统，使公民、城乡企业与政府工作人员都能快速便捷地接入所有相关政府部门的政务信息与业务应用，使合适的人能够在恰当的时间获得恰当的服务。因此，从政府门户网站的这个定义，我们可以看出其整合的方向是各职能业务部门的电子政务建设系统。二是基础信息资源的整合。在电子政务发展初期，为了解决信息孤岛问题、提高电子政务业务系统的效率，人们提出了建设基础数据库的思路。但是，在如何认识、建设、管理、运维基础数据库的问题上，一直未能找到有效的理论认识和操作方法。从这个过程来看，业务系统的整合与政府数据的整合是两回事儿，不能混为一谈。政府数据本身并不是凭空出现的，而是伴随电子政务业务发展的需要而出现、并在发展过程中慢慢地独立出来的。因此，我们不能只单纯就政府数据而谈论政府数据，而必须将其置于电子政务发展的大环境下去分析、对待。从这个意义出发，我们所谈论的政府数据，应该是电子政务顶层框架下的政府数据。因此，电子政务顶层设计就成为我们认识政府数据属性的一个基础要素。尽管如此，政府数据的独立性也日益凸显。因此，一些国家建立了专门的数据公开网站。

（4）大数据产业发展。政府被认为是掌控全社会数据资源最全面的对象，所以政府数据一直被人们寄予更多期望。但是，对于如何进行深入开发利用，国内外有着不同的认识和做法。国外的做法是建立专门的政府数据开放网站；我国的做法则比较曲折，最初有专门的"信息资源开发利用"的计划，并出台了专门的文件，但是并没有得到很好的实施、更没有取得有效的成果。大数据的发展给各国政府数据的应用发展方向带来了巨大转变。这也使得政府数据真正地超越了政府业务系统本身，而成为推动产业发展的一个重要因素。在这种情况下，我们思考政府数据，又多了一个维度，即大数据产业发展。然而，政府数据的大数据产业化发展，不仅面临传统的政府部门协调问题，也遇到了严峻的法律、政策与技术等方面的障碍，如隐私保护、网络安全、产权归属等，这也使得政府数据的大数据产业化举步维艰。

（5）数据管理体系建设。政府数据的大数据产业化路径也给政府数据共享和开放问题提供了科学的理论方法和实现路径，特别是数据管理知识体系为人们破解政府数据的整合共享问题提供了最有力的指导工具。长期以来，尽管人们一直强调政府数据社会化开发应用的巨大价值，但却一直无法从技术上落实、展开。虽然美国在其联邦企业架构（federal enterprise architecture，FEA）中，专门安排了数据参考模型（data reference model，DRM），但是 DRM 所采用的技术方法却无法解释诸多业务问题，因而其实效并不显著。我国也在政府数据的体系架构建设方面进行了诸多的努力，早在 2002 年就提出了电子政务四大基础数据库与电子政务信息资源目录体系与交换体系,试图从技术、标准上规范统一政府数据的共享应用,然而二十多年过去了,很多核心问题仍然存在。出现这些情况的主要原因在于,我们没有深刻认识政府数据的数据属性、没有建立科学合理的数据管理体系。可喜的是,近些年来,随着有关数据属性相关理论、技术和信息系统架构的成熟,有些内容甚至建立了相应的国际标准。例如,多年前已经建立了比较系统完善的元数据标准,自2008年开始有关数据质量管理特别是主数据管理的国际标准(ISO8000)体系开始陆续发布。一些国际专业机构〔如国际数据管理协会(Data Management Association,DAMA)〕和大型IT企业(如IBM等)也逐步地建立起规范、系统的数据管理(或数据治理)知识体系。虽然这些技术标准并不针对政府数据共享开放问题,但是却为我们构建政府数据的数据管理体系提供了科学的数据管理理论和方法论。

(6)政府数据资产管理。要真正地促进政府数据的整合共享,还必须解决数据责任与数据归属权的问题。近年来,国内围绕政府数据共享、开放而展开了数据资产确权问题的讨论。尽管已经具备了政府数据管理知识体系,但要实现政府数据资产管理,仍然还存在很多的技术、制度障碍。这成为当前大数据产业化研究的一个热门话题。随着人工智能、区块链技术的深入发展,政府数据在加强政府行政管理、促进大数据产业发展等方面将进一步发挥重要作用;同时,数据智能的应用也将带给政府行政管理以更多的创新、发展,并将进一步带来国家治理体系的深刻变革。

二、政府数据的演变特征

首先,从上述演变历程来看,"政府数据"的内涵是与技术变革紧密联系在一起的。互联网出现之前,"政府数据"是以纸面的文字出现的,政府信息公开是政府政策文件及行政记录的公开;有了互联网之后,"政府数据"的内涵变得更加丰富,不单是形式上包含纸质和电子方式,内容上也要求共享更多的原始政府数据如空间地理信息、各种数据统计表格、视频音频数据等;而大数据的出现,则给政府数据的管理带来挑战,要求从元数据、主数据管理等技术层面加强政府数据管理,并在此基础上逐步建立完善的政府数据管理体系。

其次,不同的国家在"政府数据"的发展方式和过程上存在显著的不同。美国政府在纸质时代的"政府数据"建设上经历了较长的时间,形成了系统、完整的政府信息公开制度体系,因此在互联网时代及大数据时代,其政府数据的整合共享及对外开放方面相对比较完整地经历了上述发展历程。我国从2008年开始发布施行《中华人民共和国政府信息公开条例》,但是近年来我国大力推进大数据发展战略，政府数据被看作大数据产业发展的重要推动力量，因而近年来我国在推动政府数据整合共享方面进展迅速，出台了一系列政策文件，也取得了令人瞩目的成绩。

最后，"政府数据"往往以多重表现形式出现。例如，尽管根据DIKW模型，数据和信息之间存在递进关系，但在平时的表述中，政府数据往往与其他概念交叉使用，在政务公开场合用"政府信息"，在一些其他场合又用政府数据，人们对此似乎并没有严格的区分。

第三节 政府数据的整合：共享、开放，治理、管理

如何充分发挥政府数据（信息）的价值，一直是个重大问题。在信息化之前的时代，该问题只涉及政治和行政层面，人们所在乎的是政府数据或信息的公开、开放；但在进入信息化时代后，这个问题变得更复杂了，不再仅仅是个政治或行政效能问题，还牵扯到更为底层的技术实现问题；而且，从实践上来讲，如果不解决这些技术问题，政府数据或信息的开放就无法有效实施或高效运行。为此，近年来人们提出了很多的概念、说法和期望。从当前的情况来看，我们可以将这些说法和愿望划分为以下两组情况。

一、政府数据开放、政府数据共享、政府数据开放共享

从国外的发展情况来看，政府数据开放是政府信息公开深入发展的产物。因此，世界银行在2012年发表的《如何认识开放政府数据 提高政府的责任感》报告认为，政府数据开放是指政府产生、收集和拥有的数据，在知识共享许可下发布、允许共享、分发、修改，甚至对其进行商业使用，并强调政府数据具有三个特性：非专有性（非歧视性）、机器可读性和开放授权性（自由使用、重复使用、操作和传播）。从我国的发展情况来看，2008年5月1日实施《中华人民共和国政府信息公开条例》之后，随着2015年8月31日国务院印发《促进大数据发展行动纲要》，"政府数据开放"便受到人们的高度关注。同时，长期以来所使用的政府信息共享也相应地转变为"政府数据共享"。而且，人们往往将"政府数据开放"界定为政府机构向社会开放政府数据；而将"政府数据共享"界定为政府机构之间的数据提供。根据《促进大数据发展行动纲要》，数据开放是指，在依法加强安全保障和隐私保护的前提下，稳步推动公共数据资源开放，开放主体是政府部门和事业单位等公共机构，开放对象是社会公众，开放目的是保障民生、释放商业增值潜力。关于数据共享，这份文件规定的是政府部门数据共享，侧重政府各部

门之间，主要是金税、金关、金财、金审、金盾、金宏、金保、金土、金农、金水、金质等信息系统之间的数据共享和交换，目的在增强政府公信力，提高行政效率，提升服务水平。《贵阳市政府数据共享开放条例》认为，政府数据共享是指行政机关因履行职责需要使用其他行政机关的政府数据或者为其他行政机关提供政府数据的行为；而政府数据开放，是指行政机关面向公民、法人和其他组织提供政府数据的行为。因此，依据《贵阳市政府数据共享开放条例》，"政府数据开放"应该是"政府数据对外开放"，"政府数据共享"应该是"政府数据内部共享"。尽管上述法律法规或政策文件对于"共享""开放"规定了诸多的差异性要求，但是这些差异性要求都必须落实到具体的技术架构层面去解决和实现。这种思维为我们深入思考政府数据的开发利用路径提供了新的支点，即寻找能够支撑政府数据共享、开放的底层整合架构框架。

二、数据治理、数据管理

为了明确政府数据治理、政府数据管理的具体含义和区别，我们有必要先明确一下数据治理、数据管理的含义和区别。从当前我国的相关语境来看，人们对于"治理"一词有着相对特别的偏好，如"国家治理体系与治理能力现代化"是人们惯常使用的一个比较宏大的论述，而"管理"一词因为实在是应用得太普遍了，反倒不被人们喜好。而且，目前，人们普遍认为，"治理"主要强调政府放权，发挥企业、市场等各方面的积极性，强调政府与其他利益主体之间的互动性；而"管理"则是强调政府对于企业、市场的单方面的行政作用。"治理""管理"在应用于数据资源领域时，其含义和关系也大为不同：数据管理包含数据治理，数据治理是数据管理的一个组成部分。DAMA 在 2009 年发布的数据管理知识体系（DBMOK1.0）中，将数据管理界定为 10 个管理职能，即数据治理、数据架构管理、数据开发、数据操作管理、数据安全管理、参考数据和主数据管理、数据仓库和商务智能管理、文档和内容管理、元数据管理与数据质量管理，数字治理是其核心内容；我国的《数据管理能力成熟度评估模型（Data Management Capability Maturity Assessment Model，DCMM）》（GB/T36073—2018）将数据管理能力定义为数据战略、数据治理、数据架构、数据应用、数据安全、数据质量、数据标准和数据生存周期 8 个核心能力域，其中就包含数据治理。因此，DAMA 认为，数据管理是规划、控制和提供数据及信息资产的一组业务职能，包括开发、执行和监督有关数据的计划、方案、项目、流程、方法和程序，从而控制、保护、交付和提高数据和信息资产的价值；而数据治理是在数据管理和使用层面上进行规划、监督和控制。

第四节 美国政府数据整合实践

美国政府开展政府数据管理建设的时间相对最长、也最为系统完整，一些探索和做法为世界很多国家所效仿和学习。不过，目前国内外专门分析阐述美国政府数据整合实践的材料很少，更多的是分析和介绍美国政府信息公开、政府数据开放共享等。在这里，我们根据"整合"的要求，梳理美国政府开展政府数据整合的做法和经验。我们可以从以下三个阶段去认识美国政府的数据整合实践。

一、政府信息公开

作为移民国家，美国最早开展了政府信息公开活动。美国宪法很早就要求公开政府信息。美国1789年颁布《管家法》，要求各政府部门发布政务信息；1946年通过《联邦行政程序法》，要求联邦政府机关必须让社会公众能够获取政务信息和行政资料。不过，由于这些早期的政务信息公开规定相对简单、粗糙，效果并不明显。1966年之后，政府信息公开的这种初级状况开始得到改善。这一年通过了《信息自由法》，在信息公开的立法上有不少的创新发展，如提出了"以公开为原则、不公开为例外""任何人享有平等的公开请求权"和"司法救济原则"等。该法第一次从成文法上赋予了公众获得政府信息的权利，是美国当代行政法中有关公民知情权的一项重要法律制度。为弥补《信息自由法》的不足，1974年又通过了《隐私权法》，其宗旨是限制政府机构在公开政务信息时泄露个人隐私，为此《隐私权法》规定，任何个人都可以查看联邦政府保存的有关其本人的信息，联邦政府机关保存的个人信息必须准确、全面、及时、合理相关；联邦政府机关必须直接从信息的主人处获得相关信息。1976年通过的《阳光下的政府法》将政府信息公开的范围扩大到政府会议公开，允许任何人观看和旁听政府会议。上述的《信息自由法》《隐私权法》和《阳光下的政府法》构成了一套相对完整的美国联邦政府信息公开制度体系，不仅将法律法规、政府文件和政府会议都纳入政府信息公开范畴，而且注意维持信息公开与隐私保护之间的微妙平衡。这些制度安排为后来的政府数据整合提供了制度保障。

二、电子政务总体架构设计

一是构建美国联邦政府的电子政务顶层设计框架。为此，美国总统行政办公厅内设的管理和预算办公室（Office of Management and Budget，OMB）于 2002 年提出了 FEA，并从 2006~2007 年度开始，将其用于美国联邦政府的预算编制。FEA 已经成为联邦政府行政管理的日常工作内容与操作工具，FEA 是一种基于业务与绩效的、用于某级政府的跨部门的绩效改进框架，它为 OMB 和联邦政府各机构提供了描述、分析联邦政府架构及提高服务公民的能力的新方式，其目的就是确认那些能够简化流程、共用联邦 IT 投资及整合政府机构之间和联邦政府的业务线之内的工作机会。二是建立统一的政府门户网站。在 1993~2000 年，美国政府的电子政务建设获得快速发展，同时也带来很大的问题。因为每个政府机构都独立地建设自己的网站，有的甚至是每个政府机构的每个业务都建立一个网站，因而政府网站数量立即上涨，一度达到两万多个。这些政府网站的内容非常丰富，页面数量多达几千万，一般的公民很难通过网络搜索来准确快捷地获得政府服务。这就需要政府门户网站进行整合和引导，为此克林顿政府于 2000 年 9 月开通了其超级电子政务网站 www.usa.gov，即美国联邦政府门户网站。

三、基于统一门户的政府数据开放阶段

（1）基本情况。当前人们对于欧美国家开放政府数据的动机提出了诸多观点和解释。例如，国外有人认为，"一个是出于政治考量，植根于民主和信息自由的精神，另一个则是站在经济利益的角度，以此拉动信息市场增长"；国内有学者甚至从更细、更广泛的角度去解释，认为是"扩大民主参与，推动政府治理变革；鼓励创新，扩大信息再利用，促进经济发展；增进信息共享，加强执法，提高政府工作效率；抑制腐败，冲击保密文化，增强政府公信力"。看来，这些观点都没有考虑到美国等国家在开放政府数据之前所开展的电子政务顶层设计和建立统一的政府门户网站对于整合政府数据的基础性作用。在这些基础性作用下，美国的奥巴马政府于 2009 年颁布《开放政府指令》（US Open Government Directive），要求政府在网上开放更多的数据，明确政府数据开放的三原则——透明、参与、协作，并启动建设统一的政府数据开放门户网站（https://data.gov/）；2012 年发布的《数字政府：构建一个 21 世纪平台以更好地服务美国人民》，指出开放政府数据应成为电子政府的支撑，要以信息为中心构建共享平台，以用户为中心保障安全和隐私，建立一个 21 世纪的共享平台。此外，美国政府每两年发布一次"开放政府数据计划"，要求不断扩大政府数据开放领域。2018 年 12 月，美国国会正式投票通过《开放政府数据法案》，将向公众开放"非敏感"政府数据。该法案要求联邦机构必须以"机器可读"格式，即以方便公众在智能手机或电脑上阅读的数据格式，发布任何不涉及公众隐私或国家安全的"非敏感"信息。该法案还要求各

联邦机构任命一名首席数据官来监督所有开放数据的工作。实际上,早在2012年,美国纽约市就通过了《开放数据法案》,这是美国历史上首次将政府数据大规模开放纳入立法。该法案要求,到2018年,除了涉及安全和隐私的数据,纽约市的政府及分支机构所拥有的数据必须对公众开放,市民们使用这些信息不需要经过任何注册、审批的烦琐程序,使用数据也不受限制。

(2)具体的整合做法。从加强政府数据整合来讲,美国政府构建了统一的美国联邦政府数据开放门户网站。在开通、建设美国联邦政府电子政务门户网站之后,时隔九年又开通美国各联邦政府机构的统一的政府数据开放网站。各联邦政府机构将数据、数据库从后台上传到Data.gov网站,该网站再将所有的政府数据进行集中、整合,公众浏览Data.gov网站,可以找到所有联邦政府的数据,包括经济数据、交通数据、农业数据、医疗数据等。从这个意义上来说,Data.gov是美国联邦政府统一集中的数据发源地。这个政府数据门户网站,可以让公众非常便捷地查找各类政府信息、数据。

第五节 其他一些国家的政府数据整合实践

自从2009年美国率先建立政府数据开放门户网站之后,政府数据开放(open government data,OGD)作为一项运动开始席卷全球,受到各国与国际组织的重视。英国、加拿大、澳大利亚、新西兰等国家也相继建立政府数据门户网站;2011年9月,巴西、美国、英国等8个国家联合签署《开放数据声明》,建立"开放政府合作伙伴"(Open Government Partnership,简称OGP,也有人将其称为"开放政府联盟")计划。根据相关决议,新加入OGP的国家必须签署《开放政府宣言》,制定国家数据开放行动计划并征求公众意见,并且就行动进展定期提交独立报告。2013年6月17~18日,美国、英国、法国、德国、意大利、加拿大、日本、俄罗斯召开G8峰会,发布G8《开放数据宪章》。目前,全球已有75个国家加入OGP计划,既包括美国、英国、德国、法国、奥地利、西班牙等西方发达国家,也包括印度、巴西、阿根廷、加纳、肯尼亚等发展中国家,联合国、欧盟、经济合作与发展组织(Organization for Economic Co-operation and Development,OECD)、世界银行等国际组织也加入了OGP计划。因此,政府数据开放已经成为一项国际共识。为深入认识和理解国际政府数据开放运动中的政府数据整合情况,下面具体介绍英国和OGP的发展情况。

一、英国为推进政府数据开放而开展的政府数据整合实践

在政府数据开放方面，英国一直紧跟美国步伐，走在国际前列。根据开放数据晴雨表（Open Data Barometer）和全球开放数据指数（Global Open Data Index）两项权威指标2013~2014年的排名结果，英国的数据开放程度位列世界首位。英国在政府数据开放方面的这种成绩，与其电子政务和政府数据整合有密切的关系。具体内容如下。

（1）电子政务总体架构建设。在美国进行电子政务顶层设计的同时，英国也开始了电子政务系统的整合，并且采取的是与美国不同的技术路线。在2005年，英国政府内阁办公室电子政务组（e-Government Unit）就发布了电子政务互操作框架（e-Government Interoperability Framework，e-GIF）第6.1版，建立了相对完善的电子政务互操作框架。比较美国的FEA和英国的e-GIF，可以发现，两种方法各有特点，前者注重业务流程整合及共享，后者则注意从技术上保证电子政务的互操作性。

（2）政府数据整合。早在2009年，英国政府就提出建设一站式政府数据网站data.gov.uk，以集中公开健康医疗、公共交通、天气、公共支出等方面的数据。作为开放数据合作伙伴联盟的创始国之一，英国政府分别在2011年、2013年和2016年连续发布了三个政府数据开放国家行动计划，制定了一系列政府数据开放的政策措施。为促进政府数据开放，英国还于2012年5月建立了世界上首个非营利性的开放式数据研究所（The Open Data Institute，ODI）。这些政府数据开放的政策实践，也有力地推进了英国政府数据的整合共享。

二、OGP计划成员国的政府数据整合实践

目前已经有众多国家加入OGP计划，这些国家都被要求按照OGP的政策开放政府数据。OGP不仅仅是一个由诸多国家发起的多边合作倡议，也是一个成员国之间的对话交流平台和改进机制。对任何一个国家来说，政府数据开放都是一项长期而复杂的系统工程，不仅是一项政治、政府改革运动，也是一项非常具体的公共管理业务深化与信息化技术应用工程。因此，无论是对经济发达国家还是对发展中国家来说，都是一项巨大的挑战。实际上，就发达国家的实施情况来看，各国的表现仍然参差不齐。美国和英国因为在电子政务建设方面具备比较充分的技术、行政管理基础，在开展政府数据整合上积累了比较扎实的基础，在政府数据开放方面走在其他成员国的前列。在开放政府国家行动计划方面，美国已经发

布了两次，英国发布了三次，而德国一直到2015年才发布第一次国家行动计划。就发展中国家的实施情况来看，情况却远不如声明中所期望的那么理想。就这些发展中国家的整体来看，政府数据开放仍然处于较低层级。多数发展中国家仍然停留在政府信息公开层面，还没有迹象表明开放政府数据已经在发展中国家创造出较大的企业价值和经济社会价值。多数国家制定了开放政府数据战略框架，但是却较为松散，而且相应的制度体系相对笼统单一。发展中国家的政府数据开放运动仍然任重道远。

第六节 中国政府数据整合存在的问题及对策

加强政府数据整合一直是我国数字城乡建设的重要工作。在这个过程中，党中央、国务院及有关部门都在相关文件中对此提出了明确的要求，初步形成了有关政府数据整合的政策体系。根据这些政策要求，一些地方比较好地开展了政府数据整合工作并发展出比较成功的建设经验。这方面，江西省走在全国的前列。从2009年开始，江西省就开始了全省数据共享交换平台的建设，在思创数码科技股份有限公司的技术支持下，最早在全国规划建设省市县三级交换平台。到2018年底，初步建成"江西省政务数据共享和开放平台"：从业务系统对接情况来看，共有22个单位的49个系统与共享开放平台实现了"系统通"；从数据资源汇聚情况来看，人口库汇聚了公安厅、人社厅、民政厅和司法厅等库表数据共计1.4亿余条，法人库汇聚了司法厅、交通厅和信用平台等库表数据超过2 000万条，初步实现了"数据通"[1]；从支撑政务服务应用情况来看，"赣服通"3年上线服务事项6 855项，实名用户突破3 660万户，初步实现了"应用通"[2]。

一、中国国家层面的政府数据整合工作存在的问题

政府数据整合是一项系统工程。从这个意义上讲，我国国家层面的政府数据整合工作还面临着很多不足，存在不少问题。具体情况如下。

---

[1] 资料来源：https://www.sohu.com/a/366324928_781358。
[2] 资料来源：https://www.jxnews.com.cn/xds/system/2022/02/24/019545859.shtml。

（一）原有的信息化认知管理体系日益失去其应有价值和功能

虽然我国早在 1997 年就从理论上提出了科学合理的信息化认知框架，并构建了适合我国特色的信息化管理体系，为支撑我国经济社会信息化发展提供了重要的基础保障；然而，大概从 2010 年开始，我国原有的信息化认知体系和信息化管理体系受到诸多挑战和困扰，特别是由于没有明确信息化与诸如大数据经济、"互联网+"、数字经济、（新型）智慧城市等概念的关系，我国多年前行之有效的信息化认知管理体系日益失去其应有功能和价值。这也给我国各地的电子政务规划建设带来诸多困扰。一些基础性工作没有得到应有的重视或坚持，如基础信息采集与标准化建设、云计算中心的规划建设、数据治理体系建设、重硬件建设轻信息资源与环境建设等。这些问题阻碍了政府数据的高效整合，使得我国政府数据共享开放问题无法取得实质性的进展。

（二）缺乏顶层设计直接阻碍政府数据的有效整合

当前，无论是整个国家信息化建设还是国家电子政务建设层面，都缺乏相应的顶层设计，政府数据整合面临更加复杂的局面。特别是大家对于如何认识新一轮信息化条件下的电子政务总体架构仍然存在着很多不同的认识，如全社会对于"互联网+"就有着"千人千面"般的观点和看法，这也使得人们对于认识、理解和应用"互联网+政务服务"存在着各种各样的认识和做法。

（三）政府数据整合缺乏有效的理论和技术方法

这些问题主要表现在以下三个方面：首先，我国没有建立统一的电子政务数据参考模型，没有构建明确的政府数据架构。美国、英国等电子政务先进国家都已经尝试建立了自己的电子政务数据参考模型及其相应的政府数据架构。其次，对于基础数据库建设没有相应的评判标准。我们在 2002 年就明确要建设基础数据库（基础信息库），但一直没有建立相应的标准规范和评估体系，在实践中表现为随意性较大。因此，无论是地方还是一些部门，随意确定各自的基础数据库建设；即使是在国家规划层面，我们对于基础数据库的建设，其内容也一再变化（除了人口、法人单位、自然资源和空间地理三个基础数据库）。最后，我们还没有建立相应的政府数据管理（治理）体系。建立数据治理机制并在此基础上建立更加系统完善的数据管理知识体系，是保障数据质量、改进和提高数据管理效能的基础性工作，这已经成为数据管理科学的重要共识，也是促进大数据产业发展的必要条件。在这方面,国际上也已经建立了一些相应的标准和规范(如国际数据管理协会制定的数据管理知识体系),而且近年来越来越多的行业、企业开始应用这些标准规范加强自身的数据管理。毫无疑问,这些数据管理标准和规范在应用于政府数据管理(治理)时,还必须根据我国的政治和行政管理体制特点进行必要的修改完善。

(四)缺乏相关的法律法规与制度

无论是实现政府数据共享,还是实现政府数据开放,都必须进行相应的制度体系的整合。就内部共享来说,相对比较好处理;但就政府数据的对外开放来说,制度建设的内容就比较多,也需要花费比较长的时间。就政府数据开放问题来说,这方面的制度建设问题表现在以下几个方面。

(1)法律法规尚不健全。政府数据开放比政府信息公开的要求更高,问题更复杂,需要在法律法规层面提供细致全面的保障。但我国在这方面面临的法律问题仍然较多:首先,虽然我国在2008年颁布施行了《中华人民共和国政府信息公开条例》,但是就政府数据开放来说,《中华人民共和国政府信息公开条例》是远远不够的。其次,我国对于个人隐私和商业秘密的保护面临来自互联网的严峻挑战。欧盟和美国都就网络时代关于个人隐私和商业秘密保护制定了具体的法律制度,如欧盟的《通用数据保护条例》(General Data Protection Regulation,GDPR)。我国这方面尚没有专门的法律法规,相关规定只是散布在《中华人民共和国网络安全法》《中华人民共和国电子商务法》等条款当中。2020年10月1日实施的《信息安全技术 个人信息安全规范》(GB/T35273—2020)虽然在架构上借鉴了欧盟GDPR的立法框架,但这仅仅是一个推荐性的国家标准,并不具备强制性。最后,关于数据权属,目前也无法律规制,这对政府数据开放是个巨大的阻碍。

(2)我国还没有制定专门的政府数据开放战略。开放政府数据要比公开政府信息复杂,牵扯的内容更加广泛,需要规划清楚。从美国、英国等国家的政府数据开放实践来看,这些国家都制定了相应的政府数据开放战略与实施路线图,并配以相应的政策体系作保障。我国虽然在多年前就在相关文件中要求开放政府数据,但还没有制定专门的国家政府数据开放战略与实施路线图。而且,从一些文件来看,我们在对政府数据开放的路径选择上,还没有形成统一认识。此外,我国在政府数据开放方面的组织体系建设和必要的技术标准规范方面仍然没有建立、完善起来。因此,虽然有关文件确立了在2018年底前建成国家政府数据统一开放平台的目标,然而由于很多基础工作没有完成,我国的政府数据开放仍然任重道远。

二、加强政府数据整合、实现共享开放的政策建议

实现政府数据的开放共享,需要我们超越政府数据本身去规划政府数据,从多方面进行整合,统筹考虑、协同推进。这些不仅包括网络、硬件设施与业务系统的整合(硬整合),也包括业务分类、业务规范的数字化、标准化,以及基础数据资源与业务数据资源库的整合(软整合)。为实现这些整合,需要我们在技术、理论和政策上进行创新,探索适合我国实际的政府数据共享开放模式。

(一)基于轻装信息化,重构和创新信息化建设格局

长期以来,我国包括电子政务在内的信息化建设实践常常受到各类新名词、新概念、新说法的冲击,使得我国20多年前建立的科学有效的国家信息化认识体系即"信息化七要素论"无法得到深入发展。为此需要我们在充分融合新一代信息技术的基础上,进行信息化的理论创新。新一代信息技术的快速发展已经实现了信息化由重装向轻装的转变。与重装信息化相比,轻装信息化在基础设施(物联网、云计算等)、网络(移动宽带)、大数据及行业门户网站治理等方面都日益表现出多样化特征,需要我们加强研究,从不同层面完善、丰富轻装信息化的理论与实践。当前,尤其要以轻装信息化去综合认识新一代信息技术对信息化建设的各种新作用、新现象、新业态、新形式,并根据轻装信息化要求优化我国的信息化建设管理体制。为此,可以考虑以轻装信息化为理论基础,以"互联网+"为政策总纲,以数字经济为发展方向,构建科学合理的信息化政策框架。

(二)加强电子政务和政府数据的顶层设计

这方面包括诸多的建设、改进、完善的建议。就当前的情况来看,主要包括如下若干方面。

(1)采取有效措施强制推进国家政务外网建设。电子政务外网是国家电子政务的核心基础设施,长期以来一直是各类信息化和电子政务发展政策、规划文件的重要内容,但就当前情况来看,电子政务外网的发展并不尽如人意,直接影响到其网络使用效益,无法充分发挥其统合业务专网的作用和功能。今后应该明确定位电子政务外网地位,并将其应用纳入各部门电子政务建设的考核内容;增加其带宽和网络功能,促进各职能部门将更多业务专网向外网迁移;完善外网应用机制,为应用部门提供更多服务权限。

(2)研究规划政务云中心建设。政务云中心建设是未来电子政务和政府数据

整合的基本方向，在规划政务云时，必须注意如下几个方面的关系：与政务外网的统筹；与地方政务云建设的关系；与"互联网+政务服务"平台体系和全国一体化的国家大数据中心的统筹；研究起草可信政务云建设与应用管理规范。

（3）围绕全国一体化在线政务服务平台建设，简化优化相关内容。省级及以下地方政府的政务服务平台，应该依托本级政府门户网站统筹建设，并与各级办事大厅（行政服务中心）紧密结合，形成统一高效的电子政务前台—后台服务体系，实现政府门户网站与行政服务中心的线上—线下的充分融合。

（4）基于行政法和行政管理逻辑关系，构建我国的电子政务业务参考模型。从实现国家治理体系和治理能力现代化出发，根据职责、职权、管理手段之间的行政逻辑关系，研究构建适合我国国情的电子政务业务参考模型，并以此修改、完善《政务信息资源目录体系 第4部分：政务信息资源分类》（GB/T 21063.4—2007）及其相关标准规范。并在此基础上，结合"放管服"改革，研究构建科学合理的国家政务服务事项库和公共信息资源开放平台的开放数据集。

（5）综合应用合适的技术方法构建我国的电子政务数据参考模型。应用主数据管理的理论和方法，指导我国的电子政务基础数据库建设，构建国家主数据，完善我国电子政务基础数据库和基础信息资源库建设运维管理机制。基于元数据和主数据的理论和方法，构建小数据认识框架，深化我们对于大数据的认识和理解。

（三）建立完善的电子政务数据管理知识体系，实现政府数据管理的体系化、规范化、标准化

数据管理知识体系的最大特点，就是推进数据管理的体系化、规范化、标准化；建立我国电子政务数据管理知识体系，将深化我们对于政府信息资源的认识和理解，有助于加快我国政府数据管理的标准化、制度化建设，为政府数据共享开放提供科学合理的理论与技术支撑。总之，数据管理知识体系是我们开展电子政务顶层设计和总体规划的重要的技术方法。

当前我国已经在建立电子政务数据知识体系，陆陆续续地开展了一些工作。今后应该应用当前正在发展的有关数据管理（治理）的理论、技术与国际标准规范；结合电子政务业务参考模型、数据参考模型的建设，梳理、完善我们正在和已经开展的电子政务基础数据库、政府信息资源目录编制、国家数据共享交换平台、公共信息资源开放试点等建设工作。

（四）明确政府数据（公共信息资源）开放战略路线图

如前所述，政府数据开放是一个需要具备诸多条件做支撑的发展目标。一些

先行国家和发展中国家在政府数据开放方面的实践，为我们提供了有益的经验和教训。尽管如此，我国也没必要加入"开放政府合作伙伴"计划，我国的政府数据开放实践仍然必须着眼于我国电子政务建设实践和大数据产业发展需要，服务于国家治理体系和治理能力现代化，协同推进，统筹发展。

当前，首先是必须明确和统一我们在这个问题上的认识，明确和统一政府数据（公共信息资源）开放的说法、概念、内容。在此基础上，研究制定具有中国特色的政府数据（公共信息资源）开放战略及其路线图，并发布相应白皮书；明确政府数据开放战略的发展目标、战略实施步骤、开放原则、开放内容、开放机制等，要以政府数据开放门户网站建设，引领各方面工作；要明确多层次的政府数据统一开放平台及其门户网站的建设路径、政府数据的社会化使用规范；明确要求通过政府数据的开放，推进国内大型互联网（电子商务）平台的数据开放进程。

当前，尤其需要加强对一些地方政府开展的政府数据开放建设实践与公共信息资源开放试点工作的指导、总结，并在此基础上建立推进政府数据开放的一整套组织管理制度。

（五）加强制度建设

为加强政府数据整合、推进政府数据开放共享，我们还必须在现有制度建设的基础上，推进如下三个方面的制度建设。

一是促进发展类制度建设。例如，政府信息公开法及推进政府数据开放、促进大数据产业发展的相关法律法规、政府数据开放战略及其配套制度，如首席数据官制度等。二是规范支撑类制度建设。例如，有关公民信息知情权、隐私保护、数据跨境流动、数据开发机构认证、数据资产权属规定等。三是技术保障类制度建设。围绕政府数据生命周期管理，建立完善一整套的标准规范；围绕政府数据管理知识体系，研究起草、建立完善全面系统的制度体系；建立政府数据开放相关的信息网络安全管理制度等。

第七节　本章研究结论

"政府数据"是一个不断演进的概念，与技术变革紧密联系在一起。在这个过程中，"政府数据"先后与如下几个问题联系在一起：信息公开、政府专题数据库建设、业务系统整合、大数据产业发展、数据管理体系建设、政府数据资产管理。在信息公开阶段，在互联网出现之前，政府数据最初以"政府信息公开"的形式出现。这一举措主要是由西方经济发达国家，如美国等，在面对"知情权""透明政府""阳光政府"等呼声和要求时提出的政策措施。随着互联网的逐步应用，政府信息公开进一步强化，同时也被赋予更多的功能要求。在政府专题数据库建设阶段，各政府职能部门开始根据各自的职能业务，建设与其电子政务业务系统相对应的专题数据库。在这个过程中，业务系统的整合和政府数据的整合是两个不同的方面，不能混为一谈。政府数据本身并不是凭空出现的，而是伴随着电子政务业务发展需求而出现，并在发展过程中逐渐地独立出来的。因此，我们不能仅仅关注政府数据而忽略其背后的电子政务发展大环境，必须将其置于电子政务发展的整体框架下进行分析和对待。从这个意义出发，我们所谈论的政府数据，应当是电子政务顶层框架下的政府数据。因此，电子政务顶层设计就成为我们认识政府数据属性的一个基础要素。在数据管理体系建设阶段，政府数据的大数据产业化路径为政府数据的共享和开放问题提供了科学的理论方法和实现途径。尤其是数据管理知识体系为人们解决政府数据整合共享问题提供了有力的指导工具。在政府数据资产管理阶段，随着人工智能和区块链技术的不断深化，政府数据将在加强政府行政管理、推动大数据产业发展等方面发挥更为关键的作用。同时，数据智能的应用也将为政府行政管理带来更多创新和发展，并将进一步带来国家治理体系的深刻变革。

　　实现政府数据的内部共享与对外开放是电子政务与政府数据发展一直以来所追求的目标。基于当前数据管理知识体系的发展趋势并借鉴国内外政府数据发展实践，要实现这两个目标，我们必须对政府数据的相关方面进行整合；政府数据整合是实现其共享、开放的技术基础；只有解决了整合问题，共享、开放才能得以有效进行和展开。政府数据整合包含四个方面的内容：架构整合、业务整合、数据整合、系统整合。政府数据整合其实应该是信息化时代的产物。在传统的纸媒时代，"政府数据"并不存在整合问题。然而，从制度建设上讲，纸媒时代的政府信息公开的各类相关配套法律法规等为大数据时代的政府数据共享开放提供了基础性制度依据和参考，是确保政府数据得到正确合理应用的重要条件。

第十五章　政府数据资源管理体系建设与城乡融合高质量发展研究

第一节　引　　言

城乡融合高质量发展，要以数据资源的共享为基础，着力构建多级联动的城乡资源共享和交易平台。随着电子政务特别是"互联网+"政务服务的深入发展，数据日益成为政务处理的基础要素，贯穿行政事务处理的全过程。与此同时，长期的网络政务处理形成了日益庞大的数据资源，如何存储、维护、挖掘和利用其巨大的潜在价值日益成为一个重大的问题。当前，建立完善科学合理的政府数据资源管理体系促进城乡融合高质量发展显得尤其紧迫。

我国大数据产业正进入新发展阶段。"十四五"规划在其第五篇"加快数字化发展　建设数字中国"中，先后提出了"构建城市数据资源体系""建立健全国家公共数据资源体系"的建设任务。与之前强调建设各行业、各领域的专业数据库不同，"十四五"规划开始强调构建更全面、更系统的数据资源体系。

然而，建设包罗万象的数据资源体系仍然面临严峻挑战。实际上，无论是城市数据还是国家公共数据，不仅都包含千差万别的业务种类和业务实体，而且包含各种各样的数据类型，因此，要建设各自的数据资源体系，既要构建相应的业务架构模型，又要构建支持该业务模型的数据架构，同时还需要合理地处理软件、硬件（如物联网、数据平台与数据中心建设等）关系以及相应的组织架构改革等。正是由于这些技术、业务、制度方面的复杂性和艰巨性，无论是城乡数据资源体系还是国家公共数据资源体系建设，在国际上仍没有出现多少成功的案例。

在这种情况下，率先开展政府数据资源管理体系建设不失为明智选择。政府数据资源本身不仅是城乡数据资源、国家公共数据资源的重要组成部分，同时还具有属性明确、运转有序、管理机制健全等特点。数字城乡不仅是世界各国发展最早、最系统也最成熟的信息化业务应用,也包含种类繁多的政府业务类型和海量数据资源。特别是一些国家在长期的电子政务发展过程中,已经从技术、业务、架构设计等方面进行了许多创新,发展出很多比较科学合理的系统思维和理论方法,可以为"构建城市数据资源体系""建立健全国家公共数据资源体系"提供示范和借鉴。我国也在长期的电子政务建设实践中提出并发展出很多有关政府数据管理的创新理论和政策实践。例如,2002年《国家信息化领导小组关于我国电子政务建设指导意见》之后我国提出并实施了"两网一站四库十二金"的电子政务发展基本思路,其中的"四库"即人口、法人单位、自然资源和空间地理、宏观经济四大基础数据库,是我们认识数字经济时代的数据与业务及不同数据之间相互关系的知识基础;2006年发布的《国家电子政务总体框架》系统地构建了国家电子政务建设的业务、数据、信息系统、机制体制建设等各方面内容的统一模型和总体框架;2015年之后,国家发布"互联网+"政务服务、大数据产业发展等政策,将移动互联网、大数据、人工智能等新一代信息技术融入电子政务总体框架中。因此,国内外的电子政务建设实践已经积累了丰富的技术、理论与政策经验,为我们构建科学合理、系统完整的政府数据资源管理体系打下了坚实基础,也将为城乡数据资源体系、国家公共数据资源体系建设做好充分的前期准备工作。

第二节 城乡政府数据资源管理体系的内涵及其特征

目前人们对于城乡政府数据资源管理体系尚未形成统一的认识,也还没有出现相应的实践案例。这里我们根据上述对于城乡政府数据资源管理体系提出的基本要求,并结合近年来的数据管理理论及其标准规范及一些企业开展的数据资源管理体系建设实践,来探讨城乡政府数据资源管理体系的基本属性及其要求。为此,我们可以就此对"城乡政府数据资源管理体系"进行界定:城乡政府数据资源管理体系是指城乡政府机构基于政府数据的全生命周期管理而从政务处理与业务协同、信息系统建设、政务数据资源建设与管理、数据管理制度建设等方面开展的系统性、体系化的政府数据管理活动。从定义可以看出,城乡政府数据资源管理体系应该包括以下几方面内容。

第一,城乡政务与政务处理。城乡政府数据首先来自政务处理过程和结果,但城乡政务与政务处理本身具有有别于数据管理的规律,其基本要求是依法行政。因此,城乡政务规划和政务处理都应该基于相应法律法规规定并基于信息化和电子政府建设需要进行顶层设计。在规划政务时,需要合理地处理好不同层级政府与职能部门之间的职责分工与业务条线的相互关系；制定政务处理流程及其标准规范，特别是各级政务大厅的政务处理流程与规范；在建设电子政府时，还需将那些各部门共性、通用的业务项目加以优化整合。

第二，城乡政府数据与城乡政府数据资源。城乡政府数据既来自政务处理过程，也是城乡政务处理的基础和结果，但城乡政府数据资源管理具有自身的特殊规律，这些特殊规律既来自政务处理，也来自数据资源管理科学的基本要求及新一代信息技术发展给城乡政府数据中心建设带来的新趋势。城乡政府数据容量在日益增加，如何存储、管理这些海量数据资源并发掘、应用其价值，是一个重大的问题。这包括如下几方面的内容：建立完善电子政府基础数据库（国家主数据库）、主题数据库及其各自的运营、维护、更新机制，即各自的元数据和主数据管理机制；建立基础数据库（国家主数据库）、主题数据库与各级政府业务部门的协作共享体系；建立绿色高效的政府数据资源（云）中心等。

第三，城乡政府数据治理。城乡政府数据治理，是指在城乡政府数据的全生命周期中，为确保数据质量、保障数据安全、促进数据公共价值等而对城乡数据建设管理进行的组织与制度安排。建立一整套科学合理的城乡政府数据治理体系，是建设"数据驱动型电子政府"的基本要求，也是充分释放城乡政府数据资源价值的必要条件。

第四，城乡公共服务与政府数据资产。城乡政府数据资源建设的公共服务价值主要包含如下几个方面：全面响应国家各级政府各部门的电子政务业务协同与数据共享的需要；公开政府信息；向相关行业提供公共基础数据共享服务；向社会开放政府数据等。城乡政府数据资源的价值主要是提供公共服务，但是在向行业、企业提供数据共享服务、开放政府数据时，仍然需要构建完善的城乡政府数据资产管理体系。

第五，支撑环境与制度保障。城乡政府数据生命周期的每个环节都涉及相应的法律法规，如每个政府机构在进行政务处理时需要获得法定授权，但是与前述的城乡政府数据治理着眼于政府内部的业务协同和数据共享不同，这里的支撑环境与制度建设着眼于面向全社会的有关政府数据管理的重大原则及其制度安排。具体来说，包括如下内容：明确政府数据资源管理体系发展愿景、目标及其路径等，为城乡政府数据管理体系建设提供战略方向；细化城乡政府信息公开政策；明确个人信息（隐私）、企业信息（商业秘密）采集、使用和保护策略；明确相关的政府数据出境管理制度；明确政府数据安全策略；制定城乡政府大数据中心建设规划；实施城乡政府数据资产化政策等。

从上述分析来看，城乡政府数据资源管理体系建设具有如下特征。

第一，城乡政务处理与城乡政府数据的分离。城乡政府数据虽然来自政务处理过程，但却日益具有相对独立的科学属性及其管理需求，实现了与政务处理过程的分离。

第二，以数据为中心。城乡政府数据资源管理日益成为一项独立的政府职能和专门、专业的业务。以政府数据为核心，政府数据管理体系将政府职能与政务处理、政府数据共享、政府数据开放、数据治理、数据中心建设、隐私保护等问题统筹到一起，成为国家和政府的一个更加专业、更加复杂的庞大体系。

第三，城乡政府数据资源建设由部门分散走向集中统一。长期以来，我国电子政务建设采取的大多是硬件、业务系统和数据资源一体化建设模式，各部门都建设自己的全套业务系统；在数据驱动的电子政府时代，各政府部门的政府数据资源将被纳入统一的政府数据资源管理体系，由专门机构进行采集、存储、维护和分发。

第三节 城乡政府数据资源管理体系建设的现实价值

一、城乡政府数据资源管理体系建设是中国电子政务发展的必然趋势

20 多年来，随着信息技术发展和信息化建设的不断深入，我国电子政务先后经历了"三金工程"、政府上网建网页开网站、集成建设政府门户网站、"互联网+"政务服务等过程，当前正进入"一体化政务服务平台"建设阶段。在这个过程中，我国电子政务建设集成度不断提高。今后，我国电子政务建设还将在当前的前台（网站）整合、部分业务系统整合的基础之上，不断地向后台整合特别是向加强政府数据管理体系建设的方向发展。

二、新一代信息技术和城乡政府数据资源管理体系建设共同推动数字政府的转型

以物联网、云计算、大数据、人工智能、5G 等为代表的新一代信息技术，为城乡政府数据管理现代化提供了技术手段和工具，不仅极大地丰富了城乡政府数据的海量来源，也在不断完善城乡政府数据从采集、传输、存储、分析挖掘与分发应用的全生命周期的数字化、智能化管理体系。

当前，新一代信息技术对电子政务和政府数据资源管理体系建设的影响主要表现在这样几个方面：第一，物联网和感应技术、5G 技术的应用使得政务处理过

程的几乎各个环节都被纳入数字化，不仅丰富了政府数据内涵，也极大地增加了政府数据容量。这给传统的政府数据管理资源理念和方法带来严峻挑战。第二，云计算及云数据中心能够实现政务处理与政府数据的有效分离，实现政府业务部门的前台终端化。也就是说，城乡政府部门今后无须独立地规划建设自己的全套电子政务系统，只需应用国家统一规划建设的电子政务业务终端处理日常业务。第三，大数据和人工智能技术推动传统的电子政务向数据驱动的电子政府转变，使得精准政务、政务定制成为可能。这就要求有全范围、多领域的海量实时数据做支撑，为此必须克服基于部门职能分工、基于行政区划的地方管治现状所带来的弊端。

三、城乡政府数据资源管理体系建设符合信息系统演进的基本规律

纵观人类半个世纪以来的信息化发展历程，我们可以将信息系统发展演进历程划分为四个阶段（图15.1），在这个演进过程中，数据（库）不断地从信息系统中分离、独立出来，且自身又不断地分化出元数据与主数据两个细分领域。实际上，主数据正在成为数据资源整合的一个崭新工具和手段；而从近年来企业信息化和数据库建设实践来看，主数据及主数据管理已经成为人们建设基础数据库的基本方法。

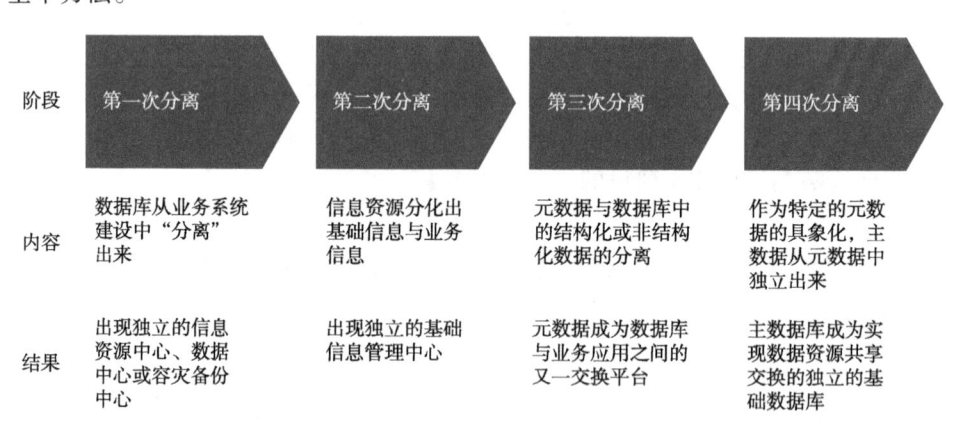

阶段	第一次分离	第二次分离	第三次分离	第四次分离
内容	数据库从业务系统建设中"分离"出来	信息资源分化出基础信息与业务信息	元数据与数据库中的结构化或非结构化数据的分离	作为特定的元数据的具象化，主数据从元数据中独立出来
结果	出现独立的信息资源中心、数据中心或容灾备份中心	出现独立的基础信息管理中心	元数据成为数据库与业务应用之间的又一交换平台	主数据库成为实现数据资源共享交换的独立的基础数据库

图15.1 信息化发展过程中的业务–数据的四次分离

资料来源：李广乾. 政府数据整合政策研究[M]. 北京：中国发展出版社，2019

电子政务作为一种重要的信息系统建设类型，同样应该遵循上述"业务–数据"分离趋势和规律。就政府数据管理体系建设来说，其元数据库、主数据库建设将是一项工程浩大的建设项目。实际上，元数据库、主数据库已经在我国电子政务

建设中得到了广泛的应用,如我国在2002年开始建设的电子政务四大基础数据库即人口、法人单位、自然资源和空间地理、宏观经济数据库,其中的前三大数据库可以被看作是某种主数据库,尽管出于技术原因人们尚未意识到主数据库建设的重要性。

"业务-数据"分离趋势与元数据、主数据管理丰富完善了政府信息架构,不仅有助于构建完善的政府数据治理机制,也为构建政府数据管理体系提供了分析方法和可供参考的实施路径。

四、城乡政府数据资源管理体系是实现城乡治理能力现代化的基础条件

20多年来,电子政务建设对提升我国城乡治理能力发挥了重要作用。然而,当前部门分割、地方分立的电子政务建设格局显然难以适应城乡治理体系和治理能力现代化的需要。

加强城乡政府数据资源管理体系建设,不仅将优化现有的电子政务和信息化建设格局,减少重复建设,节约巨额财政投资,实现政务服务标准化,也将极大地提高各级政府管理、服务国民经济和社会发展的能力和水平,加强政府应对各类突发应急事件的反应速度,促进城乡治理能力现代化。

五、城乡政府数据资源管理体系建设有助于加快数据要素化进程

2020年4月,《中共中央 国务院关于构建更加完善的要素市场化配置体制机制的意见》公布,将数据与土地、劳动力、资本、技术等传统生产要素并列,将数据看作促进经济发展、创造社会财富的新型生产要素。然而,数据要真正发挥这种基础性作用,还面临着技术、管理和法律等方面的重大问题。

城乡政府数据对于克服这些重大问题可以发挥重要作用。当前,虽然城乡政府数据在全社会数据总量中的占比在不断下降,但由于政府数据多为那些高价值的基础数据,因而对于大数据产业发展具有重大的市场价值。特别是那些政务处理数据、司法数据、行业监管数据、自然资源与空间地理数据及历年的国民经济和社会发展统计数据等,具有很高的市场价值及数据挖掘价值。

然而,城乡政府数据的上述数量优势仍然不足以推进数据要素化进程。在此进程中,必须完成以下城乡政府数据资源管理体系建设的任务:①实现政务处理与政府数据的分离,建立集中统一的数据中心。数据分隔与分立,无法让政府数

据全面反映更广泛的经济社会价值。②建立完善政府数据治理机制，提高政府数据质量。③加强公民个人信息（隐私）保护，引导全社会的个人信息保护意识。④加强数据资产化建设，推进政府数据共享开放。

第四节 构建城乡政府数据资源管理体系的基本要求

构建数据资源管理体系，是一项多学科、跨领域、重融合的工作，因而必须从系统角度去综合规划这个问题。这些年来，国内外众多政府机构和组织就此从不同方面进行了诸多探索，但尚未形成统一的认识。从发展实践来看，这些探索主要包括两个方面：

一方面，一些国家开展了电子政务顶层设计建设实践。大概从 2000 年前后开始，一些电子政务建设比较发达的国家（如美国和部分欧洲国家），开始在原有的各自独立建设的电子政务业务系统上进行整合，并为此提出了本国的顶层设计建设方案。例如，美国提出了 FEA，英国提出了 e-GIF，加拿大提出了业务转换赋能项目等。在这些顶层设计方法中，美国的 FEA 受到人们的高度关注。FEA 由 5 个参考模型（即绩效参考模型、业务参考模型、服务构件参考模型、数据参考模型、技术参考模型）组成（图 15.2），它们共同提供了联邦政府的绩效、业务、数据与技术的通用定义和架构，从而有助于实现共享联邦政府信息技术投资、实现政府信息资源互联互通的目标。FEA 的最大特点是提出了数据参考模型，并将数据参考模型与政府业务系统的综合分析（即业务参考模型、服务构件参考模型）联系在一起。

另一方面，一些跨国企业和国内外专业机构开展了数据治理方面的探索实践。要开展数据治理，必须对数据全生命周期进行规划安排，因而涉及业务、机构、机制等多方面的问题，从某种程度上讲，这也是一种对数据管理体系所进行的总体设计。这些年来，有关数据治理的框架和方法相对较多，主要分为三类：一是一些大型企业的数据治理建设方案，如 IBM 公司很早就建立了自己的数据治理体系和框架。二是国内外标准化机构围绕数据治理所开展的标准化建设。例如，我国已经制定有关数据治理方面的国家标准，即《信息技术服务 治理》（GB/T 34960—2018）。三是一些专业的非政府组织所开展的数据治理知识培训与行业标准化实践。在这方面，DAMA 提出的数据管理知识体系及其数据治理的规定，对国内外数据治理实践具有比较广泛的影响。

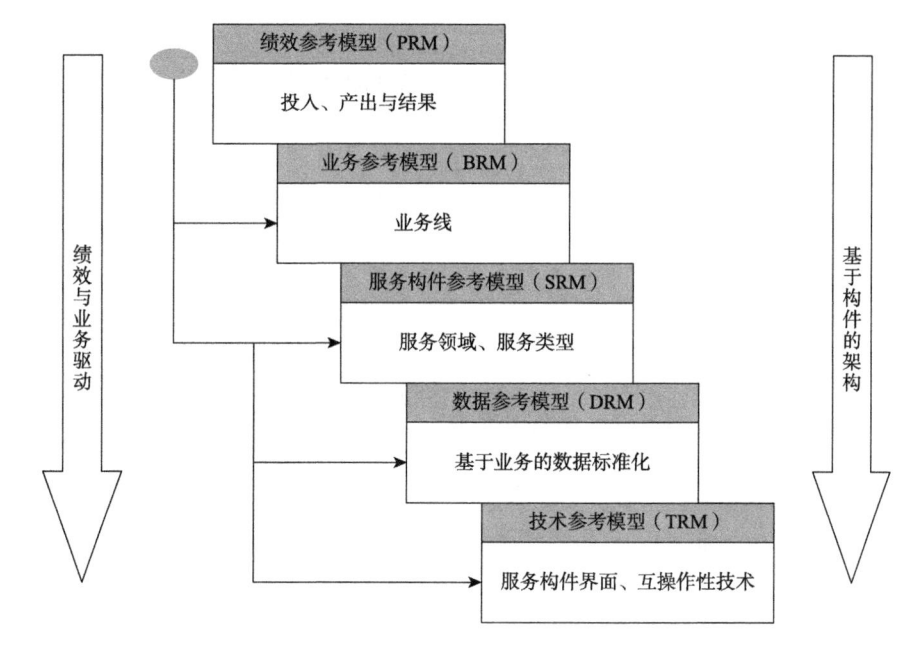

```
┌─────────────────────────┐
│  绩效参考模型（PRM）     │
│    投入、产出与结果      │
└─────────────────────────┘
      ┌─────────────────────────┐
      │  业务参考模型（BRM）     │
      │       业务线            │
      └─────────────────────────┘
         ┌─────────────────────────┐
         │ 服务构件参考模型（SRM） │
         │   服务领域、服务类型    │
         └─────────────────────────┘
            ┌─────────────────────────┐
            │  数据参考模型（DRM）    │
            │   基于业务的数据标准化  │
            └─────────────────────────┘
               ┌─────────────────────────┐
               │  技术参考模型（TRM）    │
               │ 服务构件界面、互操作性技术│
               └─────────────────────────┘
```

图 15.2　美国联邦政府组织架构

PRM，performance reference model；BRM，business reference model；SRM，service reference model；DRM，data reference model；TRM，technical reference model

对构建数据资源管理体系特别是城乡政府数据资源管理体系建设而言，上述两个方面仍然不足以提供充分的理论和方法论支撑。其最大的不足就是，上述两个方面的理论方法都只从各自角度出发，关注其特定的方面。例如，DAMA 数据管理知识体系重点关注数据全生命周期管理，但对（电子政务）业务总体规划分析不足；而 FEA 在数据参考模型构建方面显得相对粗浅，元数据、主数据管理的概念和方法运用不够，使得其数据参考模型难以实用化。与此同时，FEA 在构建业务参考模型方面过于简单化，没有提出相应的理论作支撑。

要构建更加完善、合理的数据资源管理体系，必须满足多方面的要求。具体包括以下几个方面。

一、构建科学合理的业务与数据融合的架构体系

重点是综合运用业务顶层设计与数据全生命周期管理规划的技术方法。为此，可以从两个方面加以完善。

一是深化、完善业务参考模型。其核心是构建业务模型规划的理论方法。对政府数据资源管理体系建设而言，这是数据来源与管理制度建设的基础保障。由于"依

法行政"是政府行政事务处理的基本要求,因此行政法应该是我们规划业务模型的出发点。行政法学从职责、职权、管理手段三者的相互关系出发来论述行政部门的业务内容(图15.3),而这种逻辑关系也应该是电子政务业务模型规划的源泉。

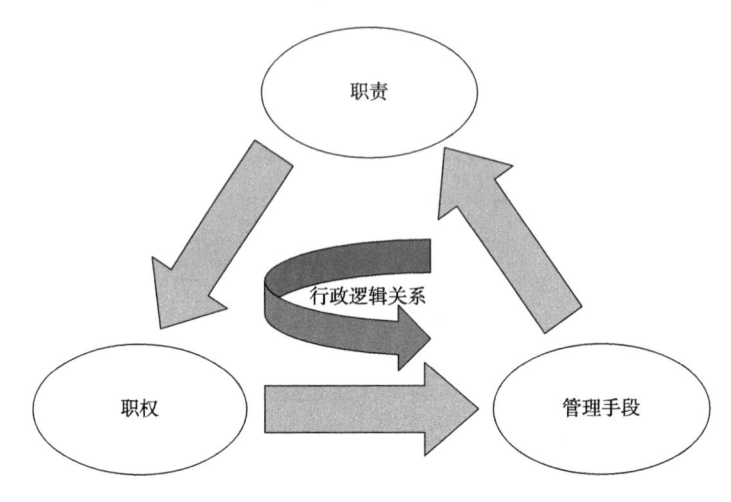

图15.3 职责、职权、管理手段之间的逻辑关系
资料来源:李广乾. 政府数据整合政策研究[M]. 北京:中国发展出版社,2019

二是应用数据管理知识体系丰富数据参考模型。由于提出时间较早,无论是美国FEA还是我国电子政务总体框架,都没有充分地应用数据资源管理规范,如没有建立元数据管理机制,更没有建立主数据管理制度,而这两种机制是保障数据质量、实施数据治理的基础条件。

二、实现"软件"与"硬件"相协调

近年来的数据治理和顶层设计的讨论,大多是基于企业内部或地方政府层面,重点是关于数据与业务系统部分,即数据资源管理体系的"软件"部分。但是,国家层面的政府数据资源管理体系建设还应该包括更多内容,特别是与各级政务部门业务现场处理、数据中心建设的空间布局,以及数据流转与业务部门之间责任关系等问题密切相关。这些内容可以看作是数据资源管理体系建设的"硬件"部分。这些问题都特别重大,直接关系到数据资源管理体系建设的成败。

三、正确处理数据治理与数据管理组织机构建设的相互关系

目前人们都在讨论"治理"问题,但就本书来说,有两种不同的"治理":一

种是"数据治理"的"治理",另一种是"国家治理"的"治理"。这两种"治理"存在明显差异。"数据治理"的"治理"重点关注数据生命周期过程中围绕数据质量问题而展开的各方面机制建设;"国家治理"的"治理"重点关注政府与社会各界就如何开展经济社会发展而展开的合作、共同参与,其中特别强调政府将之前由自己一家独揽的事务交由企业、社会组织实施。就我们讨论的政府数据而言,虽然也包含第一种"治理"之意,但更需要明确第二种"治理"的具体内涵。

对城乡政府数据资源建设来说,由于数据生命周期比较长,引入互联网企业的参与是毫无疑问的,但是,建立强有力的统一管理机构尤其重要。在建立有效的政府数据资源的职能管理机构之前,讨论政府数据治理还为时尚早。在政府数据分别由不同部门管理、无法建立有效的数据生命周期管理的前提下,政府数据治理就难以真正地展开。

四、实现数据资源的集中管理与分布式应用的统一

克服重复建设、提高数据质量,应该是数据资源管理体系建设的重要目标。为此,必须加强数据资源的集中统一管理,具体内容包含两方面的要求,除了上述的建立统一管理机构外,还包括统一规范的数据中心建设。这就要求建立数据与业务相分离机制,一方面保证数据质量,实现资源化建设;另一方面,确保业务部门能够自如地使用必要的政务处理数据。

第五节 城乡政府数据资源管理体系的优化建议

一、基于顶层设计角度,建立完善城乡政府数据资源管理体系

当前,我国电子政务建设重点正在发生重大转变,由之前的"以政务服务为中心"转变为"以政府数据为中心"。为此,有必要构建以政府数据资源管理体系建设为核心的新的电子政务发展框架。其主要内容,即基于上述政府数据资源管理体系的五个方面,构建我国电子政务和政府数据资源管理的顶层设计框架,以此规划今后相当长一段时期我国电子政府的发展蓝图。这要求我们综合应用政府业务顶层架构与数据管理知识方面的最新的科学理论和方法,构建未来我国电子

政务和政府数据管理体系分析的逻辑框架。

二、摸清政务家底，建立中国电子政务业务参考模型

为此，要从几个方面同时展开：首先，建立政府职能分析框架，并基于政府职能分工，逐级、逐条梳理全国的政府业务线条；其次，综合汇总全国各部门、各地方政府实际开展的业务内容，经过归类、整理，建立我国政府职能运行框架；最后，基于依法行政和商事制度改革等要求，对照政府职能分析框架与政府职能运行框架，建立完善我国的电子政务业务参考模型及其更新、维护、管理机制。

三、构建科学合理的（电子）政府数据结构，建立中国政府数据参考模型

政府数据结构，就是基于政务特征和数据资源管理属性，对海量政府数据进行科学分类而建立的高效、合理的管理框架。建立科学合理的政府数据结构，是有效地开展政府数据共享、开放，加快政府数据资产化管理的重要条件。

政府数据结构主要包含技术和物理两个层面的内容，如图 15.4 所示。

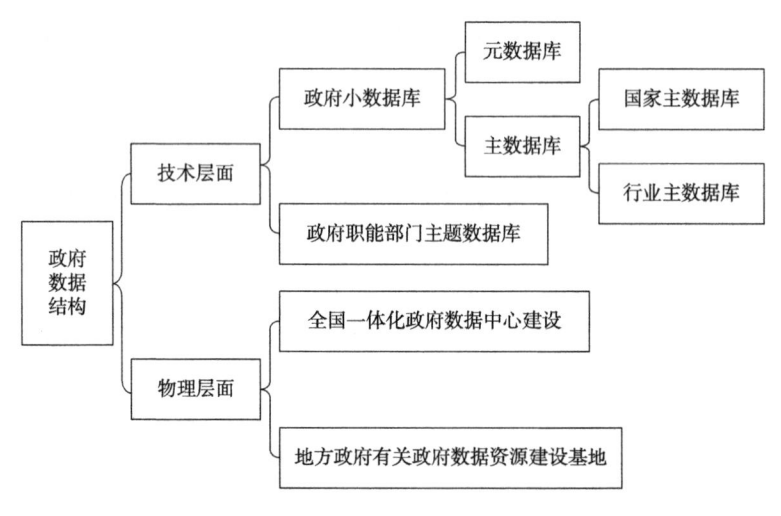

图 15.4 政府数据结构

1. 技术层面的政府数据结构

1）政府小数据库
构建技术层面的政府数据结构的关键是，从政府大数据中提炼政府小数据并

建立政府小数据管理体系。政府小数据管理体系建设的主要内容，是建立完善国家电子政府元数据管理体系和国家主数据管理体系。这两项管理体系建设，是高质量发展我国电子政务、加快实现国家治理体系和治理能力现代化的新型基础设施。

（1）国家电子政府元数据管理体系建设。电子政府元数据涉及各行各业的信息化建设，除了包含上述电子政务业务参考模型的元数据体系建设，还包括电子政府建设的其他各个方面内容。目前，我国已经颁布了众多相关的标准和规范，但这些标准和规范并没有在各地电子政府建设中得到有效实施，更没有建立全国性的相应管理体系即全国性的有关电子政府的元数据注册登记、管理维护、更新共享机制。这种状况应该得到改善。

（2）国家主数据管理体系建设。我国从2002年开始确立的电子政务四大基础信息库中的"人口、法人单位、自然资源和空间地理"基础信息库都属于某种主数据库，都应该按照主数据管理的技术标准规范进行运维管理。与此同时，还有很多行业的基础信息库（如关于药物、中药材、医疗机构、教育机构等的信息库）也都可以根据主数据管理标准进行重新整合，建成相应的国家（行业）主数据库。基于主数据管理对这些重要数据资源进行整合，建立规范、完整的国家主数据管理体系，是今后我国电子政务建设实现高质量发展的重要内容。

国家小数据管理体系建设，不仅能够摸清家底、动态实时地了解各行业相关情况，并实时地获取相应的统计数据，也有助于实现资源共享、业务协同，减少重复建设。无论是三大电子政务基础信息库，还是行业基础信息库，都具有类似功能。

2）政府职能部门主题数据库

构建技术层面的政府数据结构的另一个重要内容，是建设合理的职能部门主题数据库。主题数据库是职能部门在履职过程中所产生的专题数据库，与三大电子政务基础信息库及行业基础信息库密切相关，这些基础信息库在为各主题信息系统提供共享服务的同时，也不断地通过对比各专题数据库信息而更新相应数据、信息。当然，根据上述"业务-数据"分离趋势，主题数据库应该与作为国家（行业）主数据库的各类基础信息库建设相分离。

2. 物理层面的政府数据结构

构建物理层面的政府数据结构的主要内容，是规划政府数据的空间布局。这包括两个方面的内容，即中央与地方政府有关政府数据资源管理的分工协作、全国一体化政府数据中心建设布局。就"中央与地方政府有关政府数据资源管理的分工协作"来看，其总体布局应该与"全国一体化政务服务平台"建设格局相统一，采取中央与省级两级结构。但上述的国家主数据库和行业主数据库建设，则应该采取统一建设、全面共享的基本格局。就"全国一体化政府数据中心建设布局"来看,其建设布局要符合《国务院关于印发促进大数据发展行动纲要的通知》(国发〔2015〕50号)、《国务院办公厅关于印发政务信息系统整合共享实施方案的通知》(国办发〔2017〕39号)和国家发展和改革委员会、中央网络安全和信息化委员会办公室等四部门发布的《关于加快构建全国一体化大数据中心协同创新体系的指导意见》(发改高技〔2020〕1922号)等相关政策的总体要求,不过从上述政府数据结构特征的分析来看,我们还应该对政府数据中心建设进行专门的优化设计。

四、建立强有力的城乡政府数据资源管理机构

党的十九届四中全会决定将数据作为新的生产要素,并要求建立健全由市场评价贡献、按贡献决定报酬的机制。因此,对全社会数据资源进行综合管理势必成为一项新的政府职能。与此同时,城乡政府数据资源管理体系建设要求建立相应的综合性政府数据资源管理机构,并建立系统的运维管理机制。综合这些要求,有必要在一些地方政府建立的大数据管理局的基础上,在国家层面建立职能相对独立的数据资源管理机构,并将其作为中央网络安全和信息化委员会领导下的、大部制管理体制中的一个新型综合管理机构。

这个综合管理机构的主要职责是管理国家大数据产业发展,城乡政府数据资源管理是其中的重要职责。就政府数据资源管理而言,主要包括如下几方面业务内容:统一建设与管理政府数据资源,包括国家电子政务三大基础信息库(国家主数据库)建设、重点行业基础信息库(行业主数据库)和重要的主题数据库建设;为政府机构的电子政务业务处理提供后台数据与技术支撑;向社会提供政府数据共享与开放服务;建设、管理政府(云)数据中心;电子政务元数据与主数据注册登记与更新维护机制建设等。

五、加快构建规范有效的城乡政府数据资源管理制度

城乡政府数据资源管理制度不仅包括前述的政府数据治理机制建设(如前述的顶层设计、元数据和主数据管理、组织机构建设等),还包括其他诸多内容。这些内容主要包括:"业务-数据"分离之后,政府业务处理机构与数据资源管理机构之间有关政务数据采集、传输、存储、应用、更新等环节的职责分工与业务协作;城乡政府数据资源管理机构在向行业、企业提供政府数据共享开放服务时,对相关行业、企业所开展的相应规制与管理;与城乡政府数据资源管理相关的个人隐私保护、企业商业秘密保护、数据资产化、信息网络安全等方面的规制与管

理及各类标准规范建设等。

第六节 本章研究结论

当前我国电子政务发展面临重大的战略转型，其核心是由之前的"以政务服务为中心"转变为"以政府数据为中心"，其关键是政府数据资源管理体系建设。政府数据资源管理体系由五个部分组成，即：①政务与政务处理。政务和政务处理都应该基于相应的法律法规规定，并基于信息化和电子政府建设需要进行顶层设计。在进行政务规划时，需要合理地处理好不同层级政府与职能部门之间的职责分工与业务条线的相互关系。②政府数据与政府数据资源。政府数据既来自政务处理过程，又是政务处理的基础和结果，但政府数据资源管理具有自身的特殊规律，这些特殊规律既来自政务处理，又来自数据资源管理科学的基本要求，以及新一代信息技术发展对政府数据中心建设的新影响。③政府数据治理。建立一整套科学合理的政府数据治理体系，是建设"数据驱动型电子政府"的基本要求，也是充分释放政府数据资源价值的必要条件。④公共服务与政府数据资产。政府数据资源的价值主要是提供公共服务，但是在向行业、企业提供数据共享服务、开放政府数据时，仍然需要构建完善的政府数据资源管理体系。⑤支撑环境与制度保障。政府数据生命周期的每个环节都涉及相应的法律法规，政府机构在进行政务处理时需要获得法定授权。

政府数据资源管理体系建设是我国电子政务发展的必然要求，符合信息系统演进趋势，有助于加快数据要素化进程，促进国家治理能力现代化。为此，有必要构建科学合理的政府数据结构，设立强有力的大部制管理机构，构建规范有效的政府数据管理制度体系。

第十六章 电子政务客户服务成熟度与城乡公民信任的关系研究

第一节 引 言

城乡公民对政府的信任衰退已经是一个全球性的现象（Nye Jr et al.，1997；张成福和孟庆存，2003）。美国、加拿大、日本、韩国等国家均出现了城乡公民信任大幅下降、选民选举热情减退等问题。在我国，频发的自然灾害（如 2008 年南方雪灾、四川地震），生产事故（如华源煤矿矿难、胶济铁路事故）等问题也都在考验着公民对政府的信心和信任。

电子政务作为服务型政府建设的重要内容和手段，被认为是可以应对城乡公民信任下降的重要方法（Moon，2002；Parent et al.，2005）。"喻公民为客户"，引入"以客户为中心"的服务理念，是电子政务发展的一个潮流（King and Burgess，2008），起源于企业的客户关系管理（CRM）已经成为电子政务建设的核心支撑技术和理论（King and Burgess，2008），并用 CSM 来反映客户关系管理在电子政务中的应用水平，以衡量"以客户为中心"的理念在政府电子服务中的实现程度。CSM 是一个具有丰富内涵的新概念：首先，它是评估电子政务建设中政府电子服务绩效的一个综合性指标，包括四个维度（可理解为下一级指标），即公民为中心、渠道整合（多渠道服务）、部门整合（跨部门服务）、前瞻性沟通；其次，四个维度都是相关研究中经常用到的概念（张成福和孟庆存，2003；Jones et al.，2007；Schedler and Summermatter，2007；Vassilakis et al.，2007），具有清晰和准确的含义（见后文）；最后，"喻公民为客户"是 CSM 隐含的一个前提，四个维度是在该前提下，按照"以客户为中心"的准则而提出的一个有机的指标集合。"喻公民为客户"是新公共管理理论和西方政府再造运动的核心思想（Wagenheim and Reurink，1991；Osborne and Gaebler，1992；Schachter，1995；Smith and Huntsman，

1997；Alford，2002；张成福和孟庆存，2003），包含了"一切为了公民""以人为本""以公民为核心"的基本理念，体现了一种崭新的政民关系定位：基于双赢的服务与被服务关系，这种定位有利于将传统的应然政民关系，即"仆人与主人""代理与委托"关系真正落到实处，从而有利于构建和谐的政民关系，而和谐政民关系是和谐社会与服务型政府建设的共同要求。因此，CSM 不仅是一个严谨的概念，而且隐含着重要的政治价值。这一概念一经提出，就在各国的电子政务评估体系中被广泛采用。

为了考察 CSM 与公民信任之间的关系，本章以中国电子政务建设为背景，研究两个问题：①CSM 如何影响公民信任，即 CSM 影响公民信任的作用机制是什么？②CSM 四个维度（公民为中心、渠道整合、部门整合、前瞻性沟通）中，哪些对公民信任的影响更大？为此，本章结合相关研究成果和实际背景，构建了 CSM-公民信任关系模型，并用大样本数据检验了该模型。后文讨论模型构建、实证过程和研究结论。

第二节 理论模型构建

一、公共管理理论关于公民信任影响因素的研究

公民信任是公民对政府信任的简称，指公民对于政治权威当局及政治机构是否依据民众的期待行使行政权力从事公共管理和公共服务活动的一种评估（Miller，1974），既反映了公民对政府的认可、支持、满意、赞赏等积极的心理倾向，也反映了公民对政府的依赖意愿。公民信任是简化复杂性的机制之一，是一种重要的社会资本，可以降低政府与公民之间的交易成本及政府执政成本（帕特南，2001；卢曼，2005）。大量研究表明，公民满意和公民参与是影响公民信任最重的两个因素（Nye Jr et al.，1997；Thomas，1998；吴建南等，2007）。

1. 公民满意与公民信任

公民满意是公民对政府的综合评价，是指在体验公共服务的过程中，公民的需求得到满足，公民的实际感受与期望相一致，从而使公民产生肯定、愉悦、满足的积极心态（Osborne and Gaebler，1992）。政府绩效和服务质量是决定公民满意的核心要素（帕特南，2001；Moon，2002），当公民对政府绩效和服务质量的感知达到或超出他们的期望时，便会产生对政府的满意感。很多研究证实了这一观点，如 Moon（2002）的研究表明，公民对政府的信任取决于公民对政府的满

意感和对政府绩效的感知；Christensen 和 Laegreid（2005）的研究指出，对政府服务有较高满意度的居民，其对政府的信任要比那些低满意度的居民高。

本书假定：提高公民满意能增强公民对政府的信任。

2. 公民参与与公民信任

公民参与是公民政治参与的简称，指公民有意愿并实际参与到政府的政策制定中来的行为（Parent et al.，2005）。公民参与是公民表达自己的思想、意图和利益以影响国家政治决策和国家行为的一种民主制度，也是政府赢得公民信任的重要途径。扩大公民参与可以提高公民对政府的信任（张成福和孟庆存，2003；Parent et al.，2005；吴建南等，2007），因为当公民意识到政策已经不再是政治权威强加给自己的一个异物，而是自己参与的结果，包含了不同程度的自身意志和自我利益时，必然有助于维系和增进对政府的信任；反之则会降低公民信任（帕特南，2001）。正因为如此，西方国家把提高公民参与度作为重建政府与公民信任关系一个重要手段（张成福和孟庆存，2003）。

本书假定：扩大公民参与能增强公民对政府的信任。

二、电子政务 CSM 的提出及其对城乡公民信任的影响

1. CSM 的提出

随着客户关系管理在电子政务中的应用越来越广泛和深入，"喻公民为客户"的政治价值得到世界各国越来越普遍的认可。2005 年，全球电子政务评估权威埃森哲咨询公司提出了 CSM 的概念，并将其作为衡量电子政务总体成熟度最重要的指标。CSM 是指"以客户（公民）为中心"理念在政府电子服务中被接受和贯彻的程度，反映了客户关系管理在电子政务中的应用水平。如前所述，CSM 包括四个维度：公民为中心、渠道整合、部门整合、前瞻性沟通。CSM 四个维度的基本内涵如下。

（1）公民为中心。"公民为中心"实际上是对公民角色的一种新的定位，即将公民视为消费者或者顾客，推行"顾客导向""顾客至上"等观念，其目的就是要让公民在享有政府服务时，也能得到如同私有部门那样高的服务质量，强调公共部门对公民负责。以公民为中心的公共服务改革运动已经成为西方国家在重建政府与公民信任关系方面的一项重要措施（张成福和孟庆存，2003）。

以公民为中心就是要把公民放在第一位，它意味着政府知晓公民的需求，并围绕公民需求，提供高质量的服务，甚至是个性化的增值服务。电子政务被证明有能力将政府服务变得更加以公民为中心（Schedler and Summermatter，2007）。

为实现以客户为中心的电子服务，政府必须更深刻地理解公民。例如，判断公民对政府服务的需求；判断公民对政府服务的预期；判断公民对政府的了解程度；判断公民对技术的偏好（更喜欢以何种技术手段获取这些服务）；判断公民的技术能力；了解公民是如何使用电子政务服务的；判断特殊人群（如老年人、残疾人等）电子服务的可获取性。

（2）渠道整合。渠道整合就是要为公民提供丰富、便利、无缝的服务获取渠道。无论公民选择何种渠道，如信息亭（kiosks）、电话、网络、信件、私人沟通等，都能够快速、方便、高效地获取所需要的服务，并且渠道与渠道之间能实现无缝的整合（Vassilakis et al., 2007）。

（3）部门整合。部门整合是指通过在政府内部实行跨部门的服务流程整合以及信息资源和服务资源共享，为公民提供一站式服务。政府职能部门权力交叉和重叠是一个普遍现象，这导致了政府的某些职能部门管理权限和服务职责划分不清晰，从而给一站式电子服务的实施带来了体制和机制上的障碍。通过政府业务流程重组实现跨部门整合是一站式服务的必由之路（陈明亮，2003a）。目前，政府再造（reengineering government）几乎成为一个世界性的潮流，各国政府纷纷推出了相关的运动或计划，如英国的"公民宪章运动"、加拿大的"公共服务 2000 年计划"、美国的国家绩效评估运动、新西兰和澳大利亚的政府改革运动等（张成福和孟庆存，2003）。中国政府正在实施的大部制，也是一个典型的部门整合方案，它将深刻地影响电子政务的发展，为推进中国政府更好地实施一站式电子服务提供一个非常好的契机。

（4）前瞻性沟通。前瞻性沟通是指政府对即将和已经推出的各项电子服务，进行积极、充分的宣传、教育和培训，确保公民在使用这些服务之前，充分了解服务的内容、获取的方式及服务使用所带来的价值，并能掌握正确的使用方法和必要的使用技能。知晓度不足是各国政府电子服务使用普及率不高的重要原因之一。为了让公民对政府电子服务有很好的了解，提高公民的兴趣和热情，进而提高政府电子服务的选用率，前瞻性沟通必不可少（Jones et al., 2007）。

2. CSM 对公民信任的影响机制

综上所述，CSM 高意味着：政府从公民需求出发提供服务，致力于向公民提供跨部门的一站式服务，公民可以选择自己喜欢的任何渠道方便地与政府沟通和获取政府服务，并可充分享受政府提供的各种相关培训与教育。CSM 通过公民满意和公民参与影响公民信任，下面讨论四者的关系。

（1）CSM 与公民满意。如上所述，CSM 测度了"以客户（公民）为中心"的服务理念在电子政务中的体现情况，本质上反映的是政府电子服务质量的高低，众所周知，政府服务质量是决定公民满意的核心要素，因此 CSM 与公民满意的关系是显然的。埃森哲对各国电子政务的调查数据显示，CSM 的四个维度，即公民为中心、渠道整合、部门整合、前瞻性沟通与公民对政府的总体满意具有较强的正相关性，即 CSM 四个维度越高，公民满意度越高。

本书假定：提高 CSM（含四个维度）能提高公民满意度。

（2）CSM 与公民参与。大量的研究表明（Moon，2002；Tolbert and Mossberger，2006），电子政务大大改善了公民参与的环境，如改善了公民参与的信息环境（政府信息公开、透明），增加了公民参与的渠道和范围，提高了公民参与的互动性（特别是政府对公民参与的回应性）和便利性，降低了公民参与的成本，因此大大增加了公民参与政治事务的热情、意愿和行为。CSM 的四个维度全面涵盖了电子政务所带来的公民参与环境的种种改善，如公民为中心涵盖了政府对信息公开、在线参政议政等公民需求具有更好的满足性，渠道整合涵盖了公民参与渠道的多样性和易获得性，部门整合涵盖了公民跨部门参政议政的便利性，前瞻性沟通涵盖了公民与政府沟通的互动性和充分性。因此，CSM 与公民参与的关系也是显然的。

本书假定：提高 CSM（含四个维度）能提高公民参与度。

（3）CSM 与公民信任。上述讨论表明，CSM 将影响公民满意和公民参与，而公共管理理论告诉我们，后两者是公民信任的核心决定因素，因此可以推断：CSM 将通过公民满意和公民参与影响公民信任。之前的相关研究证实了这种推断，如 Welch 等（2005）证实了公民满意在电子政务的使用和公民信任之间的中介作用；Tolbert 和 Mossberger（2006）认为电子政务由于增加了公民参与机会和改善了满意因素（如改善了服务效率、方便了沟通）进而增进公民信任；埃森哲全球范围内的调查数据证实了公民满意和公民参与在 CSM 与公民信任之间的中介作用。

那么，CSM 会不会直接对公民信任产生影响呢？CSM 是一个很新的概念，目前尚未见到相关的研究。为此，本书预研究假定：CSM 既通过公民满意和公民参与间接影响公民信任，又直接影响公民信任，但基于大样本的实证结果表明，CSM 与公民信任之间没有直接关系。

本书假定：CSM 通过增强公民参与和公民满意来增强公民信任。

三、电子政务 CSM 与公民信任关系模型

根据上述讨论，本章提出了如图 16.1 所示的 CSM-公民信任关系模型。图中用连接两个变量的箭头表示变量之间的因果关系，箭尾处的变量为外生变量（自变量），箭头所指的变量为内生变量（因变量）。外生变量用 ξ 表示，内生变量用 η 表示，图 16.1 中"公民信任"为内生变量，"公民满意"和"公民参与"既是外生变量又是内生变量，其余为外生变量。"+"表示两变量之间正相关。

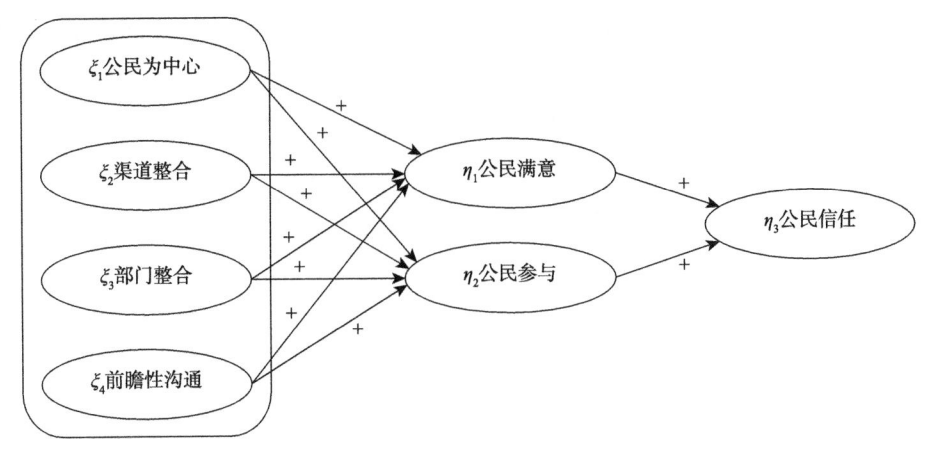

图 16.1 CSM-公民信任关系模型

模型包含了以下 10 个研究假设。

假设 16.1：以公民为中心组织政府电子服务能增强公民满意度；

假设 16.2：整合政府电子服务提供渠道能增强公民满意度；

假设 16.3：电子政务建设中，政府部门的内部整合能增强公民满意度；

假设 16.4：电子政务建设中，政府部门所提供的前瞻性沟通和教育能增强公民满意度；

假设 16.5：以公民为中心组织政府电子服务能增强公民参与度；

假设 16.6：整合政府电子服务提供渠道能增强公民参与度；

假设 16.7：电子政务建设中，政府部门的内部整合能增强公民参与度；

假设 16.8：电子政务建设中，政府部门所提供的前瞻性沟通和教育能增强公民参与度；

假设 16.9：提高公民满意能增强公民信任；

假设 16.10：扩大公民参与能增强公民信任。

第三节 研究方法

一、实证背景

选取杭州市公共交通电子服务为实证背景。之所以选择公共交通电子服务，是因为其用户覆盖面广，公民需求旺盛和使用频繁，具有较强的代表性。唐协平等（2007）通过大规模的问卷调查，对我国公民的电子服务需求进行了统计分析，结果表明：在公共交通服务方面，公民对提供公交线路图服务、公交收费与长途汽车服务的需求非常迫切；在车辆服务方面，公民对交通法规及行政事业收费标准查询服务、驾照申领及换证服务的需求迫切度较高。

杭州市电子政务建设在全国的地市级政府中一直处于前列，公共交通电子服务是其典型代表。杭州市交通运输局所提供的公共交通服务覆盖了前文所提出的公民需求度较高的服务种类。其门户网站——杭州交通信息网于2003年1月26日开通，至今进行了多次升级，能提供公交信息、电子地图、路况信息、停车咨询、租车咨询、交通法规、驾驶考试模拟考场、违章信息查询等众多服务项目。

二、实证方法

如图16.1所示，理论模型涉及的7个变量：公民为中心、渠道整合、部门整合、前瞻性沟通、公民满意、公民参与、公民信任，都是无法直接度量的隐变量，需要多个观测指标间接度量。相关分析、多元回归等传统方法效率较低、效果不理想，为此选择SEM软件作为样本数据的分析工具。所用软件为AMOS 7.0。

三、变量度量

在理论模型涉及的7个变量中，公民满意、公民参与和公民信任3个变量有比较成熟的量表（Miller，1974；Parent et al.，2005；Welch et al.，2005；吴建南等，2007），本书总体上采用成熟量表，但结合具体背景作了必要修改。其余4个变量涉及CSM的四个维度，其度量问项埃森哲也有比较深入的研究，本书以此为基础，并结合专家小规模访谈和其他的相关研究成果（Schedler and Summermatter，2007；Bertot and Jaeger，2008）进行了设计。变量设计结果如表16.1所示，7个变量共有25个问项，每个问项采用7级Likert量表回答。7个变量的可靠性系数（Cronbach's α）最小0.70，最大0.88，表明所设计的度量项目总体是合适的。

表16.1 变量的度量项目

变量	度量项目
ξ_1（公民为中心）	需求满足度；服务全面性；服务个性化
ξ_2（渠道整合）	渠道丰富性；渠道易用性；渠道整合无缝性

续表

变量	度量项目
ξ_3（部门整合）	内部分工合理性；内部整合程度；纵向整合程度；横向整合程度
ξ_4（前瞻性沟通）	沟通方便性；服务价值认知度；服务内容认知度
η_1（公民满意）	对电子服务内容满意；对电子服务安全性满意；对电子服务效率满意；对电子服务及时性满意；总体满意度
η_2（公民参与）	参政议政意识；参政议政意愿；参政议政行为
η_3（公民信任）	相信政府的为民服务能力；相信政府是一心为民的；相信财政花费的合理性；相信公务人员是诚实的

四、数据收集

本书采用问卷调查方式获取数据。根据研究目的，要求被调查对象满足三个条件：一是具有使用互联网的基本能力及经验；二是对杭州市交通电子服务有一定的了解及接触；三是有交通电子服务的需求，并有过一定的使用体验。根据这些要求，本书将主要调查对象设定为在校大学生、有车一族和普通市民。其中，在校大学生虽然并未步入社会，与政府部门交互较少，但却是城市公共交通服务的重要用户，经常需要用到诸如公交信息查询、地图查询、驾照申领审验等服务。因此大学生是本书非常适宜的调查对象，加上向其发放问卷很便利，大学生成为最主要的调查对象。

问卷发放主要采用三种方式：第一，纸质问卷随机抽样发放；第二，在线调查；第三，电子邮件。共回收有效问卷536份，其中大学生样本占46.3%，有车族占27.6%，其他占26.1%。样本规模符合SEM方法所要求的大样本。

第四节 研究结果及分析

一、求解结果

根据图16.1所示的变量之间的因果关系和表16.1的度量项目，利用AMOS 7.0建立结构模型并求解。模型统计参数主要有5个：χ^2、df、CFI、NNFI和RMSEA。结构参数指变量与变量之间的路径系数（偏相关系数）。求解结果如表16.2所示。

表 16.2　模型求解结果

路径	路径系数	P 值	对应的假设	统计参数
$\xi_1 \to \eta_1$	0.596	<0.001	假设 16.1（支持）	
$\xi_2 \to \eta_1$	0.183	0.092	假设 16.2（不支持）	
$\xi_3 \to \eta_1$	0.490	<0.001	假设 16.3（支持）	
$\xi_4 \to \eta_1$	0.089	0.324	假设 16.4（不支持）	
$\xi_1 \to \eta_2$	0.305	0.029	假设 16.5（支持）	$\chi^2/\mathrm{df}=1.55$，CFI=0.92，NNFI=0.90，RMSEA=0.05
$\xi_2 \to \eta_2$	0.657	0.004	假设 16.6（支持）	
$\xi_3 \to \eta_2$	−0.031	0.769	假设 16.7（不支持）	
$\xi_4 \to \eta_2$	0.319	0.023	假设 16.8（支持）	
$\eta_1 \to \eta_3$	0.613	<0.001	假设 16.9（支持）	
$\eta_2 \to \eta_3$	0.466	0.002	假设 16.10（支持）	

二、结果分析

1. 理论模型拟合效果评价

根据通行的标准（Bentler，1992；侯杰泰等，2004），如果 $\chi^2/\mathrm{df} \leqslant 3.0$，CFI $\geqslant 0.9$，NNFI $\geqslant 0.9$，RMSEA $\leqslant 0.08$，那么模型的拟合效果是可接受的。根据求解结果，模型统计参数均满足通行的评估标准，由此可见：结构模型与观测的样本数据有较好的拟合效果，这说明样本数据总体上说是支持本书所提出的CSM-公民信任关系模型的。

2. 假设检验

在模型拟合效果可接受的前提下（否则进一步的分析没有意义），分析具体的假设是否成立。判断两变量之间关系假设是否成立的依据是路径系数的显著性检验结果和方向（正负号）。分析准则：路径系数通过显著性检验，且为正（负）值，则说明两变量正（负）相关；如果没有通过显著性检验，不论正值还是负值，都说明两变量之间没有关系。本书以显著性水平（P 值）等于 0.05 进行假设检验。

如表 16.2 所示，假设 16.1、假设 16.3、假设 16.5、假设 16.6、假设 16.8、假设 16.9、假设 16.10 的 P 值均小于 0.05，通过统计显著性检验，且路径系数均为正值，对照原假设可知，这 7 个假设成立；假设 16.2、假设 16.4、假设 16.7 的 P 值均大于 0.05，未通过显著性检验，样本数据不支持这 3 个假设。

假设 16.2 即"渠道整合→公民满意"路径未被支持的原因可能是：公民在使

用了越来越丰富,越来越容易使用的渠道之后,渠道整合有可能被公民认为是理所当然,成为一种保健因素而非激励因素。假设 16.4 即"前瞻性沟通→公民满意"路径未被支持的原因可能是:公民认为政府对电子服务内容和价值的宣传、介绍是其分内之事,因而是一种保健因素而非激励因素;也可能是绝大部分被调查者对公共交通电子服务的内容及对其价值非常了解,并经常使用,早已习以为常。假设 16.7 即"部门整合→公民参与"路径未被支持的原因可能是:公民参与仅仅限于投票、提意见、投诉等常见形式,这些仅涉及某一个政府部门,没有部门整合的要求,故政府部门的横向和纵向整合的程度并不会对公民参与产生影响。

3. CSM 四个维度对公民信任影响的重要性分析

重要性分析的依据是总路径系数,它等于直接路径系数与间接路径系数之和(Homburg and Fürst,2005)。各变量之间的直接路径系数见表 16.2,间接路径系数可根据图 16.1 所示的路径图求出。某间接路径的路径系数等于各分段直接路径系数(不显著的路径系数为 0)的乘积,两个变量的间接路径可能不止一条,所有间接路径的系数之和即为总的间接路径系数。根据计算,公民为中心、渠道整合、部门整合和前瞻性沟通到公民信任的总路径系数分别为 0.51、0.31、0.30 和 0.15。由此可知,在 CSM 四个维度中,公民为中心对公民信任的影响最大,渠道整合和部门整合次之;前瞻性沟通最小。

第五节 本章研究结论、意义和不足

一、研究结论

根据上述实证结果,本章研究得出如下主要结论。

(1)电子政务 CSM 是影响公民信任的重要因素,但其影响需要通过公民满意和公民参与实现。本章提出的 CSM-公民信任关系模型,揭示了 CSM 四个维度通过影响公民满意和公民信任进而影响公民信任的作用机理,实证结果表明了模型与样本数据具有良好的拟合度,从而证明该理论模型总体上是可以接受的。

(2)CSM 的四个维度均对公民信任有影响,但各自的影响机制不同。公民为中心同时通过公民满意和公民参与对公民信任产生影响;部门整合通过公民满意对公民信任产生影响;渠道整合、前瞻性沟通通过公民参与对公民信任产生影响。

(3)CSM 四个维度对公民信任影响的作用大小是不同的。公民为中心对公民信任的影响最大，渠道整合、部门整合次之，前瞻性沟通最小。

二、理论贡献

本章的研究成果丰富和发展了公民信任理论，具体体现在两个方面。

（1）证实了影响公民信任的新要素——CSM，并揭示了它的影响机理。本章通过理论和实证研究表明，CSM 确实是公民信任的影响因素，并且其四个维度对公民信任都有影响。同时表明，CSM 通过公民满意和公民参与两条途径影响公民信任，而且 CSM 四个维度对公民信任的影响有不同的作用机制。

（2）拓展了公民信任的理论基础。本章提出的 CSM-公民信任关系模型所基于的理论基础涉及多个领域，其中，CSM 本身是电子政务发展水平的一个评估指标，众所周知，电子政务是信息技术在政府部门的一个典型应用，而 CSM 所包含的思想内涵来源于企业管理中的客户关系管理理论；公民满意、公民信任和公民参与的理论基础是公共管理理论与政治学理论。因此，本章对公民信任的研究体现了公共管理理论、政治学理论与企业管理理论、信息技术理论的结合，将公民信任的理论基础从传统的公共管理理论、政治学理论拓展到了与企业管理理论及信息技术理论的结合。

三、现实意义

1. 为我国电子政务建设指明了方向和路径

本章的研究结论至少告诉我们四个基本理念：①提高 CSM 有助于增强公民对政府的信任；②公民满意和公民参与是 CSM 与公民信任之间的桥梁；③提高 CSM 的途径有四条：以公民为中心组织政府电子服务、整合政府部门、整合服务提供渠道和增加前瞻性沟通；④在提高 CSM 的四条途径中，以公民为中心是最核心、最基本的途径。

上述理念不仅为政府推进电子政务建设指明了方向，而且为政府落实相应的具体工作找到了清晰的路径和有力的抓手。在电子政务建设中，为了提高公民满意和促进公民参与，进而增强公民对政府的信任，政府应当千方百计提高 CSM。第一，坚持"以公民为中心"的基本原则。树立"以公民为本，一切为了公民"的基本思想，在提供电子服务的过程中，始终把公民的需求放在第一位，想方设法了解、理解和满足公民需求与期望。第二，不断丰富服务提供渠道。既要开辟新的电子服务渠道，又不放弃传统的服务渠道，同时集成所有的服务渠道，让所有的公民在不同的情境下都能找到适合自己的渠道，方便地获取政府服务。第三，做好部门整合工作。在理顺部门职责和分工的基础上,从最大限度地服务好公民出发,围绕纵向和横向两条线,实现政府职能部门服务流程整合和信息资源、服务资源共享,为真正实现一站式政府电子服务提供有力的后台保障。第四,绝不能忽视与公民的沟通。对于即将推出和已经推出的各项政府电子服务,加强宣传和培训力度,不仅要让公民知道服务的内容、服务的获取方式和服务的价值,也要让他们掌握基本的使用方法和技能,一句话,要让老百姓知道用、能用、会用、愿意用,从而提高公民对政府电子服务的选用率,并且用足、用好。

2. 从公民信任视角体现了"喻公民为客户"的政治价值

研究结论告诉我们,提高 CSM 有助于增强公民对政府的信任,而 CSM 体现的本质内涵是"喻公民为客户",即"视公民为客户,以客户为中心组织政府电子服务"。这等于说"喻公民为客户"有助于增强公民对政府的信任。

"喻公民为客户"是近年来在全球普遍出现政府信任危机的大背景下提出的政府与公民之间关系的一种崭新定位,它把政府与公民关系看作是公共服务(物品)的供应商与消费者之间的关系(简称客户关系)。这样的比喻和关系定位难免引起质疑,因为公民与客户有着重要区别:公民是政治人,而客户是经济人。但是,实证的结果告诉我们,这样的比喻是得到公民本身的认可的。这至少说明了两点:

(1)客户关系管理同样适用于政府部门,"喻公民为客户"有助于增强公民信任,进而有助于促进政民关系的和谐发展,有助于推进我国服务型政府和社会主义和谐社会建设。来源于私营部门的客户关系管理虽然不能机械地全盘照搬到政府部门,但客户关系管理"以客户为中心",以及"供需双方本质上是双赢关系"等核心理念是适用的。视公民为客户,就是要建立"以公民为中心"的服务理念,其根本目的是通过为公民提供高质量、高效率的服务增加公民满意、公民参与和公民信任;视公民为客户,也就是要承认不仅公民有自身的利益,政府及组成政府的个人也有自身的利益,两者是一种利益和谐、利益相融的双赢关系。因此"喻公民为客户"的理念有助于建立和谐的政民关系。建立和谐的政民关系正是我国建设社会主义和谐社会与服务型政府的共同要求,因为建设社会主义和谐社会要解决的种种社会不和谐因素和矛盾,往往与政民关系的不和谐有关,政府中部分公务员老爷作风、等级观念、特权观念由来已久,不同程度地侵害了群众利益,从而导致政府与公民之间关系的不和谐。建设服务型政府就是要转变政府角色,其目标是从不和谐的管制者为主的角色,转变为服务者为主的角色,转变的本质是还权于民,即从"官本位""政府本位"向"公民本位"转变。由此可见,"提高政府对公民服务的质量和效率,增强公民对政府的信任,建立和谐政民关系"是建设服务型政府与社会主义和谐社会所追求的共同目标。这与"喻公民为客户"

的本质内涵是不谋而合的。这正好体现了"喻公民为客户"的政治价值。

（2）公民既非纯粹的政治人，也非纯粹的经济人，公民具有双重角色。公民的双重角色反映了政民关系的多重性，其中政府与公民之间的仆人与主人、代理与委托关系规定了公共权力的本源，符合民主政治社会的本质，是政民关系的主线。但这样的定位与我国社会主义新的历史时期，政民关系复杂性、多样性的特点相比显得过于单一和简单。这种理论上的应然关系，由于缺乏与之匹配的、可落实的多重关系支撑，实际上无法保证很好地实现，出现"仆人变主人""委托人对代理人难以监督"的窘境（乔耀章，2003）。"喻公民为客户"将政民关系定位在公共服务（物品）供应与消费的关系上，不仅给了政民关系一个全新的视角，而且为"仆人与主人""代理与委托"关系的实现找到了落脚点，因为两者的本质是服务与被服务的关系：仆人服务主人，代理人服务委托人，而"喻公民为客户"的根本目的恰恰在于将这种应然的服务与被服务关系变成实然的服务与被服务关系，并使这种关系建立在可持续的双赢机制上：公民从政府获得满意的高质量服务，政府由此赢得公民更高的信任而继续执政。由此可见，多重关系之间不是替代与排斥关系，而是互补关系、递进关系、嵌套关系和支撑关系。

四、本章研究的不足

本章研究以杭州市交通电子服务为例进行了实证，实证背景具有较强的代表性和典型性，结论也有足够的可靠性。但是，为了进一步提高结论的普遍性，未来的研究中需要对实证背景作两个方面的拓展：一是扩大实证的电子政务服务范围，如可以扩大到城乡公民电子服务使用意愿较强的教育、就业、社保、医保、信访等领域；二是扩大调查对象的地域范围，最好是在全国范围内，按电子政务建设水平的不同档次，分群（分类）抽样，并且各个档次都要有足够的样本。

第五篇　数字经济促进城乡融合高质量发展对策专题研究

第十七章 电信基础设施与中国城乡经济增长

第一节 引 言

改革开放三十多年来，中国国内生产总值以年均约9.9%的增速保持高速增长，创造了人类经济发展史上不曾有过的奇迹（林毅夫，2012）。与此密切相关的一个客观事实是，伴随着大规模的电信体制改革，电信基础设施实现了历史性跨越，取得了令世界瞩目的成就（吴基传和申江婴，2008）。1978年电话用户仅为193万户，百人平均不到半部电话，打电话、装电话难成为非常突出的社会问题。截至2010年，全国电信用户总数达到11.53亿户，增长了724倍。其中，固定电话用户数为2.94亿户，百人拥有22.1部，移动电话用户总数为8.59亿户，百人拥有64.4部。[①]中国从一个电信基础设施极度匮乏的国家，发展成为世界最大的电信市场，无论是固定电话还是移动电话的网络规模都跃居世界第一。

电信基础设施快速普及给中国经济社会发展带来的巨大变化，成为当前推动经济增长和社会发展的"助推器"。电信技术和服务已经成为城市经济社会发展中不可或缺的一部分，不光涉及零售、金融、教育、城市建设、工业改造等多个行业，还具体深入企业的管理、财务、生产、运作、销售等价值链条上的多个环节，而且，城市居民也日益享受到电信发展带来的便利和新的娱乐方式。在农村，电信基础设施近年来的快速普及也打破了原来的信息封闭，使农民能够便捷地与外界沟通，他们不需要走出家门，就可以交流外出务工信息，也可以为农产品联系销路，增加了农民就业和致富的渠道（汪向东和张才明，2011）。因此，电信基础设施的快速发展，让中国这个人口大国，快速享受到电信技术发展所带来的现代生活方式。

[①] 资料来源：《中国通信统计年度报告2010》。

电信基础设施实现了大跨越式发展并迅速改变着中国老百姓的生活轨迹,人们更想知道究竟电信基础设施改善对经济增长产生了怎样的影响？目前经验文献对于电信基础设施对经济增长具有重要贡献基本达成共识,但是在不同行业发展周期中,移动和固定电话基础设施究竟对经济增长发挥着怎样的作用仍未有定论。从电信行业发展轨迹来看,中国电信基础设施建设不同于发达国家,在20世纪90年代之前,发达国家固定电话基础设施建设基本建成,固定电话普及率处于很高的水平,而中国还处于较低水平。而且,也不同于一些非洲落后国家,它们进入21世纪几乎完全跨越固定电话而直接发展移动电话基础设施。中国在20世纪90年代固定和移动电话基础设施快速发展,但是进入21世纪以后,移动通信技术对固定通信技术形成了显著的替代,移动电话基础设施保持了较高的发展水平,但是固定电话普及率在达到顶峰之后,开始呈现出快速萎缩的趋势。因此,本章从中国电信行业发展具体情形出发,按不同行业发展阶段,分别考察移动和固定电话基础设施及其交互项对中国经济增长的影响,更能准确地捕捉电信基础设施对经济发展的贡献。

另外,本章不仅考虑了经济增长的动态性,还克服了目前文献难以解决的电信基础设施与经济增长之间由于因果倒置所带来的内生性题。一方面,我们选择国家层面自上而下外部电信改革所引起的各省电信市场集中度变化指标作为工具变量。另一方面,我们进一步选择外生性更强的相邻省份电信市场集中度作为工具变量进行稳健性检验。本章研究发现由于电信基础设施与经济增长之间的内生性导致了有偏的估计结果,而使用不同工具变量不仅纠正了有偏估计,还保证了实证结果的稳健性。2008年金融危机后,随着"连通美国""数字英国""U-Japan"等电信基础设施刺激计划的推出,引发了世界各国电信基础设施投资浪潮,中国最近也将"宽带中国"上升到国家战略高度,因此,本章研究结论对于指导中国政府新一轮电信基础设施建设具有重要的政策意义。

第二节 电信基础设施与城乡经济增长

经济增长一直是经济学理论界关注的焦点问题之一,从 Solow（1956）的新古典外生增长演进到 Romer（1986）的内生增长理论模型,都从理论出发来解释了经济增长的路径。20世纪80年代以来,信息通信技术的兴起和快速普及催生了"数字经济",电信基础设施成为国家构建"信息高速公路"的基石,而且电信基础设施与经济增长之间的关系也成为理论界研究的热点问题。按照新古典经济增长理论,电信作为一种投资要素,加大电信基础设施投资形成了资本积累,就可以直接拉动经济增长。不仅如此,网络经济学理论文献指出电信基础设施投资还具有网络外部性,这种外部性提高了企业和家户的决策质量,降低了搜索和生产成本,加强了企业技术扩散和创新,进而对经济增长产生了显著的溢出效应(Wellenius,1977;Hardy,1980;Leff,1984)。在理论研究基础上,以Datta和Agarwal(2004)等为代表的一批国内外文献掀起了验证电信基础设施与经济增长之间关系的研究热潮。

一支文献利用时间序列方法研究了电信基础设施投资与经济增长之间的相互影响关系。以美国为例,Wolde-Rufael(2007)研究发现,不光美国经济发展促进了电信基础设施投资,电信投资也拉动了美国经济增长。Yoo 和 Kwak(2004)、Cleslik 和 Kaniewska(2004)与 Perkins 等(2005)对韩国、波兰和南非的经验研究也证实了电信基础设施投资与地区经济增长的双向影响关系。而且,来自30个发展中国家和工业化国家的格兰杰因果关系检验也表明电信基础设施与经济增长之间存在着双向影响关系(Dutta,2001)。

另一支文献利用跨国面板数据考察了电信基础设施对经济增长的影响。Norton(1992)利用47个国家的数据,研究认为电信基础设施能够减少交易成本,从而显著促进地区经济增长。虽然Röller和Waverman(2001)利用OECD国家面板数据,实证发现固定电话普及率只有超过临界值才会对经济增长具有显著影响,但是Datta和Agarwal(2004)使用动态面板数据对OECD国家的估计结果显示,电信基础设施显著促进了这些国家的经济增长。

对于发展中国家来说,固定电话基础设施建设与发达国家相比普遍滞后。20世纪90年代以来,随着移动通信技术的发展,基础设施建设成本大大低于固定电信,因此,有些发展中国家直接跨越到更先进的移动通信技术。Jensen(2007)考察了印度克拉拉邦渔民如何利用移动通信在市场上实现套利,认为移动电话能够方便渔民在市场上找到更多的买主,这使得鱼价开始趋向集中,并且减少了未售鲜鱼带来的经济损失。Aker和Mbiti(2010)分析了2001~2006年尼泊尔粮食市场,研究发现移动电话普及导致粮食价格及其价格分散度分别下降了4.5%和10%,而且市场运作效率提高也增加了粮食利润,最终给粮食市场带来了帕累托改善。不仅如此,最近相关实证研究发现移动电话基础设施普及更能促进发展中国家的经济增长。例如,Waverman等(2005)的实证研究结果指出移动电话对发展中国家的影响是发达国家的两倍。Qiang等(2009)估计了120个发达和发展中国家移动电话对人均GDP的影响,研究发现移动电话普及率每提高10%,发展中国家经济增长0.81个百分点,而发达国家经济增长仅提高0.60个百分点。

以中国为例,Démurger(2001)利用1985~1988年24个省(区、市)数据考察了交通和电信基础设施对经济增长的影响,研究发现固定电话普及率提高对城市和农村经济发展都有显著的促进作用。Ding 等（2008）使用 1986~2002 年中国 29 个省级数据，实证分析了电信基础设施对地区收入的影响，结果显示电话普及率与地区收入之间存在着显著的正向影响关系。罗雨泽等（2008）利用 2000~2005 年 31 个省（区、市）的数据，通过建立系统结构方程，估计了电信投资对经济增长的贡献及贡献值变化的趋势，研究认为电信投资对经济增长的边际贡献平均为 2.376%，高于其他社会基础设施投资。然而，Shiu 和 Lam（2008）使用 1978~2004 年 22 个省级数据的研究结果表明，在国家层次上实际 GDP 和电信发展之间存在单向联系，电信发展与实际 GDP 的因果关系仅存在于富裕的东部地区省份。

上述研究为考察中国电信基础设施与经济增长之间的关系提供了有价值的线索，但是仍然存在需要完善之处。一方面，多数研究采用两种不同电信技术即固定和移动电话普及率之和来衡量电信基础设施。在 20 世纪 90 年代初期，移动电话刚进入电信市场，其发展可能增加了固定电话的业务量，但进入 21 世纪以来，由于移动电话承载了比固定电话更多的服务功能，移动通信服务对固定通信服务产生了明显的替代效应（Ward and Zheng，2012）。因此，电话普及率不是简单的两者之间的叠加，现有研究忽略了移动和固定电信之间对经济增长的相互影响，并未捕捉到信息技术变迁带来电信基础设施经济效应的变化，难以全面衡量电信基础设施对经济增长的影响。另一方面，由于受到数据样本限制等，目前研究对于解决电信基础设施与经济增长之间的内生性问题仍未取得较满意的效果。正如 Aker 和 Mbiti（2010）所指出的如何发现有效的外生计量工具，对于识别电信基础设施对经济增长的影响非常重要。然而，由于因果倒置的存在，人们会质疑经济发展较快的地区电信运营商更愿意进行电信基础设施的投资，而不是电信基础设施促进了经济增长。

中国电信体制改革与转型的大背景，为获取外生工具变量提供了思想源泉。中华人民共和国成立后，中国电信行业一直处于邮电部行政垄断经营之下。进入 20 世纪 90 年代，行业效率低下，电信服务供给难以满足人们快速增加的电信服务需求。1994 年之后，电信行业经历了四个阶段的大规模体制改革。

第一阶段是引入竞争阶段（1994~1997 年），中国联通成立后，行业垄断的坚冰正式被打破。第二阶段是纵向拆分阶段（1998~2000 年），1998 年国务院对中国电信按照业务纵向拆分为新的中国电信（固网业务）、中国移动（移动业务）、中国卫通（卫星通信）和国信公司（传呼业务），形成了"三大四小"的分业竞争格局。第三阶段是横向拆分阶段（2001~2007 年），中国电信被按照区域拆分为中国电信（固网南方 21 个省市）和中国网通（固网北方 10 个省市），形成了"四大两小"的竞争格局。第四阶段是全业务重组阶段（2008 年至今），电信行业结束了分业竞争的格局，2008 年国务院提出电信重组方案，中国电信收购了中国联通的

CDMA（码分多址）业务，中国联通（保留 GSM 业务）与中国网通合并，中国铁通被并入中国移动，形成了"三足鼎立"的全业务竞争格局。经历四次大规模电信改革后，电信产业结构由完全行政垄断格局逐步走向市场竞争，这不仅提升了电信基础设施的普及，还促进了通信技术的替代和行业的快速发展（Zheng and Ward，2011；Ward and Zheng，2012）。中央政府对电信行业"自上而下"的大规模拆分重组改革所引起的市场结构变化，为识别电信基础设施对经济增长的影响提供了有效的工具变量。为此，针对现有文献不足，本章利用 1990~2010 年延长的省级动态面板数据，将移动通信纳入模型之中，并考虑了移动通信和固定通信对经济增长的互相影响，应用从 20 世纪 90 年代中期开始的电信体制改革带来的各省（区、市）市场结构变化作为外部工具变量，识别电信基础设施发展对中国经济增长的影响。

第三节 模型和数据

一、计量模型

我们基于 Barro 和 Sala-I-Martin（1991）、Islam（1995）宏观经济增长模型，构建了省级人均地区生产总值增长率与人均收入水平、电信基础设施衡量变量、控制变量和双固定效应的面板数据模型，基本计量模型设计如下：

$$\text{growth}_{i,t} = \alpha_0 + \beta_1 \text{lngdpc}_{i,t-1} + \sum_{j=2}^{n} \beta_j X_{i,t} + \lambda_1 \text{lnmobilepop}_{i,t} \\ + \lambda_2 \text{lnfixedpop}_{i,t} + \mu_i + \delta_t + \varepsilon_{i,t} \quad (17.1)$$

此处，$X_{i,t} = \left[\text{open}_{i,t}, \text{gfi}_{i,t}, \text{govc}_{i,t}, \text{popgr}_{i,t}, \text{r\&d}_{i,t} \right]$。

如前文所述，移动通信技术对固定通信技术既可能产生互补又可能产生替代，因此，不管是移动电话基础设施，还是固定电话基础设施，其中任何一方对经济增长的影响效应大小都会受到另一方的影响。有鉴于此，我们在模型（17.1）中，加入了移动电话和固定电话普及率的交互项，具体模型如下：

$$\text{growth}_{i,t} = \alpha_0 + \beta_1 \text{lngdpc}_{i,t-1} + \sum_{j=2}^{n} \beta_j X_{i,t} + \lambda_1 \text{lnmobilepop}_{i,t} + \lambda_2 \text{lnfixedpop}_{i,t} \\ + \lambda_3 \text{lnmobile\_fixedpop}_{i,t} + \mu_i + \delta_t + \varepsilon_{i,t} \\ (17.2)$$

其中，i 为省份；t 为年份；μ_i 和 δ_t 分别控制地区和时间固定效应；α_0 为常数项；

growth$_{i,t}$ 表示实际人均 GDP 的增长率；lngdp$_{i,t-1}$ 表示人均实际 GDP 滞后一期的自然对数。X 包含了以下 5 个控制变量：open 表示经济开放程度，表示各地区融入世界经济的程度；gfi 表示固定资产投资占 GDP 的比重；govc 表示政府消费支出占 GDP 的比重；popgr 表示人口增长率；r&d 表示研发经费内部支出占 GDP 比重，用来控制技术进步的影响。本章与 Démurger（2001），Ding（2008）等文献保持一致利用电话普及率衡量电信基础设施发展状况，即用移动电话普及率（lnmobilepop）和固定电话普及率（lnfixedpop）的自然对数，来衡量电信基础设施的发展状况；lnmobile_fixedpop 为移动与固定电话普及率交互项的自然对数，衡量移动与固定电话基础设施对经济增长的交互影响。由前文可知，电信基础设施投资不仅直接促进经济增长，而且也能对经济增长产生显著外部溢出效应，为此，我们假设移动和固定电话基础设施对经济增长具有正向影响，即 X 为正数。另外，由于移动通信技术成本远低于固定通信技术，而且移动电话使用便捷，也承载了更多的通信服务，因此，移动电信基础设施对经济增长的溢出效应更为显著，我们假设移动要比固定电话基础设施对经济增长影响更明显。为验证以上假设，本章实证部分的关键在于如何处理随机误差项 $\varepsilon_{i,t}$。

二、估计方法

本章不断放松随机误差项的假设以保证研究结果的可靠性。首先假设 $e_{i,t}$ 服从独立同分布，利用传统的静态模型方法估计实证模型（17.1）和模型（17.2）。然后，允许经济增速具有可持续性，某一年对经济增速的外部冲击会影响当年和随后几年，因此，这种因果关联在随机误差项中可以表示为 $\varepsilon_{i,t} = V_{i,t} + \rho\text{growth}_{i,t-1}$（$V_{i,t}$ 为误差项）。为解决此问题，一阶差分广义矩估计（Difference Generalized Method of Moments，DIF-GMM）较易受到弱工具变量和小样本偏误的影响，Arellano 和 Bover（1995）、Blundell 和 Bond（1998）进一步提出了系统广义矩估计量（System Generalized Method of Moments，SYS-GMM）。SYS-GMM 估计量在 DIF-GMM 估计量的基础上使用了水平方程的矩条件，将滞后变量的一阶差分作为水平方程中相应的水平变量的工具，较好地解决了弱工具变量问题。因此，我们采用 Roodman（2009）的方法重新来估计实证模型（17.1）和模型（17.2）。

如前文所述，由于电信基础设施发展与地区经济增长存在着因果倒置问题，即 $\text{COV}(\text{lnmobilepop}_{i,t}, \varepsilon_{i,t}) \neq 0$、$\text{COV}(\text{lnfixedpop}_{i,t}, \varepsilon_{i,t}) \neq 0$ 和 $\text{COV}(\text{lnmobile\_fixedpop}_{i,t}, \varepsilon_{i,t}) \neq 0$。差分变换并不能消除两者因果倒置、遗漏变量所带来的估计偏误，那么如何克服内生性问题呢？前文所述的 20 世纪 90 年代中期以来的电信体制改革给我们提供了重要启示。中国电信行业经历了前所未有的打破垄断改革,从图 17.1 中可以看出,在电信体制改革期间行业市场集中度(赫芬达尔指数(HHI))大幅下降,1994~2010 年各省平均固定电话市场集中度从 10 000 下降到大约 7 800,移动电话市场集中度从 10 000 下降到 5 000。与此同时,各省平均固定电话普及率从每百人大约 2.69 部提高到 22.18 部,移动电话普及率从每百人大约 0.15 部提高到 66 部(图 17.2)。

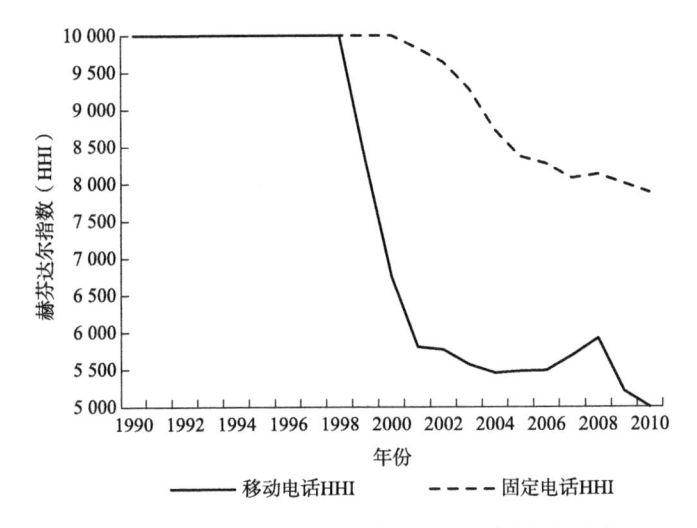

图 17.1 1990~2010 各省移动和固定电话市场集中度

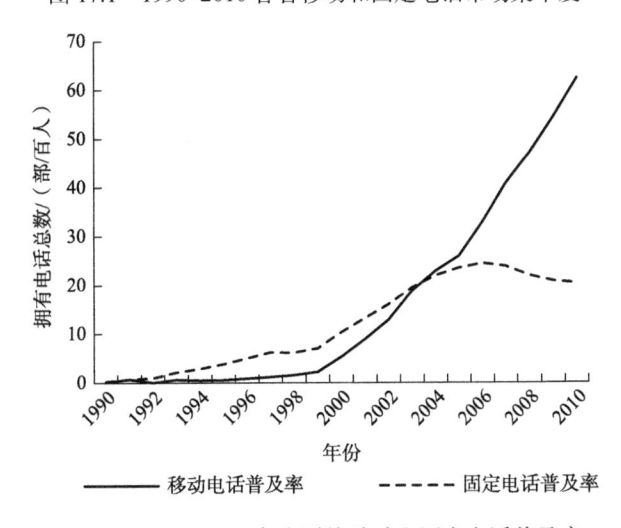

图 17.2 1990~2010 各省平均移动和固定电话普及率

本章利用中央政府自上而下的电信拆分和重组改革所引起的省级电信行业市场集中度的变化作为工具变量,来克服电信基础设施发展与经济增长之间由于因果倒置、遗漏变量等带来的内生性问题。一个理想的工具变量必须具备两个条件：第一，它必须与内生的解释变量（即电信基础设施）有显著的关联；第二，给定已有的控制变量的情况下，它必须与回归方程的残差项无关。工具变量的第一个条件比较容易满足，这是因为电信改革所引起的各省电信市场集中度下降，市场竞争加剧导致电信价格下降，使得电信基础设施普及率大大提升（郑世林，2010）。要满足第二个条件有一系列的挑战。从各省的电信行业市场的角度看，在国家层面大规模的电信拆分和重组改革是自上而下的外生冲击，因为电信运营商在各省的分公司都属于集团总部管理，不隶属省级政府管理，而且电信改革更多是从中央层面的电信发展战略考虑。但是即便如此，也还存在一些渠道使得地区电信市场的竞争与本地区的经济增长相关，如电信市场竞争加剧导致固定资产投资增加，从而提升了本地区的经济增长速度。电信市场竞争也可能加速电信领域的技术进步，技术进步的溢出效应也会带动本地区的经济增长。这说明我们在回归方程中必须控制这些可能的影响渠道。鉴于这些，我们在回归方程中控制了地区实际生产总值增长滞后一期、经济开放程度、固定资产投资、政府消费支出、人口增长率、技术进步等变量。在控制这些变量之后，我们认为由电信改革引发的电信市场集中度的变化应该与本地区经济增长无关。为此，我们将分别使用移动和固定电话行业集中度 HHI 作为解释移动和固定电话基础设施的工具变量，并应用 Mileva（2007）所提出的 SYS-GMM 外部工具变量法进行估计。

最后，为了增加分析的稳健性，我们还进一步利用地理位置最靠近的周围 5 省移动和固定电信行业平均市场集中度（HHI_5）作为移动和固定电话基础设施的工具变量。一方面，由于电信改革采用先试点后逐步铺开的方式，使得周围省份电信市场集中度与本省集中度相关，并直接影响电信基础设施发展，因而周围省份电信市场集中度与本省电信基础设施发展直接相关。另一方面，作为网络型产业，周围省份电信市场集中度变化多少会带来本省电信业务量变动，为此，在控制上述变量的基础上，我们还进一步控制了电信业务量。在控制一系列变量后，我们认为周围省份电信市场集中度与本省经济增长无关。

三、数据

本章所使用的数据涵盖 1990~2010 年中国 31 个省（区、市）宏观经济和电信行业发展的面板数据。数据来源主要包括两个方面：一方面，宏观经济数据主要来源于 1991~2011 年《中国统计年鉴》、《中国科技统计年鉴》和《新中国 60 年统计资料汇编》；另一方面，电信行业数据主要来源于《中国通信统计年度报告》和各年电信企业统计年报。

第四节 实证结果

一、基本估计结果

我们利用简单的双固定效应 OLS,用模型(1)和模型(2)[①],估计 1990~2010 年移动和固定电话基础设施对中国经济增长的影响,回归结果报告于表 17.1 中的第(1)和第(2)列。另外,考虑到经济增长的动态性,我们利用以上数据应用动态 SYS-GMM 方法估计了模型(1)和模型(2),回归结果报告于表 17.1 中第(3)和第(4)列。Sargantest 不能拒绝工具变量有效的原假设,AR(2)检验不能拒绝一阶差分方程的随机误差项中不存在二阶序列相关的原假设,因此,估计结果不存在工具变量的过度识别和二阶序列相关问题,表现出良好的稳健性。

表 17.1 1990~2010 年电信基础设施对经济增长影响

解释变量	静态模型(FE)		动态模型(SYS-GMM)	
	移动和固定电话基础设施	移动和固定电话基础设施(交互项)	移动和固定电话基础设施	移动和固定电话基础设施(交互项)
	(1)	(2)	(3)	(4)
人均 GDP 增长率滞后项			0.493*** (0.147)	0.493*** (0.147)
ln(移动电话普及率)	0.006*** (0.002)	0.006*** (0.002)	0.004* (0.002)	0.004** (0.002)
ln(固话普及率)	−0.006 (0.006)	−0.001 (0.006)	−0.006 (0.004)	−0.005 (0.005)
ln(移动与固定电话普及率交互项)		0.001 (0.001)		0.001 (0.001)
ln(人均 GDP)滞后项	−0.080 (0.013)	−0.086*** (0.014)	−0.001 (0.004)	−0.003 (0.004)
经济开放度	0.011 (0.007)	0.011 (0.007)	0.018*** (0.005)	0.017*** (0.005)
固定投资占比	0.099*** (0.014)	0.101*** (0.014)	0.022* (0.011)	0.023** (0.011)
政府消费支出占比	−0.017 (0.034)	−0.031 (0.035)	−0.014 (0.013)	−0.014 (0.013)
人口增长率	−1.010*** (0.041)	−1.003*** (0.041)	−1.172*** (0.065)	−1.169*** (0.064)

---

① 使用静态模型,即模型(1)和模型(2)中并未包含被解释变量的滞后项。

续表

解释变量	静态模型（FE）		动态模型（SYS-GMM）	
	移动和固定电话基础设施	移动和固定电话基础设施（交互项）	移动和固定电话基础设施	移动和固定电话基础设施（交互项）
	（1）	（2）	（3）	（4）
研发支出占比	0.246 （0.469）	0.124 （0.476）	−0.237 （0.186）	−0.256 （0.183）
观察值	600	600	600	600
AR（1）			0	0
AR（2）			0.806	0.783
Sargantest			0.823	0.864
R^2	0.713	0.714		

*、**、***分别表示10%、5%、1%的显著性水平

注：（1）括号内为标准差；（2）各回归模型中均包含常数项、年度和省份虚拟变量，为节省篇幅，表中并未报告回归结果；（3）Sargan检验和AR（1）、AR（2）告的均为统计量的 P 值；（4）下表同

从控制变量来看，在静态模型中人均GDP的滞后项对经济增长具有显著的负向影响，但在动态模型中其影响并不显著；固定资产投资占GDP比重越高，经济增长越快；区域经济开放程度对经济增长也具有积极影响；政府消费支出占GDP比重对经济增长影响并不显著；人口增长率与经济增长之间呈现出负相关关系，这意味着人口增长越快的地区，经济增长相对趋缓；研发经费内部支出占GDP比重对经济增长的影响并不显著。

对于电信基础设施变量，静态与动态模型结果基本保持一致。首先，移动电话基础设施显著促进了中国经济增长，而固定电话基础设施对经济增长的影响并不显著。在静态和动态结果中，移动电话基础设施分别在1%和10%的显著性水平上对经济增长具有正向影响。其次，引入移动和固定电话普及率的交互项后，移动电话基础设施仍对经济增长保持着显著影响。在静态和动态结果中，移动电话基础设施分别在1%和5%的显著性水平上对经济增长具有正向影响；固定电话基础设施对经济增长的影响仍不显著，移动与固定电话基础设施的交互项虽然促进了经济增长但并不显著。上述结果表明，在1990~2010年，移动电话基础设施是促进经济增长的根本驱动力。

二、分期动态模型的估计结果

回顾中国电信业发展的轨迹，在20世纪90年代中国电信业处于行业发展早期，移动电话作为一种相对的新兴技术与固定电话更多表现为互相补充和促进的

关系。但进入 21 世纪后，随着移动通信技术的发展，移动电话的成本开始低于固定电话，移动电话逐渐呈现出替代固定电话的趋势，行业发展进入相对成熟期。因此，从 1990~2010 年整个时期考察电信基础设施对经济增长的影响，难以弄清楚移动和固定电话基础设施在不同行业发展周期对经济增长的影响机制。鉴于此，本章利用动态 SYS-GMM 方法分别考察了行业发展早期（1990~1999 年）和行业相对成熟期（2000~2010 年）移动和固定电话基础设施及其交互项对经济增长的影响，回归结果报告于表 17.2 中的第（1）~（4）列。

表 17.2 电信基础设施与人均 GDP 增长：分期估计结果（SYS-GMM 方法）

解释变量	1990~1999 年		2000~2010 年	
	移动和固定电话基础设施	移动和固定电话基础设施（交互项）	移动和固定电话基础设施	移动和固定电话基础设施（交互项）
	（1）	（2）	（3）	（4）
人均 GDP 增长率滞后项	0.512*** (0.064)	0.209 (0.203)	−0.097 (0.248)	0.446*** (0.120)
ln（移动电话普及率）	0.005* (0.003)	0.005* (0.003)	0.010** (0.004)	0.012* (0.006)
ln（固话普及率）	0.011 (0.008)	0.018** (0.007)	−0.015** (0.007)	0.006 (0.008)
ln（移动与固定电话普及率交互项）		0.001** (0.001)		−0.005** (0.002)
观察值	259	259	341	341
AR（1）	0	0.069	0.050	0
AR（2）	0.914	0.987	0.067	0.149
Sargantest	0.290	0.558	0.625	0.117

*、**、***分别表示 10%、5%、1%的显著性水平
注：（1）控制变量估计结果与表 17.1 中结果基本保持一致，为节省篇幅，表中并未报告；（2）下表同

从表 17.2 可以看出，在行业发展早期（1990~1999 年），当不考虑移动和固定电话之间的影响关系时，第（1）列结果显示，移动电话基础设施在 10%的显著性水平上对经济增长具有正向影响，固定电话基础设施虽然对经济增长具有正向影响但并不显著；当加入两者交互项时，第（2）列结果显示，移动和固定电话基础设施都显著促进了经济增长，而且两者的交互项对经济增长也具有显著的正向影响，这说明移动电话与固定电话之间存在着明显的互补效应，伴随着移动电话的快速普及，由于移动和固定电话之间的通话量上升，固定电话业务量也不断提高，从而促进了中国经济增长。第（3）列结果显示，在行业相对成熟期（2000~2010 年）移动电话基础设施在 5%显著性水平上对经济增长具有正向影响，而固定电话基础设施在 5%显著性水平对经济增长具有负向影响。当包含交互项后，第（4）

列结果显示：移动电话基础设施也在 10% 显著性水平上对经济增长具有正向影响；固定电话基础设施对经济增长具有正向影响但并不显著；移动和固定电话基础设施交互项在 5% 显著性水平上对经济增长具有负向影响。在这里值得指出的是，我们加入交互项前后，自回归项（人均 GDP 增长率的滞后项）系数和显著性都有明显差异，这种较大差异可能是由电信基础设施与经济增长之间的内生性所致。

三、工具变量估计结果

为了克服电信基础设施与经济增长之间存在的内生性，我们利用 Mileva（2007）提出的 SYS-GMM 模型外部工具变量法，重新估计模型（17.1）和模型（17.2）的回归结果，报告于表 17.3 中。其中，Sargantest 不能拒绝工具变量有效的原假设，AR（2）检验不能拒绝一阶差分方程的随机误差项中不存在二阶序列相关的原假设。在第（1）和第（3）栏中，外部工具变量分别包含了本省移动和固定电话市场集中度（mHHI 和 fHHI），在第（2）和第（4）栏中，又包含了移动和固定电话市场集中度的交互项（mHHI × fHHI）。无论是否包含交互项，表 17.3 中自回归项的系数和显著性基本一致，说明克服核心变量内生性保证了回归结果的稳健性。在行业发展早期，移动电话基础设施显著促进了经济增长，而固定电话基础设施的正向影响主要源于交互项。从第（2）列可以看出，固定与移动电话基础设施的交互项在 5%的显著性水平对经济增长具有正向影响，这个结果与早期文献关于移动和固定电话之间存在互补效应的结论基本相符（Gruber, 2001; Hamilton, 2003; Madden et al., 2004）。在行业相对成熟期，移动电话基础设施依然对经济增长具有显著的正向影响，而固定电话基础设施开始对经济增长产生负向影响。虽然移动和固定电话基础设施的交互项对经济增长的影响不显著，但是产生了负向影响，这意味着移动对固定电话的替代一定程度上促进了经济增长。

表 17.3　电信基础设施与人均 GDP 增长：工具变量估计结果

解释变量	1990~1999 年		2000~2010 年		2003~2006 年	2007~2010 年
	移动和固定电话基础设施	移动和固定电话基础设施（交互项）	移动和固定电话基础设施	移动和固定电话基础设施（交互项）	小灵通基础设施	
	（1）	（2）	（3）	（4）	（5）	（6）
被解释变量滞后项	0.552*** (0.069)	0.347 (0.136)	0.426 (0.114)	0.210** (0.093)	0.452*** (0.112)	0.190* (0.113)
ln（移动电话普及率）	0.010* (0.006)	0.020** (0.010)	0.017* (0.009)	0.023** (0.010)	0.015 (0.010)	0.021** (0.009)
ln（固话普及率）	−0.023 (0.024)	0.003 (0.022)	−0.032* (0.019)	−0.027** (0.012)		

续表

解释变量	1990~1999 年		2000~2010 年		2003~2006 年	2007~2010 年
	移动和固定电话基础设施	移动和固定电话基础设施（交互项）	移动和固定电话基础设施	移动和固定电话基础设施（交互项）	小灵通基础设施	
	(1)	(2)	(3)	(4)	(5)	(6)
ln（移固交互项）		0.002** (0.001)		-0.004 (0.003)		
ln（小灵通普及率）					-0.005 (0.007)	-0.069* (0.039)
ln（固线电话普及率）					0.027 (0.019)	-0.075 (0.055)
观察值	259	259	341	341	124	124
工具变量	mHHI, fHHI	mHHI, fHHI mHHI × fHHI	mHHI, fHHI	mHHI, fHHI mHHI × fHHI	mHHI, HHI fHHI	mHHI, HHI fHHI,
AR（1）	0	0.004	0	0	0.001	0.034
AR（2）	0.717	0.953	0.174	0.100	0.292	0.473
Sargantest	0.616	0.507	0.320	0.108	0.251	0.779

*、**、***分别表示 10%、5%、1%的显著性水平

那么，在电信基础设施发展的两个时期，究竟移动和固定电话基础设施对经济增长的贡献如何？我们分别用两个时期移动和固定电话普及率年均变化率乘以 $X/(l-p)$ 粗略估计电信基础设施对经济增长的长期贡献率。从两个行业发展周期来看，在行业发展早期的前十年，各省平均经济增长速度约为 10.0%，其中，移动电话基础设施对经济增长的贡献率为 1.71%，移动与固定电话基础设施交互项对经济增长的贡献率为 0.043%；2000~2010 年各省平均经济增长速度为 11.0%，随着电话业务走向成熟，其中，移动电话基础设施对经济增长的贡献率为 0.68%，而固定电话基础设施对经济增长的贡献率为-0.24%。从计算结果来看，对于移动电话基础设施来说，尽管移动电话行业发展早期和相对成熟期对经济增长的贡献率为正，但是对经济增长的贡献率却在递减；对于固定电话基础设施来说，在固定电话行业发展早期，仅与移动电话基础设施一起才能促进经济增长，而到了行业发展成熟期，固定电话逐步从成熟走向衰退，对经济增长的贡献率为负。

为了进一步探究近年来固定电话基础设施对经济增长贡献率为负的根源，我们以 2007 年为分界线，分别利用 2003~2006 年和 2007~2010 年省级面板数据，将固定电话基础设施分为小灵通和固线电话基础设施，在模型（17.1）的框架下，分别考察了小灵通和固线电话普及率对经济增长的影响，结果报告于表 17.3 中。从第（5）列来看，小灵通基础设施发展对经济增长的影响并不显著，这可能是由

于本章采用的小灵通数据自2003年才有统计,不完整的数据难以捕捉到小灵通基础设施高速发展初期对经济增长的影响。

在2000~2006年,小灵通电话从无到有,并呈现出井喷式扩张,2006年小灵通用户达到9 062.9万户。小灵通作为固网服务的延伸加速了固网运营商与移动运营商的激烈竞争,毋庸置疑这对促进电信市场竞争格局具有一定的积极意义。表17.3第(6)列显示,在2007~2010年,小灵通基础设施发展在10%的显著性水平上对经济增长具有显著负向影响。我们的解释是,电信市场竞争大大促进了移动电信资费的下降,当2007年固网运营商意识到中央政府要向他们发放移动牌照时,小灵通基础设施投资大幅消减,并且用户开始出现大规模退网。2009年初,工信部正式要求小灵通在2011年底前完成清频退网。截至目前,已有大量小灵通基站和设备被闲置或淘汰。从图17.3中可以看出,在2005年小灵通数量达到历史峰值后开始下降,截至2010年固定电话数量萎缩了大约16%。最后,2007年之后固线电话萎缩也为固定电话基础设施对经济增长的负效应提供了重要解释。从第(5)列可以看出,在2003~2006年固线电话普及率对经济增长虽有正向影响,但并不显著。第(6)列显示,固线电话普及率与经济增长呈负相关,但不显著。

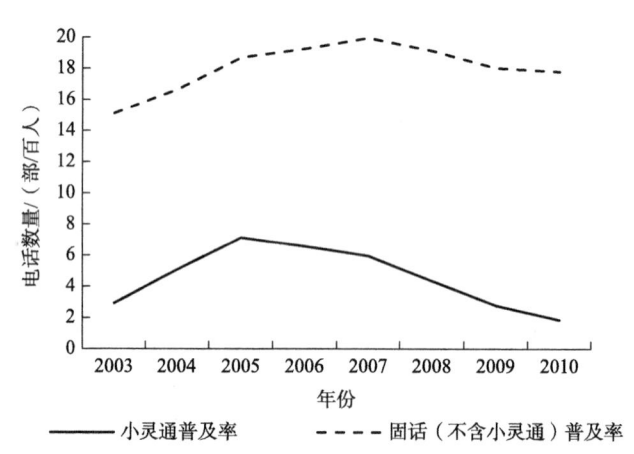

图17.3 2003~2010年各省平均小灵通和固话普及率

最后,本章利用离某省最近距离5省的移动电信行业平均市场集中度、固定电信行业平均市场集中度及其交互项(mHHI_5和mHHI_5×fHHI_5),取代该省移动、固定电信市场集中度及其交互项,作为移动、固定电话基础设施及其交互项的工具变量,重新利用SYS-GMM外部工具变量法进行估计,回归结果报告于表17.4中。从表17.4中可以看出,Sargantest不能拒绝工具变量有效的原假设,而且无论是回归系数还是统计显著性程度与表17.3中的估计结果基本一致,这说明无论使用本省或周围5省作为外部工具变量都是合理的，验证了使用外部工具变量估计的稳健性。

表 17.4 电信基础设施与人均 GDP 增长：稳健性检验结果

解释变量	1990~1999年 移动和固定电话基础设施	1990~1999年 移动和固定电话基础设施（交互项）	2000~2010年 移动和固定电话基础设施	2000~2010年 移动和固定电话基础设施（交互项）	2003~2006年 小灵通基础设施	2007~2010年 小灵通基础设施
	（1）	（2）	（3）	（4）	（5）	（6）
被解释变量滞后项	0.566*** (0.072)	0.405** (0.163)	0.401*** (0.113)	0.173* (0.097)	0.470*** (0.150)	0.163 (0.136)
ln（移动电话普及率）	0.011* (0.006)	0.023** (0.010)	0.019** (0.008)	0.025*** (0.009)	0.018* (0.010)	0.022** (0.011)
ln（固话普及率）	−0.030 (0.025)	−0.009 (0.02)	−0.030* (0.016)	−0.036*** (0.012)		
ln（移固交互项）		0.002** (0.001)		−0.002 (0,003)		
ln（小灵通普及率）					0.005 (0.006)	−0.051 (0.019)
ln（固线电话普及率）					0.0.034 (0.023)	−0.056* (0.031)
观察值	251	251	330	330	124	124
工具变量	mHHI_5, fHHI_5	mHHI_5, mHHI_5×fHHI_5	mHHI_5, fHHI_5	mHHI_5, fHHI_5, mHHI_5×fHHI_5	mHHI_5, fHHI_5 HHI_5, fHHI_5	mHHI_5, fHHI_5 HHI_5, fHHI_5
AR（1）	0	0.006	0	0	0.005	0.001
AR（2）	0.782	0.798	0.161	0.102	0.182	0.548
Sargantest	0.636	0.425	0.480	0.367	0.223	0.154

*、**、***分别表示10%、5%、1%的显著性水平

第五节 本章研究结论及政策含义

自20世纪90年代以来，中国电信基础设施经历了跨越式的发展，电信部门也从计划经济时期为党政军服务的工具逐步成为国民经济的先导性行业，那么电信基础设施普及对经济增长的影响如何？本章估计结果显示：在行业发展早期（1990~1999年），移动和固定电话基础设施普及显著促进了地区经济增长；进入行业相对成熟期（2000~2010年），移动电话基础设施虽仍对经济增长具有显著正

向影响，但边际贡献率递减，而固定电话基础设施对经济增长呈现出显著的负向影响。研究结果表明，当一种电信技术处于产业发展初期时，相关电信基础设施普及更能促进经济增长，而当这种电信技术处于产业成熟和衰退期时，相关电信基础设施对经济增长的影响逐渐减弱。本章研究结论对于指导中国未来电信基础设施投资，乃至深化电信体制改革具有重要的政策含义。

首先，提高中西部及农村地区移动电话基础设施普及仍有对经济增长促进的空间，并有利于缩小区域和城乡差距。2010年中国东部移动电话普及率达到了79.4部/百人，而中西部地区移动电话普及率仅为53.8部/百人。虽然中西部的移动电话普及率一直上升，但与东部的差距持续扩大，2010年东部、中部差距扩大2.8部/百人，东部、西部差距扩大1.1部/百人。因此，缩小中部、西部与东部移动电话基础设施投资差距对促进中国经济增长还有一定空间。另外，2010年中国城市移动电话实际普及率达到80.1部/百人，而农村不及城市的1/3，仅为24.9部/百人[①]。而且，移动相对固定电话基础设施更容易在农村地区普及，具体体现在：一方面，移动电话不需要固定电话线，因此移动电话安装成本远低于固定电话，移动电话基础设施单位投资所带来的电话数量和信息量要高于固定电话基础设施；另一方面，移动电话是便携的，因此偏远的农村地区也可以使用移动电话来获取市场信息。因此，加大农村移动电话基础设施建设力度，将对缩小城乡收入差距具有积极作用。

其次，制定科学的电信运营商之间基础设施互联互通机制，以及允许多种所有制运营商进入电信服务市场是提高电信基础设施建设效益的主要路径。自20世纪90年代以来，中国电信行业进行了前所未有的经济体制改革，但是电信行业的改革还远未完成。从2001年南北拆分改革来看，在移动对固定通信技术替代的背景下，政府允许拆分后的新中国电信和中国网通互相南北进入，但是由于互联互通规制并未形成，造成了大量的重复性建设。而且，受到中国移动通信业务的竞争压力，中国电信和中国网通大肆发展本已淘汰的小灵通技术，并建设了大量基础设施，但是2005年之后，由于移动通信成本下降，这种落后技术走向淘汰，造成了一定的基础设施浪费。从电信行业中的基础设施重复建设和建设落后通信设施来看，表面上看是电信体制改革所形成的市场竞争格局带来的后果，但是其本质是电信体制改革不彻底带来的后果。由于中国电信和中国网通都是国有企业，重复基础设施和落后技术建设投资都是国有资金，因此，运营商只关心通过扩大投资尽可能"霸占"更多市场份额，而不关心基础设施投资"竞赛"所带来的重复建设和落后技术淘汰问题。然而，这种盲目投资，最终还是要由国家来"买单"。

最后，加大下一代互联网技术创新力度，以及加快相关电信基础设施建设将

---

① 资料来源：《中国通信统计年度报告2010》。

是拉动中国经济增长的重要引擎。目前，移动和固定通信通话业务已经基本成熟，甚至日益受到 QQ、微信、易信等社交通信工具和网络电话的挑战，运营商的短信、通话收益在逐年消减。将来电信运营商应全力投入新一代互联网技术创新，加快电信基础设施更新换代的周期，并与虚拟运营商、用户运营商共享形成科学的市场分成机制，这是提升电信行业竞争力和支撑国民经济增长的关键所在。在 2008 年金融危机后，很多国家把互联网宽带建设上升为国家战略，但是中国宽带基础设施建设相对滞后，仍处于"低速宽带"时代，因此，实现城市光纤到楼入户、农村宽带进乡入村，不断提升宽带接入能力，将对拉动经济增长具有很大的提升空间。另外，伴随着智能手机的产生，智能手机终端产业发展如火如荼，正在改变着人们的生活方式，成为移动通信发展的新方向。因此，围绕着"宽带中国"战略，大力创新和发展 4G 和 5G 无线技术和基础设施，通过挖掘无线网络应用这个金矿，拉动内需和促进经济增长。

第十八章　农村金融对乡村产业振兴的影响机理及对策研究

第一节　引　　言

"三农"问题在我国一直备受关注。党的十九大报告首次提出了实施乡村振兴战略，指出乡村产业振兴对于推进农业农村现代化具有重要的基础作用。2019年，《国务院关于促进乡村产业振兴的指导意见》发布，认为产业兴旺是乡村振兴的重要基础。近年来，我国农村创新创业环境不断改善，新兴产业大量涌现。我国农林牧渔总产值由2010年的67 763.1亿元，增长到了2020年的137 782.2亿元，年平均增长速度约为7.35%[①]。同时，《国务院关于促进乡村产业振兴的指导意见》指出，我国农村产业尚存在产业门类不全、产业链条较短、要素活力不足和质量效益不高等问题，亟须加强引导和扶持。

随着农村经济的不断发展，我国农村金融市场的需求也在以较高速度增长扩张。我国农村金融贷款余额在2010年为98 017亿元，到了2020年增长至322 657亿元，后者约为前者的3.30倍，年平均增长速度达到12.65%[①]。但我国农村金融也存在着资金供给不足、金融产品创新滞后、农村金融市场信息不对称、风险控制机制不完善等问题。2022年召开的党的二十大再次强调全面推进乡村振兴，发展乡村特色产业，拓宽农民增收致富渠道，坚持农业农村优先发展。因此，农村金融助推乡村产业振兴不仅积极响应了国家政策的号召，也符合如今的经济发展趋势，但其仍然存在着发展和改进的空间。我国农村金融和乡村产业振兴现今发展状况如何，农村金融在过去对于乡村产业振兴具体产生了什么样的影响，接下来该在哪些方面改进农村金融体制机制，如何进一步充分发挥农村金融助推乡村产业振兴的作用等都是值得探究的问题。

---

① 以上数据均来自《中国统计年鉴》。

第二节 文献综述

一、关于乡村产业振兴的研究

学界关于乡村产业振兴的研究主要分为以下三类：一是乡村产业发展的内涵、存在问题及实现路径。曾茂林和曾丽颖（2022）立足于角色治理角度，认为城乡应遵循战略生态位管理理论，以技术创新为引领，基于各自的资源优势和产业生态结合形成联盟机制；邢中先（2022）认为应通过激活人才、土地、金融等各类要素、优化市场环境、完善公共服务的途径有序推进乡村产业振兴；徐旭初等（2022）指出要实现欠发达地区的乡村振兴，需促进新型农业经营多元主体融合发展，推进农村市场化改革。二是乡村产业融合的相关研究。靳晓婷和惠宁（2019）认为城乡居民消费新特点、降低交易成本、新兴信息技术的应用、农村经营制度改革都是促进乡村产业融合的驱动力；李晓龙和冉光和（2019）实证发现农村产业融合发展对缩小城乡收入差距存在直接促进作用，并能通过促进农村经济增长和加速城镇化间接缩小城乡收入差距；Tarlani等（2022）对印度尼西亚三个村庄转变为旅游村庄的潜力进行探索，认为它们能够通过创新社区旅游模式与其他农村产业产生联系，相互融合，增加收入，扩大就业机会。三是乡村产业发展的影响因素研究。Wang（2022）研究表明农民工返乡创办企业可以有效地促进农村工业的复苏并吸引更多农民工创业，推动乡村产业振兴；van Sandt和Carpenter（2022）实证表明农业旅游中心和数据处理中心通过城乡联系增加了农村的人均收入和就业。郭朝先和苗雨菲（2023）认为数字经济通过农业主体产业借助数字经济赋能农业生产的各个过程以及数字经济广泛作用于文化、旅游、环保等产业两个过程推动乡村产业振兴。

二、关于金融支持乡村产业振兴发展的研究

学界对金融支持乡村产业振兴发展的研究主要集中于三方面：一是农村金融对产业发展影响定性分析。廖红伟和迟也迪（2020）认为政策性金融凭借政策性主体和政策性行为两大优势，能够有效地支持农村产业结构调整进程的推进；余春苗和任常青（2021）指出金融支持是实现乡村产业振兴的重要路径。二是关于乡村产业发展水平的测度。申云等（2020）从农产品产业体系、农业多功能产业体系、农业支撑产业体系三大维度选取了18个指标，运用熵权TOPSIS（technique for order preference by similarity to an ideal solution）法对乡村产业振兴发展进行了定量测度；毛锦凰和王林涛（2020）选取了 26 项二级指标衡量乡村振兴水平，并利用层次分析法和熵权法对乡村振兴水平进行了测算；吕承超和崔悦（2021）基于农业发展质量、农村产业融合、农村经济发展三个维度选取了 8 个具体指标衡量乡村振兴中的产业发展水平。三是关于农村金融对乡村产业振兴影响的实证研究。部分学者认为农村金融发展对乡村产业振兴具有正向促进作用。史歌和郭俊华（2020）实证发现农村金融发展能够促进农业经济增长，农业政策性金融能够通过释放政策信号和改善农业投资环境吸引商业金融流入；张岳和周应恒（2021）研究指出数字普惠金融的发展推动了农村产业融合进程，且传统金融市场的竞争越激烈，数字普惠金融发展对农村产业融合的促进作用越强。也有部分学者认为农村金融发展对乡村产业的发展并不只有促进作用。张芳和康芸芸（2020）实证指出，政策性金融供给与乡村产业经济两者呈倒"U"形关系，政策性金融供给超过"拐点"会抑制乡村产业经济。胡剑波和郑维丹（2022）实证研究发现农村金融规模和金融发展效率抑制了农村产业兴旺。

三、关于金融促进乡村产业发展路径的研究

一是调整金融政策体系，扩大金融覆盖面。Babajide 等（2020）考察了尼日利亚西南部两个州的金融包容渗透情况，认为收费不明、银行排队时间长、维护费用高等会对各州公民经营绩效和幸福感产生负面影响，应对其进行改进。朱太辉和张彧通（2022）提出了金融服务供应链与乡村产业供应链的"双链联动"的创新发展模式。朱丽萍等（2022）指出数字金融是农村金融发展的新趋势，也是助推乡村产业振兴的新途径。二是进行农村金融体制改革，完善金融机构基本功能。李霞（2021）对宁夏农村金融生态环境进行分析，认为当地应着力发展特色优势产业，增强新型农业经营主体金融承载力、加快社会信用体系建设。

通过对国内外学者丰富的研究成果进行梳理可知，关于农村金融和乡村产业振兴的研究最先兴起于国外，随着我国经济的发展和相关政策的不断出台，乡村产业振兴逐渐成为国内学者们关注的热点。但在关于金融支持乡村产业振兴发展的研究中，农村金融对乡村振兴的作用还需要基于不同情况进行讨论；在关于金融促进乡村产业发展路径的研究中，研究角度、指标体系构建及政策建议等方面目前的研究尚有不足。因此，本章将在前人研究的基础上，选取我国 30 个省（区、市）作为研究样本，研究农村金融对乡村产业振兴的影响机理并进行实证研究，根据实证结果提出行之有效的对策建议。

第三节 模型设定与变量选取

一、研究方法

1. 门槛效应模型

现建立门槛模型如式（18.1）所示。

$$\text{RID}_{it} = \alpha_i + \beta_1 \text{town}_{it} + \beta_2 \text{tech}_{it} + \beta_3 \text{open}_{it} + \beta_4 \text{gov}_{it} + \beta_5 \text{fin}_{it} + \beta_6 \text{trans}_{it} \\ + \beta_7 \text{RFD}_{it} I(\text{RFD}_{it} \leq \lambda) + \beta_8 \text{RFD}_{it} I(\text{RFD}_{it} > \lambda) + \mu_{it} \quad (18.1)$$

其中，i 表示省市；t 表示年份；RID 表示被解释变量；RFD 表示门槛变量及核心解释变量；town、tech、open、gov、fin、trans 表示控制变量；I 表示指示函数；α_i 表示反映省市差异的特征值；β_c 表示系数；μ_{it} 表示随机扰动项。

2. 空间计量模型

空间计量模型的基本类型有两种：一是 SLM，也称 SAR 模型；二是 SEM，也称空间自相关模型和空间残差自回归模型。SDM 是 SLM 和 SEM 的一般形式，兼顾这两种模型的特征。

具体公式如下：

$$\text{SLM}：Y_{it} = \rho W Y_{it} + \beta X_{it} + \varepsilon_{it}, \quad \varepsilon_{it} \sim N(0, \sigma^2 I) \quad (18.2)$$

$$\text{SEM}：Y_{it} = \beta X_{it} + \varepsilon_{it}, \varepsilon_{it} = \mu_{it} + \lambda W \varepsilon_{it}, \quad \mu_{it} \sim N(0, \sigma^2 I) \quad (18.3)$$

$$\text{SDM}：Y_{it} = \rho W Y_{it} + \beta X_{it} + \theta W X_{it} + \varepsilon_{it}, \quad \varepsilon_{it} \sim N(0, \sigma^2 I) \quad (18.4)$$

其中，Y_{it} 为研究区域 i 在时期 t 的因变量；X_{it} 为研究区域 i 在时期 t 的解释变量；ρ、β、θ 和 λ 为待估参数；ε_{it} 和 μ_{it} 为误差项；W 为空间权重矩阵。

二、变量选取

本章将乡村产业振兴水平（RID）作为被解释变量，农村金融（RFD）作为核心解释变量，作为门槛变量，引入科技进步、财政干预、经济发展、对外开放、城镇化水平、交通运输水平六个控制变量。具体的指标选取如下：①科技进步水平（tech），庞金波和杨梦（2021）认为科技创新有利于推动农业经济增长，故选用研发经费投入强度来衡量这一指标；②财政干预水平（gov），刘宏霞等（2018）认为地方积极的财政支农政策和大规模的资金投入有利于推动乡村发展，故采用农林公共财政支出占一般公共预算支出比重来衡量;③经济发展水平(fin),地方经济发达往往拥有较完善的产业结构,更有助于实现乡村振兴,本章采用人均GDP衡量该变量;④对外开放水平(open),刘洪银(2017)指出良好的外贸状况能够促进农村三产融合,选用进出口贸易总额与GDP之比来衡量;⑤城镇化水平(town),涂丽和乐章(2018)认为城镇化会对农村经济发展、组织管理、民生环境等方面产生影响进而促进乡村发展建设,故本章采用城镇化率衡量该变量;⑥交通运输水平(trans),周正祥等(2014)指出良好的交通运输能够加强城乡要素水平的流动,对于农村发展具有重要的基础作用,故采用公路里程数衡量该变量。各变量的描述性统计分析如表18.1所示。

表 18.1 变量原始数据描述性统计

变量名称	变量符号	均值	标准差	最小值	最大值
乡村产业振兴水平	RID	0.3164	0.0613	0.1246	0.4677
农村金融水平	RFD	0.3419	0.0958	0.1158	0.7571
科技进步水平	tech	1.7150	1.1176	0.3500	6.4400
财政干预水平	gov	0.1142	0.0326	0.0411	0.2038
经济发展水平	fin	4.6907	0.1977	4.1500	5.2200
对外开放水平	open	0.2704	0.0870	0.0669	0.5182
城镇化水平	town	0.5775	0.1243	0.3381	0.8960
交通运输水平	trans	11.6679	0.8493	9.3905	12.8851

第四节 实证研究

一、农村金融与乡村产业振兴现状分析

(一)农村金融发展现状分析

近年来,随着国家对"三农"的不断投入,对于农村金融的支持政策陆续出台,我国农村经济持续发展,农村金融服务也在不断改革升级。与此同时,我国农村金融发展仍然存在着服务体制单一、金融基础设施建设不足、农村政策性金融支农力度不够、业务成本高但效益低等问题。

根据图18.1可以看出,2010~2021年我国涉农贷款规模一直在稳步增长,反

映了我国农村对于金融支持的需求量较大，且金融支持乡村振兴的力度仍在不断加大。截至 2010 年年末，我国涉农贷款余额为 11.77 万亿元，到了 2021 年年末，我国涉农贷款余额达 43.21 万亿元，后者约为前者的 3.67 倍，并且仍呈现逐年攀升的趋势。从历年增长速度来看，其增速随着时间的推移有所放缓，在 2016 年其增速较 2010 年下降了将近 20 个百分点，不过近两年又开始有所回升。其中，2010 年是增长速度最高的一年，该年增速达到了 28.77%；增长速度最慢的时候是在 2018 年，该年增速为 5.65%。

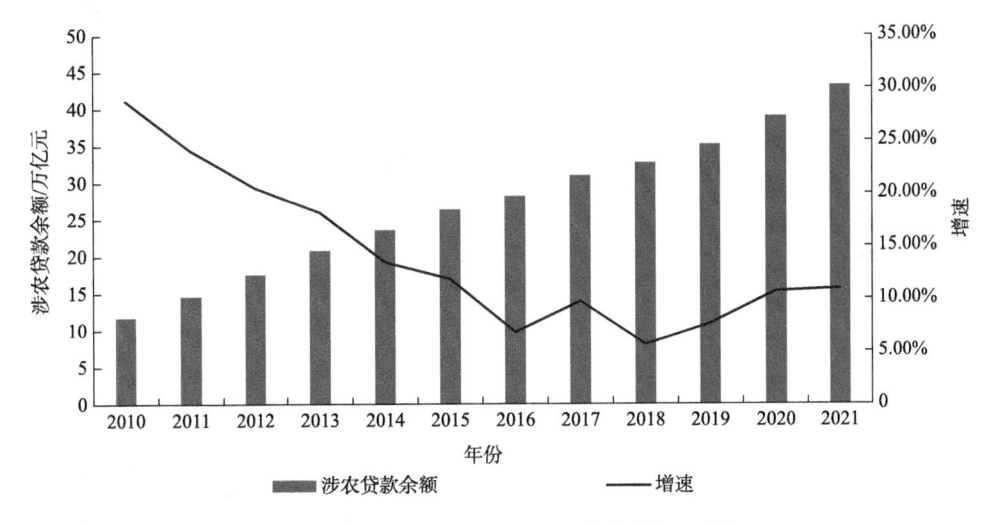

图 18.1　2010~2021 年我国涉农贷款余额及增速

图 18.2 和图 18.3 描述了 2010 年至 2020 年间的部分年份我国各地区的农村贷款情况。从农村贷款规模总量来看，我国各地区的农村贷款规模均在不断扩张，且东部>西部>中部>东北，不过差距在近年来有缩小的态势，截至 2020 年，我国东部地区的贷款余额约为中部地区的 1.95 倍，为西部地区的 1.91 倍，约为东北地区的 8.89 倍；从各地区农村贷款均值来看，东部地区依然最高，然后是中部地区，位列第三的在前些年是东北地区，而后逐渐被西部地区赶超，这可能与国家西部大开发战略的推进有关，近些年西部农村的开发和发展逐步导致资金面需求扩大。

观察图 18.4，我们可以了解到 2020 年各省（区、市）的涉农贷款余额及增速情况。从涉农贷款规模来看，浙江位列第一，其涉农贷款余额达到了 46 896 万元，排在之后的省（区、市）分别是江苏、山东、河南、四川等地，涉农贷款余额分别为 40 036 万元、29 580 万元、22 401 万元、19 393 万元；而涉农贷款余额最少的省（区、市）为海南、青海、上海、天津、宁夏等地，其涉农贷款余额分别为 1 671 万元、1 895 万元、1 979 万元、2 256 万元、2 371 万元。从涉农贷款增速

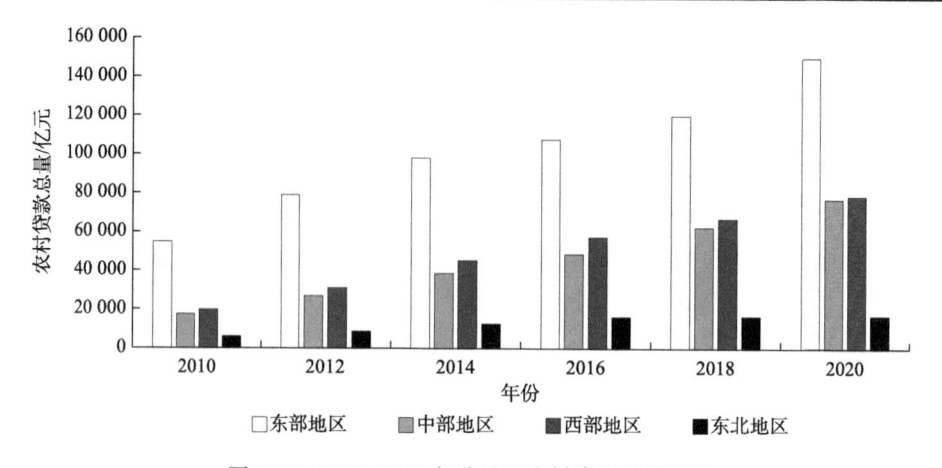

图 18.2　2010~2020 年分地区农村贷款总量情况

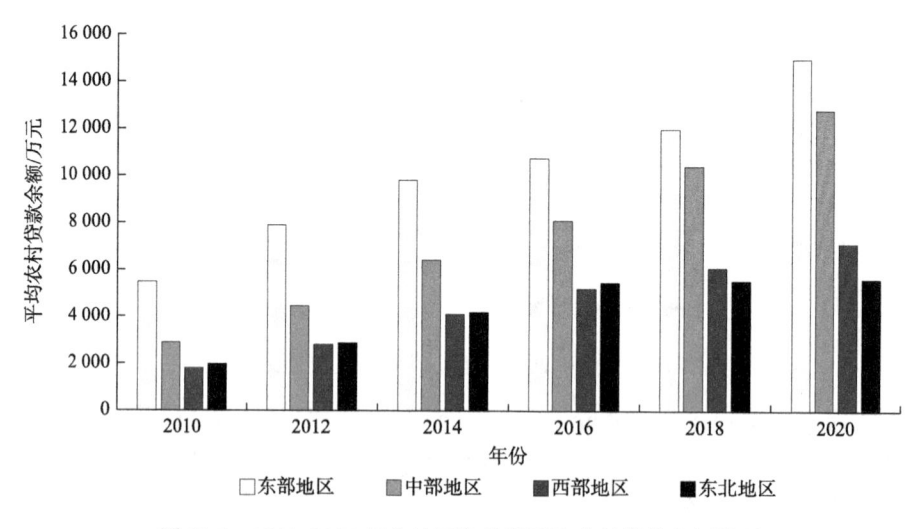

图 18.3　2010~2020 年分地区各省份平均农村贷款余额情况

来看，排名靠前且增速超过 15%的省（区、市）有北京、广东、浙江、安徽、天津、湖南，增速分别为 24.46%、17.86%、16.56%、16.01%、15.99%、15.69%，同时有部分省（区、市）的涉农贷款增速表现为负值，如青海、吉林、甘肃、内蒙古。

图 18.5 展示了我国 2020 年各省（区、市）农村金融机构的基本运行情况，此处统计的金融机构包括小型农村金融机构及新型农村金融机构。小型农村金融机构指的是农村商业银行、农村合作银行、农村信用社等机构；新型农村金融机构指的是村镇银行、贷款公司和农村资金互助社，其中海南由于数据缺失故不作展示。从农村金融机构数量来看，四川拥有的农村金融机构最多，有 6 079 个，然后是河南、广东、山东、河北等地；从农村金融机构服务人员数量来看，广东、

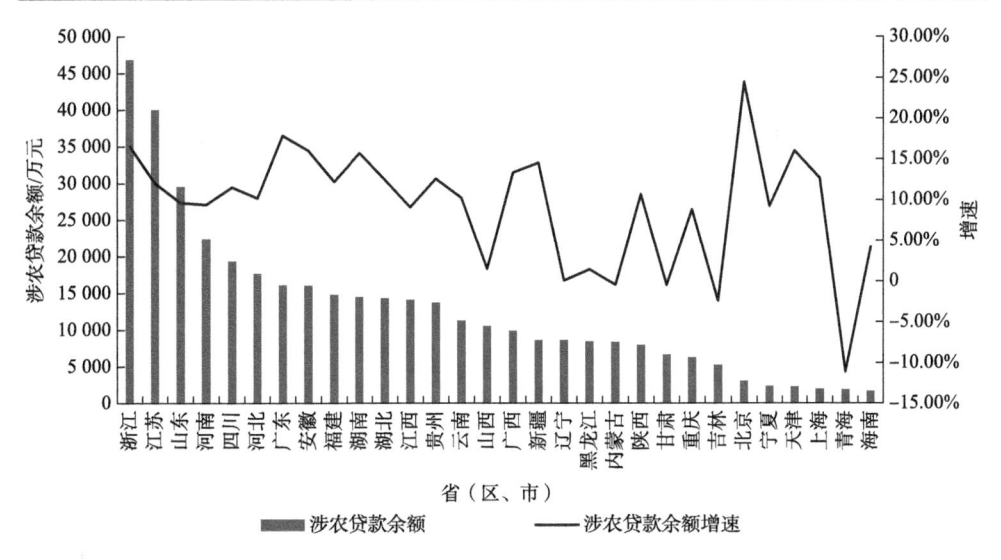

图 18.4　2020 年各省（区、市）涉农贷款余额及增速情况

山东、河南、浙江、江苏等地较多；从农村金融总资产来看，位于前三的省份是广东、浙江、江苏，其农村金融资产总额分别为 52 605 亿元、41 174 亿元、36 432 亿元。整体来看，金融机构运行规模最小的省（区、市）是青海，仅有 373 个农村金融机构，服务人员数量和农村金融总资产也是最少的。

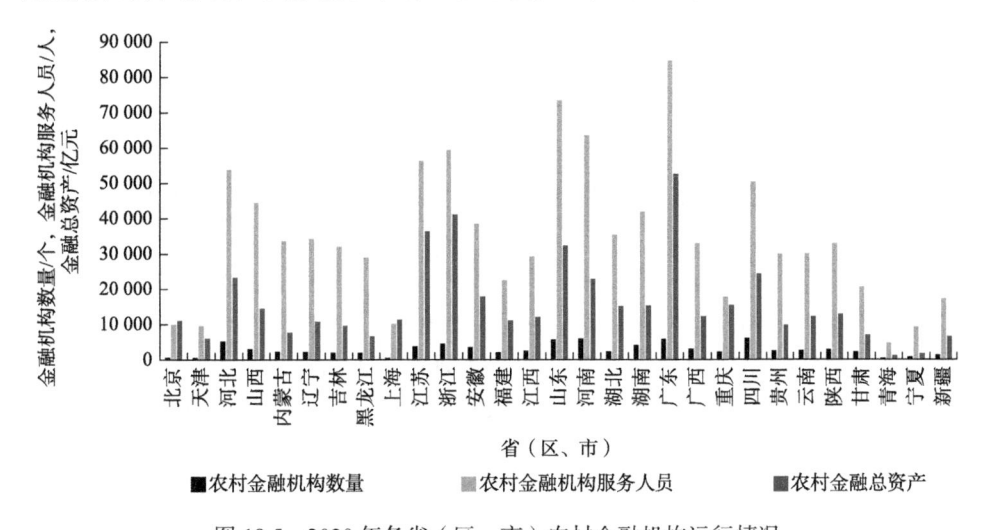

图 18.5　2020 年各省（区、市）农村金融机构运行情况

综合来看，无论是对于资金的需求还是金融机构人员与金融资产的配置，我国东部地区省份在农村金融方面的发展都更为完善，这与其地理位置条件和经济发展基础有关，不过在国家相关政策的引导下，各地区农村金融状况也会发生改

变，如西部地区的农村金融情况在近年来有了许多改善。

（二）乡村产业振兴水平的时空演变趋势和空间集聚特征

1. 乡村产业振兴水平空间分布特征

为更直观地反映我国乡村产业振兴水平的空间特征，本章以2010、2015、2020年的乡村产业振兴水平指数为基础，绘制得到图18.6。

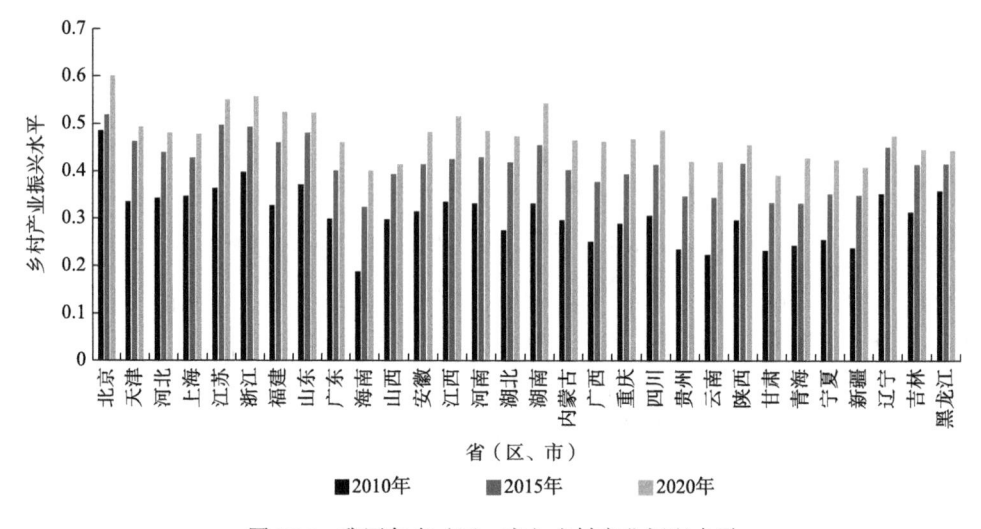

图18.6 我国各省（区、市）乡村产业振兴水平

从空间分布格局和时空演变趋势来看，我国的乡村产业发展水平存在空间集聚的现象，呈现东部>中部>西部的特征，并且有由东部沿海地区向内陆地区逐渐辐射的趋势。同时按照[0, 0.25]、[0.25, 0.35]、[0.35, 0.45]、[0.45, 0.55]、[0.55, 0.65]的区间范围，将各省（区、市）依次划分为低水平区、次低水平区、中等水平区、次高水平区和高水平区，其中，我国2010年的乡村产业振兴水平总体偏低，只有北京被划分为次高水平区，中等水平区则包含了浙江、江苏、山东、辽宁、黑龙江5个省份，其余均为低水平区或次低水平区；2015年，整体上呈现出由东部向中部、西部扩散的趋势，北京、天津、江苏、浙江、福建、山东、湖南、辽宁共8个省（区、市）被划分为次高水平区，其中四分之三的省（区、市）均位于东部地区。同时，海南、贵州、云南、甘肃、青海、新疆6个省（区、市）被划分为次低水平区，除海南外均位于西部地区。另外，其余的16个省（区、市）则被划分为中等水平区；到了2020年，我国各地区乡村产业振兴水平都步入了较高水平，其中，北京、江苏、浙江进入高水平区，是乡村产业发展得最好的地

区。此外，次高水平区包含了 17 个省（区、市），其余省（区、市）均位于中等水平区。

2. 乡村产业振兴水平空间趋势面分析

为更清晰地观察和分析中国乡村产业振兴水平的空间地理演变特征，本章再次基于 2010 年、2015 年、2020 年的乡村产业振兴水平指数，利用 ArcGIS 10.8 绘制其空间趋势图进一步展开趋势面分析。趋势面分析通过回归分析原理，运用 OLS 拟合出非线性函数，并利用数学曲面模拟样本观测值在空间上的分布规律及变化趋势。设 $z_i(x_i, y_i)$ 为省（区、市）i 的乡村产业振兴水平指数，趋势面拟合值为 $\hat{z}(x_i, y_i)$，则得到：

$$z_i(x_i, y_i) = \hat{z}(x_i, y_i) + \varepsilon_i \tag{18.5}$$

其中，ε_i 表示残差值。本章采用二次多项式计算乡村产业振兴水平的趋势值，表达式如下：

$$\hat{z}(x_i, y_i) = \alpha_0 + \alpha_1 x + \alpha_2 y + \alpha_3 x^2 + \alpha_4 y^2 + \alpha_5 xy \tag{18.6}$$

图 18.7 将各省（区、市）的位置绘制在平面上，X 轴所指的方向为东边，Y 轴所指的方向为北边，Z 维中杆的高度代表乡村产业振兴水平，左侧的曲线为东西方向上乡村产业振兴水平趋势线的投影，右侧的曲线代表南北方向上乡村产业振兴水平趋势线的投影。

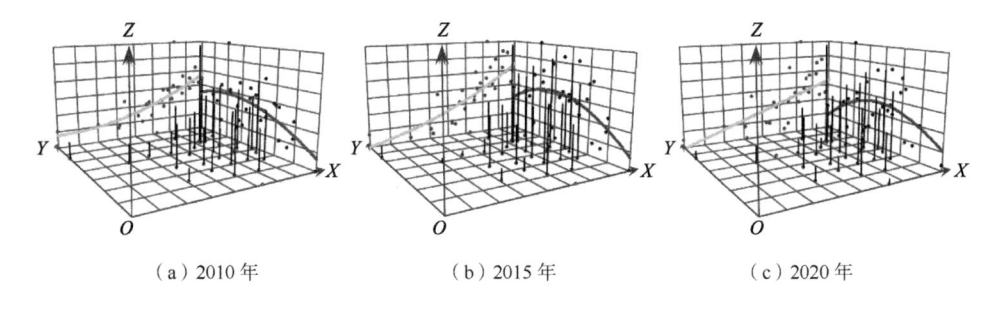

（a）2010 年　　（b）2015 年　　（c）2020 年

图 18.7　我国乡村产业振兴水平趋势面分析

首先观察浅色曲线，可以看到它们均沿着东边的方向逐渐攀升，呈现出尤为明显的"东高西低"空间结构特征；从曲线弧度来看，2015 年最为陡峭，说明随着时间的推移，东西方向上的地区乡村产业振兴水平差距先是扩大而后到了 2020 年又缩小了。然后看深色曲线，其曲线形状都近似于倒"U"形，中部地区的乡村产业振兴水平均高于南、北地区；另外，2015 年的曲线弧度最大最接近倒"U"形，说明中部地区与南、北地区的乡村产业振兴水平差距先增后减。

（三）乡村产业振兴水平的空间集聚特征

1. 全局空间自相关

通过前述的空间分布特征分析，初步得出中国乡村产业振兴水平存在空间集聚现象，但各地区间乡村产业振兴水平的相关程度具体如何，还需要进行更多的研究。本书选用莫兰指数衡量研究要素在不同空间地理位置上的观测数据间的依赖关系，也就是空间自相关关系。莫兰指数取值范围为-1到1，当它大于0时，意味着空间存在正相关，值越大，聚集特征就越相似；当它小于0时，意味着空间存在负相关，值越小，聚集特征就越相反；当它等于0时，说明不存在空间自相关关系。本章先采用全局自相关法判断研究要素在总体上是否存在聚集特征，其衡量指标全局莫兰指数计算公式如式（18.7）所示。

$$I = \frac{\sum_{i=1}^{n}\sum_{j=1}^{n}w_{ij}(x_i-\bar{x})(x_j-\bar{x})}{S^2\sum_{i=1}^{n}\sum_{j=1}^{n}w_{ij}} \quad (18.7)$$

当研究对象存在全局自相关现象，再进行局部自相关研究，计算出局部莫兰指数，进一步判断总体中具体是哪些区域出现了集聚现象。局部莫兰指数计算公式如下：

$$I_i = \frac{(x_i-\bar{x})}{S^2}\sum_{j=1}^{n}w_{ij}(x_i-\bar{x}) \quad (18.8)$$

其中，n为省（区、市）总数；w_{ij}为空间权重矩阵；x_i和x_j分别为i省（区、市）和j省（区、市）的乡村产业振兴水平指数值；$\bar{x}$为中国30个省（区、市）乡村产业振兴水平指数的平均值；S^2为样本方差。

因此本章借助ArcGIS 10.8测算出全局莫兰指数，结果如表18.2所示。

表18.2 乡村产业振兴水平全局空间自相关

统计量值	2010年	2011年	2012年	2013年	2014年	2015年	2016年	2017年	2018年	2019年	2020年
莫兰指数	0.408	0.452	0.452	0.437	0.468	0.486	0.431	0.405	0.425	0.417	0.367
Z值	3.740	4.102	4.059	3.888	4.122	4.255	3.813	3.597	3.768	3.733	3.319
P值	0	0	0	0	0	0	0	0	0	0	0.001

2010~2020年中国乡村产业振兴水平全局莫兰指数均大于0，Z值均大于2.58，P值均小于0.01，说明都通过了1%显著性水平检验，即中国省域乡村产业振兴水平存在显著的空间正相关特征。

具体来看，2010~2019 年乡村产业振兴水平的莫兰指数均在 0.4 之上波动，一直保持着较高的空间集聚效应，在 2015 年达到最大值 0.486，表明该年我国省域乡村产业振兴水平的空间关联程度最为强烈。但在 2020 年，莫兰指数值却降到了最小值 0.367，此时虽然仍存在一定的空间集聚效应，但较之前有所减弱，原因可能在于部分地区受到新冠疫情的影响，对其乡村产业产生冲击，导致总体上的空间关联程度小幅削弱。

2. 局部空间自相关

在了解中国省域乡村产业振兴水平存在明显的空间正相关特征后，为进一步讨论其是否存在局部上的地理关联性，本章借助 ArcGIS 10.8 绘制了 2010 年、2015 年、2020 年的乡村产业振兴水平冷热点分布表，如表 18.3 所示，采用自然断点法将地区分为 5 个类别。其中，冷点区代表自身和邻近地区乡村产业振兴水平均较低且正相关的区域，热点区代表自身和邻近地区乡村产业振兴水平均较高且正相关的区域。

表 18.3　乡村产业振兴水平冷热点地区分布

年份	冷点区	次冷点区	过渡区	次热点区	热点区
2010	海南、四川、云南、甘肃、青海、新疆	湖南、广西、重庆、贵州、陕西、宁夏	广东、山西、湖北、内蒙古	福建、江西、河南、辽宁、吉林、黑龙江	北京、天津、河北、上海、江苏、浙江、山东、安徽
2015	四川、甘肃、青海、新疆	海南、湖南、内蒙古、广西、贵州、云南、陕西、宁夏	广东、山西、湖北、重庆、辽宁、吉林、黑龙江	福建、江西、河南	北京、天津、河北、上海、江苏、浙江、山东、安徽
2020	内蒙古、四川、甘肃、青海、宁夏、新疆	海南、陕西、云南、黑龙江	山西、河南、湖南、广西、重庆、贵州、辽宁、吉林	河北、山东、广东、湖北	北京、天津、上海、江苏、浙江、福建、安徽、江西

由表 18.3 可知，2010 年和 2015 年乡村产业振兴水平的热点区为相同的 8 个省（区、市），分布主要集中在东部沿海地区及个别邻近接壤的中部地区省（区、市），不过次热点区减少了 3 个省（区、市），东北三省辽宁、吉林、黑龙江成为过渡区；到了 2020 年，热点区依然为 8 个省（区、市）但有所变动，减少了河北、山东，增加了福建、江西，此外，次热点区有河北、山东、广东、湖北 4 个省（区、市）。

2010 年，冷点区集中于西南地区的 6 个省（区、市），随后云南、海南逐步摆脱冷点区成为次冷点区，2015 年的冷点区收缩为了四川、甘肃、青海、新疆 4 个省（区、市），次冷点区数量增加为 8 个省（区、市）；2020 年冷点区继续向北蔓延，增加了宁夏、内蒙古，同时次冷点区为海南、陕西、云南、黑龙江，数量上较 2015 年减少了 50%。

总体看来，我国乡村产业振兴水平冷热点区在研究期间有所变动，热点区由东部沿海地区逐渐向东南沿海地区转移，冷点区由西南地区逐渐向西北地区转移，但在变动过程中，北京、天津、上海、江苏、浙江、安徽始终位于热点区内，四川、甘肃、青海、新疆始终位于冷点区内。

二、门槛效应的检验和分析

（一）门槛模型实证结果

对数据进行标准化处理后，借助 Stata 16.0 得到门槛变量的显著性检验结果如表 18.4 所示，可以看出农村金融发展水平通过了单一门槛检验，门槛值为 0.247 1，其对应的 95% 置信区间为[0.239 0, 0.231 3]（表 18.5）。输出的似然比函数图如图 18.8 所示，图 18.8 中虚线表示 5%显著水平上 LR 值的临界值 7.35，模型 LR 值位于临界值下方。

表 18.4 门槛效应存在性检验

门槛数	F 统计量	P 值	自助抽样次数	临界值 1%	临界值 5%	临界值 10%
单一门槛	35.92	0.003 3	300	31.308 2	22.268 1	18.440 5
双重门槛	15.07	0.083 3	300	23.511 9	17.725 1	14.128 8

表 18.5 门槛值估计结果

门槛变量	门槛数	估计值	置信区间
农村金融	单一门槛	0.247 1	[0.239 0, 0.231 3]

继续进行实证得到门槛模型参数估计结果如表 18.6 所示。农村金融发展对乡村产业振兴水平呈现出正向的促进作用，而当农村金融发展到达门槛值时，农村金融发展对乡村产业振兴水平的促进作用依然为正，但程度有所削弱。当农村金融低于门槛值 0.247 1 时，农村金融对乡村产业振兴的估计系数为 0.156 9；当农村金融高于门槛值 0.247 1 时，该估计系数则为 0.055 6。原因在于在农村金融发展过程中，农业逐渐开始产业化，农民逐渐有了市场观念，愿意通过金融系统寻求资金，进而推动农业的发展，同时农村地区大量中小企业的兴起都需要农村金融的信贷资金支持，此时农村金融的发展便对乡村产业振兴起到了积极的正向作用；而随着农村金融的不断发展，当其达到了一定水平，农村地区随之产生了新的产业发展模式，居民生产活动的交易量与交易方式都在不断扩张，人们对于金

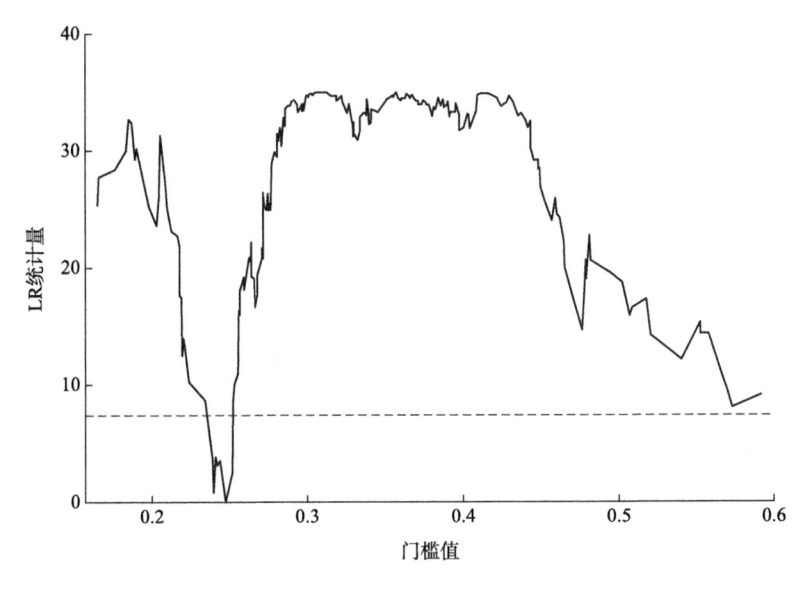

图 18.8　门槛估计值及置信区间

融服务的业务种类和便捷程度的要求有所提高，居民的消费价值理念也发生了改变，当地金融系统的发展却无法满足其衍生出的金融需求，因此在这种情况下，农村金融发展对乡村产业振兴的正向作用相较之前便会有所减弱。

表 18.6　面板门槛模型估计结果

变量	回归系数	标准误差	t 值	$P>|t|$
tech	0.009 7	0.005 1	1.89	0.059
gov	0.102 9	0.233 7	0.44	0.660
fin	0.099 5	0.021 6	4.60	0
open	−0.047 1	0.095 9	−0.49	0.624
town	0.560 9	0.054 4	10.3	0
trans	0.087 0	0.018 4	4.73	0
RFDI（RFDI ≤ 0.247 1）	0.156 9	0.028 9	5.43	0
RFDI（RFDI > 0.247 1）	0.055 6	0.016 4	3.39	0.001
常数项	−1.526 4	0.195 5	−7.81	0
自助抽样次数	300	300	300	300
n	330	330	330	330

(二)稳健性检验

为了使实证结果更具稳健性,本章更换解释变量农村金融水平再次对二者间的门槛效应进行实证估计,参考高国运等(2019)的研究采用人均涉农贷款代表农村金融发展水平,结果显示农村金融通过了1%显著性水平上的单一门槛的检验,门槛估计值为2.295 0,同时没能进一步通过双门槛的检验,最终结果如表18.7所示。核心解释变量和控制变量的系数大小与符号方向与前文基本一致,农村金融对乡村产业振兴依然展现出正向的促进作用,当农村金融水平小于门槛值2.295 0时,其系数为0.195 7,当农村金融水平大于门槛值2.295 0时,其系数为0.031 3,说明前文的单门槛回归结果具有一定的稳定性。

表18.7 门槛模型稳健性估计结果

变量	回归系数	标准误差	T值	$P>|T|$
tech	0.007 2	0.005 1	1.40	0.163
gov	0.266 5	0.233 8	1.14	0.255
fin	0.078 6	0.022 4	3.50	0.001
open	−0.117 1	0.094 9	−1.23	0.218
town	0.507 0	0.065 0	6.26	0
trans	0.078 6	0.018 4	4.28	0
RFD(RFD ≤ 2.295 0)	0.195 7	0.006 2	3.15	0.002
RFD(RFD > 2.295 0)	0.031 3	0.006 5	4.83	0
常数项	−1.244 4	0.210 0	−5.93	0
自助抽样次数	300	300	300	300
n	330	330	330	330

三、空间效应的检验和分析

(一)空间自相关检验

基于式(18.7),计算出莫兰指数,如表18.8所示,被解释变量乡村产业振兴具有显著的空间正相关性,核心解释变量与其他控制变量也均具有空间正相关性,且均通过了1%的显著性水平检验,因此有必要构建空间计量模型。

表 18.8　空间自相关检验结果

变量名	I	Sd（I）	Z 值	P 值
乡村产业振兴	0.271	0.029	9.472	0
农村金融	0.314	0.029	10.994	0
科技进步	0.757	0.029	26.473	0
财政干预	0.622	0.029	21.642	0
经济发展	0.502	0.029	17.472	0
对外开放	0.649	0.029	22.570	0
城镇化水平	0.648	0.029	22.548	0
交通运输水平	0.688	0.029	23.952	0

（二）模型检验

通过表 18.8 可知，乡村振兴指数与各解释变量均具有较强的空间正相关性。为更准确地度量地区发展情况对乡村产业振兴的影响，本章对样本的面板数据进行 Lagrange Multiplier（LM）检验，以选取更合适的空间计量模型进行分析，结果如表 18.9 所示。从表 18.9 可知，在 LM 检验下，SEM 与 SLM 均通过 1% 的显著性水平；同时参考 Robust LM 检验，二者也均通过 1% 的显著性水平，说明该面板数据既存在空间依赖性，又具有空间异质性，因此经初步确认，应选择同时具备这两种特征的空间杜宾模型（SDM）。

表 18.9　LM 检验

模型名称	检验	统计量	P 值
SEM	莫兰指数	14.381	0
	Lagrange Multiplier	175.040	0
	Robust Lagrange Multiplier	159.393	0
SLM	Lagrange Multiplier	31.626	0
	Robust Lagrange Multiplier	15.979	0

接下来，对面板数据进行 Hausman 检验，以判断选用固定效应模型还是随机效应模型，根据 Hausman 检验结果，统计量的值为 51.24，其 P 值为 0，显著拒绝原假设，即应选择具有固定效应的 SDM。

进一步地，本章对所选取的固定效应的 SDM 进行具体选择，即进行时间固定效应和个体固定效应的联合显著性检验，结果如表 18.10 所示。从表 18.10 可知，SDM 的时间固定效应与个体固定效应的 LR 检验结果均通过了 1% 的显著性水平。

表 18.10 LR 联合显著性检验

检验	统计量	P 值
时间固定的 SDM	566.4	0
个体固定的 SDM	59.16	0

另外，由于上述 LM 检验结果显示面板数据既存在空间误差效应，又存在空间滞后效应，因此需要对其进行 LR 检验和 Wald 检验来确定前文选择的 SDM 是否可退化为 SEM 或 SLM，即检验 SDM 的稳健性，结果如表 18.11 所示。从表 18.11 可以看出，SEM 的 LR 检验（$P<0.01$）和 Wald 检验（$P<0.01$）的结果表明，SDM 不能退化为 SEM；同理，SLM 的 LR 检验（$P<0.01$）和 Wald 检验（$P<0.01$）的结果也同样表明，SDM 不能退化为 SLM。

表 18.11 LR 检验和 Wald 检验

检验	模型	统计量	P 值
LR	SEM	161.31	0
	SLM	154.76	0
Wald	SEM	52.36	0
	SLM	47.62	0

（三）空间模型实证结果

根据上述检验结果，针对时间固定效应、个体固定效应及双向固定效应的选择问题，为了保证实证结果的稳健性，本章将分别对三种效应下的空间杜宾模型进行回归估计，三个模型的实证结果如表 18.12 所示。从表 18.12 可以看出，被解释变量乡村产业振兴的空间自回归系数为-0.258，通过了 5% 的显著水平，可初步说明乡村产业振兴对周边地区具有负向的空间溢出效应。另外两个模型中被解释变量的空间自回归系数均出现与时间固定的 SDM 不同的结果，原因可能在于个体与双固定的 SDM 中考虑了随个体变化的因素，从而导致二者与时间固定的 SDM 结果不同。此外，基于拟合优度和对数似然函数值，本章将选择 SDM 时间固定效应模型作为主要分析模型，其余模型作为对照分析。时间固定的 SDM 拟合优度为 0.479，比其余两个模型的拟合优度要高，说明该模型解释力度高于另外两个模型。

表18.12 空间计量模型的实证结果

变量名	时间固定SDM	个体固定SDM	双固定SDM
农村金融	0.022*** (1.19)	0.035** (2.26)	0.011 (0.83)
科技进步	0.019*** (7.02)	0.010*** (2.62)	0.005 (1.28)
财政干预	0.246** (2.06)	0.069 (0.41)	0.149 (0.87)
经济发展	0.051** (2.27)	−0.015 (−0.73)	0.013 (0.60)
对外开放	0.002 (0.04)	−0.097 (−1.45)	−0.132* (−1.92)
城镇化水平	0.256*** (5.37)	−0.015 (−0.36)	0.232*** (4.49)
交通运输水平	0.030*** (11.02)	0.051*** (3.22)	0.040*** (2.62)
$W \times$农村金融	−0.175*** (−2.98)	−0.004 (−0.17)	−0.068* (−1.69)
$W \times$科技进步	−0.0203*** (−2.64)	−0.003 (−0.34)	−0.015 (−1.37)
$W \times$财政干预	0.0776 (0.18)	−0.889 (−1.61)	0.500 (0.53)
$W \times$经济发展	−0.0268 (−0.39)	−0.026 (−0.72)	0.036 (0.68)
$W \times$对外开放	−0.796*** (−4.31)	0.289 (1.37)	−0.328 (−0.85)
$W \times$城镇化水平	0.206 (1.59)	−0.052 (−0.52)	−0.136 (−0.95)
$W \times$交通运输水平	0.148** (2.33)	0.006 (0.51)	0.107* (1.66)
$W \times$乡村产业振兴	−0.258** (−2.22)	0.598*** (11.06)	0.079 (0.78)
R-sq	0.479	0.330	0.315
样本量	330	330	330

*、**、***分别表示10%、5%、1%的显著性水平

注：括号内为Z值

但值得注意的是，对于SDM点估计方法得出的结果，在一定程度上存在系统性偏差的可能，即解释变量的系数不能准确表示其直接效应与间接效应，因此需要利用偏微分分解方法对解释变量进行效应分析，即将总效应分解为直接效应与间接效应。其中，总效应为直接效应与间接效应之和，表示本地区解释变量对所有地区被解释变量产生的平均影响；直接效应是指本地区解释变量对自身被解

释变量的变动产生的影响；间接效应是指本地区解释变量对其他邻近地区的被解释变量产生的影响，即空间溢出效应。关于时间固定的 SDM 空间效应分解，结果如表 18.13 所示。

表 18.13　时间固定 SDM 模型空间效应分解

变量名	总效应	直接效应	间接效应
农村金融	−0.121** (−2.54)	0.028** (2.14)	−0.149*** (−3.22)
科技进步	−0.001 (−0.07)	0.021*** (7.50)	−0.021*** (−3.38)
财政干预	0.275** (2.56)	0.245** (2.12)	0.030** (2.33)
经济发展	0.016 (0.25)	0.053** (2.56)	−0.037 (−0.65)
对外开放	−0.630*** (−3.91)	−0.029 (0.59)	−0.660*** (−4.18)
城镇化水平	0.160*** (3.56)	−0.024** (−2.38)	0.184*** (4.16)
交通运输水平	0.029*** (3.08)	0.030*** (10.91)	0.035*** (3.52)
样本量	330	330	330

、*分别表示 5%、1%的显著性水平

注：括号内为 Z 值

从表 18.13 中可以看出，在直接效应方面：①核心解释变量农村金融对本地区的乡村产业振兴有促进作用，并通过了 5%的显著性水平，表明本地区农村金融程度较高时，可为农民从事农业提供有效的农业贷款等帮助，从而促进当地的乡村产业振兴；②科技进步对本地区乡村产业振兴同样产生了促进作用，且通过了 1%的显著性水平，原因在于随着科技和互联网的发展态势持续良好，为乡村产业振兴提供了更多的可能性；③经济发展也对当地乡村产业振兴产生了显著的正向影响，表明随着经济发展水平的提高，人们选择从事农业的机会成本在一定程度上有所降低，更多的人倾向于选择农业发展，从而有效促进了乡村产业振兴；④交通运输水平的提高，代表了当地基础物流设施的完善，可以有效降低当地物流运输成本，帮助农民解决农作物等运输问题，进而对乡村产业振兴起到了促进作用。

在间接效应方面：①核心解释变量农村金融对邻近地区的乡村产业振兴产生了负向的影响，原因可能在于当地农村金融发展具有区域局限性，其影响范围不足以扩大到邻近地区，当某个地区的融资方式更便利或者金融服务更丰富时，有资金需求的邻近地区农村居民可能会倾向于来该地发展，推动该地区乡村产业发

展的同时，反而抑制了原地区的乡村产业振兴情况。②科技进步和对外开放系数为负，且通过了1%的显著性水平，表明二者均对邻近地区的乡村产业振兴起到了负向作用。由前文可知，当本地区科技发展和对外开放水平较高时，可有效促进当地乡村产业振兴，与此同时，可能会在一定程度上增加邻近地区农民从事农业发展的机会成本，从而对邻近地区的乡村产业振兴起到一定的抑制作用。③财政干预、城镇化水平与交通运输水平对邻近地区的乡村产业振兴发展具有显著的正向影响，表明本地区财政干预较高、城镇化水平良好、交通基础设施较为完善，其优势可扩散到邻近地区，从而带动邻近地区的乡村产业振兴发展。

在总效应方面：①核心解释变量农村金融对整体乡村产业振兴的效果在5%的显著性水平上有负向的影响，系数为-0.121，说明尽管农村金融对当地乡村产业振兴发展具有显著的正向作用，但对邻近地区却有负向影响，因而在总体上对中国乡村产业振兴呈现出负向影响；②科技进步对中国整体乡村产业振兴的效果并不显著，但对本地区及邻近地区的影响均较为显著，且具有相反的影响效果，在一定程度上相互中和，从而导致对中国整体乡村产业振兴影响不大；③财政干预对中国乡村产业振兴具有显著的正向促进作用，且主要体现在对本地区的乡村产业振兴的影响上；④对外开放对中国乡村产业振兴具有负向作用，且主要体现在对邻近地区的空间溢出效应上，这表明随着对外开放程度的加深，会在一定程度上增加农民从事农业的机会成本，从而对乡村产业振兴起到了一定的抑制作用；⑤城镇化水平与交通运输水平对中国整体乡村产业振兴具有显著的正向拉动作用，二者作为乡村发展的基石，随着其态势发展持续向好，其中交通运输水平无论是对本地区还是对邻近地区均有良好的促进影响。

（四）稳健性检验

为了保证实证结果的稳健性，本章再次采用人均涉农贷款代表农村金融发展水平，更换原来的解释变量农村金融水平发展指数，对空间效应重新进行实证研究，结果如表18.14和表18.15所示。由表可知，被解释变量乡村产业振兴及其他主要变量都具有显著的空间正相关性，与前文一致。

表 18.14　空间自相关稳健性检验结果

变量名	I	Sd（I）	Z值	P值
乡村产业振兴	0.271	0.029	9.472	0
农村金融	0.376	0.029	13.123	0
科技进步	0.757	0.029	26.473	0
财政干预	0.622	0.029	21.642	0

续表

变量名	I	Sd（I）	Z值	P值
经济发展	0.502	0.029	17.472	0
对外开放	0.649	0.029	22.570	0
城镇化水平	0.648	0.029	22.548	0
交通运输水平	0.688	0.029	23.952	0

表18.15　空间效应分解稳健性检验结果

变量名	总效应	直接效应	间接效应
农村金融	-0.052*** (-3.53)	0.025*** (5.69)	-0.077*** (-5.47)
科技进步	-0.008 (-1.02)	0.025*** (9.96)	-0.033*** (-4.87)
财政干预	1.026*** (2.68)	0.242** (2.24)	0.784*** (1.93)
经济发展	0.101 (1.38)	0.009 (0.37)	0.092 (1.45)
对外开放	-0.633*** (-3.48)	-0.040 (-0.90)	-0.593*** (-3.31)
城镇化水平	0.545*** (4.22)	-0.074** (-2.02)	0.619*** (4.94)
交通运输水平	0.065*** (5.90)	0.030*** (11.83)	0.001 (0.07)
样本量	330	330	330

、*分别表示5%、1%的显著性水平

注：括号内为Z值

通过一系列检验，结果显示仍应选择时间固定的SDM。观察表18.15，时间固定的SDM空间效应分解结果显示，农村金融总体上对本地区的乡村产业振兴有正向的促进作用，而对邻近地区的乡村产业振兴有负向的抑制作用，在总体上呈现出负向影响。其余变量的符号方向及显著性与前面表18.13的结果基本一致，进一步表明本章实证结果基本稳健。

第五节　本章研究结论及建议

本章利用2010~2020年我国30个省（区、市）的数据，就农村金融发展是否能够有效推动乡村产业振兴、是否存在门槛效应及是否存在空间溢出效应这一命

题进行研究，得出以下结论。

第一，根据门槛模型的结果，农村金融对乡村产业振兴的作用呈现出阶段差异性。农村金融发展对乡村产业振兴水平具有存在单一门槛的正向促进作用，当农村金融发展到达门槛值时，农村金融发展对乡村产业振兴水平的促进作用将有所削弱。当农村金融发展水平低于门槛值 0.247 1 时，农村金融对乡村产业振兴的估计系数为 0.156 9；当农村金融发展水平高于门槛值 0.247 1 时，该估计系数则为 0.055 6。

第二，根据空间计量模型的结果，乡村振兴水平指数与各解释变量均具有较强的空间正相关性。在直接效应方面，核心解释变量农村金融对本地区的乡村产业振兴有促进作用。在总效应方面，核心解释变量农村金融对整体乡村产业振兴具有负向影响。另外，财政干预、城镇化水平、交通运输水平均对乡村产业振兴总体起到了促进作用。科技进步则对当地乡村产业振兴具有显著的促进作用。

根据以上研究结果，本章提出以下四条对策建议。

第一，加强农村基础设施建设，发挥多元协同作用。首先，加强数字信息基础设施建设，提高农村地区的互联网覆盖率。由政府牵头，同时吸附社会资金，引导支持农村互联网基础设施建设，投放更多的金融设施，提高数字金融的覆盖广度，降低农村居民使用金融数字设备的成本。其次，加强农村征信服务体系建设，改善金融活动中的信息不对称问题。加快建设统一的征信平台，加强对金融需求用户的信息收集与整理，形成覆盖广泛又便于查询的征信体系。再次，加强农村支付体系的建设，打造更便捷的金融服务。最后，加强农村交通基础设施网建设。良好的交通运输体系有助于城乡要素的流动与农副产品的输出，辐射带动乡村特色产业的发展，提高地区城镇化水平。

第二，加快农村金融资源供给侧改革，因地制宜加强金融支持。首先，加强对西部地区和东北地区金融发展的政策倾斜支持，协同多元的金融机构主体，扩大金融供给规模。其次，加强农村金融人才的培养。一方面，政府应通过相关政策吸引专业的农村金融专业人才。另一方面，应加强对在岗员工的技术培训，提升其服务水平和工作效率。最后，建立完善的资金回流机制。考虑通过制定或调整相关政策，增加西部农村地区的农村贷款范围及额度，同时对资金使用条件进行限制，确保其用来促进西部地区产业的发展。

第三，加强财政金融协同效应，加大财政支农力度。首先，扩大乡村财政支持项目种类和规模。重点支持农村地区农业规模化经营、乡村旅游业开发等领域，定期监测地区信贷资金适配情况，不断提升服务"三农"的能力和水平，吸引生产要素向农村聚集。其次，优化财政资金分配方式。政府的公共管理部门应积极对接财政专用资金，结合当地农村的优势农业及特色产业量身定制农村产业发展扶持项目，顺利将专项资金引入乡村地区农村产业企业。最后，加强对资金流向的政策引导。财政部门和税收部门可以通过税收优惠和补贴支持政策，为涉农贷款提供贴息和定向费用补贴，对新涉农金融机构提供专项资金补贴，降低金融机构经营成本。

第四，加强农村金融产品和服务模式创新。首先，改进金融服务模式。通过举办讲座等活动方式，向当地农村居民宣传金融知识，科普金融风险，帮助他们全面了解目前的金融产品，并向他们提供相应的金融服务。其次，创新金融服务产品。提倡各地区的金融机构瞄准当地地方特色，开发富有针对性的金融产品，在有效防范金融风险的同时，逐步提高信贷额度，帮助乡村特色产业实现规模化，并通过乡村产业的发展对农村金融产生反哺作用。最后，拓展农村信贷担保方式与涉农信贷抵质押物范围。考虑逐步扩大涉农信贷抵质押物范围以帮助农村居民获得更多的融资帮助。

第十九章　以特色小镇高质量发展推动城乡融合发展研究

第一节　引　言

从近年来浙江省开展特色小镇建设的实践和经验来看,特色小镇建设在推进我国城乡融合高质量发展进程中具有重要的地位和作用。首先,特色小镇最重要的特点是通过特色产业的带动,形成以工促农、以城带乡、工农互惠、城乡融合的新型工农城乡关系。其次,特色小镇地处城市和农村的接合部,具有连接城乡发展,承接产业转移,传递城市文明的重要作用,是推进城乡融合发展的重要战略支点。最后,特色小镇一头连着城市,一头连着农村,能够把工业和农业、城市和乡村作为一个整体统筹谋划,促进城乡在规划布局、要素配置、产业发展、公共服务、生态保护等方面相互融合和共同发展,具有重要的带动和引领作用。因此,特色小镇作为城乡融合高质量发展的重要引擎,受到世界各国的高度重视。本章基于社会嵌入理论视角,总结提炼特色产业发展、生产与城镇人文一体化、机制与政策创新融合的典型经验,从而促进特色小镇高质量发展,推动城乡融合快速发展。

第二节　基于社会嵌入视角的特色小镇高质量发展问题探讨

一、基于社会嵌入视角的特色小镇发展模式分类

Granovetter(1985)提出了嵌入性理论,该理论认为我们嵌入在特定的社会结构

和关系网络，获取信息和服务等。制度嵌入性是嵌入性的又一个重要分类，制度嵌入性可以平衡人的理性选择和来自制度的约束，从而打破"社会化不足"或"过度社会化"。此外，嵌入性还涉及一个概念：共生。据此，街区和自然等都可看作共生单元。所有这些共生单元沿着历史发展的共生共存的环境，相互独立，相互依存，形成一个共同体，相互影响，共同发展，最终形成互惠互利的"共生关系"或"共生模式"。因此根据社会嵌入的表现形态可分为环境嵌入、产业嵌入和文化嵌入模式。

（1）环境嵌入模式是特色小镇发展的起点，分为自然环境模式和资源环境模式。自然环境模式利用小镇原生态景观，如文成森林氧吧小镇，这种模式下的产业大多为旅游业。另一种是旅游业结合其他产业发展的资源环境模式，如沈家门渔港小镇，其主导产业为渔业旅游资源开发业等。依靠环境嵌入发展的小镇关键是注重环保，在倡导产业健康发展的基础上做到最大限度地利用资源优势，提高资源有效利用率。

（2）产业嵌入模式是基于特色小镇优势，不断进行嵌入、脱嵌、再嵌入的过程。特色产业全面发展容易造成千篇一律，失去竞争优势，应从小镇自身条件和产业基础出发寻找合适的支柱产业。例如，滨江互联网小镇，从研发互联网技术到应用，孕育了一条独特的产业链。产业是小镇的根基，没有特色产业主导的小镇，注定不会走得太远。

（3）文化嵌入内容及程度不同均会导致特色小镇发展存在差异性。文化古迹和风俗习惯经过历史文化沉淀，造就了独特的地域特色。将文化嵌入运用得淋漓尽致的小镇很多，如湖州丝绸小镇。文化氛围是小镇成功的重要一环，将悠久的文化真实生动地展现出来，才能赋予小镇活力。

当然，这三种嵌入形态划分并不绝对，且可以相互融合。基于社会嵌入理论，以共生理念来建设特色小镇，应立足小镇背景，将各种嵌入关系应用到小镇，形成有机共生、共享关系，和谐交融发展。

二、发展现状分析

为了更加系统、直观地找出特色小镇内在的高质量发展规律，现根据嵌入理论分析框架，对小镇的嵌入情况进行分类总结。浙江省于2015年启动特色小镇建设以来，截至2019年10月，已公布了三批共114个创建名单。本章根据这些小镇的发展现状分析其社会嵌入情况，在这114个特色小镇中，环境嵌入建设的特色小镇有73个，产业嵌入的有108个，文化嵌入的有35个[①]，分布情况占比如图19.1所示。

---

① 资料来源：浙江省特色小镇规划建设工作联席会议办公室印发的《关于浙江省特色小镇2019年度评估情况的通报》。

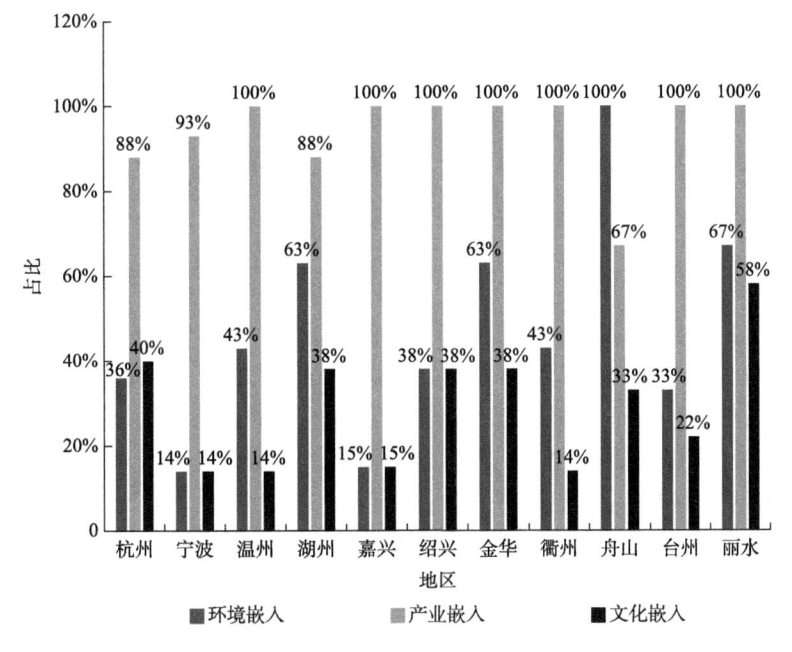

图 19.1 浙江省特色小镇社会嵌入情况

2017 年省级特色小镇创建对象年度考核结果中，14 个小镇被警告，7 个小镇被降格，现对这 21 个特色小镇的社会嵌入情况进行分析。从图 19.2 可以看出，被警告小镇和降格小镇产业嵌入都达到了 86%，被警告小镇文化嵌入达 43%，降格小镇环境嵌入为 29%。产业嵌入主要问题是产业没有独特性，集聚水平低，缺少高端要素，创新能力差。文化嵌入主要问题是一些小镇定位不清，文化嵌入不够，市场竞争力弱。环境嵌入问题是生态环境建设不达标，资源有效利用率低。

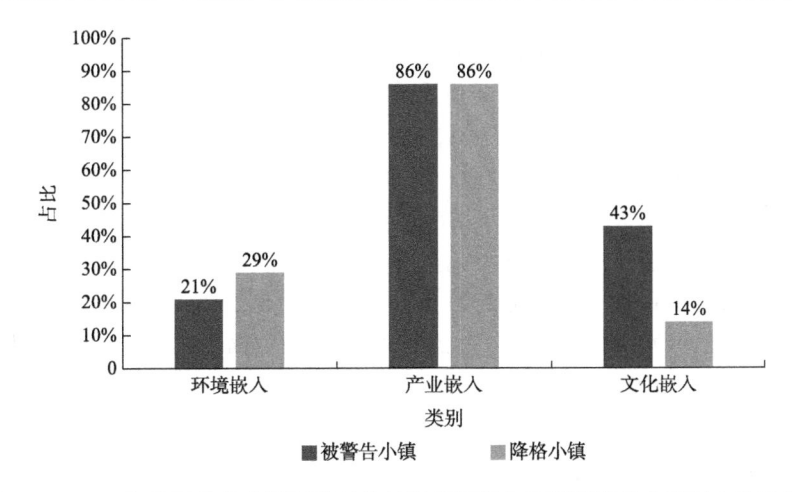

图 19.2 2017 年省级特色小镇创建对象年度考核警告和降格特色小镇嵌入关系情况

三、案例分析

特色小镇高质量发展嵌入性通常是多元的，本书根据嵌入性的几个表现形态，列举一些高质量发展较为突出的特色小镇。

1. 环境嵌入型

德清地信小镇被命名为第二批省级特色小镇，2021 年进入中国特色小镇 50 强。小镇融合环境嵌入，以地理信息产业为主导，打造了基础设施完善、生态环境优美、人文休闲舒适、科学技术一流的示范镇。依靠德清联合国全球地理信息管理论坛，小镇举办了多种全国大型会展活动，逐步成为杭州乃至全省的展会汇聚地。2022 年 1~10 月，地信小镇营业收入达 250.4 亿元，同比增长 15%，线上信息服务业营收增长 49.6%；累计引进宽凳科技、航天宏图、浙江省地信科技集团、地图慧等优质项目 41 个，在经济下行压力下实现逆势增长。小镇汇集了 85 个创业团队、3 000 多名创业创新人才，引入 10 位院士专家。同时，近 20 家顶尖产业研究院相继在小镇落地。德清坐拥 100 多家享受国家重点扶持的高新技术企业，研发经费支出约占当地地区生产总值的 3.7%[①]。

2. 产业嵌入型

浙江特色小镇以产业嵌入型为主，与民营经济发展良好分不开。云栖小镇是西湖区政府与阿里巴巴联手布局建设的杭州云计算产业园，小镇打造了云栖大会，一个国际云计算行业高端会展品牌。作为全国最早布局云计算产业的特色小镇，云栖小镇集聚阿里云、数梦工场、政采云等一大批顶尖涉云企业，形成了以云计算大数据为主导的特色产业集群，致力构建全国云产业高地。截至 2022 年 10 月，云栖小镇拥有独角兽企业 3 家、准独角兽企业 7 家，特色产业产值已超过 600 亿元，形成了技术最前沿、生态最丰富的发展态势。其中，阿里云、端点科技、数梦工场上榜 2022 年杭州独角兽企业；另有西湖欧米、西湖生物医药、博雅鸿图、西湖未来智造、Fit2Cloud 飞致云、数字扁担、新华智云分别被认定为医疗健康、人工智能、先进制造、大数据等不同产业领域的准独角兽企业。十年间，云栖小镇财政总收入从 1.1 亿元增长到 2021 年的 10.72 亿元，在册企业从 165 家增长到 2 981 家[②]。浙江特色小镇网络影响力 2019 年 5 月指数榜中，西湖云栖小镇以 83.05 的发展指数抢到了榜首。

---

① 资料来源：德清县人民政府网站。
② 资料来源：杭州新闻中心-杭州网。

3. 文化嵌入型

莲都古堰画乡小镇位于瓯江江畔，历史文化氛围浓厚。数以万计的人被这里奇异的自然风光吸引，纷纷前来写生，形成了"丽水巴比松"画派，现如今小镇油画产值高达 1.2 亿元。越来越多的国际摄影节和摄影赛事在此召开，小镇被打造成顶尖的摄影基地。小镇依托文化资源，吸引了 500 名创客在此创业和生活，景区内有民宿、农家乐 150 余家，创造就业岗位 2 200 余个，人均收入在 15 年间增长了近 10 倍。目前古堰画乡艺术工作室从 10 年前的 38 家增加到 126 家，共上架 10 万余件油画艺术品，每年接待写生人数超 15 万人次，吸引中央美术学院等 300 余家院校在此建立实践基地，每年带来约 190 万人次的游客量。小镇凭借独特的文化优势，形成文化充分嵌入格局，现已成为全省优秀特色小镇，获得全国最美乡愁艺术小镇称号。

4. 共生型

杭州艺尚小镇立足嵌入理论和共生理论融合发展，成为在全国乃至全世界具有核心竞争力的时尚产业新地标。小镇产业基础雄厚，牵手行业协会、高校等组织，大量引进人才，发展教育。8 年来，艺尚小镇快速发展，大力推进"设计+""数字+""科技+"转型赋能，积极培育时尚研发设计服务业，基本形成以家纺服装产业为主体的大时尚产业集群。截至目前，艺尚小镇已累计完成投资超 154.69 亿元（不含住宅和商业综合体），集聚各类企业 2 321 家（刘海波，2023）。引进金顶奖设计师、中国十佳设计师等 24 位国内外业界知名人士以及 520 位设计师新秀，汇集了伊芙丽等创新型服装企业 50 多家。

四、特色小镇发展存在的问题

1. 资源利用不合理

一些特色小镇对资源没有做到充分利用，产品研发缺乏文化创意。一些经济基础较弱的小镇盲目追求数量，甚至规定下级政府完成定量指标，好高骛远，一味模仿，造成了极大的资源浪费，有悖特色小镇建设初衷。

2. 产业特色不明确

特色小镇建设常见问题是没有明确的产业特色。一些小镇产业集聚能力不足，一些小镇发展模式不明确。另一个问题是产业高端要素偏少，近几年被降格的小镇中近七成产业高端要素和创新能力偏低。

3. 小镇推进困难

一些小镇支柱产业发展较好，但其他产业比较薄弱，规划起点低，小镇未来推进困难。例如，丝绸小镇申报时包含丝绸文创等概念，但一直无实质进展，因其所在地只是城市湿地公园，缺少产业和文化支撑。

4. 政策落地性有待加强

目前，特色小镇创建的主要政策支持只有土地和财政，其他政策支持不足。例如，居民的导入与迁出应该如何权衡与实施问题，土地激励如何实现问题；又如，空间与产业规划、社区与旅游规划"四张皮"现象时有发生。

第三节 以特色小镇高质量发展推动城乡融合发展的建议

1. 坚持小镇绿色发展

环境嵌入模式下的特色小镇发展，与自然条件关系密切，所以保护生态环境是关键，环境恶化、过度开采，都会使小镇失去竞争优势。产业发展在打造特色时，要避免过度消耗，在产业与生态之间保持平衡。同时应该明确地方资源和经济发展背景的关系，避免生产要素不匹配，导致资源浪费。特色小镇打造的重点是坚持绿色发展，只有特色和环保共存，才能实现我国特色小镇高质量发展。

2. 深挖小镇产业特质

摒弃特色小镇产业开发"一刀切"，激励小镇学习国外特色小镇开发模式，如格林尼治对冲基金小镇等，注重特色小镇开发建设中创新元素的植入。根据社会嵌入关系确定产业发展方向，依靠自身动力推动小镇持续发展。选择特色产业时也要考虑外在因素，利用自身优势，结合当地政策，精准定位，打造稳固发展的特色产业，避免趋同发展。厘清特色小镇的特色产业，优先发展特色产业，有利于提高特色小镇的综合竞争力和市场占有率，推动特色小镇高质量发展。

3. 注重历史文化内涵

加强小镇文化建设，注重特色小镇历史人文内涵的挖掘与推广。文化优势有利于小镇形成深厚的支撑力量，在特色小镇建设中植入文化因素，如茶叶、丝绸等经历千年文化积淀的产业，注重挖掘并延续历史文化根基。许多小镇建设盲目追求现代化，忽略自身实际情况，未能对历史文化进行探索挖掘。文化嵌入关系是社会嵌入关系中非常重要的一部分，是地方的根脉，小镇建设必须融入当地历史文化内涵，推动小镇特色产业结合文化融合发展，进一步实现特色小镇高质量发展。

4. 强化外部引导作用

政策措施违背当地经济发展规律在一定程度上不利于特色小镇发展。政府采取措施要深入结合社会嵌入性，合理利用社会嵌入关系，才能实现特色产业不断发展。在这个过程中政府引导不可或缺，应着眼于全局，加强宏观指导，推出合理适用的政策体系，加快基础设施建设，充分完善公共服务等。按负面清单进行监管，禁止以特色小镇名号开发房地产等；引进社会先进力量，鼓励企业主导或自主建设特色小镇，吸引更多社会资本进入特色小镇；关注成果的同时注重过程的把控，鼓励实施培育制，推动特色小镇高质量发展。

第四节 本章研究结论

特色小镇和特色小城镇是新型城镇化与乡村振兴的重要结合点，也是促进经济高质量发展的重要平台。特色小镇作为一种微型产业集聚区，具有细分高端的鲜明产业特色、产城人文融合的多元功能特征、集约高效的空间利用特点，在推动经济转型升级和新型城镇化建设中具有重要作用。浙江模式的特色小镇不仅仅是助推地区经济高质量发展的发动机，在未来，特色小镇将会被赋予更高的使命和责任，助力"十四五"新兴产业战略，成为新时期先进制造业转型创新的重要载体，助力国家战略落地，实现高质量发展。

本章提出要坚持小镇绿色发展、保护生态环境，在打造环境嵌入特色时避免消耗过度。首先，深挖小镇产业特质，依靠自身动力推动小镇持续发展；其次，应注重历史文化内涵，融合当地历史文化内涵建设小镇，推动小镇特色产业与传统文化相结合的高质量发展；最后，需强化外部引导作用，加强政策措施对小镇建设的监督和推动作用，鼓励社会先进力量及资本建设特色小镇，推动特色小镇高质量发展。

第二十章　营商环境、融资能力与民营企业技术创新

第一节　引　言

民营企业在我国城乡融合高质量发展中起到了至关重要的作用。改革开放40多年来，我国城乡发展所取得的经济成就与民营企业的发展息息相关，民营企业、民营经济不断发展壮大，在推动城乡经济发展、改善民生、促进创新、深化改革、扩大开放等方面都发挥了不可替代的重要作用，其贡献了50%以上的税收，60%以上的国内生产总值，70%以上的技术创新成果，80%以上的城镇劳动就业。当前，我国经济呈现出新常态，增长动力正在从要素驱动、投资驱动为主转向创新驱动为主。但是大部分的民营企业依旧没有意识到创新在企业长期发展中的作用，所以不愿意主动在创新方面进行资金投入和花费太多的时间。因此，研究营商环境、融资能力与民营企业技术创新关系对于加快推进城乡融合高质量发展具有重要的理论价值和实践指导意义。

第二节　相关文献回顾

当前经济正处于要素驱动向创新驱动转变的关键节点，创新是推动经济转型升级的新动力，是引领发展的第一动力，是建设现代化经济体系的战略支撑。《全球营商环境报告2020》提到，中国营商环境2019年排在全球31位，较2018年提升了15位，较2013年排名向前跨越了53位，且中国连续两年成为营商环境改善幅度最大的经济体之一。但是，受我国信贷市场的条件所限，企业的规模与选择的金融机构不同，都会导致金融服务的成本和效率不同（张一林等，2019），以

银行为代表的金融机构在面对中小企业特别是家族企业的融资需求时，常常表现为"惜贷"，家族企业的创新活动毫无疑问会将企业的融资范围缩得很小（张美莎等，2019），因此，在家族企业创新活动中，融资问题日益凸显。如何破解"融资难、融资贵"问题，推动家族企业技术创新总体水平的持续提升，已成为当前我国经济创新转型面临的重大问题。

现有文献对于家族企业的融资能力进行了一定的研究。部分学者认为营商环境影响家族企业的融资能力：企业所在地的行政环境影响着企业创新活动的交易成本大小和资本的配置效率。地区行政环境越好，企业的交易成本越小，资本配置的效率越高（刘贯春等，2018）；法治环境的完善，激励了企业披露更多的信息，在融资过程中，还能有效地缓解信息不对称问题（Haselmann and Wachtel，2010）。但是由于我国金融体系的特殊性，银行的信贷配置倾向于当地重点产业和国家出资企业或者政府偏好的产业与投资项目，家族企业融资较为困难（张晴宇等，2017；钱雪松等，2018；张一林等，2019）。鉴于上述内容，本章研究了营商环境、融资能力和民营企业创新活动的关系，分析了在融资能力和创新活动关系中营商环境的调节作用，希冀为促进民营企业在新时代的强有力发展提供一定的借鉴。

本章主要关注以下三个问题：营商环境是否促进民营企业开展研发活动，是否提升民营企业的技术创新水平？民营企业融资能力究竟对家族企业创新水平产生何种影响？营商环境在融资能力与民营企业创新活动关系中是否起到调节作用，若有则起到哪种调节作用？

第三节 理论分析与假设提出

一、营商环境与民营企业创新活动的研究假设

营商环境涵盖了引进创新人才、加快创新成果转化等各环节相关的要素与条件，与企业的日常创新行为密不可分（龚兴军，2019）。营商环境又可进一步细分为营商硬环境和营商软环境。其中，营商硬环境主要包括基础设施、管理体制等，营商软环境主要包括人文环境、思想理念、评价体系等（阎康年，2005）。一方面，营商硬环境为家族企业开展创新活动提供基本条件，如提供基础设施。企业所处的营商环境越好，它越愿意为创新活动投入资金与人力，企业的技术创新水平也会越高。另一方面，这些基础条件通过营商软环境在企业创新活动过程中发挥作用（曹兵等，2013）。Lin等（2009）对产权保护与创新活动关系的研究表明，充分的产权保护有利于企业开展创新活动。任曙明等（2017）认为，企业的研发

预期收益与产权保护力度呈正相关关系,且企业研发项目一旦投资失败将增加企业的财务风险,导致企业不得不让渡部分控制权以解决财务困境。完善的营商环境有助于通过提供外部资金等方式支持民营企业技术创新。换句话说,营商环境越好,民营企业获得的外部资源与条件越好,创新水平越高。由此本书提出以下假设。

假设20.1:营商环境与民营企业创新水平呈正相关关系。

二、融资能力与民营企业创新活动的研究假设

大多数企业都希望通过创新开发得到更多机会,但由于创新项目的融资需要数年时间才能产生经济效益,所以大多数民营企业都会遇到没有充足的内部资金去完成对于创新投资全部成本的支付问题。同时,外部融资在信息不对称、破产风险和代理冲突占主导地位的"不完美"世界中还存在代价高昂的问题(Bougheas, 2004)。因此,民营企业的投资行为将受到融资的可得性和成本的限制。财务因素与公司投资决策之间存在一定的关系(Fazzari et al., 1988)。

同时,从出借资金方的角度来看,信息不对称的问题相当严峻,即企业家创新项目的所有有效信息几乎不可能被外部资金提供者掌握。不仅如此,银行、金融机构等大多数债权人都以向公司提供借款的条件来要求公司把某些固定资产作为抵押品。但是,创新活动产生的信息技术和人力资本是无形资产,这使公司更难以提供有形资产来担保其借款。另外,股权投资者作为风险投资者,更关心公司可以通过创新带来多少收入的增长。由此作为基础,再加上投资者自身的理性和远见,他们愿意为公司提供创新研发的资金,并对公司的生产和运营中的物化资本提出合理的要求。此外,为了保证创新活动的正常开展与可持续性,需要投入大量的资金,并且必须是稳定的资金流。显然股权融资的特征更符合企业对创新融资的要求。许多学者研究认为,股权融资对公司的创新投入具有积极作用。根据上述理论分析,本书提出以下假设。

假设20.2:股权融资有利于提升民营企业创新水平,债权融资不利于民营企业创新水平的提升。

三、营商环境调节融资能力与民营企业创新活动的研究假设

一般来说,一个地区的法治环境、监管体制、行政效率、要素市场等可以依赖营商环境来完善与健全,进而让地区的整体社会经济处于较高的水平。良好的营商环境还可以为企业的创新活动提供坚实的外部基础,完善的金融体系可以提

升中介机构搜寻企业内部信息的能力水平,那么外界有更大的机会去知晓了解企业的信息,进而缓解融资难题。除此之外,充沛的金融资源可以为资本市场提供多种类的融资途径,健全的法律保障制度也可以缓解企业的融资难题。这表明良好的营商环境可以让家族企业充分地利用外部市场的金融资源,有助于调节民营企业的融资能力,同时对于不同融资与民营企业技术创新间关系可能存在更加显著的作用。由此本书提出以下假设。

假设 20.3：营商环境增强股权融资对民营企业创新水平的促进作用,同时减弱债权融资对家族企业创新水平的抑制作用。

综上,本章提出的所有假设的概念模型如图 20.1 所示。

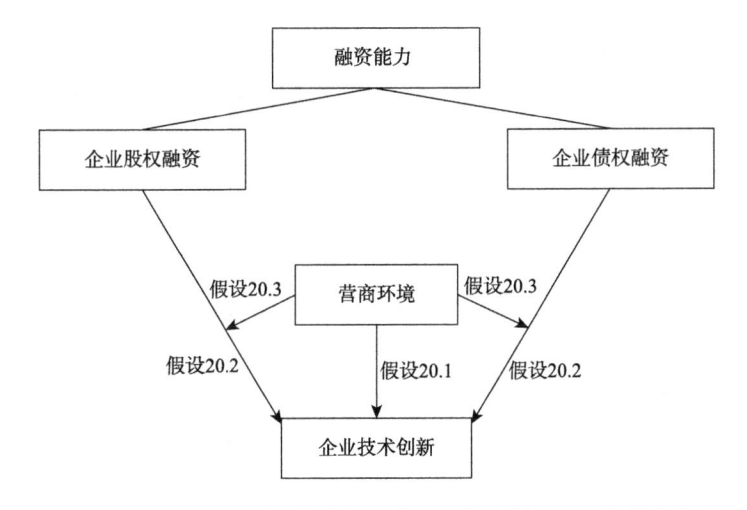

图 20.1 营商环境、融资能力与民营企业技术创新之间的影响路径

第四节 研 究 设 计

一、样本选择与数据来源

本章的研究样本为 2015~2018 年国泰安 CSMAR 数据库中的上市家族企业。为满足研究需要,对样本进行如下筛选：①获取有家族企业资格认定的家族企业数据；②剔除 ST 类和 ST*的公司；③剔除 2015~2018 年有研发投入、研发人员和专利信息等重要数据缺失的样本。最终得到 550 家家族企业作为研究样本,再将 2015~2018 年明显异常的数据删除,最终得到 1 505 个有效观测值。

二、变量选择

1. 营商环境

考虑到我国营商环境自 2014 年进入持续改善的过程,借鉴俞红海等(2010)的做法,以历年市场化指数平均增长幅度为依据对 2017~2018 年的市场化指数进行预测。

2. 融资能力

企业的主要融资途径有股权融资与债务融资。本章中的股权融资能力用股本与资本公积之和与总资产之比衡量,用 Fin 表示;债务融资能力用长期借款、短期借款与应付债券之和与总资产之比衡量,用 Debt 表示。

3. 创新水平

1)基于因子分析法的企业创新投入综合指标的计算

企业在创新活动中各环节的投入都属于创新投入,包括资金投入与人力资源投入。本章考虑到数据的可获得性,资金投入由研发投入/营业收入(%)、研发投入/净利润(%)、资本化研发投入/研发投入(%)和资本化研发投入/当期净利润(%)四个变量综合衡量;人力资源投入由研发人员数量占比(%)来衡量。企业创新投入的综合指标运用因子分析法得到。KMO(Kaiser-Meyer-Olkin)检验是判断基本指标是否适合因子分析的最常用测试方法之一,由表 20.1 可知,KMO 值为 0.505(高于 0.5),Bartlett 球形统计量为 1 921.19(Sig.=0.00),说明基本变量的相关关系矩阵与单位矩阵具有显著差异,基本数据间具有显著的相关关系,本章选取的 5 个基本变量适合进行因子分析。

表 20.1　KMO 和 Bartlett 球形度检验

取样足够度的 KMO 度量		0.505
Bartlett 球形度检验	近似卡方	1 921.19
	df	10
	Sig.	0.00

表 20.2 显示了解释的总方差变化情况。本书用了主成分分析法提取公因子,且相关系数用最大差分法进行正交旋转,结果中第一与第二个因子的方差贡献度分别为 38.274%和 28.668%,累计方差贡献率为 66.942%,即这两个因子提取可以较好地解释基本变量。故对五个创新投入指标共提取两个公共因子。

表 20.2　解释的总方差

成分	初始特征值 合计	方差贡献度	累计	提取平方和载入 合计	方差贡献度	累计	旋转平方和载入 合计	方差贡献度	累计
1	1.914	38.274%	38.274%	1.914	38.274%	38.274%	1.815	36.310%	36.310%
2	1.433	28.668%	66.942%	1.433	28.668%	66.942%	1.532	30.632%	66.942%
3	0.920	18.409%	85.351%						
4	0.521	10.420%	95.771%						
5	0.211	4.229%	100.000%						

表 20.3 显示了两个公共因子在各个基本变量上的因子荷载情况，前两个基本变量在第一个公共因子上的因子荷载较大；后 3 个基本变量在第二个公共因子上的因子荷载较大。表 20.4 是通过最大方差法计算得到的解释因子系数。

表 20.3　旋转成分矩阵

变量	成分 1	成分 2
资本化研发投入/当期净利润（%）	0.941	0.061
研发投入/净利润（%）	0.921	0.041
研发投入/营业收入（%）	0.052	0.850
研发人员数量占比（%）	−0.068	0.803
资本化研发投入/研发投入（%）	0.272	0.400

表 20.4　成分得分系数矩阵

变量	成分 1	成分 2
资本化研发投入/当期净利润（%）	0.521	−0.026
研发投入/净利润（%）	0.511	−0.038
研发投入/营业收入（%）	−0.031	0.559
研发人员数量占比（%）	−0.094	0.536
资本化研发投入/研发投入（%）	0.124	0.245

根据成分得分系数矩阵，得出公因子的因子得分，分别为

$$IN_1 = 0.521x_1 + 0.511x_2 - 0.031x_3 - 0.094x_4 + 0.124x_5 \quad (20.1)$$

$$IN_2 = -0.026x_1 - 0.038x_2 + 0.559x_3 + 0.536x_4 + 0.245x_5 \quad (20.2)$$

以累计方差贡献率为权重，计算企业创新投入综合得分值 IN。

$$IN = \frac{38.274\%IN_1 + 28.668\%IN_2}{66.942\%} \quad (20.3)$$

通过式（20.3）可以计算得到 2015~2018 年共 1 505 个企业创新投入的综合得分 IN，作为企业创新综合投入的度量指标。

2）企业创新产出指标

企业的创新产出包括资金产出与产品产出，即涵盖企业在创新活动中各方面的产出，本书以高新技术企业历年专利申请数为衡量指标，以 Apply 表示。

4. 控制变量

为保证模型设计的有效性，本章借鉴相关研究加入了相关的控制变量。本章加入的控制变量有管理层研发背景（Background）、海外背景（Oversea）、学术背景（Academic）、政治关联（Pol）、企业年龄（Age）、公司规模（Size）、管理层持股比例（MSH）、资产收益率（ROA）、股权集中度（TOP10）、现金持有量（Cash）、管理人员薪酬（ME）。

相关变量的具体定义及计算方法如表 20.5 所示。

表 20.5 变量的定义及计算方法

变量	变量名称	代表符号	变量定义、计算
因变量	研发投入指标	IN	采用因子分析计算研发投入指标
	创新产出指标	Apply	高新技术企业当年专利申请数的对数
自变量	股权融资	Fin	（资本公积+股本）/总资产
	债务融资	Debt	（短期借款+长期借款+应付债券）/总负债
	营商环境指数	BE	当公司所在地区的市场化指数大于当年所有地区市场化指数的均值时，营商环境指数取 1，否则取 0
控制变量	研发背景	Background	以董事、监事及高级管理人员是否从事过研发工作来测量其研发背景，有此职业背景赋值为 1，否则为 0
	海外背景	Oversea	董事、监事及高级管理人员有海外求学、就职经历赋值为 1，否则为 0
	学术背景	Academic	董事、监事及高级管理人员有在高校、科研机构和协会任职或从事研究的学术背景的赋值为 1，没有此身份则赋值为 0
	企业年龄	Age	统计截止日期减去企业上市日期
	公司规模	Size	期末总资产对数（以 e 为底）
	政治关联	Pol	以 CEO 是否具有人大代表或政协委员等身份来测量其政治身份，并按照中央=5，省级=4，市级=3，区县=2，乡镇=1，没有此身份则赋值为 0
	管理层持股比例	MSH	管理层的持股比例
	资产收益率	ROA	（利润总额+财务费用）/资产总额

续表

变量	变量名称	代表符号	变量定义、计算
控制变量	股权集中度	TOP10	$\text{TOP10}=\sum_{i=1}p_i$，$i=1\sim 10$，$p_i$ 为第 i 大股东持股比例
	现金持有量	Cash	期末现金及现金等价物余额的自然对数
	管理人员薪酬	ME	高管年薪总额

根据以上假设分析，本章设计了八个模型。

检验营商环境与创新投入、创新产出的关系模型分别如式（20.4）和式（20.5）所示：

$$\text{IN}_{i,t} = \alpha_0 + \beta_1 \text{BE}_{i,t} + \beta_2 \text{Background}_{i,t} + \beta_3 \text{Oversea}_{i,t} + \beta_4 \text{Pol}_{i,t} + \beta_5 \text{MSH}_{i,t}$$
$$+ \beta_6 \text{ROA}_{i,t} + \beta_7 \text{TOP10}_{i,t} + \beta_8 \text{Industry}_{i,t} + \beta_9 \text{Year}_{i,t} + \varepsilon_{i,t}$$
（20.4）

$$\text{Apply}_{i,t} = \alpha_0 + \beta_1 \text{BE}_{i,t} + \beta_2 \text{Academic}_{i,t} + \beta_3 \text{Age}_{i,t} + \beta_4 \text{Size}_{i,t} + \beta_5 \text{Pol}_{i,t} + \beta_6 \text{MSH}_{i,t}$$
$$+ \beta_7 \text{ROA}_{i,t} + \beta_8 \text{TOP10}_{i,t} + \beta_9 \text{Industry}_{i,t} + \beta_{10} \text{Year}_{i,t} + \varepsilon_{i,t}$$
（20.5）

检验融资能力与创新投入、创新产出的关系模型分别如式（20.6）和式（20.7）所示：

$$\text{IN}_{i,t} = \alpha_0 + \beta_1 \text{Fin}_{i,t} + \beta_2 \text{Debt}_{i,t} + \beta_3 \text{Background}_{i,t} + \beta_4 \text{Oversea}_{i,t} + \beta_5 \text{Pol}_{i,t}$$
$$+ \beta_6 \text{MSH}_{i,t} + \beta_7 \text{ROA}_{i,t} + \beta_8 \text{TOP10}_{i,t} + \beta_9 \text{Industry}_{i,t} + \beta_{10} \text{Year}_{i,t} + \varepsilon_{i,t}$$
（20.6）

$$\text{Apply}_{i,t} = \alpha_0 + \beta_1 \text{Fin}_{i,t} + \beta_2 \text{Debt}_{i,t} + \beta_3 \text{Academic}_{i,t} + \beta_4 \text{Age}_{i,t} + \beta_5 \text{Size}_{i,t} + \beta_6 \text{Pol}_{i,t}$$
$$+ \beta_7 \text{MSH}_{i,t} + \beta_8 \text{ROA}_{i,t} + \beta_9 \text{TOP10}_{i,t} + \beta_{10} \text{Industry}_{i,t} + \beta_{11} \text{Year}_{i,t} + \varepsilon_{i,t}$$
（20.7）

检验营商环境对融资能力与创新活动关系的调节作用的模型如式（20.8）和式（20.9）所示：

$$\text{IN}_{i,t} = \alpha_0 + \beta_1 \text{Fin}_{i,t} + \beta_2 \text{Debt}_{i,t} + \beta_3 \text{BE}_{i,t} + \beta_4 \text{Fin}_{i,t} \times \text{BE}_{i,t} + \beta_5 \text{Debt}_{i,t} \times \text{BE}_{i,t}$$
$$+ \beta_6 \text{Background}_{i,t} + \beta_7 \text{Oversea}_{i,t} + \beta_8 \text{Pol}_{i,t} + \beta_9 \text{MSH}_{i,t} + \beta_{10} \text{ROA}_{i,t}$$
$$+ \beta_{11} \text{TOP10}_{i,t} + \beta_{12} \text{Industry}_{i,t} + \beta_{13} \text{Year}_{i,t} + \varepsilon_{i,t}$$
（20.8）

$$\text{Apply}_{i,t} = \alpha_0 + \beta_1 \text{Fin}_{i,t} + \beta_2 \text{Debt}_{i,t} + \beta_3 \text{BE}_{i,t} + \beta_4 \text{Fin}_{i,t} \times \text{BE}_{i,t} + \beta_5 \text{Debt}_{i,t} \times \text{BE}_{i,t}$$
$$+ \beta_6 \text{Academic}_{i,t} + \beta_7 \text{Age}_{i,t} + \beta_8 \text{Size}_{i,t} + \beta_9 \text{Pol}_{i,t} + \beta_{10} \text{MSH}_{i,t} + \beta_{11} \text{ROA}_{i,t}$$
$$+ \beta_{12} \text{TOP10}_{i,t} + \beta_{13} \text{Industry}_{i,t} + \beta_{14} \text{Year}_{i,t} + \varepsilon_{i,t}$$
（20.9）

由于在不同营商环境下，债权融资对技术创新影响可能并不单一，如果仅仅采用交互项的研究方法，将会忽略其门槛效应。因此，本章添加了以营商环境为门槛变量的门槛效应模型。

检验技术创新在不同营商环境中股权融资和债务融资影响的门槛效应模型如式（20.10）和（20.11）所示：

$$IN_{i,t} = \alpha_0 + \beta_1 Fin_{i,t} \times I(BE_{i,t} \leq \gamma) + \beta_2 Fin_{i,t} \times I(BE_{i,t} > \gamma) + \beta_3 BE_{i,t} + \beta_4 ME_{i,t}$$
$$+ \beta_5 Size_{i,t} + \beta_6 TOP10_{i,t} + \beta_7 ROA_{i,t} + \beta_8 Cash_{i,t} + \beta_9 Age_{i,t} + \varepsilon_{i,t}$$
（20.10）

$$IN_{i,t} = \alpha_0 + \beta_1 Debt_{i,t} \times I(BE_{i,t} \leq \gamma) + \beta_2 Debt_{i,t} \times I(BE_{i,t} > \gamma) + \beta_3 BE_{i,t} + \beta_4 ME_{i,t}$$
$$+ \beta_5 Size_{i,t} + \beta_6 TOP10_{i,t} + \beta_7 ROA_{i,t} + \beta_8 Cash_{i,t} + \beta_9 Age_{i,t} + \varepsilon_{i,t}$$
（20.11）

第五节　实证结果及分析

一、回归分析

1. 营商环境与融资能力对家族企业创新活动影响的回归分析

由于不同的行业和年份对于家族企业创新活动都具有影响且不同，所以为避免行业和年份对结果的影响，使回归结果分析更加准确，在回归分析中对行业和年度效应进行了控制。

为进一步研究营商环境与融资能力对家族企业创新活动的影响，对其进行回归分析，表 20.6 为回归结果。

表 20.6　营商环境与融资能力对家族企业创新活动影响的回归结果

变量	模型（20.4）	模型（20.5）	模型（20.6）	模型（20.7）
	IN	Apply	IN	Apply
BE	0.088*	0.072*		
Fin			0.071***	0.06**
Debt			−0.052**	−0.093***
Background	0.075		0.19***	
Oversea	0.203***		0.218***	

续表

变量	模型（20.4） IN	模型（20.5） Apply	模型（20.6） IN	模型（20.7） Apply
Academic		0.077***		0.089***
Age		−0.031		−0.091***
Size		0.64***		0.573***
Pol	0.019	0.003	−0.005	−0.019*
MSH	0.104***	0.009	0.149***	0.013
ROA	−0.12***	0.089**	−0.104***	−0.011
TOP10	−0.086***	0.027	−0.139***	−0.03
常量	−1.038	−0.906	−0.161***	−0.031
Industry	控制			
Year	控制			
F	11.24	30.58	14.86	91.39
Adj R-squared	0.300 2	0.557 3	0.084 4	0.351

*、**、***分别表示 10%、5%、1%的显著性水平

表 20.6 第二列和第三列研究了营商环境对家族企业创新水平的影响，可以得知，模型（20.4）的回归结果调整后 R^2 是 30.02%，这意味着创新投入的变动可以由营商环境等变量所解释的比重为 30.02%，模型（20.5）的回归结果调整后 R^2 是 55.73%，这意味着创新产出的变动可以由营商环境等变量所解释的比重为 55.73%。营商环境与创新投入的回归系数为 0.088，与创新产出的回归系数为 0.072，在 10%的显著性水平上均呈正相关，假设 20.1 成立。一方面，一个完善的营商环境可以提供一个更加发达的法律环境，这可以更好地保护企业创新活动的进行；另一方面，营商环境的完善可以促进金融体系效率的提高，扩宽企业获得资金渠道的同时提高资金额度，而创新活动往往都需要大量的资金投入。换句话说，完善营商环境可以缓解企业融资难题，为企业开展创新活动提供保障，让企业更愿意参与其中，从而提高企业的创新产出及企业的整体创新水平。

第四列和第五列报告了家族企业融资能力与创新水平回归分析的结果。模型（20.6）针对创新水平中的创新投入指标展开研究，从表 20.6 中可知，股权融资与企业创新水平中创新投入指标的回归系数为 0.071，在 1%的水平上呈显著正相关；债权融资与企业创新投入的回归系数为−0.052，在 5%的水平上显著负相关。这说明在家族企业中，以股权融资为主的企业创新投入较多，以债权融资为主的企业创新投入较低。模型（20.7）研究了家族企业融资能力对创新产出的影响。

该模型整体的拟合度较高,在5%的显著性水平上,股权融资与创新产出的回归系数为0.06,显著正相关;在1%的显著性水平上,债权融资与创新产出的回归系数为-0.093,显著负相关。股权融资的系数为正,说明股权融资对家族企业的创新产出有积极影响,且股权融资每增加一个单位,企业的创新产出会上升0.06个单位;债权融资的系数为负,说明向债权人借款的融资行为抑制了企业的创新产出。综上假设20.2成立。表明了,不同的融资途径对家族企业的创新水平影响不同,家族企业股权融资比重的上升有助于提升企业创新水平,而家族企业债权融资比重的上升会阻碍企业创新水平的提升。

2. 营商环境调节融资能力与家族企业创新活动的回归分析

为进一步分析营商环境对融资能力与家族企业创新活动关系的调节作用,本章进行了回归分析,具体结果见表20.7。

表20.7 营商环境调节融资能力与家族企业创新活动关系的回归结果

变量	模型(20.8) IN	模型(20.9) Apply
Fin	0.209**	0.113***
Debt	-0.266**	-0.055**
BE	0.163***	0.107***
BE × Fin	0.262***	0.166***
BE × Debt	-0.118*	-0.452**
Background	0.143***	
Oversea	0.213***	
Academic		0.090***
Age		-0.088***
Size		0.580***
Pol	0.010	-0.020*
MSH	0.095***	0.008
ROA	-0.122***	-0.016
TOP10	-0.093***	-0.034
常量	-0.515***	0.019
Industry	控制	
Year	控制	

续表

变量	模型（20.8）	模型（20.9）
	IN	Apply
F	25.27	71.62
Adj R-squared	0.225 1	0.360 4

*、**、***分别表示 10%、5%、1%的显著性水平

表 20.7 中第二列是模型（20.8）的回归分析结果，反映了家族企业营商环境对股权融资、债权融资与创新投入的调节作用的回归分析结果。由模型（20.8）的回归系数可知：在模型（20.8）中引入检验调节作用的变量后，股权结构（Fin）与创新投入显著正相关，并且在 1%的显著性水平下，营商环境与股权融资的交互项（BE×Fin）与创新投入显著正相关，债权融资（Debt）与创新投入显著负相关，并且在 5%的显著性水平上，营商环境与债权融资的交互项（BE×Debt）与创新投入呈负相关。这表明营商环境将进一步增强股权融资对企业创新投入的正向影响，且会改善债权融资对企业创新的抑制作用。第三列进行回归的分析结果表明，调整后 R^2 为 36.04%的变化可以由模型（20.9）中列明的解释变量及控制变量来解释。将营商环境与融资能力的交互项（BE×Fin）引入模型（20.9）之后，相比于模型（20.7）中股权结构（Fin）系数的绝对值（0.06）有所上升，说明在营商环境较好的地区，融资能力对家族企业创新水平中产出水平的影响变强。在 1%的水平下，营商环境与股权融资的交互项（BE×Fin）的回归系数为正且显著，说明调节作用存在，且为正向调节。在 5%的水平上，营商环境与债权融资能力的交互项（BE×Debt）显著负相关，同样说明了调节效应存在，且为负向调节。综上所述，假设 20.3 得到了验证。

二、稳健性检验

为了保证研究更具稳健性，且考虑到各省（区、市）市场化指数数值虽有变化，但排名基本上保持稳定，同时借鉴了李延喜等（2012）的做法，本章用 2016 年的数据代替 2017~2018 年的市场化指数数据，检验了模型（20.4）、模型（20.5）、模型（20.8）、模型（20.9）回归分析的稳健性，其结果如表 20.8 所示。由表 20.8 可知，稳健性分析结果与前文基本一致，再次验证了前文的相关结论。因此认为模型（20.4）、模型（20.5）、模型（20.8）、模型（20.9）的结果具有稳健性。

表 20.8 模型（20.4）、模型（20.5）、模型（20.8）、模型（20.9）的稳健性检验结果

变量	模型（20.4） IN	模型（20.5） Apply	模型（20.8） IN	模型（20.9） Apply
BE	0.089*	0.078**	0.114***	0.137***
Fin			0.247***	0.159***
Debt			−0.105***	−0.167***
BE × Fin			0.254**	0.157***
BE × Debt			−0.104*	−0.114*
Background	0.075		0.154***	
Oversea	0.204***		0.213***	
Academic		0.076***		0.097***
Age		−0.033		−0.084***
Size		0.640***		0.577***
Pol	0.019	0.002	0.011	−0.020*
MSH	0.104***	0.009	0.095***	0.012
ROA	−0.121***	0.087***	−0.123***	−0.020
TOP10	−0.086***	0.028	−0.096***	−0.034
Cash				
常量	−1.040	−2.013***	−0.288***	−0.125**
Industry	控制			
Year	控制			
F	11.24	31.52	25.35	71.83
Adj R-squared	0.300 3	0.557 1	0.225 6	0.361 1

*、**、***分别表示 10%、5%、1%的显著性水平

为确保研究结果更加稳健，本章稳健性检验中的股权融资由所有者权益总额与总负债的比值计算所得，债权融资以长短期借款总额与总负债之比计算所得，表 20.9 为模型（20.6）、模型（20.7）稳健性检验的结果，第二列显示股权融资与创新投入呈正相关关系，该结果与前文相符；第三列显示债权融资与创新产出在 1%的显著性水平下呈负相关关系，该结论与前文相符。因此，大体上可认定模型（20.6）、模型（20.7）具有稳健性。

表 20.9　模型（20.6）、模型（20.7）的稳健性检验

变量	模型（20.6）	模型（20.7）
	IN	Apply
Fin	0.066**	0.063**
Debt	−0.065**	−0.105***
Background	0.192***	
Oversea	0.215***	
Academic		0.092***
Age		−0.090***
Size		0.582***
Pol	−0.003	−0.018
MSH	0.149***	0.013
ROA	−0.105***	−0.011
TOP10	−0.140***	−0.033
常量	−0.164***	−0.036
Industry	控制	
Year	控制	
F	15.11	92.15
Adj R-squared	0.085 8	0.352 9

、*分别表示 5%、1%的显著性水平

三、门槛效应实证检验

由于公司所在地区的市场化指数在提升企业融资能力和技术创新能力中有重要作用，所以，本章进一步从公司所在地区的市场化指数的视角出发，将公司所在地区的市场化指数作为门槛变量，重点分析公司所在地区的市场化指数在调节融资结构与技术创新关系中存在的门槛效应，并找出各门槛变量的具体门槛值。门槛效应模型中的门槛数和门槛值均是由样本内生得到的，很大程度上避免了人为给定对研究结论的主观性。

由于门槛效应模型需要使用强平衡面板数据，故需对上述样本即 2015~2018年 550 家家族企业进行再一次筛选剔除，最终确定 2015~2018 年 343 家家族企业作为门槛效应模型的研究样本，得到 1 029 个有效观测值。对式（20.10）和式（20.11）

进行面板数据门槛效应估计，表 20.10 和表 20.11 报告了门槛变量的显著性检验结果。

表 20.10　门槛变量对股权融资 Fin 的显著性检验

门槛变量	门槛数	F 值	P 值	10%	5%	1%	门槛值
BE	单一	7.09	0.12	7.36	10.88	16.84	不存在
	双重	4.52	0.22	8.74	12.13	35.10	
	三重	0.38	0.85	8.97	11.06	21.10	

表 20.11　门槛变量对债务融资 Debt 的显著性检验

门槛变量	门槛数	F 值	P 值	10%	5%	1%	门槛值
BE	单一	1.67	0.27	4.84	7.84	21.81	
	双重	8.29	0.08	7.22	22.37	61.05	9.42
							7.28
	三重	0.55	0.79	8.08	15.28	32.75	

由表 20.10 中的 P 值可以看出，门槛变量即公司所在地区市场化指数在单一门槛、双重门槛和三重门槛检验中都未通过显著性检验。这说明了在不同营商环境条件下，股权融资对家族企业技术创新影响不存在门槛效应。

由表 20.11 中可以看出公司所在地区的市场化指数只在双重门槛时通过显著性检验，未通过单一门槛和三重门槛检验。由此表明，存在双重门槛，门槛值 γ 分别为 9.42 和 7.28。因此，对式（20.11）按照面板数据双重门槛效应模型进行估计，估计结果如表 20.12 所示。

表 20.12　面板数据门槛效应模型估计结果

变量	（1）
Debt（BE ≤ 7.28）	−0.01 (−0.22)
Debt（7.28 < BE ≤ 9.42）	−0.24 (−2.00**)
Debt2（BE > 9.42）	−0.37 (−2.11**)
ROA	−0.36 (−1.39)
Cash	−0.13 (−0.73)
ME	1.29×10^{-10} (4.93***)

续表

变量	(1)
Size	0.09 (2.07**)
TOP10	−0.00 (−1.14)
Age	0.01 (0.45)
BE	0.09 (1.11)
C	−2.72 (−2.71***)
样本数	1 029
R^2	0.67
估计方法	FE

、*分别表示 5%、1%的显著性水平

从表 20.12 中我们可以得到，当公司所在地区的市场化指数小于等于 7.28 时，债务融资的系数在统计上不显著；当公司所在地区的市场化指数大于 7.28，小于等于 9.42 时，债务融资的系数为−0.24，且在 5%的显著性水平上显著；当公司所在地区的市场化指数大于 9.42 时，债务融资的系数为−0.37，且在 5%的显著性水平上显著。该结果表明，只有当公司所在地区的市场化指数大于 7.28 时，营商环境才会改善债权融资对家族企业创新的抑制作用，即公司所在地区市场化指数减弱了债务融资对家族企业创新水平的抑制作用，从而促进家族企业创新水平的提升。且当公司所在地区市场化指数大于 9.42 时，营商环境对缓解抑制作用的改善效果更好。

第六节 本章研究结论及政策启示

本章以 2015~2018 年我国 550 家上市家族企业为研究对象，通过实证分析，最终得出以下结论：第一，营商环境越完善，企业创新投入水平越高，且对提高企业创新产出水平越具有促进作用，即营商环境的完善可以促进民营企业创新水平的发展；第二，民营企业股权融资比例越高，债权融资比例越低，民营企业创新投入水平越高，在保障企业创新活动有序进行的前提下，民营企业创新产出水平也会提升；第三，营商环境可以调节民营企业融资能力与创新水平的关系，即良好的营商环境会增强民营企业股权融资对创新活动的促进作用，同时降低债

权融资的抑制作用；第四，只有适当的营商环境水平才能更好地提升民营企业创新水平。

结合本章的结论，提出以下几点政策建议：一方面，政府需转换职能，着力打造有序竞争、完善的营商环境，构建全方位的金融支持体系、多层次的银行业服务体系，鼓励政策性银行与其他金融机构合作，降低民营企业担保成本，加快构建有效的风险识别和分担机制及金融机构间信息共享机制，缓解企业融资难、成本高的问题，引导更多资金流入技术创新领域；另一方面，民营企业应优化融资结构，民营企业的融资方式有债权融资与股权融资，这不仅是民营企业获得创新资金的重要途径，也是影响创新水平的重要因素。值得注意的是，不同的融资方式对民营企业创新活动有不同的影响。因此，高度重视民营企业融资结构调整是保持企业稳定、持续创新投入的前提，是推动民营企业创新活动有序进行的重要步骤。

第二十一章　以业务流程评估再造推动民营企业高质量发展

目前民营经济已成为我国城乡经济和社会发展的重要力量，民营经济的发展对带动城乡居民就业、改善人民生活品质起到积极的作用，是城乡融合高质量发展中一支不可或缺的主力军。通过调研发现，除了长期制约民营经济高质量发展的老大难问题之外，如第 20 章提到的融资难且贵问题，还存在内部控制制度不健全、内部业务流程不合理和权力过分集中等问题，严重阻碍了民营企业的高质量发展。因此对业务流程进行评估并再造，对于以民营企业高质量发展促进城乡融合发展具有重要的实际意义。

业务流程评估是实施业务流程再造（business process reengineering，BPR）的基础。然而，已有的业务流程评估方法存在一个致命的缺陷：孤立地看待每个流程，缺乏从全局视野认识业务流程体系的方法论和相应可量化的分析评估工具，从而无法有效诊断当前流程存在的问题，也无法评定再造方案的优劣和再造后的绩效。这是导致 BPR 成功率低的主要原因。本章将企业众多的业务流程看作一个有机整体，基于复杂网络理论，提出用业务流程网络来描述和映射交互关联的业务流程体系，并利用复杂网络分析工具，实现对业务流程整体和局部的定量评估。

第一节　业务流程网络的构建

业务流程是"为了达成业务目标的一系列有逻辑关联的活动"（Hammer，1990）。活动和活动的执行者是业务流程的两个核心元素。企业一系列业务流程之间不是相互孤立的，而是构成了相互关联的一个有机体系，这个体系可以映射成业务流程网络：一个由企业内所有业务流程的活动（或活动执行者/岗位）之间的联系所组成的网络。其中，活动（活动执行者）对应于节点，活动（活动执行者）之间的联系对应于弧或边。企业的业务流程网络可以基于活动而建立，也可以基于活动执行者而建立。构建何种类型的业务流程网络，需要根据评估目的而定。如果目的是评估企业内各活动设置是否合理、活动间联系是否紧密等，则需要构建基于活动的业务流程网络；如果目的是评估企业岗位设置是否合理、各岗位负荷是否均衡及识别企业重要岗位等，则需要构建基于活动执行者的业务流程网络。

按照两个步骤构建业务流程网络。第一，以任意一条流程为基础构建初始网络。提取活动（或活动执行者）得到网络的节点，然后将相互联系的活动（活动执行者）用边连接。第二，将其他流程逐条添加到初始网络，直到形成完整的业务流程网络。添加时，如未遇到相同节点，则在网络中生成新的节点和边；如遇到相同节点，不生成新的节点，只添加新的联系。

第二节　业务流程网络的评估方法

对业务流程网络的评估就是对业务流程体系的评估，由整体和局部两个层次的评估构成。整体评估从全局视野把握业务流程可能存在的问题，局部评估考察业务流程中存在的具体问题，两者相互补充。

一、业务流程网络总体评估

结构决定功能是系统科学的基本观点。小世界网络和无标度网络是两种典型的复杂网络拓扑结构。通过辨识网络结构的类型来评估业务流程网络的总体情况。小世界网络是指同时具有大的集聚系数和短的平均路径的一类复杂网络（Watts and Strogatz, 1998）。人际关系网就是一个典型的小世界网络。如果业务流程网络具有明显的小世界特征，说明相关部门之间的联系紧密，业务流程简洁高效。无标度网络是指度分布函数具有幂律形式的一类复杂网络。它揭示了"大量节点拥有少数连接，少数节点拥有大量连接"的现象（Barabasi and Albert, 1999）。无标度网络对蓄意攻击极度脆弱：只要有意识地去除网络中极少量的度值最大的节点，就会对整个网络造成巨大的破坏。如果业务流程网络具有明显的无标度特征，则表明少数活动执行者（或活动）占用了企业大部分的时间和资源，企业中各活动执行者（或活动）负载不均衡。一旦度值大的活动执行者不能正常工作，整个业务流程网络就会表现得非常脆弱。

二、业务流程网络局部评估

节点重要性是流程网络局部评估的核心，通过对网络节点的度、接近度、介数等参数的统计分析，定量评估不同节点的重要性。一个节点的度是指网络拓扑中与此节点连接的边的数量，可以分为入度和出度。节点的度值越高，则这个节点越重要。在基于岗位的业务流程网络中，节点的度表示与某岗位有联系的岗位个数。节点的度越大，则表明该岗位在业务流程中与其他岗位的联系越多。接近度反映了节点在网络中居于中心的程度。节点的接近度越大，表明节点越居于网络的中心，它在网络中就越重要。某节点的介数是指网络中所有的最短路径之中经过该节点的数量。节点的介数越高，这个节点就越有影响力。使用介数可以准确找到网络中某些"流量"很大的重要节点。

第三节 基于流程网络的业务流程评估案例

下面以 RS 集团为例说明流程网络在业务流程评估中的应用。RS 集团是国内化纤行业的民营企业，年销售额超过 100 亿元。集团最高层是总经理，全面管理公司业务。设 4 位副总：营销副总，分管原料部、供应工程部、销售部和售后服务部；生产副总，分管生产部、质检部和储运部；财务副总，分管财务部；行政副总，分管人力资源部。RS 集团的业务流程涵盖了采购管理、销售管理、储运管理、生产管理、人力资源管理和财务管理 6 个方面，共计 39 条。本案例主要探讨不同岗位的工作载荷和权力分配是否合理，关注的焦点是民营企业高层权力集中现象的严重程度。

一、业务流程网络与统计参数计算

根据评估目的提取活动执行岗位作为网络中的节点。另外，为了提高流程网络的可视度和清晰度，在不失一般性的前提下，将每个部门的岗位简化为部门经理和部门员工两类。共提取岗位 23 个（表 21.1）。按照前述业务流程网络的构建步骤，得到业务流程网络，共 23 个节点 185 条边。

表 21.1　业务流程网络节点参数计算结果

序号	节点名称	度	入度	出度	接近度	介数
1	总经理	22	16	6	0.852	0.024
2	营销副总	23	11	12	0.767	0.042
3	生产副总	20	13	7	0.767	0.031
4	财务副总	13	6	7	0.59	0.007
5	行政副总	12	5	7	0.575	0.003
6	原料部采购员	14	7	7	0.657	0.012
7	原料部经理	8	3	5	0.575	0.001
8	供应工程部采购员	22	10	12	0.821	0.061
9	供应工程部经理	7	2	5	0.561	0.001
10	销售部业务员	13	6	7	0.622	0.005
11	销售部经理	12	5	7	0.59	0.005
12	售后服务部员工	17	7	10	0.697	0.013
13	售后服务部经理	8	3	5	0.575	0.001
14	质检部质检员	11	4	7	0.59	0.003
15	质检部经理	14	3	11	0.676	0.049
16	储运部仓管工	28	18	10	0.852	0.063
17	储运部经理	8	3	5	0.561	0.001
18	生产部工人	16	8	8	0.657	0.011
19	生产部经理	11	4	7	0.59	0.003
20	财务部员工	25	18	7	0.885	0.039
21	财务经理	9	4	5	0.575	0.001
22	人事部员工	46	23	23	0.958	0.342
23	人事部经理	11	6	5	0.605	0.003

根据分析和评估需要，我们采用复杂网络专用软件 Pajek 计算了业务流程网络的 5 个主要统计参数：节点的度、入度、出度、接近度和介数（表 21.1）。

二、业务流程网络总体评估分析

业务流程网络结构的识别是对业务流程进行全局性评估的基础，而节点度分布是识别网络拓扑结构的主要依据。由于部门经理以下员工的岗位未加区分，员工节点实际代表的是多个节点的集合，而非个体节点，故这里仅根据经理层和高管层的度分布进行识别。表21.2给出了RS集团业务流程网络中高层岗位节点的度分布情况。从表21.2中可以看到，网络节点的度并没有一个明显的特征度值，大部分节点的度相对较低。但存在少量度相对很高（如20以上）的节点，说明节点度分布具有幂律分布的特征，因此，可以认为RS集团业务流程网络比较接近无标度网络。从无标度网络的非均匀性看，RS集团各岗位工作负载不均衡，部分岗位承担了大量的工作；从无标度网络的脆弱性看，如果度值大的岗位无法正常工作，那么整个集团的日常运作将面临瘫痪的风险。

表21.2 部门经理层和高管层的节点度分布

度值	7	8	11	12	13	14	20	22	23
节点个数	1	3	2	2	1	2	1	1	1

三、业务流程网络局部评估分析

鉴于高层管理、部门经理和部门员工的岗位职责有较大差异，对3个层次分别进行业务流程网络的局部评估分析。

（1）集团高管层次。包括总经理和4个副总，共5个节点。根据表21.1，总经理接近度最高，说明居于流程的最核心；度值虽然不是最高（第二）但其入度和出度的差值最大，说明掌握着最多的最终审批权。营销副总的度值最高，但其入度和出度的差值为负（-1），说明参与了最多的流程环节，但不拥有最终审批权；介数最高，说明在流程中承担着最多的责任；接近度仅次于总经理；综合来看，营销副总是最不可或缺的岗位。生产副总的度值与总经理和营销副总非常接近，而且入度和出度差值较大，说明其拥有较多的最终审批权；介数居第二，说明在流程中承担着较多的职责；其接近度和营销副总一样仅次于总经理；综合来看，生产副总是有责有权的重要岗位。财务副总和行政副总的度、接近度和介数的值与其他两位副总均有较大差异，说明他们在流程中的参与度、活跃度和核心度均不如其他两位副总，也不拥有最终审批权。对高层的分析结果较好地解释了RS集团的实际情况：RS集团是一家民营公司，公司的治理结构是典型的投资者（股东）、决策者（董事会）、执行者（管理层）三者合一，总经理占有80%以上的股份，因此拥有绝对的权力。

（2）部门经理层次。从度值上看，9个部门经理的度值总体差异不大，最大的是质检部经理。质检部经理的接近度和介数也都是最大的。这与企业的性质有关，RS集团是一家大批量生产化纤材料的企业，质量是企业的命根子，企业高度重视原料、半成品和成品的质检工作，质检部门经理参与了更多的相关流程，与其他经理相比，也更处于流程的核心，同时承担更多的责任。另外，所有9个部门经理的入度和出度差值几乎都是负的（仅人事部经理为1），说明企业中层均无最终审批权。

（3）部门员工层次。由于经理以下岗位没有细分，因此，员工的网络参数统计值代表的是部门全体员工（经理除外）的情况。从度值看，大于20的节点有供应工程部采购员、储运部仓管工、财务部员工和人事部员工。从接近度和介数看，这4个部门也占据前4位，并且人事部员工的介数特别突出。原因是4个部门特别是人事部门与其他部门的联系非常紧密，从而在流程中表现出其重要性。

四、评估结论

RS集团的业务流程与理想的业务流程尚有一定的差距，主要表现为两点：第一，企业的最终审批权过于集中（在总经理手上）。入度和出度差值的分析清楚地表明，4位副总中除了生产副总外，其余3位副总均没有最终审批权。第二，流程体系中，存在个别致命的脆弱节点。虽然企业经理层和员工层的职责或工作载荷分配与企业实际情况要求相符，并且基本是均衡的，但高层管理者节点中，总经理、营销副总和生产副总（特别是营销副总）承担的职责或工作负载过大，核心度和活跃度过大，这些节点一旦不能正常运转，整个流程网络可能会面临瘫痪，从而严重影响企业日常运作的正常进行。因此，RS集团需要考虑适度再造业务流程体系。

第四节　本章研究结论

业务流程评估是实施业务流程再造的基础和前提。但是，传统业务流程评估方法存在一个明显的缺陷，就是过分注重对单个业务流程的评估，而忽视了从系统的角度评估业务流程之间的关联性，无法实现对业务流程体系的整体诊断。复杂网络分析方法可以从网络结构和网络参数两个方面对业务流程网络进行评估。从结构上，可以判断网络是否具有小世界网络或无标度网络特征；从参数上，可以计算网络的度分布、平均路径长度、聚类系数等，以评估网络的连通性、效率、脆弱性等。这种方法实现了从整体视角对业务流程体系进行评估，能够有效识别流程体系中的问题。

总之，基于业务流程网络和复杂网络分析的业务流程评估方法，实现了从整体视角对流程体系进行定量分析的目标，能够发现流程中存在的深层次问题，为指导业务流程再造提供依据，是一种可行有效的业务流程评估方法。

第二十二章 基于区块链技术的城乡社会治理机理与对策研究

习近平总书记在 2019 年 10 月 24 日中央政治局集体学习时指出,要把区块链作为核心技术自主创新的重要突破口,明确主攻方向,加大投入力度,着力攻克一批关键核心技术,加快推动区块链技术和产业创新发展[①]。发展区块链技术及应用,对推进我国国家治理体系和治理能力现代化、促进政府数字化转型,都具有重大战略意义。因此,本章试图就区块链技术在社会治理领域的应用展开探索,同时探究其创新社会治理的机理与演进路径,并基于目前存在的问题提出针对性的对策建议。

第一节 区块链的内涵、特征及发展现状

一、区块链的内涵

随着众多学者对区块链研究的逐步深入,区块链中包含的内涵也日益丰富。就区块链技术本身而言,其底层技术框架包括 P2P(peer-to-peer,点对点)技术、加密技术等电子现金系统的基本架构。根据开放程度的差异,区块链可分为公有链、联盟链、私有链三种,公有链在搭建成本方面较联盟链和私有链更具优势,但在安全性上时常无法满足需求。同时,区块链在不同领域的应用中往往还有其特定的内涵,如汤晓冬和周河山(2018)认为"区块链+税收"能够有效解决信息不对称的问题;蒋文龙(2019)则认为"区块链+审计"的内涵在于共享式审计与分布式审计的融合。在社会治理方面,徐思彦(2017)认为区块链技术能带来信

[①] 习近平:把区块链作为核心技术自主创新重要突破口 加快推动区块链技术和产业创新发展[EB/OL]. http://cpc.people.com.cn/n1/2019/1026/c64094-31421707.html,2019-10-26.

息管理和治理思维上的革新；汤啸天（2018）从安全性角度出发，认为区块链在社会治理中的关键在于处理个体数据与社会大数据库之间的安全对接问题；朱婉菁（2020）则认为"区块链+社会治理"的内涵还包括公共服务的去中心化和智能化。因此，区块链的内涵必将随着研究的深入和应用的转换而更加丰富多变，这也能够持续地为区块链健康发展注入动力。

二、区块链的特征

区块链是融合分布式数据存储、P2P 技术、哈希（Hash）加密算法等多种计算机技术的一种新型应用模式，其本质是一种分布式的共享数据库，利用去中心化和去信任的方式集体维护一本数据簿可靠性的技术方案。典型区块链有三大特点：一是去中心化、集体维护。不存在单一中心化主体，每个节点相互独立、权限平等，通过共识机制集体参与同一份账本的验证、写入和各自存储。二是可追溯、难篡改。数据以区块为单位产生和存储，按照产生先后顺序连成一条链，任意一笔交易都可以追溯，并借助密码学技术防止人为篡改和删除。三是自治性、开放性。通过智能合约可以使任意两个节点直接交易，最大限度减少第三方干预。

三、区块链的发展现状

随着全球区块链产业大环境的净化，区块链技术逐渐被政府和企业接纳、掌握、应用，其产业规模也在近几年持续增长。IDC（International Data Corporation，国际数据公司）咨询数据显示，2020 年全球区块链市场规模达 43.11 亿美元，同比增长 53.96%，2022 年突破 100 亿美元；放眼国内，区块链技术已经逐渐渗透到各个地区、各个领域。根据《2019 中国区块链产业发展报告》中的数据可得到，如图 22.1 所示的 2016~2019 年我国区块链专利申请数量地域分布图，其中广东在区块链专利创新申请数量上以 326 例领先其他地区，北京、江苏、浙江、上海等地紧随其后，分别为 272 例、187 例、169 例、133 例，其他地区也有一定数量的专利申请，这为区块链技术的快速发展创造了条件。同时，我国区块链技术在不同领域的分布有分散化的趋势，随着时间的推移，区块链技术的应用场景将从单一的金融领域不断拓展衍生。根据工信部赛迪区块链研究院于 2019 年 4 月发布的《2018—2019 年中国区块链发展年度报告》，2018 年我国区块链企业在供应链、溯源、硬件、公益慈善、医疗健康、社会管理等非金融领域都有一定的分布比例，其中与社会治理密切相关的领域，如公益慈善、医疗健康、社会管理的占比分别为 7.9%、6.8%、4.3%。总体而言，区块链经济目前正处于爆发期，并且未来区块链技术将迅速渗透各行各业，整个社会将迎来"区块链时代"。

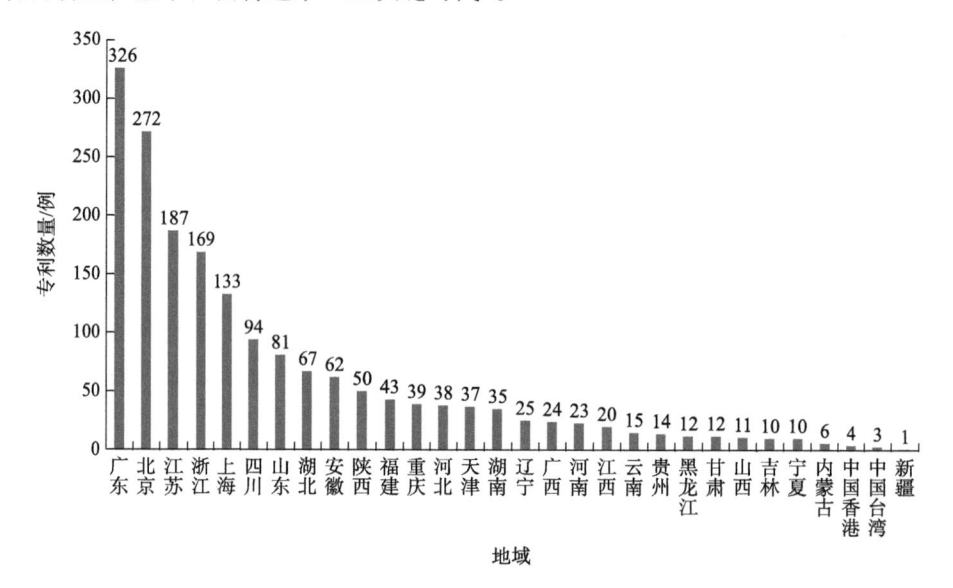

图 22.1　2019 年我国区块链专利数量地域分布
资料来源：《2019 中国区块链产业发展报告》

第二节　区块链技术赋能城乡社会融合治理机理及演进路径

一、区块链技术赋能城乡社会融合治理机理

区块链技术赋能城乡社会融合治理机理，如图 22.2 所示。

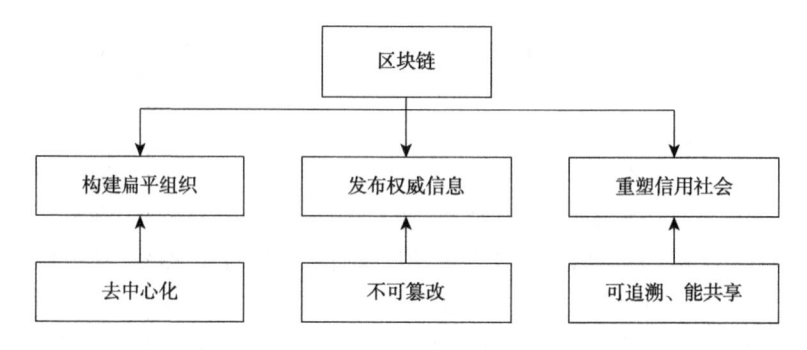

图 22.2　区块链技术赋能城乡社会融合治理机理示意图

1. 构建扁平组织

传统的企业和政府部门内部架构大多呈金字塔形状，部门内部对事务和决策的联系或商议需要跨越若干层级实现，效率十分低下。当下企业和政府部门对新兴信息技术和软件的需求不断增加，传统金字塔模式的组织结构也逐步演化成扁平化的组织结构，区块链"多中心"的特点得以充分体现。构建扁平组织能够实现简政放权，让系统中的每个节点分担系统中的权力，这样能够快速提升部门内部处理事项的效率，进而实现权力分散和下放。从这个角度来看，精简企业政府部门的组织结构有利于社会治理现代化的创新。

2. 发布权威信息

对于信息而言，真实性是其价值体现非常重要的一点。在数据大规模、高频次地传递流动过程中，难免出现信息滞后、不对称甚至被恶意曲解的问题。区块链跨层级和点对点的信息传递模式，无疑为信息高效流通开辟了一条新路径。由于区块链系统中的信息能够实时共享且无法篡改，基于区块链技术的信息传递网络能够在政府部门内部发挥巨大作用，各类信息能够非常安全快速地传送至链上的每个行政个体，信息阅览可以在链上进行。此外，区块链技术还可以针对不同的信息接收个体设置信息访问权限，如政府内部保密文件就应当设置成仅内部相关行政人员可访问、处理。同时，区块链技术"不可篡改"的特点能够严格保证所发布的信息权威、真实，有效避免谣言产生。基于区块链技术的信息传递和发布，能够全过程追溯信息动向，引导正确的社会舆论，从而巩固相关部门的公信力。

3. 重塑信用社会

互联网信息技术发展带给人们便利的同时，也要求整个社会具备更加可靠的信用体系。区块链技术改变了信息的记录、存储和传递模式。对于某一具体个体，区块链能够将所有与其相关的信用信息记录并储存，并且每一条信息都能向前追溯直到产生，每一条记录并储存的信息都会实时同步至整个系统中。在此基础上，征信机构既能从链中实时获取信息，又能在链上实时共享信息。基于区块链技术的社会信用信息管理，能够聚合杂乱分散的信用信息，进一步挖掘个体社会信用状况，从而塑造一个结构更合理、性能更稳定的创新型社会信用体系。

二、基于区块链技术的城乡社会融合治理演进路径分析

基于对已有文献的归纳总结，本章认为区块链在社会治理应用中的演进路径

可分为四个阶段：集中式治理、精细化治理、参与式治理及多元化治理。

1. 集中式治理

当下，全球各国仍在尝试或已经落地的区块链技术在社会治理领域的应用绝大部分还停留在集中式治理阶段，如利用区块链技术搭建的一系列服务平台只是被动地将每个社会个体置于其中，甚至很多时候并没有达到去中心化的效果，政府或相关机构仍牢牢把控着"账本"。集中式治理虽能够解决部分明显的、简单的社会问题，但并不能从根本上解决问题。

2. 精细化治理

当区块链技术进一步成熟，其在城乡社会融合治理领域的应用应当由集中式治理演进到精细化治理。"精"在于精准，对在集中式治理阶段无法处理的较复杂的社会问题，需在这一阶段得到有效解决，如对社会活动的精准监测、精准预警等，为重大社会治理决策提供支持；"细"在于细致，城乡经济社会系统是一个时刻处于变化之中的动态系统，那么社会治理就要实时跟进、面面俱到，加快治理效率的同时改善治理效果。

3. 参与式治理

与前两个阶段相比，参与式治理则要使每个个体都加入社会治理中，实现从被动到主动的本质转变，而这个过程既强调个体的自主治理，即自治，又强调个体相互之间的交互，即他治。让主体在监管好自己社会活动的前提下，帮助其他个体监管，整个城乡社会治理体系产生动态交互效应。区块链技术的魅力就体现在此，虽然每个主体都是系统的中心，但当它们之间产生一系列错综复杂的联系时，整个链系统就能发挥出极其强大的功效。

4. 多元化治理

当区块链技术在未来十分成熟时，其在城乡社会融合治理领域的应用将进入多元化治理阶段，届时区块链技术将完全融入城乡社会治理，应用在每个能够发挥其作用的场景当中。多元化治理的大前提是整个区块链技术框架必须足够完整，各项基础技术足够成熟。在此基础上，多元化治理可以整合集中式、精细化及参与式治理，在不同的场景下融入不同的治理方式，有针对性地开展社会治理，最终实现治理主体和治理方法的双重多元化，让城乡社会融合治理在区块链的推动下变得简单有效，让区块链充分赋能社会治理的各个角落。

第三节　区块链技术在城乡社会融合治理领域的应用及对策

一、区块链技术在城乡社会融合治理领域的应用

区块链在城乡社会融合治理领域的应用众多，目前主要有以下四个方面：一是信息共享。区块链技术能够实现部门内部及部门之间信息的无时差传递以提升效率。二是身份验证。区块链中的任意节点都能够在线储存每个个体的身份信息并实时提供验证需求，省去了传统烦琐的物理流程。三是鉴证确权。区块链储存的权益证明能有效简化相关步骤，降低不正当交易行为发生的可能性。四是透明政府。利用区块链技术实现对政府行为的透明化，让社会各界都能够监督政府工作，提高政府相关部门的受信度。表22.1、表22.2分别为区块链技术在全球多国社会治理领域的应用情况及我国城乡社会融合治理领域的应用情况。

表22.1　区块链技术在全球多国社会治理领域的应用情况

应用领域		实施国家	实际案例
信息共享	社会福利	英国	记录养老金及其他福利流水
	医疗保健	美国	记录临床试验，确保监管合规
		爱沙尼亚	
	物流海关	新加坡	记录物流清单，以防受骗
身份验证	身份证明	波兰	搭建公民身份，并为其提供各类身份证明服务
		爱沙尼亚	
	安防产业	美国	记录非法移民信息及边境安防数据
鉴证确权	产权登记	英国	记录、跟踪、反馈房产、土地交易信息
		瑞典	
		巴西	
	版权保护	美国	搭建基于区块链的音乐版权保护平台
透明政府	选举投票	美国	记录公民参与国家领导人选举时的投票情况
		俄罗斯	
		西班牙	
	政府预算	美国	实现对政府预算监督管理的信息同步
	办公效率	迪拜	实现政府部门"无纸化"办公，提升效率

表 22.2　区块链技术在我国城乡社会融合治理领域的应用情况

应用情境	代表地区
电子票据	杭州、深圳
医疗保健	上海、杭州
教育办学	贵阳
公益扶贫	杭州、贵阳
版权保护	杭州
食品安全	上海
信用体系	上海
旅游开发	贵阳

二、区块链技术应用于城乡社会融合治理领域存在的问题

就目前来看，区块链在城乡社会融合治理领域的应用取得了一定的成果，也具备一定的发展潜力，但在已有的实际案例中也不乏一些问题：①忽略区块链创新城乡社会融合治理的初衷。运用区块链创新城乡社会融合治理旨在将这一新技术有效地融入城乡社会融合治理各项工作中以消除传统方法带来的弊端，但在实际应用过程中，出发点往往并非如此，而是将技术创新曲解为其他如制度方面的创新。②无法实现不同场景下源系统的灵活切换。由于区块链的应用是由特定的技术结构实现的，而区块链本身又具有不可篡改的特点，这就导致区块链的实际应用场景与其技术结构往往是一一对应的关系，无法实现不同场景下源系统的灵活切换。同时，鉴于每个链框架的内部都存在一定的系统风险，若增加区块链结构的复杂程度而实现不同应用场景的切换将会导致整个系统风险增加。③区块链技术在城乡社会融合治理领域的应用总体仍停留在中心化阶段。区块链技术的另一重要目的是去中心化，但就目前的实际情况而言，区块链在城乡社会融合治理领域的应用总体而言仍停留在中心化阶段，政府或应用开发商占主体地位的现象仍普遍存在。④市场监管力度弱、相关政策不完善。区块链技术应用于城乡社会融合治理领域时乱象频发，如网络诈骗等问题始终无法从根本上得到解决。

三、区块链应用于城乡社会融合治理领域的对策研究

基于当前区块链技术及其在城乡社会融合治理中存在的一系列问题，本章提出以下若干对策建议，作为更好推动区块链技术发展及区块链在城乡社会融合治理领域应用的参考。

1. 遵循规则先行原则，把握技术创新核心

任何一项新技术的发展都离不开规则的约束，正如当初互联网技术的兴起很大程度上得益于规则先行，那么如今的区块链技术也应如此。若没有规则的限制，区块链的发展将失去前进方向甚至对人类社会造成负面影响，因此发展区块链技术及其应用必须先明确相关的法律法规。同时，基于区块链技术的城乡社会融合治理创新的核心是技术创新，应当加大对底层技术研发的投入，增加相关岗位的人才需求，高校也可开设区块链相关课程、组织区块链相关科研活动，不断创新区块链技术并将其应用到城乡社会融合治理中。

2. 开发场景切换接口，降低系统内部风险

区块链的自身属性和特定结构决定了其在不同应用场景下很难灵活转换，而增加系统结构的复杂程度又会增加系统风险。对此，本章认为可尝试开发不同应用场景下的区块链接口，即应用场景的切换通过接口实现而不改变每一种应用场景下原有的区块链结构，这样既能实现区块链技术应用场景的转换，又不会增加系统风险。同时，为了将风险降到最低，每个场景对应的区块链结构应尽量简化，必要时也可以辅以其他传统的治理方法降低风险。

3. 优化数据管理模式，实现信息交互共享

去中心化旨在让每个个体都成为区块链系统的中心，实现去中心化首先需要优化数据的管理模式，要从集中管理发展到个人管理，后者既能减轻决策者的负担，也能提高数据源的可追溯性。一旦数据出现问题，个人管理模式更容易落实具体责任，提升解决问题的效率。同时，在数据的个人管理模式下，区块链上的每个节点都变成了一个动态数据库，信息交互更加便捷，没有第三方的介入，个体间可即时对接信息、共享数据，社会信息化发展也将完成一次大升级。

4. 保护社会信用体系，完善市场监管机制

随着经济科技的发展和人类文明的进步，每个个体的社会关系慢慢发生变化，人与人之间的交互和联系越来越强，而这样紧密的关系使得社会信用受到威胁。区块链应当利用其高度透明的特点，维护整个社会信用体系，利用其所能够处理的真实信息实现个体间的信任合作。另外，无论在技术层面还是应用层面，区块链的发展都需要监管。就社会治理而言，区块链监管应当由最初的政府相关部门监管逐渐演化到每个个体的自我监管和相互监管，对于监管政策和机制中的纰漏和不足需要不断完善，从而保证区块链技术在城乡社会融合治理领域的效用最大化。

第四节 本章研究结论

区块链技术在社会治理方面的应用正在蓬勃发展，目前已覆盖信息共享、身份验证、权益证明、政府透明化等多个方面。区块链的信息共享功能可实现政府部门之间及部门内部信息的高效流通，打破信息孤岛，提升工作效率。区块链为社会治理提供了许多创新机制。首先，区块链支持构建扁平化的组织结构，有利于政府部门的精简和权力下放，提高工作效率。其次，区块链可发布权威不可篡改的信息，引导正确的公共舆论。最后，区块链可记录个人信用信息，重塑社会信用体系，增进个体之间的信任。区块链技术在社会治理方面的应用将从最初的集中式治理，向精细化治理、参与式治理、多元化治理等方向演进。

第六篇 中国数字经济推动城乡融合高质量发展若干问题的调研报告

第二十三章　临安[①]以数字乡村推进城乡融合发展的做法经验与对策

第一节　引　言

数字乡村是乡村振兴的战略方向，也是助推城乡融合高质量发展的关键抓手。临安作为全国第一批国家数字乡村试点地区，通过构建"天目云农"数字乡村一张网，打造"天目云农"三大平台（包括临安山核桃产业大脑、天目雷笋大数据平台和"一牧云"平台），创建五个集成创新示范区，推广创新 N 个特色应用，初步形成了可复制的"临安模式"。本章通过深入调研临安区数字乡村推进城乡融合高质量发展的实践情况，总结临安区数字乡村推进城乡融合发展的成功经验，提出浙江省以数字乡村加快推动城乡融合高质量示范区的相关建议。

第二节　临安以数字乡村推进城乡融合高质量发展的做法

一、加快新型基础设施建设

一是加快乡村 5G 基站建设，推动 5G 网络与泛在感知、万物互联等物联网技术融合应用，扩大农业农村场景应用，全区 298 个行政村实现光纤网络全覆盖、

---

① 浙江省杭州市辖区，位于浙江省西北部，杭州市西部。

益农服务社全覆盖。二是推广新型智能终端使用，推动乡村水利、公路、电力等生产生活基础设施数字化改造，实现了智慧水务、智慧气象、智慧物流应用覆盖全区各行政村。三是加强网络安全基础设施建设，维护数据完整性、安全性和可靠性。

二、加强数据资源优化配置

一是充分利用"天目云农"平台加快实现农业自然资源数据、农村集体资产数据、农户和新型农业经营主体数据等部门条块数据的融合，提升相关部门间的信息实时在线率、数据实时流动性和互联性。二是实施数字乡村建设数据资源要素优化配置工程，构建全区统一的数据资源体系。三是全面对接省市数字"三农"协同应用平台，加强与上级部门的数据互联互通和业务协同，提升乡村数据采集、深度挖掘、关联分析、研判评价能力。

三、推动数字技术与乡村产业深度融合

一是实施乡村产业数字化应用示范工程，推进数字技术、装备与主导产业全产业链的深度融合。例如，围绕临安山核桃、天目雷笋等主导产业，集中要素培育，深入开展数字技术集成应用示范，建设一批数字农业示范基地、数字农业工厂、数字农业示范园区。二是深入实施"互联网+"农产品出村进城工程，培育一批数字乡村新业态，建设网上农博，加快推进农产品生产、加工、销售及乡村旅游服务业的数字化改造和转型。三是加快推进图像识别、区块链、北斗定位、遥感等数字技术在病虫害防治、耕地保护监督、动植物防疫和"肥药两制"、质量安全监管等领域的应用。

四、不断完善数字乡村治理体系

一是以党建为引领，不断加强基层治理，按照"整体智治"理念，持续推进"青和翼"全域智治中心建设、太湖源指南村一户一码、农户行为信用评价、线上村务、微法庭、"防灾天目"、集体"三资"监管等数字乡村应用场景建设。二是利用数字技术构建立体感知体系，实现乡村人、房、企、事等基本元素一屏感知，全面推进"雪亮工程"，全区行政村实现视频监控联网。线上村务全面推广，村务、财务100%在互联网上公开。三是加速推进城市大脑数字乡村治理"驾驶舱"与"基层治理四平台"的融合建设，乡镇"驾驶舱"重在抓处置、强实战，村级

"驾驶舱"重点强化提升利用移动终端进行现场处置的能力，健全乡村服务管理支撑体系。

五、积极推进公共服务数智化水平

一是大力推进农业农村"一件事"办理，打造乡村服务丰富应用场景，加大业务下沉、移动办理力度，推进政务服务一体机乡村基层全覆盖，全面实现政务服务网上办、掌上办。二是开发华数集团为农服务平台，全面实施信息进村入户工程，推动农业农村特色服务入驻，加快数字农合联建设，促进城乡资源有效衔接和顺畅流动。三是大力推广新型智能服务终端应用，加快远程医疗、远程教育、数字文旅、数字养老、数字就业、数字交通、数字农证贷等服务直达乡村，基本实现农民办事不出村，远程医疗乡镇医疗机构全覆盖，全区电子社保卡签发率达51.6%。

第三节 浙江省数字乡村建设存在的短板分析

一、数字乡村建设支撑要素亟待加强

一是乡村数据要素分散无序，数据基座不扎实、穿透力不强，数据资源体系不健全、数据资源待集成，需要加快区级层面数据共享机制的构建。二是数字乡村建设人才不足，农村劳动力文化水平普遍偏低，从业人员对信息化项目的操作水平跟不上建设水平，缺少专业型人才。三是多跨场景应用与数字技术人才支撑匹配不够，需要进一步解决"制度"和"人才"的问题。

二、数字乡村管理与服务平台亟须打通

一是缺少统一的公众服务平台。地方政府管理端打通归集了各相关部门的数据，基本建成了数字乡村平台，但对接老百姓的服务端，还是多由APP和小程序构成，没有统一的服务端平台。二是管理端与服务端之间存在数据对接难题。目前，服务端与管理端之间还存在一定的鸿沟，数据信息还未能实现动态实时共享，管理与服务动态性较差，需要建立两者之间的数据快速流转机制。三是多跨场景应用之间的链路亟须打通以形成闭环。目前对跨场景应用系统性思维不够，存在

碎片化趋势，可能导致新的场景孤岛。

三、数字乡村创新应用场景不够完善

一是从区级层面看，缺少国家级的整体推进的有影响力的乡村服务、乡村治理应用。二是从镇、街道层面看，缺少数字乡村样板镇（村）及数字植物工厂等新应用场景；三是从技术层面看，如何通过引进和培育关键核心技术研发力量，充分提高农业机器人、智能农机装备适应性，强化应用场景创新能力，这是一个问题。

第四节　加快以数字乡村推进浙江省城乡融合高质量发展的对策

一、打通乡村"数字高速"，建好涉农发展基础设施

一是以浙江省现有16个"三农"新型基础设施试点县项目为抓手，加快乡村宽带、5G基站建设进度，推进乡村水利、公路、电力等生活基础设施数字化改造，推动实现全省信息基础城乡一体化。二是以浙江省数字"三农"协同应用平台和"浙政钉"为基础，在确保数据安全的基础上，融合人力资源和社会保障厅、自然资源厅、财政厅等的数据资源，提升数据交换共享能力，并加快省级应用的整合改造，让全省农业农村管理和服务有统一归口和入口。三是构建浙江省"乡村大脑"，汇聚浙江省各地特色优质农产品全链条信息，实现省内特色农产品一体化管理，并借助数据可视化手段嵌入特色农业产业地图，绘制特色产业版"数字富春山居图"。

二、盘活农村资源资产，实现"三农"资源高效配置

一是以数字技术为载体，进一步加快全省宅基地、集体资产、土地承包经营权、旅游资源等的登记，在摸清家底的同时完善生态价值转化机制，从源头盘活农村资源资产。二是持续建设和升级"网上农博"平台，让其成为"三农"资源成果展示、宣传推广、产销对接等环节的"最佳窗口"。三是逐步完成生态产品的量化表达、核算审计和动态评估，推广德清GEP（Good Engineering Practice，良

好工程管理规范）核算决策支持系统经验，将"绿水青山"价值实践从县城出发以点带线面向全省，助力生态资源以价值形式、产品形态参与市场配置，打造浙江省农村经济的重要增长点。

三、扩大数字技术应用，提升农业生产管理水平

一是结合"三个一百"建设行动，以数字农业工厂为原点，充分整合动植物生长感知、环境温湿度调控、土壤肥力和病虫害监测等智能设备数据，加强对作业环境、地块肥力、作物长势的精准管理。对农产品质量进行产销对接、质量追溯，增加农产品附加值，实现农产品"种、产、销"数字化、产业化、一体化。二是以浙农码为抓手，根据业务管理和服务要求设计数字化标识，为农业主体、农产品、资源装备和美丽乡村等提供数字身份认证，并通过"一站式"信息聚合和跨场景应用进一步推动浙江省乡村产业由一产为主向三产融合的转变。

四、创新数字化思维，多应用场景齐发展

一是要构建浙农码应用生态体系。构建横向和纵向一体化的应用场景，建设浙农码应用生态，建立临安浙农码企业服务平台，给企业和产品赋码，提供企业产品溯源、引流、宣传和数字营销工具。二是要创新数字经济应用规划。将数字新技术引入农业生产全过程，通过电子农情监测、传感和数据分析等智能手段，科学辅助决策，促进农业节本增效、节约增收，为产业发展提供基于数据的精准决策支撑。三是要推进数字治理应用更精细。通过创新并提升地区特色乡村数字治理应用，推进各类治理平台集成建设，建立健全乡村治理应用体系，从而提高农村社会综合治理精细化、现代化水平，推动政府决策更加科学、治理更加精准、服务更加高效。

五、激发乡村发展新动能，产业治理服务多方位数字化

一是要乡村产业全链条、全流程数字化发展。将数字新技术引入农业生产全过程，创新"互联网+农产品加工业"形式，推进农业企业数字化转型，形成数字化产业链生态。大力培育乡村产业新经济新业态新模式，探索建设一批试点。创新数字化农业生产经营管理模式，建设一批高水平美丽生态牧场、数字农业示范园区。二是要创新乡村数字治理方式多元化。积极运用互联网、大数据等新兴技术实现对乡村治理各方面工作的高效管理及应用。建立政府、企业、社会联动，

平台、用户协同的治理新模式新机制。集中统一打造乡村综合治理数字化平台，提高乡村综合治理信息化水平。加快推进绿色智慧乡村建设，提升乡村生态保护信息化水平。三是要公共服务体系全面数字化。加快推进完善区级统筹、各级分管的数字化公共服务体系，积极推进互联网+医疗卫生、互联网+文化教育、互联网+基础水利、互联网+社区服务及互联网+金融服务，打通治理渠道，建立针对不同层级的绩效考核机制，提升管理水平。

第五节 本章研究结论

临安区以数字乡村建设推进城乡融合发展，形成了较为完整的实践路径，为浙江省数字乡村建设提供了范例。

一是加快新型基础设施建设，实现光纤网络和5G全覆盖，打通了数字化的"高速公路"。二是统筹数据要素，构建统一的数字资源体系，夯实了数据支撑基础。三是深化数字技术与产业融合，围绕特色产业链打造示范基地、工厂和园区，实现了数字技术向实体经济的转化。四是健全数字化社会治理体系，推广智慧监控、数字签到、线上办事等，提升了乡村治理水平。五是拓展公共服务领域应用，实现了远程医疗教育、电子社保卡等服务全面覆盖，不断完善数字生活。

当前，数字乡村建设还面临数据体系不健全、人才短缺、平台割裂等问题。需要进一步加大基础设施投入力度，完善数据共享机制，推进平台融合，培育人才队伍。要构建产业链数字化体系，拓展智慧农业及其他公共服务应用场景，打通管理服务两端，使数字化成果惠及农民。要进一步发挥数字技术优势，激发乡村发展新动能，以点带面，推进数字乡村示范区建设，为浙江省城乡融合发展提供强大支撑。

第二十四章 以未来乡村推动浙江省高质量建设城乡融合示范区的对策与建议

第一节 引 言

未来乡村作为城乡融合高质量发展的基本单元，是推动城乡融合从宏观到微观落地的重要载体，更是推进浙江省山区 26 县城乡融合跨越式高质量发展的重要手段。作为全国率先启动未来乡村建设试点的省份，浙江省以"三抓筑三园"，加快推进未来乡村建设，引领乡村共富，形成了 100 个未来乡村的建设格局，如柯城余东村、萧山梅林村等，这些村常住居民人均可支配收入大幅增长，集体经营性收入平均增幅达 58.3%（浙江新闻，2021），最高的已经超过翻番。本章通过对浙江省未来乡村深入的调研，分析了浙江省打造未来乡村的主要做法与经验，并就以未来乡村助推浙江省城乡融合高质量发展提出相应的对策与建议。

第二节 浙江省以"三抓筑三园"打造"乡村未来社区"的主要做法

一、抓场景塑造，打造宜居宜业的幸福家园

一是风貌改造，推动场景提升。着力营造乡愁、乡貌、乡里、共享、创业、

田园、健康、教育、交通等九大乡村未来社区场景，打造可复制、可推广的"产乡融合-乡愁文化-共治共享-信用治理-制度创新"融合样板。二是试点落地，推动场景集成。以"乡愁+创业"为特色场景，线上线下融合培育"老街+美食""老街+民艺"，发展乡愁经济。对照浙里健康、浙有众扶、浙有善育等共同富裕"七优享"金名片，推进公共服务优质共享。三是数字赋能，推动场景应用。通过打通基层治理四平台与数字乡村大脑，联通浙农经管、浙农宅地、浙农田、浙农码等"浙农"系列场景应用，构建"1+1+4+N"的数字乡村运行体系。

二、抓产业再造，打造产村融合的创业乐园

一是做强农业产业，打造绿色发展的美丽产业将数字农业作为未来乡村"慢生活、乐就业"的抓手，推动传统农业向数字农业转型升级，加快数字技术与乡村资源、特色产业深度融合，引导数字农业向未来乡村试点聚集，打造产业集群。二是招才引贤，营造众创空间。形成原乡人、归乡人、新乡人共建共治共享格局，将新乡人作为延展产业生命力、实现产业差异化的重要方向，把乡愁元素融入食、宿、农、旅等创业场景。三是多元运营，创造流量高地。将人流量作为展现未来乡村活力的重要指标，探索实施"政府+国资+平台""集体+主体+媒体"的可持续化运营模式。

三、抓共治共享，打造齐头并进的共富花园

一是区域共治，促进均衡发展。依托"乡村数字大脑"，开发农民建房一件事、防止返贫一件事、企业服务一件事等生产、服务和治理等场景应用，将自治评分、德治排名与法治服务等信息线上一站集成，实现区域共享共治。二是经验共享，带动治理升级。深化党建统领，延伸"区乡一体、条抓块统"改革到未来乡村，提炼出一系列可复制推广的经验做法。三是产业共推，促进多方共富。以共富联盟为基本单元，把产业共推作为未来乡村建设的基底，充分挖掘当地的山水资源、产业基础、人文底蕴等特色布局新项目、培育新业态、发展新产业。四是突出富民导向，完善未来乡村建设的"利益链"。创新共富机制，全力推广农民参股、土地入股经营，创新"三金"模式，让更多的农民在租金、股金和薪金等方面获得收益，让农民真正在未来乡村建设中受益。

第三节 浙江省未来乡村建设普遍存在的问题与不足

一、推进机制不够健全

一是按照未来社区与未来乡村"双轮"驱动的制度设计,未来乡村由于是"非标产品",加上农村群体素养、产业基础、要素配置等与未来社区相比存在较大差距,这种自下而上的探索难度也就更大。二是县乡村联动以及向上对接争取支持不够有力,政策、资源叠加效应不够明显。三是未来乡村建设最终的主体应该是乡村,要加快主体主力从县、乡政府向村级的传递移交。

二、场景塑造不够均匀

一是重村庄浅表性打造,局部还不够精细,细节、品位有待优化提升,村庄风貌特色不明显,与在地文化挖掘、融合还有待强化。二是重生态、治理、文化、服务等场景,轻数字、产业等场景,尤其是智慧化建设还处于起步阶段,加上技术力量缺乏,使用率、体验感有待提升。三是各类共享空间虽然已经创设,但由于运营力量薄弱,使用仍然不够高频。

三、资源要素不够集聚

一是城乡要素流通仍然不畅,土地使用权出让收入用于农业农村等政策落地还是乏力,乡村对人才、资金、项目缺乏足够吸引力。二是产业整合引导能力有待加强,目前乡村普遍处于"我有什么卖什么"的阶段,急需提高面向市场、面向未来谋产业、布产业的能力。三是运营团队水平有待提高,要通过"县乡政府引导、专业机构引进、村经济合作社引擎"等方式,做好未来乡村的产业运营和社群运营。

第四节 以未来乡村建设引领浙江省城乡融合高质量发展对策与建议

一、加强顶层设计，为未来乡村高质量发展明确目标和导向

一是省级层面出台"未来乡村高质量发展"主题的专项指导文件，将未来乡村建设工作整体纳入城乡风貌整治提升与未来社区建设范畴，带动未来社区和未来乡村融合发展。二是市县层面制定差异化布局的"未来乡村专项规划"，明确区域特色和发展定位，瞄准老百姓所盼所想所需，不断迭代深化基本单元规划建设的架构设计；出台更为细致的全产业链支持政策，重点加强奖补细则研究。三是健全城乡一体、高效协同的推进体系，切实保障规划落地。通过政府督办、时间点设置、责任细分等机制，保障相关规划切实落地，形成统筹协调、整体推进、督促落实的闭环管理系统。

二、延展未来乡村标准化，提升未来乡村可持续运营能力

一是率先制定浙江省未来乡村评价标准，以村庄为聚集地，以园区为平台，以田园为基质，打造"线下自然田园生态家园，线上移动智慧万物互联"。二是以标准化输出"田园生态型、智慧活力型、农文旅融合型"未来乡村建设模式，建立未来乡村规范化运营体系。突出运营前置与在地化运营，明确运营主体、运营模式，建立健全运营权责利体系、制度与管理体系、运营内容体系等。三是总结对标国际经验，输出未来乡村"标准化+"可持续发展模式。从指标体系构建、诊断评估、战略与行动决策、动态监测等全过程，输出"标准化+"可持续的未来乡村建设的方法、路径与模式，为浙江省高质量建设共同富裕示范区提供路径参考与借鉴。

三、构建多方联动机制，合力实现未来乡村助推城乡融合发展

一是打通"要素集聚-竞争合作-利益共享"三环节。将不同的主体、要素、产业、县域组合在一起，发挥协同效应，更高质量、更高效率地推进生态产业化

和产业生态化。二是加强协同管理机制建设，发挥多主体联动的合力。加强多部门协调联动，为未来乡村发展开通绿色通道，优化行政审批及管理服务；加快乡村共富联盟建设，开展高质量建设帮扶计划。三是加强主客共享机制建设，强化利益相关主体的利益联结。在未来乡村建设中，要因地制宜，做好可行性分析，提高运营水平，健全利益联结机制，处理好与当地农民的关系；加强未来乡村产业链上下游合作，营造良性的区域乡村产业生态圈，推动"创新链、产业链、价值链"三链齐发。

四、围绕贯彻"三化"理念，鼓励拓展"表内"场景新内涵

一是注重人本化。围绕原乡人、新乡人、归乡人差异化需求，以最高品质生活生产为中心，完善未来乡村基础设施和配套设施建设，保护和挖掘自然文化遗产，建立德治、自治、法治、智治"四治一体"的社区治理体系，打造具有"烟火味""人情味""生活味"的服务场景、文化场景和治理场景。二是注重家园化。从造乡村向造家园造生活转变，打造有归属感、舒适感、未来感的美好家园，建好邻里交往中心、公共文化空间、美好生活链圈，形成全天候的服务链，全人群的服务面。三是注重融合化。要充分利用未来乡村良好的生态旅游资源、便捷的交通、悠久的历史文化和数字经济的加持，加快推进城乡规划、产业发展、基础设施、公共服务、生产生活、社会管理等深度融合，加快形成双向交换的新型城乡关系。从而促进了"表内"场景新内涵的扩展。

五、强化要素保障，加快政策体系创新

一是在空间规划方面，探索用地开发集成和功能复合，对少数存在整体新建情况的未来乡村，在资金基本平衡前提下，适当优化开发强度，灵活运用相关建设规范，找到土地综合开发的平衡点。二是在土地政策方面，探索土地开发一二级联动机制。支持试点项目土地"带方案"出让，支持改造更新类项目按增存挂钩机制奖励建设用地计划指标。深入推进农村宅基地"三权"分置改革，进一步落实农村宅基地及住房"部分流转部分自用"政策，通过盘活存量闲置宅基地及地上房屋，在所有权、资格权不变的前提下适当用活使用权，用于民宿开发、旅游配套等。三是在资金保障方面，提出要落实改造更新类项目土地出让金净收益，除上交国家部分外，全额返还县（市、区）用于未来乡村建设。

第五节 本章研究结论

浙江省以"三抓筑三园"为指导思想，抓场景塑造、产业再造和共治共享，筑立幸福家园、创业乐园和共富花园，积极推进未来乡村建设。通过风貌改造、数字赋能、产业培育、多元运营等举措，初步形成 100 个未来乡村建设样板。这些未来乡村常住居民人均可支配收入和集体经营性收入实现大幅增长。场景塑造方面，着力营造乡愁、乡貌、乡里、共享、创业、田园、健康、教育、交通九大场景，打造可复制可推广的样板村；产业再造方面，培育数字农业、众创空间，创新运营模式；共治共享方面，依托数字平台实现区域共享共治，延伸党建统领，创新共富机制。

同时，未来乡村建设也存在推进机制不健全、场景塑造不均匀、资源要素聚集不足等问题。推进机制方面，自下而上的探索难度大，县乡村联动不够紧密；场景塑造方面，重表面打造轻细节品质，数字化智慧化建设处于起步阶段；要素聚集方面，城乡要素流通不畅，产业整合和运营能力有待提高。

从加强顶层设计、提升可持续运营能力、构建多方联动机制、拓展场景内涵创新、强化要素保障和政策创新等方面入手，以未来乡村建设引领浙江省城乡融合发展。顶层设计方面，提出区域差异化发展规划，建立督促考核闭环机制；运营能力方面，建立规范化体系和运营权责利体系；联动机制方面，强化多主体和多部门协同联动；场景拓展方面，注重人本化、家园化和融合化，完善公共服务；要素保障方面，创新用地、土地、资金等政策，提高土地利用效率。

注重人本化、家园化和融合化，完善基础设施和公共服务，激发乡村发展内生动力，形成以园区为平台、以田园为基质的线上线下融合发展格局。通过统筹城乡空间规划、产业布局、要素流动、公共服务供给等，加快打造宜居宜业、富裕和谐的未来乡村，以点带面推进城乡融合发展，为浙江省建设共同富裕示范区提供可复制可推广的模式路径。

第二十五章　数字文化赋能城乡融合高质量发展的龙游县模式与启示

第一节　引　　言

聚焦地域特色文化，做好文化价值转化文章，是超常规推动山区 26 县城乡融合高质量发展的重要举措。龙游县南片山区"一镇三乡"（溪口镇、庙下乡、大街乡、沐尘乡）地域相邻，历史文化一脉相承，溪口镇作为龙南经济、文化中心，坚持从一镇三乡群众各类需求出发，积极探索数字文化赋能新模式，通过溪口老街、未来乡村等地域特色文化建设，促进各类资源集聚，打造"一镇三乡"发展共同体，助力共富加速度，值得大力推广复制。

第二节　龙游县溪口镇数字文化赋能城乡融合发展的做法

一、推进龙商文化集聚，凝聚"城乡融合共同富裕"文化力量

一是深挖龙商历史。龙商上可溯商神范蠡事迹，下可启宁波商帮、浙商发展，商脉几千年，商史源长。龙游商帮是明清"十大商帮"中唯一以县域命名的商帮，《（天启）衢州府志》卷一六记载："龙游之民，多向天涯海角，远行商贾。"龙游商帮主要经营珠宝业、垦拓业、造纸业和印书业等行业。作为龙商发源地，溪口在镇志、村志、族谱、家谱中对于龙商文化中"无远弗届，遍地龙游"的创业拼

搏精神有着大量的记载。二是活化龙商文化。建设竹溪剧场作为演绎历史文化的场所，以数字技术的方式再现历史记忆，用表演的手段重现传统民俗。同时，大力发展竹运会、长桌宴、星星的市集等有着广泛群众参与度的龙南特色文化活动，通过打响"百人长桌宴""花样竹运会""热闹夜集市"等文旅品牌真正让龙商文化活起来。三是结出"文化果实"。溪口借力文学艺术界联合会落地乡镇契机，依托县影视家协会落地优势，充分挖掘一镇三乡历史文化资源，积极拍摄以溪口老街、畲乡文化、红色根脉等为背景的场景剧、剧本杀。成功创建省级摄影小镇，邀请国际知名摄影家傅拥军担任"文艺村长"，开展"摄影大师眼里的龙南"摄影活动，计划打造"乡村水电站"影像美术馆和"布达拉宫—牛角湾工业遗址展陈"，充分展示龙南一镇三乡文化魅力。

二、推进优势配套集聚，筑牢"城乡融合"硬件基石

一是"硬改造"展现古镇风采。加强溪口作为"一核两级"县域副中心城镇在文化、交通、教育、医疗等方面的配套设施建设，近3年基础设施投入累计约1.8亿元，成功创建首批省级现代商贸特色镇和全省美丽城镇建设样板镇。二是"微改造"重现商帮古镇风貌。在溪口老街改造中围绕乡愁文化，利用数字技术建设溪口乡愁一条街，打造大师工坊、乡村民宿、南孔书屋等新业态新服务的"超级文化站"。对老街内的黄氏民居、文荟堂、禹王殿等一批古建筑进行了整体修缮，打造集商旅景区、产业平台、新生活方式三位一体的特色古街，现已成为特色网红地之一。三是推进未来乡村三化九场景建设。注重龙南特色奋斗文化场景塑造，以市场为导向，植入"数字化""文创化""年轻化"等乡愁元素，打造特色乡村艺术馆、乡村体育馆、共享文化礼堂、共享图书馆、户外文化园，不断提升乡村艺术品质。

三、推进创业资源集聚，激发"城乡融合"市场活力

一是成立龙南旅游共同体，打造山区"村·村抱团发展"新模式。围绕"一核两级"发展目标，做强一个区域核心，大力推进龙南旅游集散中心建设，以六春湖景区为牵引，整合龙南文旅资源、红色教育资源、文旅配套资源，串点成线打造龙南红色旅游精品线，实现"旅游在周边，吃住在溪口"。二是成立"省国资+镇国资+村合作社"，打造村·村携手共富模式。通过政府搭平台，村集体出资源，与浙江省二轻集团有限责任公司共富结对，开发"绽放的灵山江"文旅融合共富项目，一期"灵溪竹海"，二期"状元故里"，三期"石角秘境"，实现利润共享，

带动村集体共富。密切对接小派科技（上海）有限责任公司、浙江电科智盛科技有限公司和浙江瓷米文化发展有限公司等新经济企业，吸引新材料、新文旅、新科技产业进驻溪口，持续优化溪口产业结构。三是推进创业人才集聚，打造"乡亲+乡贤+创客+旅客"的共享办公、共享生活模式。制定《溪口乡村版未来社区"联创公社"双招双引政策》，推动人才要素特别是乡村艺术人才加速集聚，打造极具特色的乡村双创集聚地。成立龙游县溪口青春联合会，培育龙南创客，依托联合会实行人才招引"一个口子"，招引成功后统筹安排具体合作落地的乡镇，形成"一镇三乡"人才共招共育体系。

四、秉承数字经济引领，激发山区共富"新活力"

一是打造数字经济发展高地。通过发布龙游县《"一镇带三乡"山区共富行动纲领》，成功与电科智胜、小派科技、碳银科技、电子科技大学长三角研究院等企业、高校签订项目合作意向书。二是实现数字产业相融合。通过"竹乡+电商""竹乡+文创""竹乡+数字"等创新结合方式建设"一个全国性竹文化社群、一个全国性竹制品交易平台、一个全国性的竹编大赛"，助力竹产业和竹文化振兴实现对文旅产业的反哺，实实在在为当地竹民增收致富。三是推进全域文旅融合发展。充分发挥"一镇三乡"地理毗邻、文化同源的优势，开发龙南"云上旅游"服务平台，整合区域旅游、交通、民宿、美食等资源，实现文旅融合、错位发展。推出龙南旅游路线5条，已接待疗休养、培训等100多批次。目前4个乡镇的游客接待量突破了200万人次，乡村旅游年收入突破了1.65亿元[①]。

五、打造"一镇三乡"民生共同体，以共享促共富

一是加快实现便民服务跨乡镇无差别受理。在溪口镇乡村未来社区内设立24小时便民服务中心，统一受理4个乡镇村民事项。将大众、高频服务事项向便民服务代办点延伸，村民可在区域内实现无行政边界、无属地权限就近办理。2020年中心受理税务开票974件、医保报销590件、生育登记131件，其中非溪口本镇业务占比分别为：38.2%、41.7%、49.6%[①]。二是大力实施人口转移无差别安居。以农民集聚为切入点，对一镇三乡全域土地进行综合整治，加快实施农民易地搬迁安置，引导高山远山群众向中心镇集聚，推动农民就近就地城镇化，目前已建成安置小区——翠竹小区，集聚712户、近2000人，正在建设的新溪小区还将

---

① 龙游溪口以"一镇带三乡" 奏好山区共富"协作曲"[N]. 衢州日报, 2022-06-18.

集聚210户、约700人[1]。秉持"微改造、精提升"建设理念,加强溪口中心镇在交通、教育、医疗、文化等方面的配套设施建设,建成智慧球场、共享图书馆、共享食堂等文体场馆,打造共同富裕现代化基本建设单元。三是积极推动教育下乡无差别服务。充分发挥校地合作优势,打造溪口教共体,有效提升一镇三乡中小学幼儿园教育品质,巩固和扩增优质师资队伍。创新组建龙南校地联盟,与衢州学院共同建设乡村未来社区美丽经济学院,2020年以来,学院共派出专家指导组80余批次600余人次,解决各类问题150余个,教育培训龙南干部群众5 000余人次[2]。

第三节 数字文化赋能的启示

龙游县溪口镇通过数字文化赋能,稳步开展创产业、促保护、融数字、强共享的跨越式高质量发展"一镇带三乡"共富模式,给予我们不少启示。

启示一:从保下来到活起来,文脉传承中促进文化兴盛。一是坚定传统文化自信,将文化自信升级成共富力量。文化兴盛既是城乡融合的内在动力,也是城乡融合高质量发展的重要标志。只有充分肯定传统文化价值,才能大力释放传统文化的时代功能。二是丰富传统文化的呈现及体验方式。通过全面梳理传统文化的功能价值,利用现代数字技术积极开发多业态的文化产品,让传统文化从保下来到活起来。要根据新时代群众的精神需求,对传统文化资源进行合理开发和有效保护,对传统文化各种形态样式进行大力传承和积极创新。三是探索构建现代文化产业体系。通过文化传承与文化兴盛,统筹推进数字文化与资源、产业、产品、市场深度融合,构建多层次的数字文化产业体系,形成具有特色的数字文化产业品牌。

启示二:从联合体到共富体,产业振兴中推进城乡融合发展。一是"村·村抱团共富",绘就共兴新图景。聚焦村与村如何通过资金整合、项目集中、资源共享、信息互通、人才共用等方式,推动发展关键要素集聚生效,以合股经营、分红获利或是代产分销、提成获利等形式推动弱村抱强村、村村互帮带,构建高效运作的"村·村抱团"新机制。二是"村·企联姻共赢",搭建发展新平台。聚焦村与企如何通过村企联建、资源盘活、项目开发、要素保障及特色农业培育等方式,进一步创新村与企业优势互补、合作共赢的"以企带村、村企结合"模式路

---

[1] 中共衢州市委举行"全力打造四省边际共同富裕示范区"主题新闻发布会龙游专场[EB/OL]. https://zj.zjol.com.cn/news.html?id=1780984, 2021-12-20.

[2] 资料来源:浙江农业信息网:龙游县探索"一镇带三乡"模式开展山区共富实验.

径,形成可持续"村·企联姻共赢"机制,实现互惠互利。三是"村·民协同共享",干出共富新天地。聚焦重点群体、坚持分类施策,引导村民广泛参与协商共谋发展、共享成效,形成"村·民协同共享"机制,实现"扩中提低"目标。

启示三:从人性化到数字化,民生服务中实现乡村善治。一是系统规划,夯实"数智"之基。通过全方位构筑数字治理协调中心,实现基层治理"集中指挥调度、力量一体整合、矛调应急联处、闭环反馈追溯、数据研判会商"的流程再造。二是推动共富生态优化。聚焦乡村风貌提升,增强村民主人翁意识,提高村民参与共同富裕的积极性和创造性,开展围墙革命、垃圾分类等活动,以优美环境吸引高校毕业生、本地在外创业者和外来优秀青年加入,为乡村共同富裕建设注入源头活水。三是健全和完善以共建、共享、共治相融合的乡村治理体系。以党建联盟建设为统领,通过政治理论联学、优势资源联享、实践活动联办、中心工作联动等活动,实现干部作风转变、治理效能提升、服务标准提高,解决"互看互学互比互拼"动力机制不全等问题,打造"舒心、省心、暖心、安心、放心"的幸福共同体。

第四节 本章研究结论

龙游县溪口镇数字文化赋能城乡融合发展的探索,为推动山区县域城乡融合高质量发展提供了可资借鉴的有益经验。

一是明确数字文化赋能的路径。溪口镇充分利用数字技术,深入挖掘龙商文化内涵,通过文化场馆建设、品牌活动打造、文创产品开发等方式活化龙商文化,推动文化资源要素向产业要素转化,实现文化价值再创造。同时,大力推进产业、人才、技术等要素集聚,构建龙南旅游共同体、村企联姻共赢等新模式,形成产业链、创新链、资本链等良性循环的数字经济发展格局。

二是形成联动发展的生动局面。一方面,文化的挖掘激发了产业的活力,龙商文化的深入挖掘为旅游业发展提供了源头活水;另一方面,产业的繁荣又反哺了文化建设,旅游业的发展带动了文化设施和公共服务设施建设。数字经济的引入进一步推动了产业链、创新链、资本链的有机衔接,实现了要素资源的良性循环集聚。

三是取得显著成效。在数字文化驱动下,溪口镇城乡面貌焕然一新,产业持续优化升级,就业增加收入提高,教育医疗等公共服务水平不断提升,城乡联动发展的内在机制初步形成。这为推进以县域为重要载体的城乡融合发展提供了成功范例。

四是形成可复制可推广的模式。龙游县以溪口镇为龙头，带动周边三个乡镇共同发展，探索形成了数字文化赋能、产业链延伸、要素链衔接、民生共享的联动机制，实现了中心镇带动周边乡村的跨越式发展，可为其他山区县域发展提供借鉴。

当前，要进一步巩固深化这种数字文化赋能和城乡融合的发展模式，使其更具实效性、可持续性，为推动浙江山区 26 县城乡融合高质量发展提供经验借鉴。

第二十六章 开化县以共富联盟推进城乡融合高质量发展的有关做法和建议

第一节 引 言

开展共富联盟是推动浙江省山区 26 县城乡融合跨越式高质量发展的一项战略举措。2021 年开化县按照"区域一体、示范带动、联合联动"的发展思路,以"党建联盟+利益联盟"为基础,形成"先富带后富、先富帮后富"机制,推动发展共谋、资源共享、平台共创、产业共兴、治理共融,迭代升级为"共富联盟",最终实现城乡"共兴共荣、共富共强",取得了显著成效。

第二节 开化县开展"共富联盟"建设情况及成效

一、以"山海共富联盟"打造跨区域共富联盟

一是打造一批高质量飞地。以山海协作为基础,建立与杭州上城区、嘉兴桐乡市、绍兴越城区跨区域的山海共富联盟,谋划一批高水平项目,通过"产业飞地"和"科创飞地+产业飞地+消薄飞地+旅游飞地"的"双向飞地"模式打造一批高质量飞地。二是建设一批高品质项目。积极谋划新的山海协作产业项目,构建项目共赢、产业共赢协作模式。三是创新一批高效率机制。健全完善山海协作共建机制、入股联营的乡村经营机制、数字赋能共富机制等,形成可复制、可推

广的经验模式。

二、以区位相邻、功能相近为原则打造"片区联盟"

一是按照"体制不变机制变"原则，组建东西南北 4 个区域发展联盟。二是聚焦本地产业发展方向，突出不同联盟主题。东部联盟突出城市旅游和城郊旅游，南部联盟突出工业发展和现代物流，西部联盟突出小微企业和现代农业，北部联盟突出乡村旅游和现代农业。三是创新运行机制。实施"联席会议+召集人+轮值主席"制度。四是完善考核办法。采用"1（方阵分类）+1（片区联盟）+X（协同发展）"形式进行考核。

三、以"地缘相近、人缘相亲、业缘相似"为原则建立"村级联盟"

一是创新推出"十个一"工作体系，即：一个联合党委、一个挂联领导、一份总体规划、一个主导产业、一个主打品牌、一份任务清单、一个强村公司、一个邻里中心、一套工作机制、一套政策体系。二是实施两大"一对一共富工程"。一方面，选取班子强、产业强的"强村"，通过支部联建、党员联带、产业联兴、考核联评等方式，结对帮扶班子战斗力弱、集体消薄增收难、民生事务管理弱的"弱村"，推进乡村振兴；另一方面，建立先富群体自愿帮扶困难户数据库，形成先富群体结对帮扶低收入农户机制，实施产业、项目、技术等帮扶行动，带动低收入群体增收。

四、以产业链分工协作为原则建立"产业联盟"

一是龙顶茶联盟。重点以科技支撑、主体培育和品牌引领，加快推进龙顶茶一二三产融合、全产业链建设，构建龙顶绿、开门红，红绿双色交融产业发展格局。二是清水鱼联盟。集中打造何田、齐溪、长虹等三大产业核心带，推动企业带群众、市场带产业、先进带后进，形成各主体联动发展良好格局。三是钱江源星宿（民宿）联盟。建立有偿加盟制，违规退出制，支持鼓励全县旅行社、星级宾馆、中小民宿、特色饭店、农家乐等加入产业链，推进行业标准规范化。四是红高粱联盟。通过农业特色产业捆绑考核激发推广指导同盟乡镇发展高粱产业的主动性和积极性。地处偏远的开化县大溪边乡通过红高粱联盟实现在家村民人均增收 5 000 余元。五是中蜂联盟。在中蜂养殖基础好的乡镇因地制宜建成"一园二区七基地",聚力打造开化土蜂区域性公共品牌,打造开化土蜂蜜为地理标志产品。

第三节 共富联盟工作目前存在的不足

共富联盟,目前仍处于"自上而下"的初创探索阶段,存在共富联盟体系整体层次性不强、片区联盟共富作用待加强、村级联盟与产业联盟待融合等问题,距离真正实现互利共赢还存在一定差距。

一、联盟体系需进一步深化

一是不同联盟体系的互动需要加强。共富联盟由跨区域联盟、片区联盟、村级联盟和产业联盟四种形式构成,各联盟之间存在着互动联系和相互融合,目前有待进一步加强。二是不同联盟形式存在不平衡推进的情况。在村级共富联盟方面,还是停留在信息报送的概念层面。在片区联盟方面,东南西北四大片区联盟还未开始系统谋划。在产业联盟方面,作为产业联盟的主导力量涉及的相关部门、乡镇主体意识不够强。三是特色亮点不够鲜明。特别是村级共富联盟,一方面缺乏可挖掘的素材,另一方面缺乏挖掘的主动性,同质化现象比较严重。

二、需要配套政策的支持

一是产业飞地指标倾斜政策缺乏。虽然浙江省已出台《关于进一步加强山海协作结对帮扶工作指导意见的通知》,但该通知的原则性较多、刚性具体化要求较少,特别是土地资源对全省 26 个山区县制约突出,因此对于与山海协作单位共建的产业飞地园区,应由省级统筹解决飞地建设中涉及的空间、计划、占补指标。二是特色生态产业扶持政策欠缺。单独依靠山区县内部所构建产业联盟和村级联盟的自身发展,较难做大做强,需要由省级层面牵线搭桥,组织有实力、契合度高的央企、省属国企和知名浙商对山区县的特色生态产业进行 "一对一"或"多对一"帮扶。

三、未来发展需进一步突破

一是体制机制待突破。片区联盟由于存在跨乡镇区域合作,其体制创新的难度要大于村级联盟，目前对于片区联盟来说，较多地方停留在机制创新层面，较难突破体制界限使得在实际运行时协调成本增加。二是联盟主体性需进一步突破。目前共富联盟体系的设计已完成自上而下的初步构建，但主体地位还需要进一步加强。特别是联盟体系会涉及的众多相关主体，如企业主体、金融服务主体、乡贤主体等，怎样发挥这些主体在联盟体系中的作用需要进一步思考。

第四节 以共富联盟加快推进浙江省城乡融合高质量发展的相关建议

一、建立推动全省共富联盟的体制机制

一是要系统设计。在全省范围内推进共富联盟是一项系统工程，需要树立系统思维，结合浙江省各山区县地方特色，因地制宜探索不同的共富联盟发展模式。允许基层在行政区划、部门调整、管理体制、要素配置、人员等方面进行体制、机制创新。二是要全面统筹。找准全省建设城乡融合示范区的重点、难点、关键点，找出重点任务与共富联盟建立的结合点，发挥特色优势，不断增强工作的科学性、针对性、实效性，以重点突破带动整体提升。三是要清单推进。以"项目化""清单化"抓好全省共富联盟建设推进，打造一批共富联盟示范项目，努力做出更多示范性标志性成果，让老百姓有更多的获得感、幸福感、安全感。

二、加强政策支持力度

一是加快出台省级层面的配套政策。针对跨区域联盟中的"产业飞地"给予山区县能评批复优先权及一定的能耗指标倾斜支持，给予"飞地"产业项目的省级税收留成部分全额返还"飞出地"政策，提升飞地对山区县的助推作用。二是出台针对山区县特色产业发展的帮扶政策。鼓励影响力大的、有实力的央企、省属国企和知名浙商到山区县进行"一对一"或"多对一"帮扶，并在人才、科技、配套服务等方面对于帮扶企业予以政策倾斜。

三、完善共富联盟合作机制

一是加强共富联盟体系各主体的合作动力。共富联盟各合作主体需根据各自

的优势特色，共同谋划合作的利益分配等具体事项，制定合作规划、签订合作协议，实现共赢共享。二是强化共富联盟中的共享共治研究。引入第三方对共富联盟中的合作项目收益进行评估，并根据评估结果对共富联盟中的合作主体进行合理分配，保障共富联盟中欠发达方的优先收益分红权，更好地实现共同富裕。三是构建有效风险分担机制。健全跨区域联盟、片区联盟、村级联盟、产业联盟各自的利益分配机制，在现有的法律框架下，通过共同商议签署具有法律效力的合作协议，明确利益共享及补偿机制、履行模式、违约责任、纠纷解决机制和有效期限等细则，推进长期稳定的合作。

第五节　本章研究结论

开化县以共富联盟推进城乡融合发展的探索，为浙江省山区县域实现城乡融合高质量发展提供了启示。

一是形成多层次的共富联盟格局。开化县构建了跨区域的山海共富联盟、区域内的片区联盟、村际的村级联盟及产业链上的产业联盟，实现了跨区域、跨层级的利益融合，初步形成联动发展的格局。这为延伸产业链、充分利用区位优势提供了有益探索。

二是创新运行机制，形成联动发展的内在动力。开化县通过轮值制度、任务清单、协同考核等方式创新联盟运作机制，激发各方主动性，促进资源共享、产业协作、市场互补，实现合作共赢。这为持续推进共富联盟建设提供了经验。

三是取得初步成效。通过共富联盟，开化县城乡区域经济社会协调发展，城乡要素流动性增强，公共服务均等化进一步提高，城乡居民收入差距逐步缩小，为推动城乡融合发展奠定了基础。

四是存在一定局限性。共富联盟建设仍需进一步深化和细化，不同联盟之间的衔接有待加强，需要配套支持的体制机制和政策亟待完善，联盟主体的自主性有待提高。这需要在推广中进一步优化。

当前，开化县共富联盟的有益探索为推进以县城为重要载体的城乡融合发展提供了现实启示。需要在总结经验的基础上，进一步深化共富联盟内涵，完善支持政策，明确推进路径，以点带面，推动共富联盟在全省范围的建设，为实现区域协调和城乡一体化发展提供持续动力。

第二十七章 以新型智慧城市建设加快推进杭州城乡融合高质量发展的思考与建议

第一节 引　言

新型智慧城市是指运用信息和通信技术手段，感测、分析、整合城市运行核心系统的关键信息，让城市更聪明一些、更智慧一些，现已成为推动城乡治理体系和治理能力现代化的必由之路。2020年6月，中国共产党杭州市第十二届委员会第九次全体会议审议通过了《中共杭州市委关于做强做优城市大脑 打造全国新型智慧城市建设"重要窗口"的决定》，提出了把杭州打造成为新型智慧城市建设的实践范例。2021年6月，中共杭州市委十二届十二次会议进一步提出探索数字孪生机制，打造"城市智防"系统，率先建成全国首个城市智能感知网。杭州应积极抢占全球数字变革高地，获取战略性领先优势，打造全国新型智慧城市建设第一城，努力成为以新型智慧城市建设推动城乡融合发展的"重要窗口"。

第二节 杭州建设新型智慧城市的成效

杭州新型智慧城市建设成效主要体现在：基础设施更加智能；市民生活品质明显提升；社会治理更加精细。

回顾杭州智慧城市建设的发展历程和成效，可以总结以下三个方面的成功经验。一是理念先行。从2006年的数字城管建设、2010年的"智能杭州"与"数字城市"建设、"十二五"时期的"智慧杭州"建设，再到2016年以来的"城市大脑"建设，以及打造"全国数字治理第一城"，都清晰地围绕提升杭州城市治理水平的主线。出台《杭州城市大脑赋能城市治理促进条例》，使得杭州城市大脑赋能提升城市治理体系和治理能力现代化具有法律保障。二是系统谋划。杭州智慧城市建设始终坚持将城市作为一个系统有机体，点线面系统推进，实现了智慧城市建设基础设施层、服务平台层和智慧应用层的融合。三是技术赋能。杭州智慧城市建设以数字技术体系为支撑，实现了城市运行的全局感知、分析和处置；率先树立"用数据决策，用数据治理，用数据创新"的创新思维，较早启动了数据多源归集与互通共融工作，实现全面覆盖的、统筹全局的数据共享与跨层级、跨地域、跨业务的社会协同管理和服务模式。

第三节 以新型智慧城市建设加快推进杭州城乡融合高质量发展的对策建议

虽然杭州新型智慧城市建设取得了显著成效，但与国家新型智慧城市建设及浙江省数字化改革的目标与要求相比，存在一定的差距。因此，杭州在加快新型智慧城市建设中，要以习近平总书记在杭州城市大脑运营指挥中心调研时指出的"运用大数据、云计算、区块链、人工智能等前沿技术推动城市管理手段、管理模式、管理理念创新，从数字化到智能化再到智慧化，让城市更聪明一些、更智慧一些"[1]的要求为指导，按照杭州市委十二届十二次会议提出的持续做强做优城市大脑与建成全国首个城市智能感知网的部署，谋深抓实多跨场景重大改革，努力在重塑政府、社会、企业和个人关系上率先上跑道，打造更多老百姓叫好、全国有影响的最佳应用，以数字化改革加快推进杭州新型智慧城市建设，促进城乡融合发展。

一、加快高效有序的数智治理体系建设，让新型智慧城市建设更加"精准智慧"

一是加快杭州城市大脑优化迭代，打造全国数智技术策源地，推动区块链、人工智能、大数据、云计算、物联网、5G等前沿技术在中枢系统融合应用，提升中枢系统与节点的互联性，推动各级各部门业务信息实时在线、数据实时流动，

---

[1] 资料来源：http://www.wenming.cn/wmcs_53692/xl/zyjs_54586/202207/t20220706_6422367.shtml。

破解政策、工作碎片化的问题。二是助推智慧城市治理的数字化转型，运用云计算、大数据、人工智能等数字技术，促进政府履职和政府运行形成即时感知、科学决策、主动服务、高效运行、智能监管的新型治理形态，提升智慧城市的参与主体多元化和适用场景多样性。三是加快人工智能与智慧城市重点领域的融合技术开发，以加快建设国家新一代人工智能创新发展试验区与国家人工智能创新应用先导区为依托，持续丰富和拓展智慧城市应用场景，打造完善的智慧城市生态圈，推动城市治理体系现代化。

二、加快便捷惠民的数字化应用场景建设，让新型智慧城市建设更具"幸福感""获得感"

一是坚持问题导向、换位思考，围绕人的全生命周期多元化需求，扎实推进补短板、促均衡、兜底线，力争在解决群众急难愁盼问题上取得突破性进展，把解决群众最关心、最直接、最现实的利益问题作为出发点，带着人性化的"温度"为群众解难题，最大限度提升群众的获得感、幸福感、安全感。二是依托"亲清在线"平台，充分发挥数字赋能企业服务的乘数效应，打通企业与政府数据壁垒，提升服务实体效率，在政府数字化转型进程中，主动靠前服务、发掘需求。三是关注代际、群体等差异，推进生活数字化、公共服务数字化，特别是要实施像傻瓜相机、傻瓜手机式服务，打破数字服务领域弱势群体的"数字鸿沟"，让智慧城市建设发展的成果惠及更多群体，努力让每个人都能共享数字时代的发展红利。

三、加快集约智能的新型基础设施建设，让新型智慧城市建设更加"实时高效"

一是以新型基础设施建设为依托，建立集约智能的智慧城市基础设施，加快5G部署和应用速度，推动IPv6（Internet Protocol Version 6，互联网协议第6版）、NB-IoT（narrow band internet of things，窄带物联网）等下一代网络技术与智慧城市相向演进；提升跨层级、跨地域、跨系统、跨部门、跨业务的协同管理和服务速度。二是探索数字孪生机制，打造"城市智防"系统，率先建成全国首个城市智能感知网，加快建成叠加人口、法人、经济、交通等数据的城市全域实景三维底图，加快构建上天入地、实时高效、安全泛在的万物智联网络，提升城市治理"一网统管"水平。三是构建智慧城市数字生态系统，从顶层设计、标准接口、安全管控、基础模块、数据服务、交互界面等方面，统一谋划、统筹布局，彻底打通智慧城市建设环节，为智慧城市建设创造良好的生态基础与环境。

四、加快安全可控的数字化防护体系建设，让新型智慧城市建设更加"安全可靠"

一是加快形成统一、规范的智慧城市数字标准规范体系，加快形成涵盖采集、传输、存储、处理、交换全生命周期的数据安全保障体系，防止数据泄露；建立健全第三方安全审计、实时监督机制，加强对云数据存储及应用场景、数字"驾驶舱"开发运维过程的安全管控，确保核心数据绝对安全。二是明确各类主体在数据生态中的权责边界，支持和鼓励企业与社会公众充分开发利用数据资源、开展创新，让企业运用大数据技术对数据资源进行开放及创新应用，让社会公众参与数据应用的社会治理与反馈。三是构建制度健全规范、技术支撑有力、预警响应快捷的智慧城市网络安全保障体系，完善智慧城市信息系统网络安全保障制度，重点加快复杂网络、新技术应用、大数据汇聚、互联系统等各类型条件下网络安全保障制度的建设，切实提高系统访问、技术应用、复杂网络、运维人员、数据流动等安全管理能力。

第四节 本章研究结论

杭州以新型智慧城市建设推进城乡融合发展，为浙江省城市智慧化建设提供了宝贵经验。

一是形成清晰的战略定位。杭州立足全局，紧密围绕提升城市治理水平这一核心目标，以数字化赋能推进智慧城市建设，努力成为全国新型智慧城市建设的"重要窗口"。

二是取得显著成效。通过持续深化"智慧杭州""数字杭州"建设，杭州在城市基础设施智能化、公共服务提质扩面、社会治理精细化等方面取得突出进展，为推动城乡融合奠定坚实基础。

三是形成可复制的经验。杭州智慧城市建设注重顶层设计，坚持系统谋划和以技术赋能，在数字化思维、数据应用、多方协同等方面积累了成功做法，具有较强的可复制性。

四是提出针对性建议。杭州智慧城市建设还需进一步提升数智治理水平、拓展民生应用场景、加强新型基础设施建设、完善数据安全体系等，以更好地服务城乡融合发展。

当前，杭州正处于智慧城市建设的深化阶段。要坚持问题导向，立足城乡融合发展需求，持续做优做强城市大脑，构建精准、高效、安全、可控的新型智慧城市体系，以智慧化引领和示范推动城乡融合发展走在全国前列。

第二十八章 以县（区）域社会治理现代化推动城乡融合发展的对策与建议

第一节 引　言

深入推进县（区）域社会治理现代化示范区建设，是创建浙江乃至全国城乡融合发展示范样本的重要举措。绍兴市越城区作为全国市域社会治理现代化第一期试点城市的核心区，在全省率先探索"一图全面感知，一网综合治理"工作模式，率先建立社会治理矩阵式智治工作体系，构建"精准化"风险防治格局，努力打造全国以市域社会治理现代化推动城乡融合发展示范地建设。本章通过对越城区社会治理综合体系的深入调研，总结"矩阵式一网智治"体系的成功经验，提出加快浙江省推动县（区）社会治理现代化示范区建设的相关建议。

第二节 越城区社会治理现代化示范区建设的实践与成效

一、以矩阵式智治理念推动构建社会治理共同体

越城区10年深耕习近平总书记党建"契约化"共建重要批示精神，走出党建引领基层治理现代化之路。一是最大限度汇聚社会治理、城市治理资源、数据、能力，集成实现"矛盾纠纷调整处理化解、社会治理事件处置、社会风险研判"

三大平台功能。二是通过党建契约来打破部门的数据壁垒，实现综合指挥中心和部门双向赋能。三是研发"越平安"小程序，让网格员网格长更好地链接服务群众，依托党员两地报到来支撑基层治理最后一百米。

二、架构三横多纵的社会治理共同体

一是从纵向维度，实现从省、市、区、镇街、村（社）到网格的全线贯通，同时依托"越平安"小程序让网格员更好地链接服务网格群众。二是从横向维度，第一个横是依托基层治理四平台和智慧城管两大平台对涉及社会治理领域的所有事件按统一标准进行集中汇聚。第二个横是综合体框架内各职能中心之间的有效联动，综合指挥中心与公安情指中心联动，实现警务流向警务中心汇聚，非警务流向综合指挥中心汇聚。第三个横是镇街综合信息指挥室与科办、派驻站所实现业务协同、联动指挥。

三、以多跨场景应用为驱动推动构建良好数据生态圈

一是通过"线上能通线上通，线上不通机制融"的方式来予以破解，线上能通的以系统对接、数据同步等形式实现共享，线上无法实现对接的，通过平台自建数据录入端口并由相关部门定期更新的形式实现共享。二是以"四个平台"为统领，依托镇街矛调中心，有效整合周边的基层法庭、派出所等社会治理单位，实现数据互通、资源共享，打造社会治理综合体。三是督促数源部门建立常采常新机制，同时反馈给数源部门，从而建立一个小型的良好的数据生态圈。

四、风险闭环，构建"精准化"风险防治格局

一是实施"控源式"风险防控。融合政法维稳、互联网信息办、信访局、公安、交警、消防、大数据等19个部门社会风险防控职能，设置"分析研判、协调处置、应急指挥、综合保障"4个功能性区块，构筑"监测-预警-处置-反馈"一体化的矛盾化解闭环管控"防火墙"。二是推行"分诊式"矛盾调处。区级层面，组织重点行业性专业性调解组织、法院诉前调解团队成员常驻区矛调中心，确保矛盾纠纷"一站式接收、一揽子调处、全链条解决"。镇街层面，依托"基层治理四平台"、基层法庭、人大代表联络站等力量，线上线下联动化解。村（社）层面，发挥民间调解员、网格员等作用，针对性解决乡邻纠纷。三是探索"攻坚式"难题破解。针对信访维稳工作中出现的重点难点问题，按照"每阶段一个重点、常

态化开展攻坚"方针,持续开展信访积案攻坚化解行动。

第三节 目前存在的问题

一、区块统筹与条线考核之间存在矛盾

一是存在区块统筹与条线考核机制衔接不畅。长期以来,基层权力和责任并不对等,导致两大体系的关注度和关注群体等存在差异。二是部分区块与条线之间业务不贯通。目前基层治理普遍存在"上面千条线,下面一根针"的现象,必然存在一部分业务由上不能到下或者由下不能到上的情况,影响考核结果的客观性与公正性。三是激励机制待健全。条线考核侧重于过程管理,导致基层网格员遇到大事不敢报,怕影响考核绩效。

二、区块与条线两大体系的数据标准存在差异

一是信息壁垒问题十分突出。社会治理、城市治理工作涉及多个行政管理领域,各种APP、系统、平台频出,部门各自为政的现象导致信息孤岛化、数据碎片化。二是对接协调沟通难。因为区块和条线各自数据标准不同,要对接涉及的软件系统等有差异,要沟通的对象多,往往需要耗费大量的时间和精力进行协调沟通,对接费用高。

三、处置结果不能及时反馈,无法实现闭环

一是区块与条线的联通并不是简单地相加,而是需要重新梳理。目前还存在区块与条线对接的业务流程不完善、断链现象。二是处置后不能及时反馈。当省"七张问题清单"应用通过省级平台下达任务,通过社会治理中心分拨,街道"四平台"相关模块接到任务落实确认后,不能有效地反馈处置情况,难以形成闭环。

四、研判分析基础不扎实,有效性、针对性不足

一是数据动态更新机制不完善,数据质量不高。基层治理四平台、数字城管、平安建设等信息化系统的流程、标准各不相同,导致数据动态更新难度大;二是

条线数据无法回流到县（区），影响基层治理部门的研判分析。

第四节　加快以县（区）域社会治理现代化示范区建设推动城乡融合发展的对策与建议

一、通过制度重塑、体系重整打破省市县（区）域的治理壁垒，有效实现社会治理综合效能最大化

一是进一步厘清做实县、乡、村三级工作界面，注重结果反馈和综合评估，不断迭代优化完善，构建形成"全局一屏掌控、政令一键智达、执行一贯到底、服务一网通办、监督一览无余"的数字化协同工作场景。二是部门协同，以浙江省"162"体系（即"1"指一体化智能化公共数据平台，"6"指党建统领整体智治、数字政府、数字经济、数字社会、数字文化、数字法治六大系统，"2"指理论体系和制度规范体系——形成一体融合的改革工作大格局）与"141"体系（第一个"1"指县级社会治理中心，第二个"4"指乡镇（街道）基层治理"四个平台"，通过大口子综合管理，形成以监管执法、应急管理、综治工作、公共服务为主要内容的乡镇治理主体框架，第三个"1"指村社网格）贯通为契机，通过业务流程再造、机制制度重塑及数据技术融合，在"162"和"141"的应用贯通、平台迭代、组件共享、制度成果等方面，加快组织体系变革，推进制度机制、业务技术全面融合。三是要聚焦应用贯通，在应用设计谋划阶段就要充分考虑，打通顶层设计、基层创新的双向贯通路径，打通一地创新、全省共享的全域贯通路径。

二、构建明晰省县乡权责体系，健全五大系统及其与基层治理四平台的工作联通机制

一是以完善乡镇（街道）"属地管理"事项责任清单为主抓手，在事项清单数量、质量、支撑上做提升；二是进一步明晰市县乡权责边界、工作界面，推动"条""块"间权责更加统一、分工更加合理、执行更加有力，进一步提升县域治理整体合力。三是按照"一件事"的理念和要求，推动治理事项上下联动、内外协同、运转高效，实现县乡之间的跨部门、跨领域、跨层级事项和乡镇（街道）的内部事项"一件事"运行。

三、持续擦亮"四平台",加快推动省市县三级平台迭代升级

一是通过"制度+技术""线上+线下",不断丰富完善县域智治模式。推动平台进一步整合、数据进一步共享、场景应用协同化,打造集合集成数据资源、信息系统、基础设施的数字治理平台,把"智"贯穿到从"事"到"制"到"治"转变的全过程各环节。二是按照统建模式,一体化推进县乡两级智治中心建设,开展实战运行。通过县乡两级智治中心作为系统集成的核心载体和操作界面,细化任务清单通过线下六大模块协同闭环,实现数据同源、模型同构,上下贯通。

四、围绕县(区)域社会治理存在的突出问题,构建制度化利益协调体系,实现常态化管理和应急管理动态衔接

一是变"部门管"为"属地管"。通过"三张清单",按照"部门主建、乡镇主管"的原则,坚持重心下移、力量下沉、保障下倾。通过制定出台派驻干部人事管理制度,赋予乡镇(街道)对派驻干部的指挥协调权、考核管理权、推荐提名权、反向否决权。二是变"碎片化"为"一体化"。积极推进行政执法权限和力量向基层延伸和下沉,强化乡镇(街道)的统一指挥和统筹协调职责,组建乡镇(街道)综合行政执法队,以乡镇(街道)名义开展执法工作,推动乡镇(街道)执法"碎片化"向"一体化"转变。三是变"粗放考"为"精细考"。根据工作难易度、职责风险度、工作饱和度等情况,赋予各工作岗位不同分数,将乡镇(街道)按照基层治理四平台六大模块,将"双向选岗"的干部入模定岗,并赋予模块牵头领导考核评议权,对模块内的干部进行日常打分、阶段评估和年度评价,并将结果纳入年度考核。

五、通过数据共享破解省市县乡数据治理壁垒,打造问题数据治理闭环管理机制

一是统一数据标准,破解县(区)域社会治理数据共享的技术壁垒,形成数据治理闭环。各职能部门要树立标准化意识,各级政府制定的数据标准和技术协议,必须符合国家数据标准,避免上下级政府之间的信息异构。要注重政务数据共享的基础架构设计,统一明确各个部门数据归集共享的目录和责任。二是建立县(区)域社会治理数据的共享激励保障和监督问责机制,明确数据共享权责。

尝试建立具有激励和惩罚机制的考核体系，将数据采集归集的质量、跨部门政务数据的共享应用水平等纳入政府绩效考核体系，奖励在数据共享应用方面成效突出的部门，激发各部门进行数据共享的内生动力。三是打造县（区）域社会治理的数据底座。通过政务数据接入、现场数据采集和物联感知设备推送等渠道，加快县（区）社会治理的数据归集、治理，打造县（区）域社会综合治理的数据库。

第五节 本章研究结论

以县域社会治理现代化推动城乡融合发展，是实现区域协调发展、构建共同体的重要举措。绍兴市越城区在这方面进行了有益探索，取得显著成效，为浙江省县域治理现代化提供了宝贵经验。

一是形成矩阵式一体化的社会治理模式。越城区通过打通纵横联系，构建省市县乡多层级联动的社会治理共同体，并依托基层四大平台实行矩阵式统筹，实现了监测预警、矛盾调解、风险管控的一体化，显著提升了社会治理效能。

二是取得明显成效。"一图全面感知，一网综合治理"的工作模式增强了基层治理的精准性和效率，各类矛盾纠纷化解率和群众满意度显著提高，为推动区域协调发展奠定了坚实基础。

三是形成可复制可推广的经验。越城区矩阵式一网统筹的社会治理模式，可为其他地区提供范例。其中以党建引领打通数据壁垒、依托基层四平台实现业务协同等做法尤其可资借鉴。

当前，随着形势任务的变化，仍需进一步突破各区块之间权责不清、考核不匹配等问题，以更好发挥社会治理模式的效能。建议通过体制机制创新、健全县乡工作机制、平台迭代升级、完善数据共享机制等方式不断优化社会治理模式，使之真正成为推动区域发展的强大动力。

第二十九章　江山市以街道模块化运行模式推进城乡基层治理现代化的有关做法和建议

第一节　引　言

　　乡镇街道是城乡基层社会治理的基本单元，面临愈加复杂的治理场域，如何实现乡镇街道基层治理现代化成为亟待解决的现实问题。江山市清湖街道围绕基层治理共性问题，构建形成以"基层大部制、数据大支撑、治理大闭环、管好大小事"为主要特征的"清湖模式"，做好应急处突和矛盾纠纷化解两方面的破题探索。来自江山市清湖街道的数据显示，2018~2022年，矛盾纠纷同比下降79.6%，90%的事件在村社网格中得到解决，基本实现"小事不出村、大事不出镇、矛盾不上交"，被司法部评为"坚持发展'枫桥经验'突出集体"。

第二节　模块化运行推进基层治理现代化的清湖模式

一、建立"基层大部制"的运行模式

　　一是模块重构，街道职能与平台模块融合，治理通道全线贯通。江山市清湖街道按照"线上分开、线下融合、模块运行、一体联动"的要求，构建基层治理"4+2"平台架构运行机制。"4"即综治工作、监管执法、应急管理、公共服务四大平台，聚焦常态治理后端处置，承接社会治理事件的受理、分析、流转、处置、

督办反馈、考核等全过程闭环管理;"2"即党建统领、经济生态两大模块,一方面承接省、市、县需下达到乡镇(街道)的任务,另一方面聚焦社会治理的前端管控,厚植基层"四治融合"工作基础。

二是体系重整,变找部门为找政府,治理流程精简高效。清湖街道以"一支队伍管执法"改革为突破口,整合执法力量,履行监管执法领域441项高频处罚事项。探索推行证据互认、证件互通、系统互联,形成"一体化、信息化、智能化"的"综合查一次"执法机制。

三是权责重塑,变部门管为属地管,派驻干部积极性显著提高。清湖街道制定出台了派驻干部人事管理制度,强化乡镇人员"四权管理",赋予街道对派驻干部的指挥协调权、考核管理权、推荐提名权、反向否决权;率先实行派驻人员除编制外,"工资、党团、工会"三项关系划转到街道,工资、福利和奖金由街道发放,变部门干部为平台干部,派驻干部纳入平台模块统筹使用。

二、建立"数据大支撑"的智慧治理格局

一是信息数据一网归集。清湖街道依托县级公共数据平台,重点加强集镇管理、矛盾纠纷、交通安全、生态环境、安全生产、公共服务、灾害预警、重点人员8个领域信息数据的归集、分析研判、分流处置,建立日汇总、周研判、月分析的研判分析制度,提升数据的实用实效。

二是智治中心一屏掌控。重点集成综合可视调度、社会治理全域感知、视频感知治理等系统,全面归集"4+2"平台模块的条线应用,实现"数据一屏展示、指标一屏分析、指挥一屏联动、治理一屏闭环、场景一屏透视",形成"一个中心管街道"的整体智慧治理运行模式。

三是应用场景一数多用。针对街道集镇管理难规范、房屋出租难管理、特殊人群难稳控等三大突出问题,清湖街道利用视频监控得来的资源、物联感知设备采集的信息、基本人员信息等数据,制定算法模型,打造应用场景,做到"实时感知、精准预警、即时推送、高效联处"。打通"浙政钉"、智慧门把手、公共数据平台和基层治理综合信息平台,实现街道610余户出租房数据共享、实时管理和动态研判。

三、建立"治理大闭环"的联动体系

一是"纵向全贯通"。清湖街道打通事件归集端口,将"浙政钉""平安通""掌上基层""浙里办""江山一家亲"、12345、110非警务等省市回流数据和基

层网格数据纳入公共数据平台，实现事件信息全量归集，县级社会治理中心、街道综合信息指挥室、村社网格三级上下贯通。

二是"横向全覆盖"。建立信息汇总、报办分离、研判会商、分类处置、掌上交办、领导轮值、督考评价等闭环工作机制，实现综合指挥、业务协同、多跨联动。

三是"小网格"聚合"大治理"。将网格作为基层社会治理的基本单元，以自然村或农民集聚点为单元，把27个村社划分为65个网格，每个网格配备"一长三员"。线上通过"浙政钉""浙里办"等移动端和智慧门锁（牌）等物联感知设备，智能采集汇总，高效处置辖区群众的社情民意和服务需求；线下高效运行三联工程、周二无会日、乡村振兴讲堂、党建联盟等网格治理机制，充分调动基层党员、村民代表、乡贤、"五老"（老干部、老战士、老专家、老教师、老模范）、法律工作者参与基层治理服务的热情，更好地实现政府治理和社会调节、居民自治的良性互动。

四、建立"管好大小事"的处置机制

一是矛盾调处"一扇门"。强化前端防控，注重源头治理。重点领域专项摸排，针对婚姻家庭、邻里关系、土地征用等重点领域，通过网上信访、社会治理全域感知系统主动抓取，实现街道矛盾纠纷全量掌握；构建"红、橙、黄"三色预警机制，实行网格、村社、街道矛盾纠纷三级研判体系，做到提前感知、分类预警、分层分级交办，确保矛盾纠纷早发现、早研判、早化解。2017年以来，群众来信、来访、网上投诉总量降幅66.8%，辖区"民转行""民转刑"案件连续5年（2013~2017年）下降，矛盾纠纷化解实现了"变事后为事前、变治标为治本、变被动为主动"。

二是应急管理"一站通"。重预防、快响应，按照"大安全、大应急、大减灾"实战需要，成立应急管理办公室，由常务副主任分管。整合分散力量，组建"专兼结合、一专多能、一队多用"的综合性应急救援队伍。优化处置突发事件触发机制，"平时"突出预防治理，负责安全生产综合监督，统筹协调应急管理，牵头开展宣传演练；"战时"突出指挥救援，负责资源调度、信息上报、灾后重建。升级应急指挥平台，率先实现"平时"24小时监测预防、"战时"30分钟指挥联动。

三是基层治理"一件事"。系统梳理校园周边安全防控、出租房管理、无证无照经营等重要、高频、急迫的多跨事项，通过"业务协同、流程再造、制度重塑、数字赋能"，实现乡镇找部门办事"一次办、集成办、高效办"，多跨场景事件处置平均时间由8.5天缩短为3天。以校园周边安全防控"一件事"为例，按照"三张清单"要求,联动9个部门、打通15套系统,出台未成年人综合保护指导意见、校园周边安全巡检等制度,推动重要节点公安视频监控、"护学岗"、家长校安码全覆盖,建立校园、公安、社会、村社、网格多方护校的防控机制。

第三节 以数字化改革推动浙江省城乡基层治理现代化的几点建议

一、通过制度重塑、体系重整、权责重构打破治理壁垒,有效实现基层治理效能最大化

要实现基层治理现代化就必须打破传统条块分割的治理瓶颈,形成"县乡一体,条抓块统"的新型治理体系。一是层级联动,推动县、乡、村社一体化。以数字化改革为牵引,依托基层治理四平台建设,打通县(部门)、乡镇(街道)、村社三级治理层级,将治理层级从以往相对分离的模式转向三级协同的新模式,统筹县乡力量,畅通治理链条。二是部门协同,以基层治理"一件事"集成改革为契机,通过业务流程再造、机制制度重塑及数据技术融合,突破"综合指挥、业务协同、多跨联动"的跨部门协同治理,实现多跨事件的快速响应、快速联动、快速处置,实现从找部门到找政府的转变。三是事权重整,基于权责对等和合理授权等原则对乡镇(街道)进行科学授权,让基层治理问题在乡镇(街道)得到有效解决,推广"四权[①]管理"人事管理模式,最大限度激发基层干部治理动能。

二、推动数字技术与全科网格深度融合,通过全要素、全过程、多元主体的全链接,实现线上线下双向实时联动

一是全要素链接,变"碎片化"为"一体化"。整合全域数据,建立健全县乡联动、高效协同的工作机制,全面提升基层社会治理能力;依托一体化、智能化公共数据平台及平台联络员入驻机制,实现辖区社会信息统一全量归集,形成预警信息处置应用和追踪机制,实现基层治理决策数字化和科学化。二是多主体自治,"建好网格、做实网格、深耕网格",激发多元主体治理动能。以网格化管理、

---

① 四权指决策权、执行权、监督权、评价权。

社会化服务为导向，构建网格管理、精细服务、信息支撑、开放共享的基层管理服务平台，及时反映和协调各层次利益诉求；探索创新系列"网格+"治理模式，形成网格治理力量的叠加效应。三是全过程闭环治理，打造智慧网格，实现线上线下双向实时联动。推动数字技术与全科网格底座深度融合，线上物联感知终端和视频感知平台与线下网格治理机制联动，建立即时感知、智能研判、高效处置、线上评价的闭环体系。

三、围绕基层社会治理的突出问题，实现常态化管理和应急管理动态衔接，提高群众满意度和获得感

一是推进矛盾纠纷一站多元化解。推广矛盾纠纷"红、橙、黄"三色分类预警机制，实行网格、村社、街道矛盾纠纷三级研判体系，制定针对性的处置方案，做到排查得出、发现得早、化解得了、稳控得好，将矛盾纠纷消灭在萌芽、化解在基层。二是构建"四治融合"城乡基层治理体系。汇聚自治力量，集成法治服务，整合德治载体，构建起自治、法治、德治融合度更高、协同效应更强的城乡基层治理新模式，实现政府治理和社会调节、居民自治的良性互动。三是建立"平战结合"应急机制。"平时"突出预防治理，发挥"治未病""灭小火"的前端作用，切实加强风险隐患排查识别和早期化解；"战时"突出指挥救援，充分整合现有应急管理资源和力量，实现应急指令直通基层，协调较大应急事件先期处置应急联动和抢险救灾工作。

四、数字化撬动基层治理流程再造和资源扩容，实现基层治理精准化和智慧化

一是以数字化改革激活多元需求，对基层治理的前端需求进行牵引，积极回应企业和公众反映的多元需求，强调对数字技术的实时调整，实现动态需求与治理全链条的有效结合；根据基层办事人员的实际工作需求、业务诉求持续对数字平台进行动态调整和优化，最大限度地发挥数字技术的赋能，进一步撬动公共服务的流程再造，实现基层治理的精准和高效。二是以数字化改革赋能治理资源扩容，运用数字技术将党建、群团、行政和市场等分散的社会力量和闲置的社会资源再组织化，推动不同治理主体的深度融合，减少基层治理碎片化，激活社会自身活力。三是数据共享实现治理区域、治理领域、治理机制的互联互通，最大限度实现全要素、全过程、全领域的动态精准治理，让数字化、智慧化、精细化贯穿基层社会治理的全过程。

五、构建全员化的考评激励体系，全方位激发基层干部的工作热情与服务动能

一是推广街道、村社、网格三级"四维考评"（岗位赋分、模块评分、组团积分、专班计分），将街道干部、派驻干部、编外人员及村社干部全部纳入考评。根据岗位"饱和度、风险度、难易度"赋予不同分值，由平台牵头领导，并由组团联村团长对干部进行打分，鼓励干部重大项目和重点工作揭榜抢单、专项加分。二是建立网格"晒单"、村社"红黑榜"制度，线上晒单、全程留痕，实现干部考核从身份管理变为岗位管理，印象评分变为量化积分，考核结果与年终奖金、评优评先及个人提拔晋升挂钩。三是强化县乡之间"双向考核"，赋予乡镇（街道）对职能部门的考评权和村社干部对乡镇（街道）的评价权，重点考评"属地管理"事项责任清单落实、组团服务村社、人员力量下沉和集成联办"一件事"等工作情况，实现责任共担、绩效挂钩。

第四节　本章研究结论

本章介绍了江山市清湖街道基层治理现代化实践中的"清湖模式"。清湖模式主要包括以下方面：一是建立"基层大部制"的模块化运行模式，重构职能模块、优化治理流程；二是构建"数据大支撑"的智慧治理体系实现信息全面集合和一屏掌控；三是建立"治理大闭环"的联动机制，打通各级数据通道，实现多部门联动。四是建立"管好大小事"的精细处置机制。此外，还从以下五个方面提出推动浙江省城乡基层治理现代化的建议：一是通过制度重塑、体系重整、权责重构打破治理壁垒，有效实现基层治理效能最大化；二是推动数字技术与全科网格深度融合，通过全要素、全过程、多元主体的全链接，实现线上线下双向实时联动；三是围绕基层社会治理的突出问题，实现常态化管理和应急管理动态衔接，提高群众满意度和获得感；四是数字化撬动基层治理流程再造和资源扩容，实现基层治理精准化和智慧化；五是构建全员化的考评激励体系，全方位激发基层干部的工作热情与服务动能。总体来说，"清湖模式"从机制运行、数据支撑、联动协同、事项处置四个方面完善基层治理，实现治理精细化和高效化。这为其他乡镇街道提供了借鉴性的制度创新方案，对基层治理现代化贡献了积极思路。

第三十章　衢州市以连片联建推动城乡融合发展的经验与对策

第一节　引　言

加快浙江省山区 26 县基本单元高质量发展是建设城乡融合示范区和提升省域现代化水平从宏观谋划到微观落地的变革抓手。衢州市抢抓机遇，在浙江省率先试点推动未来社区向未来乡村拓展，积极探索出"四个连"的做法，打造了具有衢州特色的连片联建的新样板。本章通过对浙江省衢州市的开化县、龙游县和江山市共同富裕基本单元连片联建的实地调研，总结分析了衢州市的创新做法与成效，并提出了相应对策与建议。

第二节　衢州市以连片联建推动城乡融合基本单元高质量发展的做法及成效

一、推进组织连片联建一体化

一是"一套机制"联动推进。未来乡村建设和乡村风貌整治提升联动推进，发挥市级牵头抓总作用，协调市、县、镇、乡四级人员力量，形成一整套行之有效的专班化推进机制，推动计划共谋、标准共融、试点共推、资源共享。二是打造党建连片联建共同体。深化"县乡一体、条抓块统"向未来乡村延伸，并通过党建联盟等方式，推动强化党建共建、资源共享、活动共办、发展共谋、产业共创"五共功能"，落实联席会议、联手攻坚、联姻帮带、联办活动、联合共建"五联机制"。三是探索"O+EPC"①运营模式。前置运营理念，鼓励一体推进设计、采购、施工和运营，探索村经济合作社、强村企业、国资企业、专业运营商多种模式和投入机制，开展产业、品牌、社群等的运营。

二、推进规划发展一体化

一是坚持微改造、精提升。通过微改造、精提升，以风貌之变催生乡村蝶变，塑造形成既具区域辨识度又饱含"乡土味、乡亲味、乡愁味"的城乡风貌与场景。二是推进未来乡村、城乡风貌一体设计。聚焦风光带全域，谋划农业型、生态型、文化型等100个未来乡村，串珠成链、一体布局。三是打造大平台。沿主要流域，谋划集聚近40%户籍人口的风光带作为未来乡村先行地，实施统一规划体系，落实管控导则，拆除500余万平方米非法一户多宅建筑，优化整体风貌。

三、推进社会治理一体化

一是党建治理集智活乡村。建立党建联盟，依托乡村大脑实行网格智治，创建乡村义工、志愿服务品牌，激发乡村内生活力，统筹推进片区发展。二是打破行政区划管理网格。重点完成区域内网格划分调整，做细做实"三联工程"，并结合"浙里党建心连心"等数字平台实现智慧治理。三是依托社会治理中心建设"数治大脑"。创新"数字红船"+"三心②警务"模式，建立可视化视频调度、智慧警码等系统，通过数据整合赋能，提高社会治理水平。

四、推进公共服务一体化

一是实现服务功能系统集成。推进空间整合、服务整合、布局整合，突出"一老一小"群体，厘清人群需求，以"集中+分散"方式迭代建设乡村生活馆，做优健康、养老、托幼、快递等服务，加快实现人的全生命周期公共服务优质共享。二是建立"菜单式""订单式"个性化服务供给体系。优化"一老一小"服务事项，融入"衢州通"推进政务服务掌上办全覆盖，基本实现农民办事不出片区。按照"标配+选配"进行配置，注重养老服务场景、托育服务场景和老幼融合服务场景的打造。三是建立开放性的党群互联互动纽带。通过"党群大团结"实现各村资

---

① O：operation，运营；EPC：engineer，procure，construct，设计、采购、施工。
② 三心指真心、细心、公心。

源整合，促进服务共享，带动党建工作提档升级，构建区域党建一体化新格局。

第三节 浙江省山区26县城乡融合基本单元建设存在的问题

一、基本单元建设经济基础不扎实

一是样板单元投入过大，后续难以为继。当前在建或建成未来社区、未来乡村或是城乡风貌改造项目，从前期方案设计到项目建成，都需要大量的资金投入，并且资金基本来源于财政拨款，且缺乏投入产出平衡意识，只考虑投资建设，缺乏运营回报谋划。二是产业形态较为单一。目前来看，未来乡村及乡村风貌建设项目的产业分布主要以乡村旅游、特色农业为主，且受季节影响较大，难以获得稳定收益。三是业态布局、盈利模式等不够清晰。城乡融合基本单元的发展定位、面向区域、消费人群、业态布局、盈利模式等不够清晰，建设和运营矛盾依然存在，缺乏产业黏性和"自我造血"能力。

二、基本单元社会治理建设不够完善

一是缺乏顶层设计。基本单元数字化项目建设大都自下而上进行，存在各自为政现象，缺乏统一规划和设计。二是存在过度迷信和依赖技术现象。大部分老年人无法掌握数字技术，而一部分年轻人也因界面过多、链接过深等问题放弃使用，导致展示效果往往大于实际效益。三是社会治理角色错位，权责边界尚未厘清。基层政府与社区组织之间在基本单元集成建设中的权责边界尚未厘清，社区社会组织服务能力偏弱。

三、基本单元集成建设运营机制不够完善

一是城乡融合基本单元的运营意识还处于培育形成阶段。政府、社区、村两委等运营前置、运营全程和运营全域的理念还未全部形成。二是运营模式存在制度障碍。目前基本单元集成建设多采用"O+EPC"的模式，但在具体执行中存在一些制度障碍有待破解，亟须通过建立运营基金等方式加强运营的引导和推动，尤其需要鼓励村集体参与未来乡村运营等。三是高等级运营团队普遍缺乏。建设

过程缺乏专业的施工和监理团队，与发达地区相比，存在同样的投资但有不小的工艺差距等现象。

第四节 以连片联建推进浙江省山区26县城乡融合基本单元建设对策与建议

一、构建基本单元连片联建的工作推进机制

一是推进基本单元连片联建的集成改革。按照"千万工程"迭代跃升的理念，"千村未来、万村共富"应成为新时期浙江省美丽乡村建设的标志性成果，建议给予连片联建比较好的单位一定的政策倾斜，推动空间盘活、土地指标、人才集聚、创业政策、产业发展等方面进行集成系统改革，或在浙江省遴选部分市、县进行连片联建基本单元政策集成改革的试点推进。二是加强片区联建组织领导，探索建立连片联建的工作体系。建立党委定期联席会议机制，对片区内联建的重大事项进行共商共建。建立片区联建重点工作合力攻坚机制，形成"谋划一批、生成一批、实施一批、储备一批"工作梯度推动机制。组建片区联建党建联盟，以点带面、串点成线，打造具有辨识度的示范标杆。三是加强目标引领，探索建立连片联建的指标体系和考核体系。坚持目标引领，强化片区联建计划共谋、标准共融、试点共推、资源共享，明确一体推进未来社区、未来乡村、城乡风貌整治提升，美丽城镇建设和城镇老旧小区改造这一总体目标，按照"定性目标定量化"的原则，明确连片联建任务的指标体系。

二、把公共服务共建共享建设作为连片联建关键议题和突破口

一是创新公共服务共建共享机制。通过建立公共服务项目清单，积极开展市场化运作，吸引更多的市场资源加入，从而形成以提高公共服务水平和质量为基本框架和导向，整合各类社会资源运作的长效联创联建机制。二是强化公共服务共享的技术标准支撑。重点落实"一老一小"服务配套，分类指导"普惠型""示范型"建设标准。制定创建基本单元建设公共服务成效评价办法和建设导引，突出治理服务和产业带动。三是注重基本单元连片联建的"品质生活"和"未来性"两大属性。通过对基本单元连片联建现状空间的梳理、分类、整合，为基本单元各个功能的实现提供优质的空间载体，以提升生产服务功能和生活品质为重点重

塑空间，优化居民点规模和集聚形态。

三、以数字技术赋能基本单元连片联建建设

一是建设城乡融合基本单元连片联建集成平台。推广试用"浙里未来乡村在线"重大应用。整合现有数字化资源，统一分类标准，加快形成"平台+应用""治理+服务""标配+选配"的建设模式。二是搭建跨部门"多元协同"基本单元治理基础数据库。通过阿里云等平台实现各业务条线专业数据信息流畅对接和交互相行，建立基本单元连片联建的开放、标准、统一的数字化基础设施。三是注重基本单元连片联建运维指导标准建设。构建可执行、可复制的连片联建标准体系，强化基本单元连片联建的运营能力，提高基本单元内部民众参与自治管理的能力。

四、明确基本单元连片联建主体，做好政策创新

一是扩大政府购买服务比重。按照"谁来建谁受益"的原则，鼓励各地设立一批公共私营合作制（public-private partnership，PPP）试点项目，在政府购买服务方面进行倾斜，调动基层连片联建的积极性。通过建立统一资源库，为各单元联创联建项目提供设计单位名录及报价，节省项目设计和建设过程中的时间和成本，提升可执行性和普惠性。二是创新连片联建运营机制。积极引导优质国资、民资及专业团队、人才投入未来乡村建设、运营、管理、服务，探索实施EPC、PPP等投融资模式，建立适合本地实际情况和发展需求的"投建管运"模式。三是建立连片联建运营基金。建议以省级财政资金、金融政策等撬动地方财政资金、金融机构联合建立连片联建基本单元运营基金，引导村经济合作社、强村企业、专业机构等积极主动参与连片联建基本单元运营，把美丽环境转化成美丽产业、美丽经济。

第五节 本章研究结论

本章主要介绍了衢州市在推进城乡融合发展方面的实践经验。衢州市以"四个连"的做法进行城乡融合发展，即在推进组织结构、规划体系、社会治理和公共服务四个层面进行连片联建。其中，通过"一套机制"进行组织联动，统一设计实现规划一体化，建立"数治大脑"提升社会治理能力，实行"菜单式""订单式"服务体系实现公共服务一体化。这一做法有利于城乡各要素的深度整合，推

动了基本单元高质量发展。但在基本单元建设中也暴露出一定问题，如基本单元建设经济基础不扎实、基本单元社会治理建设不够完善、基本单元集成建设运营机制不够完善等。为此，本章提出如下对策，旨在深化城乡融合工作：构建基本单元连片联建的工作推进机制；把公共服务共建共享建设作为连片联建关键议题和突破口；以数字技术赋能基本单元连片联建建设；明确基本单元连片联建主体，做好政策创新。总之，衢州市"四个连"的做法在一定程度上促进了城乡融合，但基本单元建设还需不断探索、完善相关支持政策和机制措施，从而使城乡融合得以持续深入发展。这对其他地方推进城乡融合工作具有借鉴意义。

第三十一章　城乡融合发展背景下加强浙江省数字经济安全保障能力建设的几点建议

党的二十大报告提出"以新安全格局保障新发展格局"[①]的重要论述，要求我们转变观念，基于新发展格局加快构建新安全格局。在全面推进乡村振兴过程中，数字经济发挥了重要的支撑作用，但也出现了相关经济安全风险。

第一节　浙江省数字经济安全能力建设方面存在的突出问题

近年来，浙江省数字经济发展势头迅猛，成绩喜人。根据浙江省统计局的统计数据，2021年浙江省数字经济增加值达到3.57万亿元，占地区生产总值比重达到48.6%。数字经济发展势头良好，综合实力全国领先。可见，数字经济在浙江省经济中的重要地位和战略性作用显著提升。在数字经济快速发展过程中，经济安全风险随之产生，如产业安全风险、网络信息安全风险和监管能力滞后风险等，目前面临的突出问题如下。

1. 数字经济安全相关法律制度不够完善

数字经济包括数字产业化和产业数字化两大部分，在数字产业化领域，浙江

[①] 习近平.高举中国特色社会主义伟大旗帜　为全面建设社会主义现代化国家而团结奋斗——在中国共产党第二十次全国代表大会上的报告（2022年10月16日）[EB/OL]. http://cpc.people.com.cn/n1/2022/1026/c64094-32551700.html，2022-10-26.

省走在中国前列，而中国又走在世界前列，相关法律法规和制度相继出台。但是在产业数字化领域，尤其在传统产业与数字技术融合中的经济安全风险仍然存在，相关立法滞后，如传统产业向"产品+服务"方向升级时遇到的经济风险怎么解决？个别互联网企业垄断遏制传统产业数字化发展如何破解？如何利用数字技术改造提升农村传统产业、培育壮大城乡新兴产业？这一系列问题如果解决得不好，就会增加数字经济安全风险，因此亟须构建适应城乡新技术、新产业、新业态、新模式发展的系统和完整的数字经济法律制度。

2. 网络信息安全风险仍较突出

主要问题包括数据安全风险和网络运行安全风险。2020年浙江省累计破获电信网络新型犯罪案件5.45万起，抓获犯罪嫌疑人2.3万名，止付被骗资金15.3亿元；自"断卡"行动以来，共打掉涉"两卡"黑灰产团伙539个，抓获犯罪嫌疑人9 498名，惩戒涉诈银行账户主体9 200余个，惩戒涉诈电话卡主体2 100余人[①]。由此可见，治理电信网络新型违法犯罪和防范化解城乡重大经济风险的任务任重道远。

3. 监管模式和监管能力尚显不足

数字经济发展突破了传统产业边界，开辟了新的发展领域和方向，但目前的监管模式和监管能力还不能完全适应数字经济快速发展的要求。一方面，许多新的数字产品逃逸在传统的监管范围之外，因为新的数字产品不像传统产品生产，而是用一种解构的方式不断涌现，于是这些产品就独立在正常的交易之外，进而逃逸在监管之外。另一方面，当前监管模式不能完全适应数字经济发展的需要。相对数字经济领域平台化、个性化、网络化和跨界融合化的基本特征，政府部门监管手段较为单一，开放包容、协同有效的监管思维和监管模式有待进一步优化和完善。

4. 数字经济安全风险预警体系尚未建立

数字经济安全预警体系是一个复杂的系统工程，包括数字产业化、产业数字化和城市治理数字化三部分，因此应该是一个系统的、综合的事前预警机制。数字经济安全态势的变化尤其是数字经济风险"爆雷"，往往是一个或少数几个风险因素演化和交互作用的结果。因此，加强浙江省城乡一体的数字经济安全风险预警体系建设非常有必要。

---

① 苏礼昊. 浙江严打电信网络诈骗犯罪 2020年累计止付被骗资金15.3亿元[EB/OL]. https://www.chinanews.com.cn/sh/2021/02-09/9409118.shtml，2021-02-09.

第二节 加强浙江省数字经济安全保障能力建设的主要措施

针对我国城乡融合高质量发展的新要求，并结合浙江省数字经济安全保障能力建设的要求，提出如下对策建议。

1. 完善相关政策法规，确保数字经济安全和信息安全

一是加强数字经济基础性立法，建立和完善数字经济安全和网络信息安全防护等一系列法律法规制度。二是构建城乡基层社会风险联动监测机制，建设多组织、跨部门、上下联动、左右连接的协同研判体系，建立城乡基层社会风险整体性防控体系，形成服务于未来城乡融合发展的新安全格局。三是加强工业互联网安全防控能力建设，健全重大网络安全事件的应急机制。充分利用浙江省尤其是杭州市在数字技术方面的优势，加强科研攻关，构建完善的数字技术安全体系和数字经济安全法律体系，提升数字经济安全水平。同时，加快漏洞库、病毒库、威胁信息库等网络安全基础资源库建设。四是加快数字技术标准体系建设，包括数据安全技术标准、数据分类标准的划分，数据的检测评估和数据的安全监管等。

2. 推进数字经济产业创新能力建设

围绕城乡融合高质量发展需求，以及数字经济安全重要领域，坚持以产业数字化共性关键技术研发为重点，鼓励数字经济龙头企业、浙江省高校院所和研究机构等建设数字产业创新中心、数字工程研究中心、数字重点实验室等创新平台，开展数字技术产业化联合攻关，构建多层次自主创新体系。同时，加快传统产业数字化技术开发应用和产业升级步伐，提升传统产业的数字化水平和创新能力，以适应城乡融合高质量发展的要求。因此，应重点推动企业的业务流程再造和组织方式变革，重建组织的运营机制，构建以激发人的创造性为导向的自组织和社会化组织网络。

3. 加强数字经济安全监管体系建设

数字经济安全主要涉及数字产业化经济安全和产业数字化经济安全，重在有效监管和维护。一旦数字技术安全体系、数字经济安全法规建立起来，就要进一步提升政府数字化监管水平。要完善浙江省、市、县、乡镇四级互联互通的政务信息资源共享交换体系和管理体系的建设，强化数字在政务、市场监管、经济安

全监测监控和生态环保等领域的应用，提高事前预警精度，提高事中监管效率和提升事后评估水平，使数字经济安全监管更加规范化、科学化、精准化和智能化，更好地做到潜在风险预警、存量风险化解和增量风险防范。

4. 构建数字经济安全预警体系

可从两方面考虑构建数字经济安全预警体系：一是在微观层面构建企业—市场的数字经济安全风险预警体系，可以通过加权综合得出安全指数。同时，为了防止数字经济安全评价值不准确，还必须建立基于案例评价方法的推广应用，进一步提升案例数据库的质量和评价技术的可靠性。二是从政府宏观层面构建市场—政府的数字经济安全风险预警体系，可以通过重点产业安全、金融安全、资源能源安全和网络信息安全加权得出宏观层面的数字经济安全指数，并与微观层面的预警结果进行比对，得出数字经济安全综合预警分值，给出安全、基本安全、不安全和危险数值，以供政府和企业决策参考。

5. 优化数字化经济安全能力提升的机制与路径

加强数字经济安全能力建设，必须对数字产业化和产业数字化的机制与路径优化问题进行研究。具体研究包括五方面：①研究浙江省城乡经济运行数字化的框架和路径。首先，把分散在各部门的经济运行数据进行动态归集，解决好部门数据采集口径不一致、中间环节多、时效性不强、相互割裂等问题；其次，认真分析宏观经济、区域经济、行业经济、微观经济等数字化系统的机理和构建路径。最后，对经济运行指标进行大数据建模，建立经济运行风险实时分析、经济指标预测等数字化分析体系，进而实现数据钻取、数据挖掘、数据比对及可视化分析效果最佳的目的。②研究统计监测数字化的框架与路径。围绕城乡经济增长、科技创新、要素供给、资源利用、环境保护、数字产业化和产业数字化等方面的要求，构建高效的统计、监测、预警分析系统，不断提升数字经济安全研判的科学性、精准性和及时性。③研究以数字经济安全能力建设推进政府市场监管能力提升的机制与路径，包括研究以集约化方式搭建数字化、标准化、通用化的行政执法监管系统与移动巡检监管系统，并构建规划、决策、执行、监督、反馈等数字化协同机制。④研究构建基于"大数据+云计算"双轮驱动的市场监管机制。⑤研究数字经济安全能力建设推进城乡政府社会治理能力提升的机制与路径优化问题。

6. 构建"四位一体"和多层次的城乡数字经济安全支撑体系

按照数字产业化和产业数字化经济安全的要求，并按照"政府理念创新+信息技术创新+政务流程创新+治理方式创新"四位一体架构，构建浙江省数据资源、技术平台、政策制度、标准规范、安全保障的多层次支撑体系。根据基于业务融合、技术融合、数据融合"三元融合"的数字化演进机理,在电子政务建设的基础上探索政务管理架构、业务架构、技术架构,建立模块集成、功能完备、应用成熟的政府数字化运行平台,构建大数据驱动政府治理的新机制、新平台、新方式。重点研究破解"信息烟囱""数据孤岛"障碍,并建立"五性"(回应性、责任性、及时性、有效性和无缝性)大数据平台,构建互联互通的数据共享体系;基于数据集成和数据应用,构建先进开放的技术支撑体系;基于大数据全生命周期管理理论,构建系统衔接的政策制度体系;以数据价值最大化释放和应用为导向,构建权威统一的数据标准体系;针对大数据风险敞口,构建可信、可靠的数字经济安全保障体系等。

"四位一体"的重点如下:①以集成创新为主要手段的技术与基础设施层。通过综合运用传感器、移动设备、定位系统、爬虫技术与个体行为数字化分析、海量数据处理技术,实现政府部门、市场主体、社会组织和公民个人安全的全覆盖,构建数字经济安全保障体系,确保网络安全、数据安全、政务安全、用户安全。②以"政务一朵云"为主要载体的数据资源层。浙江省应按照"基层数据库→主题库→大数据平台"共享路径,以"七全目标"(全统一、全打通、全归集、全共享、全对接、全覆盖、全在线)为导向,加快推进跨部门、跨层级、跨领域的数据联通共享,建立有效的大数据平台。③以提升效能和优化服务为主要导向的应用支撑层。在标准化的基础上,浙江省应通过电子签章、在线支付、语音识别、身份认证等技术将线下运行的政务行为按环节逐一转化为线上运行,在数据共享机制和数字经济安全保障体系健全的基础上,引入大数据、云计算、机器学习、区块链等技术赋能政务服务,提升政务行为的精准化和智能化水平,进而提高政府防范数字经济安全风险的能力和水平。

第三节 本章研究结论

把握数字经济时代机遇、促进城乡融合发展,是全面推进乡村振兴的重要路径。在全面推进乡村振兴过程中,数字经济发挥了重要的支撑作用,但也不能忽视其带来的相关经济安全风险。浙江省数字经济安全能力建设方面存在数字经济安全相关法律制度不够完善、网络信息安全风险仍较突出、监管模式和监管能力尚显不足、数字经济安全风险预警体系尚未建立等问题。本章提出一系列具体措施,以加强数字经济安全保障能力:完善相关政策法规,确保数字经济安全和信息安全;推进数字经济产业创新能力建设;加强数字经济安全监管体系建设;构建数字经济安全预警体系;优化数字化经济安全能力提升的机制与路径;构建"四位一体"和多层次的城乡数字经济安全支撑体系。

目前,城乡融合发展是高质量发展的重要一环,数字经济是城乡融合的新动能和新引擎。要利用好数字经济这一利器,正确处理其带来的经济安全风险,提高数字经济安全能力建设,更好地促进城乡融合发展。

参 考 文 献

白雪秋，聂志红，黄俊立. 2018. 乡村振兴与中国特色城乡融合发展[M]. 北京：国家行政学院出版社.

白永秀，王颂吉. 2014. 马克思主义城乡关系理论与中国城乡发展一体化探索[J]. 当代经济研究，（2）：22-27.

蔡丽君. 2018. 实现农村产业兴旺的对策研究[J]. 农业经济，（9）：22-23.

蔡兴，蔡海山，赵家章. 2019. 金融发展对乡村振兴发展影响的实证研究[J]. 当代经济管理，41（8）：91-97.

蔡跃洲. 2018. 数字经济的增加值及贡献度测算：历史沿革、理论基础与方法框架[J]. 求是学刊，45（5）：65-71.

曹兵，陈玉萍，刘茜. 2013. 新疆中小企业创新绩效的软环境影响因素研究[J]. 新疆财经，（6）：30-37.

曹芳华. 2009. 基于AISAS模式的网络整合营销传播模型建构与个案研究[D]. 厦门大学硕士学位论文.

常凌翀. 2020. 5G时代数字乡村战略推进的内在逻辑[J]. 新闻论坛，（2）：81-84.

钞小静，任保平. 2011. 中国经济增长结构与经济增长质量的实证分析[J]. 当代经济科学，33（6）：50-56，123-124.

钞小静，沈坤荣. 2014. 城乡收入差距、劳动力质量与中国经济增长[J]. 经济研究，49（6）：30-43.

陈兵. 2020. 竞争法治下平台数据共享的法理与实践——以开放平台协议及运行为考察对象[J]. 江海学刊，（1）：152-161.

陈俊梁，史欢欢，林影. 2021. 乡村振兴水平评价体系与方法研究——以华东6省为例[J]. 华东经济管理，35（4）：91-99.

陈黎. 2010. AISAS模式下网络整合营销传播应用研究[D]. 武汉理工大学硕士学位论文.

陈美菊. 2014. 河南省自下而上的农村电子商务发展探究[J]. 中小企业管理与科技（上旬刊），（5）：143-144.

陈明，刘义强. 2019. 交互式群治理：互联网时代农村治理模式研究[J]. 农业经济问题，（2）：33-42.

陈明亮. 2003a. 中国电子政务建设模式和政府流程再造探讨[J]. 浙江大学学报（人文社会科学版），（4）：139-144.

陈明亮. 2003b. 客户忠诚决定因素实证研究[J]. 管理科学学报，（5）：72-78.

陈明亮. 2009. 在线口碑传播原理[M]. 杭州：浙江大学出版社.
陈明星. 2018. 积极探索城乡融合发展长效机制[J]. 区域经济评论，（3）：119-121.
陈庆云，王明杰. 2002. 电子政务行政与社会管理[M]. 北京：电子工业出版社.
陈潭. 2016. 大数据驱动社会治理的创新转向[J]. 行政论坛，23（6）：1-5.
陈雯. 2003. "城乡一体化"内涵的讨论现代经济探讨，（5）：16-18.
陈小辉，张红伟，吴永超. 2020. 数字经济如何影响产业结构水平？[J]. 证券市场导报，336（7）：20-29.
陈晓红. 2018. 数字经济时代的技术融合与应用创新趋势分析[J]. 中南大学学报（社会科学版），24（5）：1-8.
陈永晴. 2020. 直播电商：营销新势能的反思[J]. 出版广角，（21）：46-48.
程广斌，吴家庆，李莹. 2022. 数字经济、绿色技术创新与经济高质量发展[J]. 统计与决策，38（23）：11-16.
崔保国，刘金河. 2020. 论数字经济的定义与测算——兼论数字经济与数字传媒的关系[J]. 现代传播（中国传媒大学学报），42（4）：120-127.
崔丽丽，王骊静，王井泉. 2014. 社会创新因素促进"淘宝村"电子商务发展的实证分析——以浙江丽水为例[J]. 中国农村经济，（12）：50-60.
党国英. 2008. 我国乡村治理改革回顾与展望[J]. 社会科学战线，（12）：1-17.
党国英. 2017. 乡村振兴长策思考[J]. 农村工作通讯，（21）：13-15.
党国英. 2019. 乡村振兴的真正难题及其破解之策[J]. 农村·农业·农民（B版），（3）：15-17.
党红艳. 2022. 数字化转型驱动下的旅游服务价值创造机制[J]. 经济问题，515（7）：122-129.
邓小俊，郑雷. 2020. 数字经济时代欧盟数字服务税改革动向及我国应对[J]. 福建论坛（人文社会科学版），（6）：95-103.
邓晓兰，鄢伟波. 2018. 农村基础设施对农业全要素生产率的影响研究[J]，财贸研究，29（4）：36-45.
丁波. 2019. 乡村振兴背景下农村空间变迁及乡村治理变革[J]. 云南民族大学学报（哲学社会科学版），36（6）：48-55.
丁汉青，王亚萍. 2010. SNS 网络空间中"意见领袖"特征之分析——以豆瓣网为例[J]. 新闻与传播研究，17（3）：83-91，111.
丁钧盛. 2014. 缙云县农村电子商务发展实践与思考[J]. 浙江青年专修学院学报，29（4）：22-25.
丁志帆. 2020. 数字经济驱动经济高质量发展的机制研究：一个理论分析框架[J]. 现代经济探讨，（1）：85-92.
董成惠. 2019. 网约车类共享经济监管的理性思考：公共政策抑或竞争政策[J]. 电子政务，（8）：63-74.
董磊明，欧阳杜菲. 2020. 乡村场域中社区性治理与技术性治理的整合机制研究[J]. 社会学评论，8（6）：69-82.
董世洪，郁建兴. 2021. 城乡融合进程中农村居民市民化的中国方案——基于浙江省海盐县、陕西省千阳县的调查[J]. 中南民族大学学报（人文社会科学版），41（2）：78-85.
杜庆昊. 2019. 中国数字经济协同治理研究[D]. 中共中央党校博士学位论文.
杜晓山. 2007. 建立可持续性发展的农村普惠性金融体系——在2006年中国金融论坛上的讲话[J].

金融与经济，（2）：33-34，37.

段晶晶，李同昇. 2010. 县域城乡关联度评价指标体系构建与应用——以大西安为例[J]. 人文地理，25（4）：82-86.

范从来，赵锦春. 2021. 向共同富裕目标不断迈进[J]. 群众，（15）：8-9.

范海萌. 2020. 生鲜食品在线评论对网络消费者购买意愿的影响研究[D]. 天津科技大学硕士学位论文.

范合君，吴婷. 2020. 中国数字化程度测度与指标体系构建[J]. 首都经济贸易大学学报，22（4）：3-12.

范永茂. 2018. 政策网络视角下的网约车监管：政策困境与治理策略[J]. 中国行政管理，（6）：122-128.

范周. 2020. 数字经济变革中的文化产业创新与发展[J]. 深圳大学学报（人文社会科学版），37（1）：50-56.

方埜，李帆，金铭. 2019. 基于整体性治理的数字乡村公共服务体系研究[J]. 电子政务，（11）：72-81.

方维慰. 2019. 推进数字经济高质量发展的战略分析[J]. 重庆社会科学，300（11）：80-88.

房正宏，王冲. 2017. 互联网时代的乡村治理：变迁与挑战[J]. 电子政务，（1）：24-31.

冯涛，朱帆，孔凯歌. 2017. 服务业集聚与城镇化[J]. 郑州航空工业管理学院学报，35（1）：35-42.

冯献，李瑾，崔凯. 2020. 乡村治理数字化：现状、需求与对策研究[J]. 电子政务，（6）：73-85.

冯严超，王晓红. 2018. 中国制造业与生产性服务业协同集聚对新型城镇化的影响研究[J]. 经济问题探索，436（11）：66-76.

付琼，郭嘉禹. 2021. 金融科技助力农村普惠金融发展的内在机理与现实困境[J]. 管理学刊，34（3）：54-67.

付业勤，罗艳菊，张仙锋. 2017. 我国网络直播的内涵特征、类型模式与规范发展[J]. 重庆邮电大学学报（社会科学版），29（4）：71-81.

傅巧灵，游涛，李媛媛，等. 2021. 京津冀地区普惠金融政策对城乡收入差距的影响研究[J]. 中国软科学，（S1）：148-156.

傅园园. 2017. 民间推动与政府掌控：农村电子商务发展模式研究[D]. 吉林大学硕士学位论文.

干春晖，郑若谷，余典范. 2011. 中国产业结构变迁对经济增长和波动的影响[J]. 经济研究，46（5）：4-16，31.

高波，孔令池. 2019. 中国城乡融合发展的经济增长效应分析[J]. 农业技术经济，（8）：4-16.

高春花. 2018-10-22. 城乡融合发展的哲学追问[N]. 光明日报，（15）.

高复先著. 2002. 信息资源规划[M]. 清华大学出版社.

高国伟，郭琪. 2018. 大数据环境下"智慧农村"治理机制研究[J]. 电子政务，（12）：101-111.

高国运，魏莉红，雷小宁，等. 2019. 甘肃省涉农贷款配置效率差异化探析——基于普惠金融视角[J]. 金融理论与实践，（12）：111-115.

高红冰. 2016. 平台经济崛起改变互联网治理模式[J]. 前线，（2）：36-38.

高云峰. 2003. 农业产业化发展中的金融约束与金融支持[J]. 农业经济问题，（8）：66-69，78.

葛和平，钱宇. 2021. 数字普惠金融服务乡村振兴的影响机理及实证检验[J]. 现代经济探讨，（5）：118-126.

葛建纲，王国灿. 2021-08-26. 浙江高质量数字化建设智慧城市的几点对策与建议[EB/OL]. https://www.sohu.com/a/485937457_120774025.

公瑞祥. 2017. 基于顾客价值理论的农产品直播营销模式研究[D]. 华北水利水电大学硕士学位论文.

龚晓莺，王海飞. 2019. 当代数字经济的发展及其效应研究[J]. 电子政务，（8）：51-62.

龚兴军. 2019. 我国营商环境对企业创新的影响研究[J]. 价格理论与实践，（2）：125-128.

顾益康，邵峰. 2003. 全面推进城乡一体化改革——新时期解决"三农"问题的根本出路[J]. 中国农村经济，（1）：20-26，44.

关雪凌，丁振辉. 2012. 日本产业结构变迁与经济增长[J]. 世界经济研究，（7）：80-86.

郭朝先，苗雨菲. 2023. 数字经济促进乡村产业振兴的机理与路径[J]. 北京工业大学学报（社会科学版），23（1）：98-108.

郭朝先，王嘉琪，刘浩荣. 2020. "新基建"赋能中国经济高质量发展的路径研究[J]. 北京工业大学学报（社会科学版），20（6）：13-21.

郭峰，王靖一，王芳，等. 2020. 测度中国数字普惠金融发展：指数编制与空间特征[J]. 经济学（季刊），19（4）：1401-1418.

郭国峰，张颖颖. 2021. 乡村振兴视角下普惠金融支持农村发展效应研究[J]. 征信，39（2）：88-92.

郭晗，廉玉妍. 2020. 数字经济与中国未来经济新动能培育[J]. 西北大学学报（哲学社会科学版），50（1）：65-72.

郭红东，陈潇玮. 2018. 建设"数字乡村"助推乡村振兴[J]. 杭州（周刊），（47）：10-11.

郭明. 2019. 虚拟型公共空间与乡村共同体再造[J]. 华南农业大学学报（社会科学版），18（6）：130-138.

郭鹏，林祥枝，黄艺，等. 2017. 共享单车：互联网技术与公共服务中的协同治理[J]. 公共管理学报，14（3）：1-10，154.

郭庆旺，贾俊雪. 2004. 中国潜在产出与产出缺口的估算[J]. 经济研究，（5）：31-39.

郭庆旺，贾俊雪. 2005. 中国全要素生产率的估算：1979—2004[J]. 经济研究，（6）：51-60.

郭小卉，冯艳博. 2021. 数字普惠金融发展的相对贫困减缓效应——基于京津冀县域空间面板数据[J]. 武汉金融，（2）：70-80，88.

郭正林. 2004. 乡村治理及其制度绩效评估：学理性案例分析[J]. 华中师范大学学报（人文社会科学版），（4）：24-31.

国家发展改革委宏观院和农经司课题组. 2016. 推进我国农村一二三产业融合发展问题研究[J]. 经济研究参考，（4）：3-28.

韩俊. 2018. 关于实施乡村振兴战略的八个关键性问题[J]. 中国党政干部论坛，（4）：19-26.

韩伟. 2020. 数字经济中的隐私保护与支配地位滥用[J]. 中国社会科学院研究生院学报，（1）：37-45.

郝爱民. 2018. 城镇化与农业生产性服务业的门槛效应[J]. 华南农业大学学报（社会科学版），17（1）：19-26.

郝金磊，邢相炀. 2016. 基于农民参与视角的农村电子商务发展影响因素研究[J]. 西安电子科技大学学报（社会科学版），26（5）：14-20.

何帆，刘红霞. 2019. 数字经济视角下实体企业数字化变革的业绩提升效应评估[J]. 改革，（4）：

137-148.

何红. 2018. 城乡融合发展的核心内容与路径分析[J]. 农业经济, (2): 91-92.

何宏庆. 2020. 数字金融助推乡村产业融合发展: 优势、困境与进路[J]. 西北农林科技大学学报（社会科学版), 20 (3): 118-125.

何宁秀, 路辉. 2020. 浅析农村电商直播发展前景——以连云港为例[J]. 农业与技术, (14): 167-168.

何寿奎. 2020. 大数据驱动下农村环境网络化治理动力机制与实现路径研究[J]. 当代经济管理, 42 (11): 29-36.

何伟. 2021. 我国数字经济发展综述[J]. 信息通信技术与政策, (2): 1-7.

何文彬. 2020. 全球价值链视域下数字经济对我国制造业升级重构效应分析[J]. 亚太经济, (3): 115-130, 152.

何枭吟. 2013. 数字经济发展趋势及我国的战略抉择[J]. 现代经济探讨, (3): 39-43.

何阳, 汤志伟. 2019. 互联网驱动的"三治合一"乡村治理体系网络化建设[J]. 中国行政管理, (11): 69-74.

贺雪峰. 2005. 乡村治理研究的三大主题[J]. 社会科学战线, (1): 219-224.

洪兴建. 2019. 数字经济: 内涵、核算与评价[J]. 中国统计, (8): 49-52.

侯杰泰, 温忠麟, 成子娟. 2004. 结构方程模型及其应用[M]. 北京: 教育科学出版社.

侯志茹. 2022-12-27. 以数字经济助推城乡融合发展[N]. 光明日报, (6).

胡鞍钢, 沈若萌, 刘珉. 2015. 建设生态共同体, 京津冀协同发展[J]. 林业经济, 37 (8): 3-6, 34.

胡鞍钢, 周绍杰. 2002. 中国如何应对日益扩大的"数字鸿沟"[J]. 中国工业经济, (3): 5-12.

胡建兵. 2019. 建立健全体制机制更好推动城乡融合发展[N]. 中国商报, (P02).

胡剑波, 郑维丹. 2022. 乡村振兴战略下农村金融对农村产业兴旺的影响研究[J]. 贵州社会科学, (7): 160-168.

胡卫卫, 辛璟怡, 于水. 2019. 技术赋权下的乡村公共能量场: 情景、风险与建构[J]. 电子政务, (10): 117-124.

胡西娟, 师博, 杨建飞. 2022. 中国数字经济与实体经济融合发展的驱动因素与区域分异[J]. 学习与实践, (12): 91-101.

胡溢轩, 童志锋. 2020. 环境协同共治模式何以可能: 制度、技术与参与——以农村垃圾治理的"安吉模式"为例[J]. 中央民族大学学报（哲学社会科学版), 47 (3): 88-97.

胡永佳. 2002. 治理的创新: 电子政府的理论与实施[M]. 北京: 学习出版社.

华兴顺. 2021. 数字经济对城乡融合的影响和发展路径研究[J]. 全国流通经济, (5): 117-119.

黄刚. 2015. 基于AISAS模式的微信公众号影响力研究[D]. 北京化工大学硕士学位论文.

黄迈, 马九杰. 2019. 农户网络贷款服务模式及其创新发展[J]. 改革, (3): 97-105.

黄锡生, 王中政. 2021. 论城乡融合发展的双重逻辑及制度统合[J]. 现代经济探讨, (5): 1-9.

黄禹铭. 2019. 东北三省城乡协调发展格局及影响因素[J]. 地理科学, 39 (8): 1302-1311.

黄祖辉. 2018. 准确把握中国乡村振兴战略[J]. 中国农村经济, (4): 2-12.

吉丽, 黄卫东, 王子敏. 2013. 信息消费——经济增长新动力[J]. 通信企业管理, (3): 75-77.

纪玉山, 吴勇民. 2006. 我国产业结构与经济增长关系之协整模型的建立与实现[J]. 当代经济研究, (6): 47-51, 73.

贾晋,李雪峰,申云. 2018. 乡村振兴战略的指标体系构建与实证分析[J]. 财经科学,(11): 70-82.
贾一苇. 2017. 全国一体化国家大数据中心体系研究[J]. 电子政务,(6): 31-36.
姜长云. 2018. 实施乡村振兴战略需努力规避几种倾向[J]. 农业经济问题,(1): 8-13.
姜明安. 2004. 行政法与行政诉讼法[M]. 北京: 北京大学出版社.
姜松,孙玉鑫. 2020. 数字经济对实体经济影响效应的实证研究[J]. 科研管理,41(5): 32-39.
蒋文龙. 2019. 区块链审计技术前景展望[J]. 审计月刊,(12): 4-6.
焦必方,林娣,彭婧妮. 2011. 城乡一体化评价体系的全新构建及其应用——长三角地区城乡一体化评价[J]. 复旦学报(社会科学版),(4): 75-83.
焦瑾璞. 2010. 构建普惠金融体系的重要性[J]. 中国金融,(10): 12-13.
焦勇. 2020. 数字经济赋能制造业转型: 从价值重塑到价值创造[J]. 经济学家,(6): 87-94.
金成武. 2019. 中国城乡融合发展与理论融合——兼谈当代发展经济学理论的批判借鉴[J]. 经济研究,54(8): 183-197.
金晶,卞思佳. 2018. 基于利益相关者视角的城市共享单车协同治理路径选择——以江苏省南京市为例[J]. 城市发展研究,25(2): 92-99.
金通,吴旻. 2022. 数字经济、创新能力和经济增长的关系研究[J]. 社会科学战线,(12): 248-252.
靳晓婷,惠宁. 2019. 乡村振兴视角下的农村产业融合动因及效应研究[J]. 行政管理改革,(7): 68-74.
荆文君,孙宝文. 2019. 数字经济促进经济高质量发展: 一个理论分析框架[J]. 经济学家,(2): 66-73.
卡茨 E,拉扎斯菲尔德 P F. 2016. 人际影响: 个人在大众传播中的作用[M]. 张宁译. 北京: 中国人民大学出版社.
孔敏娜. 2020. 新时期农村电子商务的困境及消解[J]. 农业经济,(7): 132-134.
孔祥利,陈新旺. 2018. 资源禀赋差异如何影响农民工返乡创业——基于CHIP2013调查数据的实证分析[J]. 产经评论,9(5): 112-121.
孔祥智,卢洋啸. 2019. 建设生态宜居美丽乡村的五大模式及对策建议——来自5省20村调研的启示[J]. 经济纵横,(1): 19-28.
库兹涅茨 S. 1999. 各国的经济增长[M]. 常勋,等译. 北京: 商务印书馆.
赖枘范. 2019. 乡村振兴背景下影响农村产业发展的因素及对策研究[J]. 农村经济与科技,(1): 15-17.
赖修源, 2016. 传统产业与电子商务融合存在的问题及解决策略[J]. 价格月刊,(5): 87-90.
蓝庆新. 2020. 数字经济是推动世界经济发展的重要动力[J]. 人民论坛·学术前沿,(8): 80-85.
蓝庆新,陈超凡. 2015. 制度软化、公众认同对大气污染治理效率的影响[J]. 中国人口资源与环境,25(9): 145-152.
雷娜,郑传芳. 2020. 乡村振兴与新型城镇化关系的实证分析[J]. 统计与决策,36(11): 67-72.
李彩丽. 2017. 直播+电商模式在农产品电商中的应用探究——基于中小卖家运营视角[J]. 中国市场,(20): 199-201.
李长江. 2017. 关于数字经济内涵的初步探讨[J]. 电子政务,(9): 84-92.
李成钢, 2015. "互联网+"下的农村电子商务模式分析[J]. 商业经济研究,(32): 77-78.
李春发,李冬冬,周驰. 2020. 数字经济驱动制造业转型升级的作用机理——基于产业链视角的分析[J]. 商业研究, (2): 73-82.

李春仙, 李香菊. 2021. 财政分权对城乡收入差距影响的实证检验[J]. 统计与决策, 37 (9): 160-163.

李道亮. 2021. 我国数字乡村建设的重点、难点及方向[J]. 国家治理, (20): 21-26.

李东军, 张辉. 2013. 北京市产业结构与经济增长的关系及原因分析[J]. 东北大学学报 (社会科学版), 15 (2): 148-153.

李刚, 李双元, 平建硕. 2021. 基于改进熵值TOPSIS灰色关联度模型的青海省乡村振兴评价及障碍因子分析[J]. 中国农业资源与区划, 42 (12): 115-123.

李广乾. 2006. 电子政务前台——后台服务体系与地方电子政务顶层设计[J]. 信息化建设, (Z1): 23-26.

李广乾. 2016. 中国信息化建设的理论与政策研究[M]. 北京: 电子工业出版社.

李国胜. 2020. 论乡村振兴中产业兴旺的战略支撑[J]. 中州学刊, (3): 47-52.

李辉. 2020. 数字经济推动企业向高质量发展的转型[J]. 西安财经学院学报, 33 (2): 25-29.

李季刚, 马俊. 2021. 数字普惠金融发展与乡村振兴关系的实证[J]. 统计与决策, (10): 138-141.

李建琴, 孙薇. 2020. 电子商务对产业结构升级的传导机制研究[J]. 产经评论, 11 (4): 63-75.

李杰, 陈昇晖, 董林, 等. 2020. 绿色发展指标体系的环境损益优化分析[J]. 生态经济, 36 (11): 209-214.

李丽, 李勇坚. 2017. 中国农村电子商务发展: 现状与趋势[J]. 经济研究参考, (10): 52-60.

李利文. 2020. 乡村综合整治中的数字监管: 以D村经验为例[J]. 电子政务, (12): 13-23.

李良强, 杨锐, 曹云忠, 等. 2018. 我国涉农电子商务研究回顾——基于CSSCI的文献计量分析[J]. 电子科技大学学报 (社科版), 20 (2): 23-30.

李凌. 2015. 平台经济发展与政府管制模式变革[J]. 经济学家, (7): 27-34.

李鹏飞. 2012. 从"广告"到"响应"——SoLoMo趋势下移动互联用户消费行为模式研究[D]. 山东大学硕士学位论文.

李如. 2017. 对大数据资产确认与计量问题的研究[D]. 西安理工大学硕士学位论文.

李蕊, 李水军. 2020. 数字经济: 中国税收制度何以回应[J]. 税务研究, (3): 91-98.

李婷, 雷琼莹, 李海平, 等. 2020. 大数据背景下电子商务的发展现状研究[J]. 计算机产品与流通, (3): 61.

李万超, 苏存, 马晓宇. 2013. 农村金融发展影响农村产业结构优化的实证研究[J]. 金融理论与实践, (9): 25-28.

李伟, 李玲. 2019. 社会力量参与乡村教育治理的价值、困境及建议[J]. 西南大学学报 (社会科学版), 45 (3): 75-81, 190.

李文良, 等. 2003. 中国政府职能转变问题报告: 问题·现状·挑战·对策[M]. 北京: 中国发展出版社.

李霞. 2021. 宁夏农村金融生态环境: 问题挑战与优化路径[J]. 宁夏社会科学, (6): 130-135.

李贤, 崔博俊. 2020. 国内经济大循环视角下的"电商直播"[J]. 思想战线, 46 (6): 56-63.

李翔, 宗祖盼. 2020. 数字文化产业: 一种乡村经济振兴的产业模式与路径[J]. 深圳大学学报 (人文社会科学版), 37 (2): 74-81.

李晓华. 2019. 数字经济新特征与数字经济新动能的形成机制[J]. 改革, (11): 40-51.

李晓龙, 冉光和. 2019. 农村产业融合发展如何影响城乡收入差距——基于农村经济增长与城镇化的双重视角[J]. 农业技术经济, (8): 17-28.

李晓钟, 李俊雨. 2022. 数字经济发展对城乡收入差距的影响研究[J]. 农业技术经济, (2): 77-93.

李晓钟, 吴甲戌. 2020. 数字经济驱动产业结构转型升级的区域差异[J]. 国际经济合作, (4): 81-91.

李醒民, 胡新和, 刘大椿, 等. 2002. "科学、技术与社会发展"笔谈[J]. 中国社会科学, (1): 20-30, 205.

李许卡, 杨天英, 曾瑶. 2017. 服务业对城镇化效率的影响机理探析[J]. 上海经济研究, (12): 73-84.

李延喜, 陈克兢, 姚宏, 等. 2012. 基于地区差异视角的外部治理环境与盈余管理关系研究: 兼论公司治理的替代保护作用[J]. 南开管理评论, 15(4): 89-100.

李依浓, 李洋. 2021. "整合性发展"框架内的乡村数字化实践——以德国北威州东威斯特法伦利普地区为例[J]. 国际城市规划, 36(4): 126-136.

李珍刚, 古桂琴. 2019. 民族地区农村数字经济发展的公共服务供给研究[J]. 广西民族研究, (6): 131-138.

李志强. 2018. 特色小镇"全域化"生态治理: 政治语境、系统建构与政策路径——基于苏浙案例的分析[J]. 城市发展研究, 25(2): 100-110.

梁红梅, 张迪. 2013. 服务业发展与经济增长和居民收入的动态研究[J]. 统计与决策, (5): 109-112.

梁小民. 2018. 改造传统农业[M]. 北京: 商务印书馆.

廖红伟, 迟也迪. 2020. 乡村振兴战略下农村产业结构调整的政策性金融支持[J]. 理论学刊, (1): 86-96.

林芳兰. 2018. 加快推进乡村振兴战略[J]. 新东方, (2): 75-78.

林卫斌, 苏剑, 张琪惠. 2019. 绿色发展水平测度研究——绿色发展指数的一种构建[J]. 学习与探索, (11): 106-113, 2.

林毅夫. 2012. 中国经济发展奇迹将延续[J]. 求是, (8): 64.

令狐磊. 2010. 微革命: 从推特到新浪微博[J]. 新周刊, (2): 30-36.

刘宝. 2008. 我国物流发展的城乡"二元"形态及其破解思路[J]. 经济问题探索, (4): 47-49.

刘博轩. 2011. 三大产业对城镇化各阶段的影响研究[J]. 中国城市经济, (29): 9-10, 12.

刘春芳, 张志英. 2018. 从城乡一体化到城乡融合: 新型城乡关系的思考[J]. 地理科学, 38(10): 1624-1633.

刘德寰, 陈斯洛. 2013. 广告传播新法则: 从AIDMA、AISAS到ISMAS[J]. 广告大观(综合版), (4): 96-98.

刘方, 孟祺. 2019. 数字经济发展: 测度、国际比较与政策建议[J]. 青海社会科学, (4): 83-90.

刘刚, 张昕蔚. 2019. 欠发达地区数字经济发展的动力和机制研究——以贵州省数字经济发展为例[J]. 经济纵横, (6): 88-100.

刘贯春, 张军, 刘媛媛. 2018. 金融资产配置、宏观经济环境与企业杠杆率[J]. 世界经济, 41(1): 148-173.

刘海波. 2023-03-27. 数智新时代, 杭州临平: 以艺尚小镇为核心打造500亿时尚产业[EB/OL].

https://finance.sina.com.cn/jjxw/2023-03-27/doc-imynimyu1764715.shtml.

刘海荣. 2021. 天津市数字经济评价指标体系研究[J]. 环渤海经济瞭望，(4)：165-167.

刘汉成，程水源. 2011. 我国城乡一体化发展的现状、问题与对策[J]. 湖北农业科学，50（15）：3229-3232.

刘宏霞，汪慧玲，谢宗棠. 2018. 农村金融发展、财政支农与西部地区减贫效应分析——基于面板门槛模型的研究[J]. 统计与信息论坛，33（3）：51-57.

刘洪银. 2017. 以农产品外贸市场拓展促进农村一二三产业融合发展[J]. 当代经济管理，39(9)：38-40.

刘欢. 2020. 工业智能化如何影响城乡收入差距——来自农业转移劳动力就业视角的解释[J]. 中国农村经济，(5)：55-75.

刘静，惠宁. 2020. 数据赋能驱动文化产品创新效率研究——基于中国省域面板数据的实证检验[J]. 华中师范大学学报（人文社会科学版），59（4）：87-97.

刘俊祥，曾森. 2020. 中国乡村数字治理的智理属性、顶层设计与探索实践[J]. 兰州大学学报（社会科学版），48（1）：64-71.

刘骏. 2017. 城乡数字鸿沟持续拉大城乡收入差距的实证研究[J]. 统计与决策，(10)：119-121.

刘明辉，卢飞. 2019. 城乡要素错配与城乡融合发展——基于中国省级面板数据的实证研究[J]. 农业技术经济，(2)：33-46.

刘明月，汪三贵. 2020. 产业扶贫与产业兴旺的有机衔接：逻辑关系、面临困境及实现路径[J]. 西北师大学报（社会科学版），57（4）：137-144.

刘世波，邓生朋，石怡，田小平，严洪亮，陈豪，吕芳刚. 2020. 金融支持乡村振兴战略的路径研究——基于鲁浙贵3省数据分析[J]. 区域金融研究，(4)：56-62.

刘守英. 2014. 中国城乡二元土地制度的特征、问题与改革[J]. 国际经济评论，(3)：9-25，4.

刘万余，梅立润. 2019. 数字乡村建设：理由证成与困境预判[J]. 大连干部学刊，35（10）：5-11.

刘晓倩，韩青. 2018. 农村居民互联网使用对收入的影响及其机理——基于中国家庭追踪调查（CFPS）数据[J]. 农业技术经济，(9)：123-134.

刘彦随. 2018. 中国新时代城乡融合与乡村振兴[J]. 地理学报，73（4）：637-650.

刘忠民. 2019. 基于平台+资源服务体系的网络扶智研究——以吉林省为例[J]. 中国电化教育，(7)：122-126.

柳卸林，魏江，戎珂. 2021. 专稿：数字时代的创新生态[J]. 科学学研究，39（6）：962-964，969.

龙文军，郭军. 2022. 农业保险在乡村振兴中的使命和担当[J]. 中国保险，(2)：21-23.

龙蕴智. 2017. 浅谈桂林城乡一体化发展面临的困难及措施[J]. 新西部，(32)：67-68.

卢曼 N. 2005. 信任[M]. 瞿铁鹏，李强译. 上海：上海世纪出版集团.

陆彩兰，张郁. 2020. 普惠金融支持下小农户与现代农业发展有机衔接的探讨[J]. 西南金融，(8)：77-86.

陆九天，陈灿平. 2021. 民族地区数字乡村建设：逻辑起点、潜在路径和政策建议[J]. 西南民族大学学报（人文社会科学版），42（5）：154-159.

陆梦龙. 2018. 城乡融合和产业融合 乡村振兴战略的重要抓手[J]. 新西部，(13)：4-6.

罗春龙，蒋春祥，陆宁. 2009. 基于"数字城市"视角的"数字乡村"探析——以云南省为例[J]. 经济研究导刊，(18)：45-47.

罗桂花. 2019. 网络直播在农村电子商务发展的应用探究[D]. 中南林业科技大学硕士学位论文.

罗剑朝, 庸晖, 庞玺成. 2015. 农地抵押融资运行模式国际比较及其启示[J]. 中国农村经济, (3): 84-96.

罗以洪. 2019. 大数据人工智能区块链等ICT促进数字经济高质量发展机理探析[J]. 贵州社会科学, (12): 122-132.

罗雨泽, 芮明杰, 罗来军, 等. 2008. 中国电信投资经济效应的实证研究[J]. 经济研究, (6): 61-72.

骆永民, 樊丽明. 2019. 宏观税负约束下的间接税比重与城乡收入差距[J]. 经济研究, 54 (11): 37-53.

吕承超, 崔悦. 2021. 乡村振兴发展: 指标评价体系、地区差距与空间极化[J]. 农业经济问题, (5): 20-32.

侣传振. 2019. 互联网时代农村协同治理模式、演进逻辑与路径选择[J]. 湖南农业大学学报 (社会科学版), 20 (6): 31-37.

马九杰, 崔恒瑜. 2018. 农村自然资源价值实现和乡村振兴投融资创新[J]. 农村金融研究, (12): 7-13.

马九杰, 黄建, 周万灵. 2019. 农食供应链金融创新及其对农业绿色发展的促进作用[J]. 农村金融研究, (7): 20-26.

马九杰, 涂永红. 2018. 金融助力乡村振兴长效机制建设调研与思考[J]. 中国金融学, (2): 96-103.

马九杰, 王海南, 董翀. 2020. 流通模式对优质农产品生产者价格的影响研究[J]. 中国物价, (5): 82-85.

马九杰, 吴本健. 2014. 互联网金融创新对农村金融普惠的作用: 经验、前景与挑战[J]. 农村金融研究, (8): 5-11.

马九杰, 杨晨. 2017. 绿色金融创新与可持续发展导向的农业供给侧结构性改革研究——以北京市为例[J]. 农村金融研究, (12): 13-18.

马俊. 2020. 风险防控视角下农村电商物流的发展[J]. 农业经济, (11): 139-140.

马丽, 张国磊. 2020. "互联网+"乡村治理的耦合、挑战与优化[J]. 电子政务, (12): 31-39.

马亚明, 周璐. 2022. 基于双创视角的数字普惠金融促进乡村振兴路径与机制研究[J]. 现代财经 (天津财经大学学报), 42 (2): 3-20.

马中东, 宁朝山. 2020. 数字经济、要素配置与制造业质量升级[J]. 经济体制改革, (3): 24-30.

麦奎尔D. 2006. 受众分析[M]. 刘燕南, 李颖, 杨振荣译. 北京: 中国人民大学出版社.

毛锦凰, 王林涛. 2020. 乡村振兴评价指标体系的构建——基于省域层面的实证[J]. 统计与决策, 36 (19): 181-184.

门理想, 王丛虎. 2019. "互联网+基层治理": 基层整体性治理的数字化实现路径[J]. 电子政务, (4): 36-45.

穆燕鸿, 王杜春, 迟凤敏. 2016. 基于结构方程模型的农村电子商务影响因素分析——以黑龙江省15个农村电子商务示范县为例[J]. 农业技术经济, (8): 106-118.

年猛. 2020. 中国城乡关系演变历程、融合障碍与支持政策[J]. 经济学家, (8): 70-79.

宁朝山. 2020. 基于质量、效率、动力三维视角的数字经济对经济高质量发展多维影响研究[J]. 贵州社会科学, (4): 129-135.

牛耀红. 2018. 建构乡村内生秩序的数字"社区公共领域"——一个西部乡村的移动互联网实践[J]. 新闻与传播研究, 25 (4): 39-56, 126-127.

帕特南 R D. 2001. 使民主运转起来[M]. 王列, 赖海榕译. 南昌: 江西人民出版社.

潘园园. 2012. 安徽省农业电子商务发展及模式创新[D]. 安徽农业大学硕士学位论文.

潘园园. 2013. 安徽省农业电子商务发展 SWOT 分析及对策研究[J]. 赤峰学院学报（自然科学版）, 29 (4): 65-67.

庞金波, 杨梦. 2021. 农村金融发展与农业经济增长——基于农业科技创新的中介效应[J]. 科技管理研究, 41 (17): 85-90.

裴学亮, 邓辉梅. 2020. 基于淘宝直播的电子商务平台直播电商价值共创行为过程研究[J]. 管理学报, 17 (11): 1632-1641, 1696.

佩蕾丝 C. 2007. 技术革命与金融资本[M]. 田方萌, 胡叶青, 刘然, 等译. 北京: 中国人民大学出版社.

佩鲁 F. 1955. 略论增长极的概念[J]. 经济学译丛, (9): 2.

彭超. 2019. 数字乡村战略推进的逻辑[J]. 人民论坛, (33): 72-73.

彭剑, 赵佳荣. 2008. 建立和完善湖南省农产品封闭供应链初探[J]. 现代农业科学, (5): 84-85.

漆莉莉. 2007. 中部地区城乡融合度的综合评价与分析[J]. 江西财经大学学报, 52 (4): 10-13.

祁怀锦, 曹修琴, 刘艳霞. 2020. 数字经济对公司治理的影响——基于信息不对称和管理者非理性行为视角[J]. 改革, (4): 50-64.

戚聿东, 肖旭. 2020. 数字经济时代的企业管理变革[J]. 管理世界, 36 (6): 135-152, 250.

钱雪松, 陈琳琳, 金芳吉. 2018. 非正规金融研究: 评述与展望[J]. 华中科技大学学报（社会科学版）, 32 (4): 102-109.

乔成邦. 2013. 新型农村社区建设: 制约因素与路径选择——基于政策执行的视角[J]. 农村经济, (4): 51-54.

乔耀章. 2003. 政府理论[M]. 2 版. 苏州: 苏州大学出版社.

邱淑英, 纪晓莘. 2012. 基于农村经济发展新思路中电子商务的应用研究[J]. 企业导报, (4): 155-156.

邱子迅, 周亚虹. 2021. 电子商务对农村家庭增收作用的机制分析——基于需求与供给有效对接的微观检验[J]. 中国农村经济, (4): 36-52.

裘莹, 郭周明. 2019. 数字经济推进我国中小企业价值链攀升的机制与政策研究[J]. 国际贸易, (11): 12-20, 66.

任保平. 2020. 数字经济引领高质量发展的逻辑、机制与路径[J]. 西安财经学院学报, 33 (2): 5-9.

任保平, 李佩. 2020. 以新经济驱动我国经济高质量发展的路径选择[J]. 陕西师范大学学报（哲学社会科学版）, 49 (2): 113-124.

任常青. 2018. 产业兴旺的基础、制约与制度性供给研究[J]. 学术界, (7): 15-27.

任曙明, 许梦洁, 王倩, 等. 2017. 并购与企业研发: 对中国制造业上市公司的研究[J]. 中国工业经济, (7): 137-155.

阮怀军, 封文杰, 唐研, 等. 2014. 农业信息化建设的实证研究——以山东省为例[J]. 中国农业学, 47 (20): 4117-4127.

单志广，徐清源，马潮江，等. 2020. 基于三元空间理论的数字经济发展评价体系及展望[J]. 宏观经济管理，436（2）：42-49.

邵慧敏，秦德智，咸丰茂. 2019. 知识服务业影响新型城镇化的门槛效应分析[J]. 统计与决策，35（7）：109-112.

申云，陈慧，陈晓娟，等. 2020. 乡村产业振兴评价指标体系构建与实证分析[J]. 世界农业，（2）：59-69.

沈费伟. 2018. 教育信息化：实现农村教育精准扶贫的战略选择[J]. 中国电化教育，（12）：54-60.

沈费伟. 2020. 乡村技术赋能：实现乡村有效治理的策略选择[J]. 南京农业大学学报（社会科学版），20（2）：1-12.

沈费伟，袁欢. 2020. 大数据时代的数字乡村治理：实践逻辑与优化策略[J]. 农业经济问题，（10）：80-88.

沈费伟，袁洁. 2020. 农村教育"技术治理"的构建：制约因素与路径选择[J]. 杭州师范大学学报（社会科学版），42（3）：120-127，136，293.

沈费伟，诸靖文. 2020. 乡村"技术治理"的运行逻辑与绩效提升研究[J]. 电子政务，（5）：58-68.

沈奎. 2021. 关于数字经济发展的七个理论问题[J]. 企业观察家，（12）：42-43.

沈运红，黄桁. 2020. 数字经济水平对制造业产业结构优化升级的影响研究——基于浙江省2008—2017年面板数据[J]. 科技管理研究，40（3）：147-154.

盛磊. 2020. 数字经济引领产业高质量发展：动力机制、内在逻辑与实施路径[J]. 价格理论与实践，（2）：13-17，34.

师博. 2020. 数字经济促进城市经济高质量发展的机制与路径[J]. 西安财经学院学报，33（2）：10-14.

师曾志，李堃，仁增卓玛. 2019. "重新部落化"——新媒介赋权下的数字乡村建设[J]. 新闻与写作，（9）：5-11.

石忆邵，杭太元. 2013. 我国城乡一体化研究的近期进展与展望[J]. 同济大学学报（社会科学版），（6）：50-57.

石媛媛. 2020. 论我国经济数字化的税收应对——基于企业所得税视角[J]. 税务研究，（3）：108-111.

史歌，郭俊华. 2020. 农村金融对农业经济增长贡献率的测算[J]. 统计与决策，36（21）：155-158.

舒尔茨 T W. 1999. 改造传统农业[M]. 梁小民译. 北京：商务印书馆.

斯库塞斯 R，萨姆纳 M. 2000. 管理信息系统[M]. 李一军，卢涛，祁巍，等译. 大连：东北财经大学出版社.

宋科，刘家琳，李宙甲. 2022. 数字普惠金融能缩小县域城乡收入差距吗？——兼论数字普惠金融与传统金融的协同效应[J]. 中国软科学，（6）：133-145.

宋林，何洋. 2021. 互联网使用对中国城乡家庭创业的影响研究[J]. 科学学研究，39（3）：489-498，506.

宋乃庆，杨欣，李玲. 2013. 以教育信息化保障城乡教育一体化[J]. 电化教育研究，34（2）：32-35，41.

宋瑞，赵鑫. 2014. 城镇化与休闲服务业动态关系考察——以美国为例[J]. 城市问题，（9）：28-34.

宋迎昌. 2019. 城乡融合发展的路径选择与政策思路——基于文献研究的视角[J]. 杭州师范大

学学报（社会科学版），41（1）：131-136.
苏红键. 2019. 我国数字乡村建设基础、问题与推进思路[J]. 城市，（12）：13-22.
苏永伟，陈池波. 2019. 经济高质量发展评价指标体系构建与实证[J]. 统计与决策. 35（24）：38-41.
孙婧芳. 2017. 城市劳动力市场中户籍歧视的变化：农民工的就业与工资[J]. 经济研究，52（8）：171-186.
孙利君. 2020. 我国数字经济发展战略与对策研究[J]. 管理现代化，40（3）：74-76.
孙浦阳，张靖佳，姜小雨. 2017. 电子商务、搜寻成本与消费价格变化[J]. 经济研究，52（7）：139-154.
孙倩，徐璋勇. 2021. 数字普惠金融、县域禀赋与产业结构升级[J]. 统计与决策，37（18）：140-144.
孙旭友. 2020. "互联网+"垃圾分类的乡村实践——浙江省 X 镇个案研究[J]. 南京工业大学学报（社会科学版），19（2）：37-44，111.
泰普斯科特 D，洛伊 A，泰科尔 D. 1993. 数字经济蓝图：电子商务的勃兴[M]. 陈劲，何丹译. 大连：东北财经大学出版社，New York：McGraw-Hill.
谭九生，任蓉. 2017. 大数据嵌入乡村治理的路径创新[J]. 吉首大学学报（社会科学版），38（6）：30-37.
汤晓冬，周河山. 2018. 基于区块链技术的税收治理框架构建[J]. 税务研究，（11）：98-104.
汤啸天. 2018. 运用区块链技术创新社会治理的思考[J]. 上海政法学院学报（法治论丛），33（3）：67-75.
唐协平，吴琼雷，张鹏翥. 2007. 我国面向公众的电子政务需求内容研究[J]. 电子政务，（9）：15-20.
滕磊，马德功. 2020. 数字金融能够促进高质量发展吗?[J]. 统计研究，37（11）：80-92.
田聪华，韩笑，苗红萍，徐忠，田立文. 2019. 新疆农村一二三产业融合发展综合评价指标体系构建及应用[J]. 新疆农业科学，56（3）：580-588.
田杰棠，闫德利. 2020. 新基建和产业互联网：疫情后数字经济加速的"路与车"[J]. 山东大学学报（哲学社会科学版），（3）：1-8.
田霖，张园园，张仕杰. 2022. 数字普惠金融对乡村振兴的动态影响研究——基于系统 GMM 及门槛效应的检验[J]. 重庆大学学报（社会科学版），28（3）：25-38.
佟勇臣. 2003. C/C++程序设计基础[M]. 北京：科学出版社.
涂丽，乐章. 2018. 城镇化与中国乡村振兴：基于乡村建设理论视角的实证分析[J]. 农业经济问题，（11）：78-91.
涂圣伟. 2020. 城乡融合发展的战略导向与实现路径[J]. 宏观经济研究，（4）：103-116.
汪泉. 2006. 以电子商务为支撑推进农业化进程[J]. 商场现代化，（25）：91-92.
汪向东. 2001. 国民经济信息化面对的矛盾[J]. 金融信息参考，（4）：39.
汪向东，张才明. 2011. 互联网时代我国农村减贫扶贫新思路——"沙集模式"的启示[J]. 信息化建设，（2）：6-9.
汪亚楠，谭卓鸿，郑乐凯. 2020. 数字普惠金融对社会保障的影响研究[J]. 数量经济技术经济研究，37（7）：92-102.
汪雨雨，姚万军，张辉. 2020. 电子商务发展下社会资本对农户创业选择的影响——基于 CHIP2013

农村居民数据的实证分析[J]. 调研世界,（10）：20-25.

汪玉凯. 2018. 创新思维, 引导平台经济健康发展[J]. 商业文化,（20）：22-23.

王滨. 2019. 城镇化高质量发展测度及其时空差异研究[J]. 统计与决策, 35（22）：46-50.

王彩彩. 2018. 京津冀休闲农业与乡村旅游数字脱贫机制[J]. 社会科学家,（9）：97-105.

王存. 2019. 网络直播在农村电子商务中的应用研究[J]. 商场现代化,（23）：38-39.

王健, 黄群慧. 2019. 即兴型组织竞争优势的构建路径[J]. 科学学研究, 37（10）：1846-1856.

王金杰, 李启航. 2017. 电子商务环境下的多维教育与农村居民创业选择——基于CFPS2014和CHIPS2013农村居民数据的实证分析[J]. 南开经济研究,（6）：75-92.

王璟璇, 于施洋, 杨道玲, 等. 2011. 电子政务顶层设计：国外实践评述[J]. 电子政务,（8）：8-18.

王军. 2022. 数字经济对出口国内增加值的影响研究[D]. 浙江财经大学硕士学位论文.

王军, 朱杰, 罗茜. 2021. 中国数字经济发展水平及演变测度[J]. 数量经济技术经济研究, 38（7）：26-42.

王君泽, 王雅蕾, 禹航, 等. 2011. 微博客意见领袖识别模型研究[J]. 新闻与传播研究, 18（6）：81-88, 111.

王林霞, 魏磊. 2020. 大数据嵌入乡村治理的路径建构[J]. 云南行政学院学报, 22（5）：79-83.

王领, 胡晓涛. 2016. 新经济地理学视角下电子商务对人口流动的影响[J]. 当代经济科学, 38（3）：53-59, 126.

王梦菲, 张昕蔚. 2020. 数字经济时代技术变革对生产过程的影响机制研究[J]. 经济学家,（1）：52-58.

王鹏. 2021. 物流经济与区域经济耦合协调度模型研究[J]. 中国物流与采购,（13）：60-62.

王瑞峰. 2020. 涉农电商平台对我国农业经济发展的影响效应评估——以农村淘宝为例[J]. 中国流通经济, 34（11）：68-77.

王维. 2017. 长江经济带城乡协调发展评价及其时空格局[J]. 经济地理, 37（8）：60-66, 92.

王欣亮, 魏露静, 刘飞. 2018. 大数据驱动新时代乡村治理的路径建构[J]. 中国行政管理,（11）：50-55.

王艳飞, 刘彦随, 严镔, 等. 2016. 中国城乡协调发展格局特征及影响因素[J]. 地理科学, 36（1）：20-28.

王瑶佩, 郭峰. 2019. 区域数字金融发展与农户数字金融参与：渠道机制与异质性[J]. 金融经济学研究, 34（2）：84-95.

王耀宗, 牛明雷. 2018. 以"数字乡村"战略统筹推进新时代农业农村信息化的思考与建议[J]. 农业部管理干部学院学报,（3）：1-8.

王盈盈, 王敏. 2020. 数字地理视角的乡村研究及展望[J]. 世界地理研究, 29（6）：1248-1259.

王永龙, 余娜, 姚鸟儿. 2020. 数字经济赋能制造业质量变革机理与效应——基于二元边际的理论与实证[J]. 中国流通经济, 34（12）：60-71.

王勇, 陈美瑛. 2020. 平台经济治理中的私人监管和规制[J]. 经济社会体制比较,（4）：62-68.

王勇, 李广斌. 2016. 乡村衰败与复兴之辩[J]. 规划师, 32（12）：142-147.

王朝华. 2012. 城乡一体化发展的国内外比较及经验借鉴[J]. 农业经济,（12）：9-12.

王铮, 唐小飞. 2020. 数字县域建设支撑乡村振兴：逻辑推演和逻辑框架[J]. 预测, 39（4）：90-96.

王志和. 2020. "直播+电商"如何助力乡村振兴[J]. 人民论坛, (15): 98-99.
韦伯 A. 1997. 工业区位论[M]. 李刚剑, 陈志人, 张英保译. 北京: 商务印书馆.
韦家华, 连漪. 2018. 乡村振兴评价指标体系研究[J]. 价格理论与实践, (9): 82-85.
魏后凯. 2019. 建立农民稳定增收的长效机制[J]. 四川党的建设, (13): 16-17.
魏小雨. 2019. 政府主体在互联网平台经济治理中的功能转型[J]. 电子政务, (3): 46-56.
温靖, 郭黎. 2018. "数字乡村发展论坛"数字乡村建设中的"乡村情怀"[J]. 农业工程技术, 38 (33): 21-23.
温军, 邓沛东, 张倩肖. 2020. 数字经济创新如何重塑高质量发展路径[J]. 人文杂志, (11): 93-103.
温珺, 阎志军, 程愚. 2019. 数字经济与区域创新能力的提升[J]. 经济问题探索, (11): 112-124.
温珺, 阎志军, 程愚. 2020. 数字经济驱动创新效应研究——基于省际面板数据的回归[J]. 经济体制改革, (3): 31-38.
温涛, 陈一明. 2020. 数字经济与农业农村经济融合发展: 实践模式、现实障碍与突破路径[J]. 农业经济问题, (7): 118-129.
温铁军. 2017. 农村电商经营要了解和研究中产阶层[J]. 农村工作通讯, (24): 49.
文雷, 王欣乐. 2021. 国家治理现代化视域下乡村智慧治理体系构建与实现路径[J]. 陕西师范大学学报 (哲学社会科学版), 50 (2): 72-81.
文琦, 郑殿元. 2019. 西北贫困地区乡村类型识别与振兴途径研究[J]. 地理研究, 39(3): 509-521.
吴宏伟, 万江涛. 2008. 关于我国发展农产品电子商务的思考[J]. 中国市场, (32): 72-73.
吴画斌, 许庆瑞, 陈政融. 2019. 数字经济背景下创新人才培养模式及对策研究[J]. 科技管理研究, 39 (8): 116-121.
吴基传, 申江婴. 2008. 大跨越——中国电信业三十春秋[J]. 中国新通信, 10 (24): 25-30.
吴建南, 张萌, 黄加伟. 2007. 公众参与、绩效评价与公众信任——基于某市政府官员的实证分析[J]. 武汉大学学报 (哲学社会科学版), (2): 171-176.
吴婷. 2014. 江苏省农业电子商务模式创新研究[J]. 对外经贸, (11): 79-80.
吴晓波. 2017. 互联网平台经济催生管理新范式[J]. 浙江经济, (9): 10-11.
吴晓波, 李思涵, 徐宁, 等. 2020. 数字经济背景下浙江省创新型经济发展评价及赋能对策研究——基于 2014—2017 年六省市的对比分析[J]. 科技管理研究, 40 (13): 157-164.
吴雪. 2020. 新常态下农村电子商务创新发展路径分析[J]. 商业经济研究, (5): 87-89.
吴玉萍, 张云. 2020. 城市绿色发展效率的时空演变及动态评价[J]. 统计与决策, 36(11): 58-62.
武云亮, 赵君. 2018. 安徽生产性服务业集聚对城镇化质量的影响——基于市级面板数据的实证研究[J]. 黄山学院学报, 20 (6): 26-32.
夏炎, 王会娟, 张凤, 等. 2018. 数字经济对中国经济增长和非农就业影响研究——基于投入占用产出模型[J]. 中国科学院院刊, 33 (7): 707-716.
夏振荣, 俞立平. 2010. 农村信息资源对农民收入贡献的实证研究[J]. 情报杂志, 29 (7): 127-128, 132.
肖唐镖. 2002. 中国乡村社会的治理与乡制变迁[J]. 中共宁波市委党校学报, (5): 51-56.
谢地, 苏博. 2021. 数字普惠金融助力乡村振兴发展: 理论分析与实证检验[J]. 山东社会科学, (4): 121-127.

谢琳. 2020. 乡村振兴战略下农村普惠金融对农村经济的功能性分析[J]. 湖北社会科学,（8）：84-89.
谢天成,施祖麟. 2016. 农村电子商务发展现状、存在问题与对策[J]. 现代经济探讨,（11）：40-44.
星焱. 2016. 普惠金融：一个基本理论框架[J]. 国际金融研究,（9）：21-37.
邢中先. 2022. 乡村振兴战略场域中的农地金融制度创新偏差及优化研究[J]. 青海社会科学,（2）：137-144.
熊鸿儒. 2019. 我国数字经济发展中的平台垄断及其治理策略[J]. 改革,（7）：52-61.
熊凯军. 2022. 产业转移示范区建设有助于缩小地区城乡收入差距吗？——基于国家级承接产业转移示范区准自然实验[J]. 中国地质大学学报（社会科学版）,22（3）：123-136.
熊励,蔡雪莲. 2020. 数字经济对区域创新能力提升的影响效应——基于长三角城市群的实证研究[J]. 华东经济管理,34（12）：1-8.
熊正德,顾晓青,魏唯. 2021. 普惠金融发展对中国乡村振兴的影响研究——基于C-D生产函数的实证分析[J]. 湖南社会科学,（1）：63-71.
休斯 O E. 2001. 公共管理导论[M]. 2版. 彭和平,周明德,金竹青,等译. 北京：中国人民大学出版社.
修春亮,许大明,祝翔凌. 2004. 东北地区城乡一体化进程评估[J]. 地理科学,（3）：320-325.
徐梦周,吕铁. 2020. 赋能数字经济发展的数字政府建设：内在逻辑与创新路径[J]. 学习与探索,（3）：78-85,175.
徐琴. 2020. "微交往"与"微自治"：现代乡村社会治理的空间延展及其效应[J]. 华中农业大学学报（社会科学版）,（3）：129-137,175.
徐思彦. 2017. 从四种商业场景读懂区块链[J]. 大数据时代,（1）：29-33,28.
徐祥临. 2018. 新时代城乡关系与推进之路——习近平总书记"城乡融合发展"思想的历史性贡献[J]. 国家治理,（14）：18-21.
徐旭初. 2020. 疫情当前谈加快推进数字乡村建设[J]. 中国农民合作社,（4）：31-32.
徐旭初,吴彬,金建东,等. 2022. 我国乡村治理的典型模式及优化路径[J]. 农村工作通讯,（4）：40-42.
徐雪,王永瑜. 2021. 新时代西部大开发乡村振兴水平测度及影响因素分析[J]. 西南民族大学学报（人文社会科学版）,42（5）：129-137.
徐勇. 2000. 中国民主之路：从形式到实体——对村民自治价值的再发掘[J]. 开放时代,（11）：56-61.
许恒,张一林,曹雨佳. 2020. 数字经济、技术溢出与动态竞合政策[J]. 管理世界,36（11）：63-84.
许宪春,张美慧. 2020. 中国数字经济规模测算研究——基于国际比较的视角[J]. 中国工业经济,（5）：23-41.
薛金礼,张锟. 2019. 健全乡村治理体系助力乡村振兴[J]. 中国集体经济,（18）：1-2.
薛可,陈晞. 2010. BBS中的"舆论领袖"影响力传播模型研究——以上海交通大学"饮水思源"BBS为例[J]. 新闻大学,（4）：87-93.
薛晴,霍有光. 2010. 城乡一体化的理论渊源及其嬗变轨迹考察[J]. 经济地理,30（11）：1779-1784,1809.

闫周府, 吴方卫. 2019. 从二元分割走向融合发展——乡村振兴评价指标体系研究[J]. 经济学家, (6): 90-103.

阎康年. 2005. 中外科技创新文化环境对比研究初探[J]. 中国科学院院刊, (2): 158-162.

阳美燕, 田淼. 2017. 乡村直播的兴起及优化发展[J]. 新闻战线, (23): 77-80.

杨东. 2020. 论反垄断法的重构: 应对数字经济的挑战[J]. 中国法学, (3): 206-222.

杨海波, 汪洋, 张磊. 2016. 电商手机 APP 界面背景和图片特征对消费者搜索效率影响的研究[J]. 包装工程, 37 (20): 45-49.

杨会全. 2014. 农村电子商务发展研究述评[J]. 安徽农业科学, 42 (5): 1539-1541.

杨慧梅, 江璐. 2021. 数字经济、空间效应与全要素生产率[J]. 统计研究, 38 (4): 3-15.

杨吉华. 2019. 数字乡村: 如何开启乡村文化振兴新篇章[J]. 安徽农业大学学报 (社会科学版), 28 (6): 14-19, 87.

杨佩卿. 2020. 数字经济的价值、发展重点及政策供给[J]. 西安交通大学学报 (社会科学版), 40 (2): 57-65, 144.

杨新铭. 2017. 数字经济: 传统经济深度转型的经济学逻辑[J]. 深圳大学学报 (人文社会科学版), 34 (4): 101-104.

姚庆荣. 2017. "互联网+"视阈下甘肃省电子商务发展的 SWOT 分析及对策[J]. 科技与创新, 89 (17): 11-13, 16-17.

叶璐, 王济民. 2021. 我国城乡差距的多维测定[J]. 农业经济问题, (2): 123-134.

弋伟伟. 2021. 普惠金融助力乡村振兴的创新路径[J]. 人民论坛, (25): 96-98.

易纲, 樊纲, 李岩. 2003. 关于中国经济增长与全要素生产率的理论思考[J]. 经济研究, (8): 13-20, 90.

易兰, 陈恩伦. 2017. 大数据思维下的农村教育治理变革[J]. 内蒙古社会科学(汉文版), 38(4): 172-177.

易小燕, 陈印军, 向雁, 等. 2020. 县域乡村振兴指标体系构建及其评价——以广东德庆县为例[J]. 中国农业资源与区划, (8): 187-195.

应小丽, 陈开源. 2020. "最多跑一次"改革的下乡逻辑及其关系优化——以有效治理为视角[J]. 浙江社会科学, (2): 67-73, 157.

尤济红, 陈喜强. 2019. 去人力资本更高的城市发展: 检验、机制与异质性——对中国城乡劳动力流向选择的实证分析[J]. 经济问题探索, (5): 159-172.

余春苗, 任常青. 2021. 农村金融支持产业发展: 脱贫攻坚经验和乡村振兴启示[J]. 经济学家, (2): 112-119.

余红. 2008. 网络论坛舆论领袖筛选模型初探[J]. 新闻与传播研究, (2): 66-75, 95.

俞红海, 徐龙炳, 陈百助. 2010. 终极控股股东控制权与自由现金流过度投资[J]. 经济研究, 45 (8): 103-114.

俞可平, 徐秀丽. 2004. 中国农村治理的历史与现状——以定县、邹平和江宁为例的比较分析[J]. 经济社会体制比较, (2): 13-26.

袁树卓, 刘沐洋, 彭徽. 2019. 乡村产业振兴及其对产业扶贫的发展启示[J]. 当代经济管理, (1): 30-35.

袁振兰. 2020. 在线消费情境下消费者困惑的前因及其对购买意愿的影响研究[D]. 浙江财经大

学硕士学位论文.

苑鹏. 2020. 电商平台经济赋能农村劳动力就业创业的新特征初探[J]. 新疆农垦经济, (7): 12-20.

岳小玲. 2020. 电商直播"带货"的内容生产和优化路径[J]. 出版广角, (19): 64-66.

翟昕. 2020. 新时代城乡融合发展的内涵探析[J]. 太原理工大学学报(社会科学版), 38(1): 17-23.

曾福生, 吴雄周. 2011. 城乡发展协调度动态评价——以湖南省为例[J]. 农业技术经济, (1): 86-92.

曾茂林, 曾丽颖. 2022. 共同富裕新动能: 乡村产业振兴的联盟角色治理[J]. 西南民族大学学报(人文社会科学版), 43(10): 200-206.

曾小艳, 祁华清. 2020. 数字金融发展对农业产出的影响机理及结构效应[J]. 贵州社会科学, (11): 162-168.

曾亿武, 郭红东. 2016. 农产品淘宝村形成机理: 一个多案例研究[J]. 农业经济问题, 37(4): 39-48, 111.

张爱婷, 周俊艳, 张璐, 等. 2022. 黄河流域城乡融合协调发展: 水平测度、制约因素及发展路径[J]. 统计与信息论坛, 37(3): 34-43.

张伯超, 沈开艳. 2018. "一带一路"沿线国家数字经济发展就绪度定量评估与特征分析[J]. 上海经济研究, (1): 94-103.

张灿. 2015. 论电子商务产业集群的形成机制——基于"淘宝第一村"的案例研究[J]. 区域经济评论, (6): 97-104.

张成福, 孟庆存. 2003. 重建政府与公民的信任关系——西方国家的经验[J]. 国家行政学院学报, (3): 79-82.

张春华. 2016. 大数据时代的乡村治理审视与现代化转型[J]. 探索, (6): 130-135.

张春玲, 刘遵峰, 吴红霞. 2020. 以数字乡村建设助力乡村振兴[J]. 农村·农业·农民(B版), (1): 11-12.

张大鹏, 陈池波. 2020. 旅游发展促进了连片特困地区的包容性增长吗——来自中部贫困县的证据[J]. 农业技术经济, (4): 107-116, 301.

张芳, 康芸芸. 2020. 乡村产业振兴的金融供给——"政府-市场-社会"合作模式的探索[J]. 商业研究, (12): 124-131.

张海朋, 何仁伟, 李光勤, 等. 2020. 大都市区城乡融合系统耦合协调度时空演化及其影响因素——以环首都地区为例[J]. 经济地理, 40(11): 56-67.

张海鹏. 2019. 中国城乡关系演变70年: 从分割到融合[J]. 中国农村经济, (3): 2-18.

张海霞. 2020. 西宁市乡村振兴示范试点村发展模式[J]. 农业开发与装备, (2): 6, 10.

张鸿, 杜凯文, 靳兵艳. 2020. 乡村振兴战略下数字乡村发展就绪度评价研究[J]. 西安财经大学学报, 33(1): 51-60.

张锦华, 胡雯. 2020. 从"产权管制"到"市场分割"——农民工工资决定机制研究[J]. 农业经济问题, (11): 25-41.

张京祥, 申明锐, 赵晨. 2014. 乡村振兴: 生产主义和后生产主义下的中国乡村转型[J]. 国际城市规划, 29(5): 1-7.

张军, 吴桂英, 张吉鹏. 2004. 中国省际物质资本存量估算: 1952—2000[J]. 经济研究, (10): 35-44.

张康之. 2002. 寻找公共行政的伦理视角[M]. 北京: 中国人民大学出版社.

张丽雯. 2014. 碎片的共鸣: 网络社群中的语言传播规律研究[D]. 复旦大学硕士学位论文.

张林, 温涛. 2019a. 财政金融服务协同与农村产业融合发展[J]. 金融经济学研究, (5): 53-67.

张林, 温涛. 2019b. 农村金融发展的现实困境、模式创新与政策协同——基于产业融合视角[J]. 财经问题研究, (2): 53-62.

张林, 张雯卿. 2021. 普惠金融与农村产业融合发展的耦合协同关系及动态演进[J]. 财经理论与实践, (2): 2-11.

张龙江, 纪荣婷, 李辉, 等. 2021. 基于主导生态功能保护的美丽宜居村镇生态建设模式研究[J]. 生态与农村环境学报, 37 (7): 827-833.

张美莎, 徐浩, 冯涛. 2019. 营商环境、关系型借贷与中小企业技术创新[J]. 山西财经大学学报, 41 (2): 35-49.

张勤, 周卓. 2015. 我国农村电子商务发展的影响因素研究[J]. 物流工程与管理, 37 (11): 181-183.

张晴宇, 张璇, 戴忠琦, 等. 2017. "淘宝村"电商融资方式及影响因素分析[J]. 浙江农业科学, 58 (8): 1496-1499.

张世虎, 顾海英. 2020. 城市土地经营策略影响经济效率的机制研究——基于267个城市面板数据的实证分析[J]. 宏观质量研究, 8 (1): 109-123.

张顺, 费威, 佟烁. 2020. 数字经济平台的有效治理机制——以跨境电商平台监管为例[J]. 商业研究, (4): 49-55.

张挺, 李闽榕, 徐艳梅. 2018. 乡村振兴评价指标体系构建与实证研究[J]. 管理世界, (8): 99-105.

张彤进, 蔡宽宁. 2021. 数字普惠金融缩小城乡居民消费差距了吗?——基于中国省级面板数据的经验检验[J]. 经济问题, (9): 31-39.

张晓. 2018. 数字经济发展的逻辑: 一个系统性分析框架[J]. 电子政务, (6): 2-10.

张晓林. 2019. 乡村振兴战略下的农村物流发展路径研究[J]. 当代经济管理, 41 (4): 46-51.

张晓山. 2015. 新常态下农业和农村发展面临的机遇和挑战[J]. 学习与探索, (3): 1-9.

张晓山. 2019. 推进农业现代化面临新形势新任务[J]. 农村青年, (4): 43-45.

张晓燕. 2016. 互联网金融背景下普惠金融发展对城乡收入差距的影响[J]. 财会月刊, (17): 94-97.

张效羽. 2016. 通过政府监管改革为互联网经济拓展空间——以网络约租车监管为例[J]. 行政管理改革, (2): 39-44.

张昕蔚. 2019. 数字经济条件下的创新模式演化研究[J]. 经济学家, (7): 32-39.

张新红. 2016. 数字经济与中国发展[J]. 电子政务, (11): 2-11.

张秀英. 2012. 基于AISAS模式的微博营销策略研究[J]. 商业时代, (34): 27-28.

张勋, 谭莹. 2019. 数字经济背景下大国的经济增长机制研究[J]. 湖南师范大学社会科学学报, 48 (6): 27-36.

张勋, 万广华, 张佳佳, 等. 2019. 数字经济、普惠金融与包容性增长[J]. 经济研究, 54 (8): 71-86.

张一林, 林毅夫, 龚强. 2019. 企业规模、银行规模与最优银行业结构——基于新结构经济学的视角[J]. 管理世界, 35（3）: 31-47, 206.

张英洪. 2015. 城乡一体化需要公平正义的制度变革[J]. 农村经营管理, 154（12）: 22-23.

张永岳. 2011. 我国城乡一体化面临的问题与发展思路[J]. 华东师范大学学报（哲学社会科学版）, 43（1）: 24-31, 151.

张于喆. 2018. 数字经济驱动产业结构向中高端迈进的发展思路与主要任务[J]. 经济纵横, （9）: 85-91.

张岳, 周应恒. 2021. 数字普惠金融、传统金融竞争与农村产业融合[J]. 农业技术经济, （9）: 68-82.

张云晟. 2018. 生活性服务业对新型城镇化影响的研究——基于空间面板固定效应计量模型[D]. 兰州大学硕士学位论文.

张筑平. 2019. 农村区域电商发展的模式、问题及对策[J]. 商业经济研究, （12）: 80-82.

赵德起, 陈娜. 2019. 中国城乡融合发展水平测度研究[J]. 经济问题探索, （12）: 1-28.

赵敬丹, 李志明. 2020. 从基于经验到基于数据——大数据时代乡村治理的现代化转型[J]. 中共中央党校（国家行政学院）学报, 24（1）: 130-135.

赵美琛, 苏雷. 2020. 农村电商直播助力产业发展模式研究[J]. 电子商务, （5）: 13-14.

赵西三. 2017. 数字经济驱动中国制造转型升级研究[J]. 中州学刊, （12）: 36-41.

赵祥. 2019. "再集体化"与政策协同: 集体建设用地入市改革的路径分析——基于广东佛山市南海区改革试点的经验分析[J]. 岭南学刊, （4）: 31-40, 63.

赵秀玲. 2018. 乡村振兴下的人才发展战略构想[J]. 江汉论坛, （4）: 10-14.

赵一方. 2020. 用户评论行为情绪表达与影响因素研究[D]. 南京大学硕士学位论文.

赵月枝, 张志华. 2019. 跨文化传播政治经济学视角下的乡村数字经济[J]. 新闻与写作, （9）: 12-20.

赵洲, 周洁. 2020. "虚拟常设机构"的税收协定规则构建研究——公平分享"一带一路"倡议下跨境数字经济税收利益[J]. 西安交通大学学报（社会科学版）, 40（3）: 25-37.

浙江新闻. 2021-09-01. 看见美好看见未来, "十四五"期间衢州要建100个未来乡村[EB/OL]. https://www.zj.gov.cn/art/2021/9/1/art_1229463129_59128029.html.

郑风田. 2017. 利用"城乡融合"新途径实现乡村振兴[J]. 农村工作通讯, （23）: 51.

郑世林. 2010. 市场竞争还是产权改革提高了电信业绩效[J]. 世界经济, （6）: 118-139.

郑世林, 王宏伟. 2014. 探析我国城镇化的未来[J]. 中国国情国力, （10）: 12-14.

郑世林, 张昕竹. 2011. 经济体制改革与中国电信行业增长: 1994—2007[J]. 经济研究, （10）: 67-80.

郑世林, 周黎安, 何维达. 2014. 电信基础设施与中国经济增长[J]. 经济研究, 49（5）: 77-90.

郑新立. 2019. 波澜壮阔、彪炳史册的70年[J]. 红旗文稿, （15）: 4-8.

周国富, 陈菡彬. 2021. 产业结构升级对城乡收入差距的门槛效应分析[J]. 统计研究, 38（2）: 15-28.

周海琴, 张才明. 2012. 我国农村电子商务发展关键要素分析[J]. 中国信息界, （1）: 17-19.

周佳宁, 秦富仓, 刘佳, 等. 2019. 多维视域下中国城乡融合水平测度、时空演变与影响机制[J]. 中国人口·资源与环境, 29（9）: 166-176.

周凯, 宋兰旗. 2014. 中国城乡融合制度变迁的动力机制研究[J]. 当代经济研究, (12): 74-79.

周利, 冯大威, 易行健. 2020. 数字普惠金融与城乡收入差距: "数字红利"还是"数字鸿沟"[J]. 经济学家, (5): 99-108.

周明栋, 韩英贺. 2021. 普惠金融以"信"赋能乡村产业振兴研究——以信用体系建设示范市江苏宿迁为例[J]. 征信, (11): 35-41.

周莹. 2020. 数字经济下产业创新的系统化转型及其政策组合原则[J]. 管理现代化, 40(4): 40-42.

周应恒, 刘常瑜. 2018. "淘宝村"农户电商创业集聚现象的成因探究——基于沙集镇和颜集镇的调研[J]. 南方经济, (1): 62-84.

周勇, 吴海珍, 韩兆安. 2022. 数字经济对制造业转型升级的影响[J]. 统计与决策, (20): 122-126.

周正祥, 罗珊, 蔡雨珈. 2014. 交通运输体系改善促进农村中心集镇发展的中国路径[J]. 中国软科学, (5): 23-36.

朱东波. 2020. 环境规制、技术创新与中国工业结构绿色转型[J]. 工业技术经济, 39(10): 57-64.

朱丽萍, 张伊丽, 李程. 2022. 农村数字普惠金融促进乡村振兴的作用机制与实施路径研究[J]. 时代经贸, 19(12): 10-14.

朱启臻. 2018. 乡村振兴背景下的乡村产业——产业兴旺的一种社会学解释[J]. 中国农业大学学报(社会科学版), (3): 89-95.

朱秋博, 白军飞, 彭超, 等. 2019. 信息化提升了农业生产率吗?[J]. 中国农村经济, (4): 22-40.

朱世友. 2016. 农村电商发展对物流业的影响及农村物流体系构建[J]. 价格月刊, (3): 75-78.

朱太辉, 张彧通. 2022. 农村中小银行数字化转型赋能乡村振兴研究——兼论"双链联动"模式创新[J]. 南方金融, (4): 55-69.

朱婉菁. 2020. 区块链作为治理机制的内在逻辑、风险挑战与政策因应[J]. 探索, (4): 76-87.

朱宣怡. 2020. "直播带货"形势下农村电商发展现状分析与展望[J]. 现代农业研究, 26(7): 20-21.

宗成峰, 朱启臻. 2020. "互联网+党建"引领乡村治理机制创新——基于新时代"枫桥经验"的探讨[J]. 西北农林科技大学学报(社会科学版), 20(5): 1-8.

邹新阳, 温涛. 2021. 普惠金融、社会绩效与乡村振兴——基于30省(区、市)的面板数据[J]. 改革, (4): 95-106.

Abrams D, Wetherell M, Cochrane S, et al. 1990. Knowing what to think by knowing who you are: self-categorization and the nature of norm formation, conformity and group polarization[J]. British Journal of Social Psychology, 29(2): 97-119.

Ahn J H, Bae Y S, Ju J, et al. 2018. Attention adjustment, renewal, and equilibrium seeking in online search: an eye-tracking approach[J]. Journal of Management Information Systems, 35(4): 1218-1250.

Aker J C, Mbiti I M. 2010. Mobile phones and economic development in Africa[J]. The Journal of Economic Perspectives, 24(3): 207-232.

Alford J. 2002. Defining the client in the public sector: a social-exchange perspective[J]. Public Administration Review, 62(3): 337-346.

Amblee N, Ullah R, Kim W. 2017. Do product reviews really reduce search costs?[J]. Journal of

Organizational Computing and Electronic Commerce, 27 (3): 199-217.

Andreassi J L. 2000. Psychophysiology Human Behavior and Physiological Response[M]. 4th ed. Mahwah: Lawrence Erlbaum Associates.

Andrija J, Monika J, Nick L, et al. 2013. Neuromarketing and consumer neuroscience: contributions to neurology[J]. BMC Neurology, 13: 1-12.

Arellano M, Bover O. 1995. Another look at the instrumental variable estimation of error-components models[J]. Journal of Econometrics, 68 (1): 29-51.

Ariely D, Berns G S. 2010. Neuromarketing: the hope and hype of neuroimaging in business[J]. Nature Reviews Neuroscience, 11 (4): 284-292.

Asch S E. 1956. Studies of Independence and conformity: a minority of one against a unanimous majority[J]. Psychological Monographs, 70 (9): 1-70.

Azmuk N A, 2020. Digital employment in the system of regulation of the national economy[J]. The Problems of Economy, 1 (43): 52-58.

Babajide A A, Lawal A I, Amodu L O, et al. 2020. Financial institutions concentration and financial inclusion penetration in Nigeria: a comparative analysis[J]. Journal of Contemporary African Studies, 38 (4): 610-626.

Banerjee A V. 1992. A simple model of herd behavior[J]. The Quarterly Journal of Economics, 107 (6): 797-817.

Bansal H S, Voyer P A. 2000. World-of-Mouth processes within a services purchase dicision context[J]. Journal of Service Research, 3 (2): 166-177.

Barabasi A L, Albert R. 1999. Emergence of scaling in random networks[J]. Science, 286 (5439): 509-512.

Barnett S B, Cerf M. 2017. A ticket for your thoughts: method for predicting content recall and sales using neural similarity of moviegoers[J]. Journal of Consumer Research, 44 (1): 160-181.

Barrett S, Rugg M, Perrett D. 1988. Event-related potentials and the matching of familiar and unfamiliar faces[J]. Neuropsychologia, 26 (1): 105-117.

Barro R J, Sala-I-Martin X. 1991. Convergence across states and regions[J]. Brookings Papers on Economic Activity, 22 (1): 107-182.

Bartra O, McGuire J T, Kable J W. 2013. The valuation system: a coordinate-based meta-analysis of BOLD fMRI experiments examining neural correlates of subjective value[J]. NeuroImage, 76: 412-427.

Basartan Y. 2001. Amazon versus the ShopBot: an experiment about how to improve the ShopBots[D]. Doctoral Dissertation, Carnegie Mellon University.

Beil R O, Ford G S, Jackson J D. 2005. On the relationship between telecommunications investment and economic growth in the United States[J]. International Economic Journal, 19 (1): 3-9.

Bentler P M. 1992. On the fit of models to covariance and methodology to the bulletin[J]. Psychology Bulletin, 112 (3): 400-404.

Berns G, Chappelow J, Zink C, et al. 2005. Neurobiological correlates of social conformity and independence during mental rotation[J]. Biological Psychiatry, 58 (3): 245-253.

Bertot J C, Jaeger P T. 2008. The e-government paradox: better customer service doesn't necessarily cost less[J]. Government Information Quarterly, 25 (2): 149-154.

Bigne E, Chatzipanagiotou K, Ruiz C. 2020. Pictorial content, sequence of conflicting online reviews and consumer decision-making: the stimulus-organism-response model revisited[J]. Journal of Business Research, (115): 403-416.

Bikhchandani S, Hirshleifer D, Welch I. 1992. A theory of fads, fashion, custom, and cultural change as informational cascades[J]. Journal of Political Economy, 100 (5): 992-1026.

Blundell R, Bond S. 1998. Initial conditions and moment restrictions in dynamic panel data models[J]. Journal of Econometrics, 87 (1): 115-143.

Boksem M A S, Smidts A. 2015. Brain responses to movie trailers predict individual preferences for movies and their population-wide commercial success[J]. Journal of Marketing Research, 52 (4): 482-492.

Botvinick M, Brave T, Barch D, et al. 2001. Conflict monitoring and cognitive control[J]. Psychological Review, 108 (3): 624-652.

Bougheas S. 2004. Internal vs external financing of R&D[J]. Small Business Economics, 22: 11-17.

Brynjolfsson E, Kemerer C F. 1996. Network externalities in microcomputer software: an econometric analysis of the spreadsheet market[J]. Managemenl Science, 42 (12): 1627-1647.

Brynjolfsson E, Smith M D. 2000. Frictionless commerce? A comparison of internet and conventional retailers[J]. Management Science, 46 (4): 563-585.

Burnkrant R E, Page T J J. 1982. An Examination of the convergent, discriminant, and predictive validity of Fishbein's behavioural intention model[J]. Journal of Marketing Research, 19 (4): 550-561.

Cai J, Wohn D Y, Mittal A, et al. 2018. Utilitarian and hedonic motivations for live streaming shopping[C]. Proceedings of the 2018 ACM International Conference on Interactive Experiences for TV and Online Video. Seoul: Association for Computing Machinery, Inc: 81-88.

Camerer C, Yoon C. 2015. Introduction to the journal of marketing research special issue on neuroscience and marketing[J]. Journal of Marketing Research, 52 (4): 423-426.

Casado-Aranda L A, Dimoka A, Sánchez-Fernández J. 2019. Consumer processing of online trust signals: a neuroimaging study[J]. Journal of Interactive Marketing, (47): 159-180.

Castells M. 1996. The Rise of Network Society[M]. Oxford: Blackwell.

Cha M, Haddadi H, Benevenutoetal F, et al. 2010. Measuring user influence in Twitter: the million follower fallacy[J]. The AAAI Press, 4 (1): 10-17.

Chan H Y, Smidts A, Schoots V C, et al. 2019. Neural similarity at temporal lobe and cerebellum predicts out-of-sample preference and recall for video stimuli[J]. Neuroimage, (197): 391-401.

Change B Y, Mgobe M J, Kim Y B. 2015. E-commerce applications in the tourism industry: a Tanzania case study[J]. South African Journal of Business Management, 46 (4): 53-63.

Cheah J H, Ting H, Cham T H, et al. 2019. The effect of selfie promotion and celebrity endorsed advertisement on decision-making processes: a model comparison[J]. Internet Research, 29 (3): 552-577.

Chen M L. 2003. Experimental research on determinants of customer loyalty[J]. Journal of Management Sciences in China, 6 (5): 72-78.

Chen M L, Ma Q G, Li M L, et al. 2009. The neural and psychological basis of herding in purchasing books online: an event-related potential study[J]. Cyberpsychology, Behavior, and Social Networking, 13 (3): 321-328.

Chen M L, Ma Q G, Li M L, et al. 2010. Cognitive and emotional conflicts of counter-conformity choice in purchasing books online: an event-related potentials study[J]. Biological Psychology, 85 (3): 437-445.

Chen Y F. 2008. Herd behavior in purchasing books online[J]. Computers in Human Behavior, 24 (5): 1977-1992.

Chenery H B. 1975. The structuralist approach to development policy[J]. American Economic Review, 65 (2): 310-316.

Cheung M, Hong W Y, Thong J Y L. 2017. Effects of animation on attentional resources of online consumers[J]. Journal of the Association for Information Systems, 18 (8): 605-632.

Christensen T, Laegreid P. 2005. El estado fragmentado: los retos de combinar eficiencia, normas institucionales y democracia[J]. Gestión y Política Pública, (3): 557-598.

Chu S C. 2011. Determinants of consumer engagement in electronic word-of-mouth (WOM) in social networking sites[J]. International Journal of Advertising, 30 (1): 47-75.

Cialdini R B, Goldstein N J. 2004. Social influence: compliance and conformity[J]. Annual Review of Psychology, 55: 591-621.

Cimoli M, Pereira W, Porcile G, et al. 2011. Structural change, technology, and economic growth: brazil and the CIBS in a comparative perspective [J]. Economic Change & Restructuring, (44): 25-47.

Civitelli F, Gruère G. 2016. Policy options for promoting urban-rural cooperation in water management: a review[J]. International Journal of Water Resources Development, 33 (6): 852-867.

Cleslik A, Kaniewska M. 2004. Telecommunications infrastructure and regional economic development: the case of Poland [J]. Regional Studies, 38 (6): 713-725.

Cooper L G. 1993. Chapter 6 Market-share Models[M]//Eliashberg J, Lillien G L. Handbooks in Operations Research and Management Science. Amsterdam: Elsevier Science Publishers: 257-313.

Coyle D. 2009. The Weightless world: strategies for managing the digital economy[J]. Mit Press Books, 1 (5): 488-490.

Cronin F J, Parker E B, Colleran E K, et al. 1991. Telecommunications infrastructure and economic growth: an analysis of causality[J]. Telecommunications Policy, 15 (6): 529-535.

Datta A, Agarwal S. 2004. Telecommunications and economic growth: a panel data approach[J]. Applied Economics, 36 (15): 1649-1654.

Davis F D, Bagozzi R P, Warshaw P R. 1989. User acceptance of computer-technology: a comparison of two theoretical models[J]. Management Science, 35 (8): 982-1003.

Démurger S. 2001. Infrastructure development and economic growth: an explanation for regional disparities in China?[J]. Journal of Comparative Economics, 29 (1): 95-117.

Deutsch M, Gerard H B. 1955. A study of normative and informational social influences upon individual judgment[J]. Journal of Abnormal and Social Psychology, 51 (3): 629-636.

Diehl K. 2003. Tempted by the cheap and easy: searching too much in ordered environments[D]. Doctoral Dissertation, University of South Carolina.

Dimoka A, Pavlou A P, Davis D F. 2011. Research commentary: NeuroIS: the potential of cognitive neuroscience for information systems research[J]. Information Systems Research, 22 (4): 687-702.

Ding L, Haynes K E, Liu Y C. 2008. Telecommunications infrastructure and regional income convergence in China: panel data approaches[J]. The Annals of Regional Science, 42 (4): 843-861.

Duan W, Gu B, Whinston A B. 2009. Informational cascades and software adoption on the internet: an empirical investigation[J]. MIS Quarterly, 33 (1): 23-48.

Dutta A. 2001. Telecommunications and economic activity: an analysis of granger causality[J]. Journal of Management Information Systems, 17 (4): 71-95.

Effinger M R, Polborn M K. 2001. Herding and anti-herding: a model of reputational differentiation[J]. European Economic Review, 45 (3): 385-403.

Eichenbaum H. 2000. A cortical-hippocampal system for declarative memory[J]. Nature Reviews Neuroscience, 1 (1): 41-50.

Escandón-Barbosa D M, Urbano D, Hurtado-Ayala A, et al. 2019. Formal institutions, informal institutions and entrepreneurial activity: a comparative relationship between rural and urban areas in Colombia[J]. Journal of Urban Management, 8 (3): 458-471.

Etkin A, Egner T, Peraza D M, et al. 2006. Resolving emotional conflict: a role for the rostral anterior cingulate cortex in modulating activity in amygdale[J]. Neuron, (55): 871-882.

Falkenstein M, Hoormann J, Christ S, et al. 2000. ERP components on reaction errors and their functional significance: a tutorial[J]. Biological Psychology, 51 (2/3): 87-107.

Fazzari S, Hubbard R G, Petersen B. 1988. Investment, financing decisions, and tax policy[J]. The American Economic Review, 78 (2): 200-205.

Fei M Q, Tan H Z, Peng X, et al. 2021. Promoting or attenuating? An eye-tracking study on the role of social cues in e-commerce livestreaming[J]. Decision Support Systems, 142: 113466.

Friedmann J R. 1966. Regional development policy: a case study of Venezuela [M]. Cambridge: MIT Press.

Frit C D, Frith U. 2008. Implicit and explicit processes in social cognition[J]. Neuron, 60 (3): 503-510.

Fugate D L. 2007. Neuromarketing: a layman's look at neuroscience and its potential application to marketing practice[J]. Journal of Consumer Marketing, 24 (7): 385-394.

Gaipov O B, Nadirovna S D. 2020. Certain aspects of reducing a shadow economy through the monitoring of foreign trade operations commited by customs authorities[J]. ACADEMICIA: An International Multidisciplinary Research Journal, 10 (5): 270-276.

Gallaugher J M, Wang Y M. 2002. Understanding network effects in software markets: evidence from web server pricing[J]. MIS Quarterly, 26 (4): 303-3327.

Galtier F, David-Benz H, Subervie J, et al. 2014. Agricultural market information systems in developing countries: new models, new impacts[J]. Cahiers Agricultures, 23 (4/5): 232-244.

Ganis G, Kutas M. 2003. An electrophysiological study of scene effects on object identification[J]. Cognitive Brain Research, 16 (2): 123-144.

Geada N. 2020. Change management in the digital economy: model proposal[J]. International Journal of Innovation in the Digital Economy, 11 (3): 37-51.

Gefen D, Karahanna E, Straub D W. 2003. Trust and tam in online shopping: an integrated model[J]. MIS Quarterly, 127 (1): 51-90.

Gehring W, Goss B, Coles M, et al. 1993. A neural system for error detection and compensation[J]. Psychological Science, 4 (6): 385-390.

Glavas C, Mathews S. 2014. How International entrepreneurship charateristics influence internet capabilities for the international business processes of the firm[J]. International Business Review, 23 (1): 228-245.

Gneezy U, Meier S, Rey-Biel P. 2011. When and why incentives(don't)work to modify behavior[J]. Journal of Economic Perspectives, 25 (4): 191-210.

Goto N, Lim X L, Shee D, et al. 2019. Can brain waves really tell if a product will be purchased? Inferring consumer preferences from single-item brain potentials[J]. Frontiers in Integrative Neuroscience, (13): 13-19.

Goto N, Mushtaq F, Shee D, et al. 2017. Neural signals of selective attention are modulated by subjective preferences and buying decisions in a virtual shopping task[J]. Biological Psychology, 128: 11-20.

Grabowski TJ, Damasio H, Frank R J, et al. 1994. Neuroanatomical analysis of functional brain images: validation with retinotopic mapping[J]. Human Brain Mapping, 2 (3): 134-148.

Granovetter M. 1985. Economic action and social structure: the problem of embeddedness[J]. American Journal of Sociology, 91 (3): 481-510.

Greene J, Nystrom L, Engell A, et al. 2004. The neural bases of cognitive conflict and control in moral judgment[J]. Neuron, 44 (2): 389-400.

Gruber H. 2001. Competition and innovation: the diffusion of mobile telecommunications in Central and Eastern Europe[J]. Information Economics and Policy, 13: 19-34.

Gunter T, Jackson J, Kutas M, et al. 1994. Focusing on the N400: an exploration of selective attention during reading [J]. Psychophysiology, 31 (4): 347-358.

Guo F, Zhang X, Ding Y, et al. 2016. Recommendation influence: Differential neural responses of consumers during shopping online[J]. Journal of Neuroscience, Psychology, and Economics, 9 (1): 29-37.

Hajcak G, MacNamara A, Olvet D M. 2010. Event-related potentials, emotion, and emotion regulation: an integrative review[J]. Developmental Neuropsychology, 35 (2): 129-155.

Hamilton J. 2003. Are mainlines and mobile phones substitutes or complements? Evidence from

Africa[J]. Telecommunications Policy, 27 (1/2): 109-133.

Hammer M. 1990. Reengineering work: don't automate, obliterate[J]. Harvard Business Review, (68): 104-112.

Hardy A P. 1980. The role of the telephone in economic development[J]. Telecommunications Policy, 4 (4): 278-286.

Harris J M, Ciorciari J, Gountas J. 2018. Consumer neuroscience for marketing researchers[J]. Journal of Consumer Behaviour, 17 (3): 239-252.

Harris J R, Todaro M P. 1970. Migration, unemployment and development: a two-sector analysis[J]. American Economic Review, 60 (1): 126-142.

Haselmann R, Wachtel P. 2010. Institutions and bank behavior: legal environment, legal perception, and the composition of bank lending[J]. Journal of Money, Credit and Banking, 42 (5): 965-984.

Haubl G, Murray K B. 2003. Preference construction and persistence in digital marketplaces: the role of electronic recommendation agents[J]. Journal of Consumer Psychology, 13 (1/2): 75-91.

Haubl G, Trifts V. 2000. Consumer decision making in online shopping environments: the effects of interactive decision aids[J]. Marketing Science, 19 (1): 4-21.

Heijden H V D. 2002. The mobile decision maker: mobile decision aids, task complexity and decision effectiveness[D]. Doctoral Dissertation, Copenhagen Business School.

Ho J Y C, Dempsey M. 2010. Viral marketing: motivations to forward online content[J]. Journal of Business Research, 63 (9/10): 1000-1006.

Hohnsbein J, Falkenstein M, Hoormann J. 1989. Error processing in visual and auditory choice reaction time tasks[J]. Journal of Psychophysiology, (3): 32-46.

Homburg C, Fürst A. 2005. How organizational complaint handling drives customer loyalty: an analysis of the mechanistic and the organic approach[J]. Journal of Marketing, 69 (3): 95-114.

Hopkins J, Morehart M. 2001. Farms, the Internet, and e-commerce: adoption and implications[J]. Milbank Memorial Fund Quarterly, 26 (12): 2710-2720.

Hornsey M J, Majkut L, Terry D J, et al. 2003. On being loud and proud: non-conformity and counter-conformity to group norms[J]. The British Journal of Social Psychology, 42 (3): 319-335.

Hosmer L. 1995. Trust: the connecting link between organizational behavior and philosophical ethics[J]. Management Review, 20 (2): 370-403.

Hostler R E, Yoon V Y, Guimaraes T. 2005. Assessing the impact of Internet agent on end users' performance[J]. Decision Support Systems, 41 (1): 313-325.

Huang J H, Chen Y F. 2006. Herding in online product choice[J]. Psychology and Marketing, 23 (5): 413-428.

Huang S L, Lin F R, Yuan Y F. 2006. Understanding agent-based on-line persuasion and bargaining strategies: an empirical study[J]. International Journal of Electronic Commerce, 11 (1): 85-115.

Huang Y J, Pan X W, Su L, et al. 2019. The role of information sentiment in popularity on social media: a psychoinformatic and electroencephalogram study[J]. Social Influence, 14 (3/4): 133-146.

Huang Y T. 2018. The female gaze: content composition and slot position in personalized banner ads, and how they influence visual attention in online shoppers[J]. Computers in Human Behavior, (82): 1-15.

Hubert M. 2010. Does neuroeconomics give new impetus to economic and consumer research?[J]. Journal of Economic Psychology, 31 (5): 812-817.

Hubert M, Hubert M, Linzmajer M, et al. 2018. Trust me if you can—neurophysiological insights on the influence of consumer impulsiveness on trustworthiness evaluations in online settings[J]. European Journal of Marketing, 52 (1/2): 118-146.

Islam N. 1995. Growth empirics: a panel data approach[J]. The Quarterly Journal of Economics, 110 (4): 1127-1170.

Ivanenko L V, Karaseva E A, Solodova E P. 2020. Clusters, Digital Economy and Smart City: Increasing Livelihood Security[M]//Ashmarina S, Mesquita A, Vochozka M. Digital Transformation of the Economy: Challenges, Trends and New Opportunities. Berlin: Springer: 291-295.

Jemel B, George N, Olivares E, et al. 1999. Event-related potentials to structural familiar face incongruity processing[J]. Psychophysiology, 34 (4): 437-452.

Jensen R. 2007. The digital provide: information (technology), market performance, and welfare in the South Indian fisheries sector[J]. The Quarterly Journal of Economics, 122 (3): 879-924.

Jones S, Hackney R, Irani Z. 2007. Towards e-government transformation: conceptualising "citizen engagement" [J]. Transforming Government: People, Process and Policy, 1 (2): 145-152.

Jones W J, Childers T L, Jiang Y. 2012. The shopping brain: math anxiety modulates brain responses to buying decisions[J]. Biological Psychology, 89 (1): 201-213.

Jung J, Bapna R, Golden J M, et al. 2020. Words matter! Toward a prosocial call-to-action for online referral: evidence from two field experiments[J]. Information Systems Research, 31 (1): 16-36.

Kaspar K, Weber S L, Wilbers A K. 2019. Personally relevant online advertisements: effects of demographic targeting on visual attention and brand evaluation[J]. PLoS One, 14 (2): e0212419.

Kassarjian H, Cohen J. 1965. Cognitive dissonance and consumer behavior[J]. California Management Review, 8 (1): 55-64.

Katz M L, Shapiro C. 1985. Network externalities, competition, and compatibility[J]. The American Economic Review, 75 (3): 424-440.

Kim B, Barua A, Whinston A B. 2002. Virtual field experiments for a digital economy: a new research methodology for exploring an information economy[J]. Decision Support Systems, 32 (3): 215-231.

King S F, Burgess T F. 2008. Understanding success and failure in customer relationship management[J]. Industrial Marketing Management, 37 (4): 421-431.

Kling R, Lamb R. 1999. IT and organizational change in digital economies: a socio-technical approach[J]. ACM SIGCAS Computers & Society, 29 (3): 17-25.

Klucharev V, Smidts A, Fernández G. 2008. Brain mechanisms of persuasion: How "expert power" modulates memory and attitudes[J]. Social Cognitive and Affective Neuroscience, 3 (4): 353-366.

Komiak S, Benbasat I. 2006. The effects of personalization and familiarity on trust and adoption of recommendation agents[J]. MIS Quarterly, 30 (4): 941-960.

Kotchoubey B. 2006. Event-related potentials, cognition, and behavior: a biological approach[J]. Neuroscience & Biobehavioral Reviews, 30 (1): 42-65.

Kramer T. 2007. The effect of measurement task transparency on preference construction and evaluations of personalized recommendations[J]. Journal of Marketing Research, 44 (2): 214-223.

Kuisma J, Simola J, Uusitalo L, et al. 2010. The effects of animation and format on the perception and memory of online advertising[J]. Journal of Interactive Marketing, 24 (4): 269-282.

Kutas M, Federmeier K D. 2011. Thirty years and counting: finding meaning in the N400 component of the event-related brain potential (ERP) [J]. Annual Review of Psychology, 62: 621-647.

Kutas M, Hillyard S. 1980. Reading senseless sentences: brain potentials reflect semantic incongruity[J]. Science, 207 (4427): 203-205.

Kutas M, Hillyard S. 1982. The lateral distribution of event-related potentials during sentence processing[J]. Neuropsychologia, 20 (5): 579-590.

Kutas M, Hillyard S. 1983. Event-related brain potentials to grammatical errors and semantic anomalies [J]. Memory & Cognition, 11 (5): 539-550.

Kuznets S. 1955. Economic growth and income inequality[J]. American Economic Review, 45 (1): 1-28.

Kuznets S. 1957. Quantitative aspects of the economic growth of nations: II. industrial distribution of national product and labor force [J]. Economic Development & Cultural Change, 5 (4): 1-111.

Landry P F, Davis D, Wang S. 2010. Elections in Rural China: competition without parties[J]. Comparative Political Studies, 43 (6): 1-28.

Lane N. 2002. Understanding the Digital Economy[M]. Presidents & Prime Ministers.

Lee D, Kim H S, Kim J K. 2011. The impact of online brand community type on consumer's community engagement behaviors: consumer-created vs. marketer-created online brand community in onlinesocial-networking web sites[J]. Cyberpsychology, Behavior, and Social Nelworking, 14 (1/2): 59-63.

Lee M, Youn S. 2009. Electronic word of mouth (eWOM): how eWOM plat forms influence consumer product judgement[J]. International Journal of Advertising, 28 (3): 473-499.

Lee N, Broderick A J, Chamberlain L. 2007. What is "neuromarketing"? A discussion and agenda for future research[J]. International Journal of Psychophysiology, 63 (2): 199-204.

Lee N, Chamberlain L, Brandes L. 2018. Welcome to the jungle! The neuromarketing literature through the eyes of a newcomer[J]. European Journal of Marketing, 52 (1/2): 4-38.

Leff N H. 1984. Externalities, information costs, and social benefit-cost analysis for economic development: an example from telecommunications[J]. Economic Development and Cultural Change, 32 (2): 255-276.

Lei L H. 2010. Micro revolution: from Twitter to Sina micro blog[J]. New Weekly, 2: 30-36.

Lesage J, Pace R K. 2009. Introduction to Spatial Econometrics[M]. New York: Chapman and Hall/CRC.

Levy G. 2004. Anti-herding and strategic consultation[J]. European Economic Review, 48（3）: 503-525.

Lewis W A. 1954. Economic development with unlimited supplies of labor[J]. Manchester School, 22（2）: 139-191.

Li K, Huang G X, Bente G. 2016. The impacts of banner format and animation speed on banner effectiveness: evidence from eye movements[J]. Computers in Human Behavior, 54: 522-530.

Li X T. 2004. Informational Cascades in IT Adoption[J]. Communications of the ACM, 47（4）: 93-97.

Liebowitz S J. 2002. Re-thinking the Network Economy: The True Forces That Drive the Digital Market place [M]. New York: AMACOM Press.

Lin C, Lin P, Song F. 2009. Property rights protection and corporate R&D: evidence from China[J]. Journal of Development Economics, 93（1）: 49-62.

Lin M H, Cross S N N, Jones W J, et al. 2018. Applying EEG in consumer neuroscience[J]. European Journal of Marketing, 52（1/2）: 66-91.

Liotti M, Woldorff M, Perez R, et al. 2000. An ERP study of the temporal course of the Stroop color-word interference effect[J]. Neuropsychologia, 38（5）: 701-711.

Liu C W, Lo S K, Hsieh A Y, et al. 2018. Effects of banner ad shape and the schema creating process on consumer internet browsing behavior[J]. Computers in Human Behavior, 86: 9-17.

Liu S Y, Xiong X F. 2018. China's rural institutions and governance since the beginning of the rural reform[J]. China Economic Journal, 11（3）: 259-283.

Lu D, Wong C K. 2003. China's Telecommunications Market: Entering A New Competitive Age[M]. Cheltenham: Edward Elgar Publishing.

Luan J, Yao Z, Zhao F T, et al. 2016. Search product and experience product online reviews: an eye-tracking study on consumers' review search behavior[J]. Computers in Human Behavior, 65: 420-430.

Ma Q G, Zhang L, Wang M L. 2018-10-05. "You win, you buy" —how continuous win effect influence consumers' price perception: an ERP study[EB/OL]. https://doi.org/10.3389/fnins.2018.00691.

Madden G, Coble-Neal G, Dalzell B. 2004. A dynamic model of mobile telephony subscription incorporating a network effect[J]. Telecommunications Policy, 28（2）, 133-144.

Madden G, Savage S J. 2000. Telecommunications and economic growth[J]. International Journal of Social Economics, 27: 893-906.

Mai X Q, Luo J, Wu J H, et al. 2004. "Aha!" effects in a guessing riddle task: an ERP study[J]. Human Brain Mapping, 23（2）: 261-270.

Mantulenko V V, Mantulenko A V, Troshina E P, et al. 2020. Structural and functional analysis of requirements to managers of innovative companies in the conditions of the digital economy: increasing livelihood security[M]//Ashmarina S, Mesquita A, Vochozka M. Digital Transformation of the Economy: Challenges, Trends and New Opportunities. Berlin: Springer: 253-259.

Manyika J, Hunt D, Nyquist S, et al. 2011. Growth and renewal in the United States: retooling America's economic engine[J]. Journal of Applied Corporate Finance, 23（1）: 8-19.

Manyika J, Roxburgh C. 2011. The great transformer: the impact of the internet on economic growth and prosperity[R]. McKinsey Global Institute.

Marshall A. 1920. Principles of Economics[M]. 8th ed. London: Macmillan Publishers.

Maslova I A, Polidi A A, Goukasyan Z O, et al. 2019. Some aspects of the quality of corporate governance in digital economy[J]. SHS Web of Conferences, 62: 04002.

McClure S M, Li J, Tomlin D, et al. 2004. Neural correlates of behavioral preference for culturally familiar drinks[J]. Neuron, 44 (2): 379-387.

McFadden D. 1981. Econometric models of probabilistic choice[C]//Manski C, McFadden D. Structural Analysis of Discrete Data with Econometric Applications. Cambridge: MIT Press: 198-272.

McPherson W B, Holcomb P J. 1999. An electrophysiological investigation of semantic priming with pictures of real objects[J]. Psychophysiology, 36 (1): 53-65.

Mileva E. 2007. Using Arellano-Bond dynamic panel GMM estimators in Stata[R]. Working Paper, Economics Department, Fordham University.

Miller A H. 1974. Political issues and trust in government: 1964–1970 [J]. American Political Science Review, 68 (3): 951-972.

Miller P, Wilsdon J. 2001. Digital Futures—an agenda for a sustainable digital economy[J]. Corporate Environmental Strategy, 8 (3): 275-280.

Möller M, Baumgartner S E, Kühne R, et al. 2021. The effects of social information on the enjoyment of online videos: an eye tracking study on the role of attention[J]. Media Psychology, 24 (2): 1-22.

Moon M J. 2002. The evolution of e-government among municipalities: rhetoric or reality?[J]. Public Administration Review, 62 (4): 424-433.

Morin C. 2011. Neuromarketing: the new science of consumer behavior[J]. Society, 48: 131-135.

Mueller R A E. 2000. Emergent e-commerce in agriculture[J]. Agriculture Issues Brief, 42 (12): 34-37.

Muraev Y. 2020. Urban development based on the concept of "smart cities" in the digital economy: theoretical and methodological principles of implementation[J]. Innovative Technologies and Scientific Solutions for Industries, 2 (12): 109-118.

Nakanishi M, Cooper L G. 1974. Parameter estimation for a multiplicative competitive interaction model—least square approach[J]. Journal of Marketing Research, 11 (3): 303-311.

Naranjo-Tamayo D C, Carrero-Delgado A. 2017-07-01. Strategies and challenges of rural education for children and young on peace building process: an overview[EB/OL]. http://hdl.handle.net/20.500.12424/4028807.

Neville H J, Kutas M, Chesney G, et al. 1986. Event-related brain potentials during initial encoding and recognition memory of congruous and incongruous words[J]. Journal of Memory and Language, 25: 75-92.

Nieuwenhuis S, Yeung N, van den Wildenberg W, et al. 2003. Electrophysiological correlates of anterior cingulate function in a go/no-go task: effects of response conflict and trial type frequency[J]. Cognitive, Affective & Behavioral Neuroscience, 3 (1): 17-26.

Northam R M. 1975. Urban Geography[M]. New York: John Wiley & Sons.

Norton S W. 1992. Transaction costs, telecommunications, and the microeconomics of macroeconomic growth[J]. Economic Development and Cultural Change, 41 (1): 175-196.

Nye Jr J S. 1997. The media and declining confidence in government[J]. The Harvard International Journal of Press/Politics, 2 (3): 4-9.

Nye Jr J S, Zelikow P D, King D C. 1997. Why People Don't Trust Government[M]. Cambridge: Harvard University Press.

Olivares E I, Iglesias J, Rodriguez-Holguin S. 2003. Long-latency ERPs and recognition of facial identity[J]. Journal of Cognitive Neuroscience, 15 (1): 136-151.

Osborne D, Gaebler T. 1992. Reinventing Government: How the Entrepreneurial Spirit is Transforming the Public Sector[M]. New York: Addison-Wesley.

Oshikawa S. 1969. Can cognitive dissonance theory explain consumer behavior?[J]. The Journal of Marketing, 33 (4): 44-49.

Parasuraman A, Zeithaml V A, Malhotra A. 2005. E-S-QUAL: a multiple-item scale for assessing electronic service quality[J]. Journal of Service Research, 7 (3): 213-233.

Parent M, Vandebeek C A, Gemino A C. 2005. Building citizen trust through e-government[J]. Government Information Quarterly, 22 (4): 720-736.

Paul M. 2020. The research of rural e-commerce pattern[J]. Information System Research, (12): 60-71.

Payne J W. 1982. Contingent decision behavior[J]. Psychological Bulletin, 2 (92): 382-402.

Peneder M. 2003. Industrial structural change and aggregate growth[J]. Structural Change and Economic Dynamics, 14 (4): 427-448.

Pereira R E. 2001. Influence of query-based decision aids on consumer decision making in electronic commerce[J]. Information Resources Management Journal, 14 (1): 31-48.

Perkins P, Fedderke J, Luiz J. 2005. An analysis of economic infrastructure investment in South Africa[J]. South African Journal of Economics, 73 (2): 211-228.

Phelps J E, Lewis R, Mobilio L, et al. 2004. Viral marketing or electronic word-of-mouth advertising: examining consumer responses and motivations to pass along email[J]. Journal of Advertising Research, 44 (4): 333-348.

Phillips A H, Yang R J, Djamasbi S. 2013. Do ads matter? An exploration of web search behavior, visual hierarchy, and search engine results pages[C]. The 46th Hawaii International Conference on System Sciences, Wailea.

Plassmann H, Ramsøy T Z, Milosavljevic M. 2012. Branding the brain: a critical review and outlook[J]. Journal of Consumer Psychology, 22: 18-36.

Plassmann H, Venkatraman V, Huettel S, et al. 2015. Consumer neuroscience: applications, challenges, and possible solutions[J]. Journal of Marketing Research, 52 (4): 427-435.

Polich J. 2007. Updating P300: an integrative theory of P3a and P3b[J]. Clinical Neurophysiology, 118 (10): 2128-2148.

Poole B. 2001. How will agricultural E-markets evolve?[J]. Oil Mill Gazetteer, 106 (12): 8-9.

Pozharliev R, Verbeke W J M I, van Strien J W, et al. 2015. Merely being with you increases my attention to luxury products: using eeg to understand consumers' emotional experience with luxury branded products[J]. Journal of Marketing Research, 552 (4): 546-558.

Preez R D. 2015. Towards a 21st century university: teachings from consumer behaviour applicable to higher education[J]. South African Journal of Higher Education, 29 (5): 140-155.

Qiang Z W C, Rossotto C M, Kimura K. 2009. Chapter 3: economic impacts of broadband[R]. World Bank. Information and Communication Technology for Development 2009: Extending Reach and Increasing Impact: 35-50.

Qiu J, Zhang Q, Li H, et al. 2007. The event-related potential effects of cognitive conflict in a Chinese character-generation task[J]. NeuroReport, 18 (9): 881-886.

Reichstein T, Brusch I. 2019. The decision-making process in viral marketing—a review and suggestions for further research[J]. Psychology & Marketing, 36 (11): 1062-1081.

Riedl R, Hubert M, Kenning P. 2010. Are there neural gender differences in online trust? An fMRI study on the perceived trustworthiness of eBay offers[J]. MIS Quarterly, 34 (2): 397-428.

Rilling J K, Sanfey A G. 2011. The neuroscience of social decision-making[J]. Annual Review of Psychology, 62: 23-48.

Röller L H, Waverman L. 2001. Telecommunications infrastructure and economic development: a simultaneous approach[J]. American Economic Review, 91 (4): 909-923.

Romer P M. 1986. Increasing returns and long-run growth[J]. Journal of Political Economy, 94 (5): 1002-1037.

Romero D M, Galuba W, Asur S, et al. 2010-08-06. Influence and Passivity in Social Media[EB/OL]. https://arxiv.org/pdf/1008.1253.pdf.

Roodman D. 2009. How to do Xtabond2: an introduction to difference and system GMM in Stata[J]. The Stata Journal, 9 (1): 86-136.

Ryu H, Kim J, Chambel T. 2018. Proceedings of the 2018 ACM international conference on interactive experiences for TV and online video[C]. New York: Association for Computing Machinery.

Salmon N, Pratt H. 2002. A comparison of sentence-and discourse-level semantic processing: an ERP study[J]. Brain and Language, 83 (3): 367-383.

Sanfey A G, Rilling J K, Aronson J A, et al. 2003. The neural basis of economic decision-making in the ultimatum game[J]. Science, 300 (5626): 1755-1758.

Schachter H L. 1995. Reinventing government or reinventing ourselves: two models for improving government performance[J]. Public Administration Review, 55: 530-537.

Schedler K, Summermatter L. 2007. Customer orientation in electronic government: motives and effects [J]. Government Information Quarterly, 24: 291-311.

Semlitsch H, Anderer P, Schuster P, et al. 1986. A solution for reliable and valid reduction of ocular artifacts, applied to the P300 ERP[J]. Psychophysiology, 23 (6): 695-703.

Senecal S. 2003. Essays on the influence of online relevant others on consumers' online product choices[D]. Doctoral Dissertation, University of Montreal.

Serbu R R S, Borza S I. 2014. Achieving sustainable competitive advantage of Romanian Rural Area by integrating information technologies: an interdisciplinary approach[J]. Studies in Informatics and Control, 23（2）: 215-222.

Shapiro C, Varian H. 1999. Information Rules[M]. Boston: Harvard Business School Press.

Sharipova S, Saychenko O, Balashova E, et al. 2020. The mechanism of creating a strategy of sustainable development of company in the eco-system of the digital economy[M]//Popkova E G, Sergi B S. Artificial Intelligence: Anthropogenic Nature vs. Social Origin. Cham: Springer: 131-138.

Shi L, Gao Y Q. 2018. Industrial migration and its impact on an 'Internet+' economy: evidence from core cities in the diamond economic circle[J]. International Journal of Electronic Business, 14（1）: 49-62.

Shiu A, Lam P L. 2008. Causal relationship between telecommunications and economic growth in China and its regions[J]. Regional Studies, 42（5）: 705-718.

Smidts A, Hsu M, Sanfey A G, et al. 2014. Advancing consumer neuroscience[J]. Marketing Letters, 25（3）: 257-267.

Smith G E, Huntsman C A. 1997. Reframing the metaphor of the citizen-government relationship: a value-centered perspective[J]. Public Administration Review, 57: 309-318.

Solnais C, Andreu-Perez J, Sánchez-Fernández J, et al. 2013. The contribution of neuroscience to consumer research: a conceptual framework and empirical review[J]. Journal of Economic Psychology, 36: 68-81.

Solow R M. 1956. A contribution to the theory of economic growth[J]. The Quarterly Journal of Economics, 70（1）: 65-94.

Steffensen S, Ohran A, Shipp D, et al. 2008. Gender-selective effects of the P300 and N400 components of the visual evoked potential[J]. Vision Research, 48（7）: 917-925.

Strmmen-Bakhtiar A, Vinogradov E, Kvarum M K, et al. 2020. Airbnb contribution to rural development: the case of a remote norwegian municipality[J]. International Journal of Innovation in the Digital Economy, 11（2）: 31-46.

Sun L J, Zhao Y, Ling B. 2020. The joint influence of online rating and product price on purchase decision: an EEG study[J]. Psychology Research and Behavior Management, 13: 291-301.

Sung H. 2002. Helping online customers decide through web personalization[J]. IEEE Intelligent Systems, 17（11/12）: 34-43.

Sweeney J C, Hausknecht D, Soutar G N, 2000. Cognitive dissonance after purchase: a multidimensional scale[J]. Psychology and Marketing, 17（5）: 369-385.

Tang X L, Song Z J. 2019. Neurological effects of product price and evaluation on online purchases based on event-related potentials[J]. Neuroscience Letters, 704: 176-180.

Tapscott D. 1997. The Digital Economy: Promise and Peril in the Age of Networked Intelligence[M]. New York: McGraw-Hill: 69-71.

Tarlani T, Dariah A R, Rani A M. 2022. Transforming rural economy through community-based tourism with village-owned enterprise (BUMDES, Badan Usaha Milik Desa) —a case study: Cibiru Wetan, Pagerwangi and Cipamekar villages, Indonesia[J]. International Journal of Sustainable Development and Planning, 17 (5): 1535-1542.

Thomas C W. 1998. Maintaining and restoring public trust in government agencies and their employees[J]. Administration and Society, 30 (2): 166-193.

Tian K T, Bearden W O, Hunter G L. 2001. Consumers' need for uniqueness: scale development and validation [J]. Journal of Consumer Research, 28 (1): 50-66.

Tian K T, McKenzie K. 2001. The long-term predictive validity of the consumers' need for uniqueness scale[J]. Journal of Consumer Psychology, 10 (3): 171-193.

Tikhonov E E, Tikhonov E E, Samoilenko D V, et al. 2020. The study of the applicability of catastrophe theory in predicting the systemic risks of managing the digital economy and Internet of things systems[J]. IOP Conference Series: Materials Science and Engineering, 873 (1): 012009.

Timmer M P, Szirmai A. 2000. Productivity growth in asian manufacturing: the structural bonus hypothesis examined[J]. Structural Change and Economic Dynamics, 11 (4), 371-392.

Todd P, Benbasat I. 2000. Inducing compensatory information processing through decision aids that facilitate effort reduction: an experimental assessment[J]. Journal of Behavioral Decision Making, 13 (1): 91-106.

Tolbert C J, Mossberger K. 2006. The effects of e-government on trust and confidence in government[J]. Public Administration Review, 66: 354-369.

Tong L C, Acikalin M Y, Genevsky A, et al. 2020. Brain activity forecasts video engagement in an Internet attention market[J]. Proceedings of the National Academy of Sciences of the United States of America, 117 (12): 6936-6941.

Trautmann-Lengsfeld S A, Herrmann C S. 2013. EEG reveals an early influence of social conformity on visual processing in group pressure situations[J]. Social Neuroscience, 8 (1): 75-89.

Trusov M, Bodapati A V, Bucklin R E. 2010. Determining influential users in Internet social networks[J]. Journal of Marketing Research, 47 (4): 643-658.

Tseng C H, Wei L F. 2020. The efficiency of mobile media richness across different stages of online consumer behavior[J]. International Journal of Information Management, 50: 353-364.

Tunkelang D. 2009. Design for interaction[C]. 2009 ACM SIGMOD International Conference on Management of data, Providence.

UNCTAD. 2015. Information economy report 2015: unlocking the potential of e-commerce for developing countries[R].

van Sandt A, Carpenter C W. 2022. So close, yet so far: the benefits and limits of rural-urban industry linkages[J]. Sustainability, 14 (5): 2875.

van Sandt A, Thilmany D. 2022. Navigating the corn maze: customizing travel cost models to value market segments in heterogeneous industries[J]. Tourism Economics, 28 (4): 899-919.

Vassilakis C, Lepouras G, Halatsis C. 2007. A knowledge-based approach for developing multi-channel e-government services[J]. Electronic Commerce Research and Applications, 6: 113-124.

Veen V, Carter C. 2002. The timing of action-monitoring processes in the anterior cingulate cortex[J]. Journal of Cognitive Neuroscience, 14 (4): 593-602.

Wagenheim G D, Reurink J H. 1991. Customer service in public administration[J]. Public Administration Review, 51 (3): 263-270.

Walden E A, Browne G J. 2002. Information cascades in the adoption of new technology[C]. Proceedings of the International Conference on Information Systems, Barcelona.

Wang J Z, Wang Y L, Yu H, et al. 2011. Study on the recognition model for opinion leader on micro-blog[J]. Journalism & Communication, (6): 81-88.

Wang Q Z, Meng L, Liu M L, et al. 2016. How do social-based cues influence consumers' online purchase decisions? An event-related potential study[J]. Electronic Commerce Research, 16 (1): 1-26.

Wang W, Benbasat I. 2005. Trust in and adoption of online recommendation agents[J]. Journal of the AIS, 3 (6): 72-100.

Wang X G. 2022-09-26. Research on the linkage mechanism between migrant workers returning home to start businesses and rural industry revitalization based on the combination prediction and dynamic simulation model[EB/OL]. https://www.hindawi.com/journals/cin/2022/1848822/.

Ward R M, Zheng S. 2012. Substitution between mobile and fixed telephone service in China[J]. Telecommunications Policy, 36 (5): 301-310.

Watson J, Moritz J. 2001. Development of reasoning associated with pictographs: representing, interpreting, and predicting[J]. Educational Studies in Mathematics, 48 (1): 47-81.

Watts D J, Strogatz S H. 1998. Collective dynamics of 'small-world' networks[J]. Nature, 393: 440-442.

Waverman L, Meschi M, Fuss M. 2005. The impact of telecoms on economic growth in developing countries[J]. Africa the Impact of Mobile Phones, 2: 1-23.

Welch E W, Hannant C C, Moon M J. 2005. Linking citizen satisfactory with e-government and trust in government[J]. Journal of Public Administration Research and Theory, 15 (3): 371-391.

Wellenius B. 1977. Telecommunications in developing countries[J]. Telecommunications Policy, 1 (4): 289-297.

Wells J D, Valacich J S, Hess T J. 2011. What signal are you sending? How website quality influences perceptions of product quality and purchase intentions[J]. MIS Quarterly, 35 (3): 373-396.

Wen W. 2010. Agricultural e-commerce application mode in China[C]. 2010 2nd IEEE International Conference on Information Management and Engineering, Chengdu.

Weng J S, Lim E P, Jiang J, et al. 2010. TwitterRank: finding topic-sensitive influential Twitterers[C]//Proceedings of the Third ACM International Conference on Web Search and Web Data Mining, New York: ACM: 261-270.

West W, Holcomb P. 2002. Event-related potentials during discourse-level semantic integration of complex pictures[J]. Cognitive Brain Research, 13 (3): 363-375.

Wimmer M A. 2002. A European perspective towards online one-stop government: the eGOV project[J]. Electronic Commerce Research and Applications, 1 (1): 92-103.

Windels K, Heo J, Jeong Y, et al. 2018. My friend likes this brand: do ads with social context attract more attention on social networking sites?[J]. Computers in Human Behavior, 84: 420-429.

Wolde-Rufael Y. 2007. Another look at the relationship between telecommunications investment and economic activity in the United States[J]. International Economic Journal, 21 (2): 199-205.

Wooldridge J M. 2002. Econometric Analysis of Cross Section and Panel Data[M]. Cambridge: MIT Press.

Xiao B, Benbasat I. 2007. E-commerce product recommendation agents: use, characteristics, and impact[J]. MIS Quarterly, 31 (1): 137-209.

Yeung N, Botvinick M, Cohen J. 2004. The neural basis of error detection: conflict monitoring and the error-related negativity [J]. Psychological Review, 111 (4): 931-959.

Yin Q, Qiu J, Zhang Q, et al. 2008. Cognitive conflict in audiovisual integration: an event-related potential study[J]. NeuroReport, 19 (5): 575-578.

Yoo S H, Kwak S J. 2004. Information technology and economic development in Korea: a causality study[J]. International Journal of Technology Management, 27 (1): 57-67.

Yoon C, Gutchess A H, Feinberg F, et al. 2006. A functional magnetic resonance imaging study of neural dissociations between brand and person judgments[J]. Journal of Consumer Research, 33 (1): 31-40.

Yu H. 2008. The Exploration on the BBS opinion leadership filtering model[J]. Journalism & Communication, (2): 66-75.

Zaki J, Schirmer J, Mitchell J P. 2011. Social influence modulates the neural computation of value[J]. Psychological Science, 22 (7): 894-900.

Zhanbayev R, Sagintayeva S S, Abildina A S. 2020. Digitalization of the economy of kazakhstan as a factor of innovative development[C]. Proceedings of the 2nd International Scientific and Practical Conference "Modern Management Trends and the Digital Economy: from Regional Development to Global Economic Growth" (MTDE 2020).

Zheng S L, Ward M R. 2011. The effects of market liberalization and privatization on Chinese telecommunications[J]. China Economic Review, 22 (2): 210-220.